KB190478

왼손은 거들 뿐

왼손은 거들 뿐

초판 1쇄 | 2023년 6월 3일 펴냄

지은이 | 박치영, 양준민

일러스트작가 | 이지현
북디자인 | 루디아153

펴낸 곳 | 도서출판 훈훈
주소 | 경기도 고양시 덕양구 소원로267
이메일 | toolor@hanmail.net
홈페이지 | blog.naver.com/toolor
인스타그램 | @hunhun_hunhun

왼손은 거들 뿐

농구에 미친 두 남자가
알려주는 슈팅의 모든 것!

흔흔

Contents

Contents

prolog

🏀 슈팅을 주제로 <왼손은 거들 뿐>이라는 제목을 붙였다. 사실 처음부터 책 제목을 이렇게 정한 건 아니었다. 농구 지인 황보 설 심판이 나와서 보게 된 JTBC예능프로 <언니들이 뛴다 마녀체력 농구부>를 보며 출연진들이 농구는 잘 몰라도 "왼손은 거들 뿐"이라는 대사를 알고 있는 것이 신기했다. <언니들이 뛴다 마녀체력 농구부>의 출연진들은 농구에 대한 지식과 경험이 전무했다. 그 중 허니제이와 박선영 아나운서는 "농구는? 왼손은 거들 뿐?"이라는 슬램덩크 명대사를 언급했다. 또한 예능인 하하의 아내인 가수 별은 "남편이 가르쳐 준 것은 왼손은 거들 뿐이다"라며 다시 한번 폭소를 자아냈다. 결국 말 그대로 그들은 재밌는 만화로 농구를 접해 본 것이다. 마침 양준민 작가로부터 연락이 왔는데 "왼손은 거들뿐이라는 제목으로 바꾸는게 어떨까요?"라고 제안을 했다. 나는 "당연히 좋습니다!"라고 화답하며 제목을 변경했다.

<슬램덩크>는 90년대 최고의 만화이자 농구교본 같은 존재다. 북산은 도내 결승리그에서 도내 최강 해남에 패한다. 강백호는 농구에는 완전 초보라 마지막 순간 패스미스를 하며 그대로 패하고 만다. 결국 이 패배는 자신에게 필요한 골밑슛을 장착하게 되는 계기가 되었다. 그리고 북산은 전국대회로 가는 마지막 한자리를 위해 능남과 마지막 경기를 치루는데, 강백호는 인생 첫 골밑슛을 성공시킨다. 결국 북산은 어렵게 능남을 꺾고 전국대회에 진출한다. 그 경기에서 강백호는 미들레인지 점프슛의 필요성도 깨닫게 되고 30,000개 슛 연

습을 하게 된다.

그렇게 단기간에 슛을 연습한 강백호는 전국대회에서 전국최강 산왕공고를 만나서 마지막 순간까지 접전을 펼친다. 또 다른 주인공 서태웅이 마지막 순간 해결사로 나서려 할 때, 서태웅 귓가에 조용하게 들리는 강백호의 "왼손은 거들 뿐"이라는 목소리. 그렇게 강백호는 서태웅의 패스를 받아 자신이 연습한 미들레인지 점프슛을 위닝샷으로 성공시킨다.

이 책을 기획하기 전, 농구 커뮤니티인 I LOVE NBA, NSB 농심카페, 스포츠잡 알리오, 안암골 호랑이 등을 통해 수요조사를 했다. 전문성을 띈 수요조사는 아니고 가볍게 재미로 한 조사였는데 450명 이상이 참여했다. 특히 '슛을 발전시키려면 어떻게 해야 하나?'라는 질문에 달린 가장 많은 답변은 노력, 재능보다 '재미'였다. 나 역시 중학교 시절 농구가 재미있어 온종일 농구만 했고 지금도 농구가 좋다. 내가 직접 재미를 줄 순 없지만, 농구를 좋아하는 사람들은 농구 얘기만으로도 시간 가는 줄 모른다. 그래서 농구에 대한 풍성한 이야기를 담은 책을 만들어 봐야겠다고 결심했다.

또한 나 혼자하기엔 생업이 있어 쉽지 않을 것 같았다. 그래서 평소에 가장 좋아하는 회사 브랜드 이름을 생각했다. 한국 스포츠 마케팅에 큰 영향력을 주고 있는 스포츠 마케팅 회사 WAGTI(대표: 강정훈)였다. WAGTI의 뜻은 "We Are Greater Than I"다. 이 뜻을 가지고 팀을 모았는데, 생업들이 있다보니 생각보다 쉽지 않았고 결국 양준민 작가와 둘이 진행하게 되었다. 양준민 작가는 NBA칼럼니스트 활동을 하며 네이버에 NBA칼럼을 연재했었고, 해박한 농구지식이 있는 기자였던 터라 나도 항상 그의 칼럼을 재밌게 읽었다. 그래서 양준민 기자에게 연락했고, 결국 함께 이 책을 집필하게 되었다. 내가 책의 전반적인 방향성과 내용 기획을 했다면, 양준민 작가는 섬세함과 꼼꼼함을 더했다. 집필 기간 중 내가 아르헨티나에 파견 나와 있고 양준민 작가는 한국에 있다보니 12시간 시차로 인해 어려움도 있었다. 하지만 서로 이해하고 맞춰나가면서 집필을 마무리할 수 있었다. 확실히 '나'보다 '우리'가 더 위대함을 느꼈다.

국내 농구 서적 대부분은 농구교본인 게 현실이다. 그래서 미국, 스페인에 가면 다양한 농구 서적들이 있는 게 부럽기도 했다. 난 이 책이 농구를 사랑하는 사람들과 농구에 입문하는 사람들에게 슛에 대한 스토리를 전하고, 재미를 전하면 좋겠다. 또한 이 책이 어떠한 정답을 전달하는 게 아니라 이 책을 통해 다양한 농구 스토리가 파생되면 좋겠다. 농구를 좋아하는 사람이라면 농구 이야기만 해도 시간 가는 줄 모른다. 실제로 추승균, 김보미, 주희정, 문경은, 조성민, 김민구, 방성윤 등과 인터뷰할 때 인터뷰 소요 예정시간은 1시간이었지만 막상 농구 이야기를 나누다보니 평균 2~3시간은 족히 걸렸다.

이 책에는 수십 명의 농구인들과 인터뷰하며 들은 다양한 의견과 경험들을 담았다. 또한 직접 인터뷰하지는 못했지만 수많은 NBA레전드들에 대한 다양한 스토리를 알차게 담았다. 저자로서 바라는 게 있다면, 이 책을 읽은 독자들이 농구를 주제로 밤새 대화를 나누었으면 한다. 그리고, 이 책을 읽은 후 가뿐한 마음으로 슛을 던지러 농구코트를 찾아간다면 더욱 좋겠다.

2023년 6월
박치영

1쿼터

농구의 기본은 '슛'

슛이 없인 농구도 없다

슛이 없인 농구도 없다,
농구는 결국 골을 넣는 스포츠

🏀 농구는 1891년 제임스 네이스미스 박사에 의해 고안된 후 끊임없이 발전을 거듭해왔다. 초기에는 지금처럼 격렬한 몸싸움 없이 그저 바구니에 공을 던져 넣던 것에 불과했다. 그러다 1894년, 처음으로 농구공이 만들어졌고, 바구니에 넣은 공을 다시 빼는 불편함을 없애기 위해 림이 고안되며 서서히 틀을 잡아갔다. 학교 체육으로 시작해 생활 체육으로 범위를 넓혀간 농구는 1946년 NBA 리그 설립을 시작으로, 본격적인 프로화에 돌입했다.

리그 설립 후 NBA는 농구 인기를 끌어올리기 위해 1979-1980시즌 3점 슛을 도입, 팬들에게 재미를 주기 위한 제도 개선에 힘쓰는 등 그간 농구 인기 향상을 위해 꾸준히 노력해왔다. 농구가 가진 장점인 속도감과 박진감의 극대화가 목표였다. 이를 위해 NBA 사무국 뿐 아니라 선수와 코치들도 끊임없이 농구 기술과 전략·전술을 연구하는 등 많은 이들이 농구 발전을 위해 노력하고 있다.

NBA와 농구는 1980년대 매직 존슨과 래리 버드가 라이벌 구도를 형성하고, 밋밋했던 승부의 세계에 스토리가 첨가되면서 인기를 끌기 시작했다. 1990년대는 마이클 조던의 등장과 함께 농구가 본격적으로 전 세계에 영향력을 끼친 시기다. 농구는 몰라도 조던이 누군지는 알 정도로, 조던의 등장은 농구의 세계화에 지대한 공헌을 했다. 2000년대에도 코비 브라이언트와 르브론 제임스 등 수많은 슈퍼스타가 등장해 지구촌 팬들을 농구의 매력으로 끌어들였다. 이어 2010년대 중반, 골든스테이트 워리어스의 우승을 기점으로, 빠른 공수 전환과 공간 활용이 트렌드로 자리를 잡은 농구는 지금도 미국과 전 세계를 포함한 수많은 농구 팬의 사랑을 받고 있다. 해외선 미국 4대 프로 스포츠 중 하나인 MLB·NFL·NHL의 인기를 다 합쳐도 NBA를 절대 못 이긴다는 말이 나올 정도다.

이처럼 현재 농구와 NBA가 누리고 있는 인기는 한순간에 거저 얻은 것이 아니다. NBA 사무국은 대내적으로 조던을 시작으로, 코비 브라이언트와 르브론 제임스, 스테판 커리 등 리그를 대표하는 스타 만들기에 힘써왔다. FA 제도와 파울 제도를 정비하는 등 경기 외적인 질적 향상에도 노력했다. 그 결과, 계속해 성장을 거듭한 NBA는 어느새 리그에 소속된 선수들의 평균 연봉이 미국 4대 스포츠 중 압도적인 1위를 차지할 정도로 성장했다. 미국 내 영업 이익도 MLB가 내는 이익의 2배를 뛰어넘은 지 오래다. 아담 실버, 現 총재 취임 이후 중국의 홍콩 인권 탄압 등 비상식적 행동에 눈을 감고, 목소리를 내지 않는 등 그저 스포츠를 돈벌이에 이용한다는 비판을 듣기도 했지만, 그가 오랜 시간 광고부터 브랜드 파트너십, 농구용품 판매까지, 사업을 확대해 농구란 브랜드의 상품 가치를 높이기 위해 노력한 것도 사실이다. 특별한 장비 없이 공과 골대만 있다면 장소와 시간에 구애받지 않고 농구를 즐길 수 있다는 손쉬운 접근성도 농구가 빠르게 대중화될 수 있었던 또 다른 이유다.

이렇게 오랜 시간 발전을 거듭해온 농구지만 시간이 지나도 변하지 않는 진리가 있다. 바로 '슛이 없이는 농구도 없다'는 것이다. 농구는 야구와 축구와 달리 무승부도 없을 뿐더러 승부차기, 승부치기 등도 없다. 축구에서는 수비가 월드컵 우승을 만들 수 있다고 하지만 농구에서의 수비는 그 느낌이 다르다. 오히려 팬들의 지루함을 불러일으킬 수 있기 때문이다. 끈끈한 조직력과 수비를 무기로 한 샌안토니오 스퍼스가 파이널에 올랐을 때마다 TV 시청률이 전과 비교해 현서히 떨어진 것이 이를 설명해주는 이유 중 하나다. 무조건 경기 종료 기준 스코어가 상대 팀보다 많아야 이기는 스포츠가 농구다. 정리하자면 농구는 슛을 통해 득점할 수 있고, 나아가 경기에도 이길 수 있기에 뭐니뭐니 해도 슛이야말로 가장 중요한 부분이라 할 수 있는 것이다.

물론 패스나 드리블 등도 농구를 구성하는 중요한 요소다. 패스는 단체 스포츠인 농구에서 공격을 만들어갈 때 필수적인 요소다. 정확한 패스는 공격 전개 과정에서 턴오버를 줄이면서 동료에게 손쉬운 득점 찬스를 만들어줄 수 있다. 때로 풀코트 프레스 등 상대의 압박 수비를 빠져나오기 위해선 유기적인 패스가 필요하다. 볼 핸들링도, 농구선수라면 기본적으로 갖춰야 할 요소다. 농구는 공을 가만히 들고 서 있는 채로 하는 운동이 아닌 볼을 튀기면서, 코트 곳곳을 끊임없이 뛰어다니는 운동이다. 안정적인 볼 핸들링 기술이 없다면 직접 공을 가지고 상대 코트로 넘어갈 수 없고, 인사이드 돌파를 통해 플레이를 펼치는 것도 불가능하다. 리바운드도 공격의 시작점이다. 농구에서 수비의 완성은 수비 리바운드란 말이 있다. 아무리 슛이 좋은 팀이라도 계속해 상대에게 공격 리바운드를 헌납해 공격 기회를 내준다면 승리할 수가 없다. 최근 스몰 라인업이 농구 트렌드를 주도하고 있음에도 많은 팀이 리바운드 단속에 신경을 쓰는 것도 이 때문이다.

다시 슈팅 이야기로 돌아와보자.

팀에 뛰어난 외곽 슈터들이 많다면 3점 슛 라인 근처로 수비가 집중되면서 인사이드가 수비가 헐거워지는 등 상대 수비벽에 균열을 낼 수 있어 효율적인 공격이 가능하다. 외곽 수비는 인사이드 수비보다 더 많이 움직여야 하기에 체력적으로도 상대 수비를 괴롭힐 수 있다. 반대로 선수가 슛이 없다면 매치업 상대가 그 선수를 버려두고, 다른 선수에게 도움 수비를 들어가는 등 슛이 더 좋은 동료 선수에게 수비 부담을 안겨줄 수 있다.

이 때문인지 감독들 대부분은 좋은 리바운더보다 좋은 슈터에게 더 많은 출전 시간을 주는 경우가 많다. 그 예로 NCAA 대학 감독들은 신체조건이 나쁘더라도 슛 정확도가 좋은 선수라면 장학금을 주고 데려가는 경우가 많다. 슛이 정확한 선수는 오랜 시간 기용하지 않더라도 클러치 상황 등 승부처 때 기용해 상대 도움 수비를 유도하는 등 굳이 슛을 쏘지 않더라도 경기에 '차이'를 만들 수 있다는 이유에서다. 최근 농구 트렌드가 3점 슛과 함께 미드레인지 점퍼로 그 흐름이 바뀌면서 이와 같은 일이 잦아졌다. 수비와 리바운드는 전술로도 충분히 보강할 수 있으나 슛의 정확도는 그렇지 못하다는 점도 슈터들이 중용을 받는 또 하나의 이유다.

그렇다면, 훌륭한 슈터는 어떻게 만들어질까?

혹자는 위대한 슈터는 태어나는 것이 아니라 만들어지는 것이라 주장한다. 물론, 슛에 대한 타고난 감각은 어느 정도 타고 나야 하는 것이기 때문에 훈련'만'으로 길러질 수는 없다. 그러나 동료와 상대 수비 위치를 파악하면서 슛찬스를 만드는 것은 경기와 플레이에 대한 분석 및 경험이 쌓이며 일정한 레벨에 도달하는 것이 충분히 가능하다는 주장도 존재한다. 한편, 슛 정확도는 혼자만의 연습으로 충분히 끌어올릴 수 없다. 경기와 같은 실제 상황을 만들어 슛 연습을 하는 것은 결코 혼자서는 할 수 없는 부분이기 때문이다. 파트너와 함께 연습하면서 파트너의 성향을 파악한다면 더 좋은 패스를 받아 슛을 쏠 수도 있다. 동시에 감독, 코치, 동료 선수들의 피드백을 받아 슛 폼 등을 수정할 수도 있는 등 슛은 분명 농구에서 승리를 가져다주는 가장 중요한 요소이다. 또한 슛은 조직력이 생명인 농구에서 함께 훈련함으로써 팀 워크를 더 강하게 만들어주는 커뮤니케이션 수단으로도 작동할 수 있다.

허나, 단순히 슛만 잘 쏜다고 해서 좋은 슈터가 되는 것은 아니다. 슛이 어느 정도 정확도를 갖췄다면 더 많은 슛을 쏘기 위해서 볼 없는 움직임을 익혀야 한다. 그다음에는 동료의 도움이 없이도 스스로 공간을 창출하는 방법까지 익혀야 상대 견제를 받는 좋은 슈터가 될 수 있다. 농구에서 좋은 공격이란 상대 수비의 머릿속을 혼란스럽게 만드는 것이다. 돌파만 좋은 선수라면 조금 떨어져서 수비하는 새깅 디펜스로 공격수의 인사이드 돌파 공격만 막으면 된다. 그러나 슛과 돌파가 모두 좋은 선수라면 수비자로선 어떻게 수비를 해야 하는지 골치가 아플 수밖에 없다. 슛이 좋은 선수가 상대적으로 슛 페이크로 상대 수비를 속일 확률이 더 높다. 여기에 돌파 후 킥 아웃 패스 등 동료를 살리는 능력까지 갖춘 선수라면 공격에서 할 수 있는 것이 더욱 많아진다. 즉, 정확한 슛은 그저 단순히 득점을 올리고 승리하기 위한 수단이 아닌, 농구를 더 다채롭게 할 수 있도록 하는 수단이다.

> 호랑이는 죽어 가죽을 남기고,
> 농구선수는 은퇴 후 시그니처 슛을 남긴다.

이와 함께 슛이 시그니처 무브가 되면서 팬들에게 기억되는 선수들도 여럿 있다. 몇 가지를 살펴보면 NBA 올스타 전야제 행사 중 하나인 덩크 콘테스트만 봐도 슛 하나가 선수의 인지도를 어떻게 바꾸는지 잘 알 수가 있다. NBA는 1976년 덴버에서 열린 올스타 전야제에서 처음으로 슬램덩크 콘테스트를 개최한 후 지금까지 많은 인기를 얻으며 주목받고 있다. 사무국 측이 스타를 키우기 위해 특정 선수를 우승자로 지목했다는 비판을 듣는 등 최근 그 재미가 반감됐다는 이야기가 있으나, 슬램덩크 콘테스트를 통해 이름을 알리고, 자신감을 찾으면서 슈퍼스타로 거듭난 예가 있다.

그 예로 1988년 마이클 조던은 덩크 콘테스트에서 자유투 라인 슬램덩크를 성공, 지금까지도 사람들에게 회자되는 하이라이트 필름을 작성했다. 2000년 빈스 카터의 덩크 콘테스트도 역대 최고의 덩크 콘테스트 중 하나로 꼽는다. 운동능력이 좋고, 어깨가 유연한 카터는 당시 콘테스트에서 360도 역회전 윈드밀 덩크와 팔걸이 덩크로 유명한 허니딥 덩크로, 슬램덩크 대회의 인기를 최고조로 끌어올렸다. 잭 라빈도 슬램덩크 콘테스트를 통해 자신감을 찾고, 리그를 대표하는 슈퍼스타로 떠올랐다. 라빈은 애런 고든과 맞붙은 2016년 슬램덩크 콘테스트에서 자유투 라인에서 점프해 '비트윈 더 레그 덩크'를 선보이는 등 운동능력과 창의력을 더한 덩크들로 팬들을 열광시켰다. 마찬가지 라빈의 결승 상대인 고든도 폴더 덩크 등 고난도의 덩크를 성공시키며 흥행에 불을 지폈다. 연장 승부까지 갔던 두 사람의 덩크 콘테스트는 앞서 언급한 덩크 콘테스트와 함께 역대 최고의 덩크 콘테스트 중 하나로 꼽히고 있다.

　　카림 압둘 자바의 스카이 훅 슛도 대표적인 시그니처 무브로 꼽힌다. 훅 슛은 센터들이 즐겨 사용하는 무기로, 골대를 옆으로 둔 상태에서 공을 든 손을 위로 쏙 뻗은 후 던지는 슛이다. 훅 슛을 압둘 자바가 개발했다고 아는 이들도 많은데 본래 훅 슛은 조지 마이칸과 클리프 헤이건, 2명의 센터가 즐겨 쓰던 기술이다. 헤이건이 훅 슛을 던지는 것을 본 압둘 자바는 훅 슛을 연마하기 시작했다. 뒤에서 설명하겠지만 룰 개정으로 부득이하게 돌파구를 찾아야 했던 압둘 자바는 스카이 훅 슛을 개발해 리그 역사를 대표하는 센터이자, 위대한 스코어러가 될 수 있었다. 1984년 4월 5일, 압둘 자바가 윌트 체임벌린의 득점 기록을 넘어설 때 던진 슛도 다름 아닌 스카이 훅 슛이었다. 오닐은 압둘 자바의 스카이 훅 슛을 두고, "리그 역사상 가장 효율적인 무기"라고 칭한다. 최근 당시 경기 영상들이 고화질화 되면서 압둘 자바가 스카이 훅 슛을 던질 때 오프암을 사용한다는 논란이 있기는 하지만 압둘 자바의 스카이 훅 슛이 리그 역사에 한 획을 그었다는 사실은 그 누구도 부정하지 못한다.

　　핑거 롤이냐, 플로터냐 논란이 있지만 국내 농구 팬들에게 개똥슛으로 유명한 핑거 롤은 조지 거빈의 시그니처 무브다. 핑거 롤은 레이업과 달리 손가락을 활용해 공에 더 강한 회전을 주면서 공을 높게 올려 넣는 기술이다. 거빈은 핑거 롤이 자신이 개발한 무기가 아닌 그저 다른 선수들을 모방했을 뿐이라고 말한다. 거빈은 2017년 언론사와 인터뷰에서 "줄리어스 어빙은 자신만의 핑거 롤을 갖고 있다. 나의 영웅은 코니 호킨스다. 그는 큰 손을 가지고 있었고, 그 역시도 자신만의 버전을 가지고 있었다. 윌트 체임벌린도 핑거롤을 잘 활용한 선수였다. 나는 이 세 명의 남자들을 보면서 내 나름의 핑거 롤링 방법을 개발했다"는 말을 전하기도 했다. 거빈은 핑거 롤을 여러 방향으로 발전시켰고, 그 결과 리그를 대표하는 스코어러가 되어 정규리그 1,060경기를 뛰며 커리어 통산 26.595득점이란 기록을 남길 수 있었다.

이제는 가드 포지션 선수가 필수적으로 갖춰야 할 플로터의 대가는 토니 파커(포인트 가드)다. 플로터는 레이업과 슛을 쏘는 방식은 동일하지만 레이업 보다 슛이 올라가는 각도가 높고, 슛 타이밍까지 빨라, 센터들이 블록슛하기 어려운 슛이다. 이에 단신 가드들은 상대의 블록슛을 피하려 플로터를 개발해 던지기 시작했다. 혹자는 플로터를 파커가 개발한 것이라고 하나, 누가 먼저 플로터를 던지기 시작했는지는 불분명하다. 1950년대 보스턴 셀틱스의 밥 쿠지가 플로터를 처음 던졌다는 이야기와 함께 1930년대 스탠포드 대학의 행크 루이스티가 플로터를 처음으로 던졌다는 이야기도 있다. 파커도 처음부터 플로터를 던진 것은 아니다. 득점력이 뛰어났음에도 여전히 배가 고팠던 파커는 2005년 '티어 드랍'으로 불리는 자신만의 시그니처 무브를 선보이며 생애 첫 파이널 우승에 성공했다. 파커는 득점력을 높일 방안을 고심하던 중에 자신이 어린 시절 던졌던 플로터를 떠올렸다. 이전부터 파커를 관찰했던 마크 잭슨은 2001년 언론과 인터뷰에서 파커가 신인드래프트에 지명되기 이전인 1990년대부터 플로터를 던져왔다고 말했다. 파커는 스핀 무브에 이어 티어 드랍을 던지거나 순간 정지한 상태에서 양발로 서서 티어 드랍을 던지는 등 파커의 플로터는 상대 빅맨이 가장 두려워하는 슛이었고, 티어 드랍은 플로터를 지칭하는 대명사가 됐다.

Big Fundamental, 미스터 기본기란 별명을 갖고 있는 팀 던컨의 시그니처 무브는 뱅크슛이다. 던컨은 현역 시절 미드레인지 점퍼나 훅 슛 등 자신이 던지는 대부분 슛을 뱅크슛으로 마무리하는 것을 즐겼다. 알 호포드는 던컨의 뱅크슛에 대해 "던컨의 뱅크슛은 압둘 자바의 스카이 훅 슛 못지않게 위력적이었다. 그의 뱅크슛은 시그니처 무브, 그 이상이었다. 던컨은 이 뱅크슛을 통해 리그를 지배했고, 던컨이란 선수를 리그 역사상 가장 위대한 선수 중 한 명으로 만들었다"는 말을 전했다. 평소 연습벌레로 소문난 던컨은 대학 시절부터 뱅크슛 연습에 많은 공을 들였다고 한다. 웨이크 포레스트 대학 시절에 던컨을 지도했던 데이브 오돔 감독의 말에 따르면, 던컨은 1학년 때부터 훅 슛 등 여러 가지 슛을 뱅크슛으로 연습하면서 자신의 것으로 만들기 위해 노력했다 한다. 프로 입단 후에도 매일 팀 훈련을 시작하기 전 아침이나, 늦은 저녁에 코트에 남아 뱅크슛을 연마했다고 한다. 그 결과, 던컨은 커리어 동안 자신이 던진 슛의 60.4%를 뱅크숏으로 던지는 등 뱅크숏의 대명사가 될 수 있었다.

리그 역사상 자유투 성공률 80% 이상을 기록한 선수들을 나열하면 기록지가 수두룩할 정도로 자유투를 잘 던지는 선수들은 비교적 많다. 그러나 이들 중 자유투로 사람들에게 임팩트를 준 선수를 꼽으라면 그 선수는 아마 릭 베리일 것이다. 1965 신인드래프트를 통해 리그에 입성한 베리는 언더핸드 자유투란 독특한 슈팅 자세로, 많은 주목을 받았다. 베리는 고등학교 2학년 때부터 언더핸드 자세로 자유투를 던지기 시작했다. 이전에 원핸드 숏으로 던져도 자유투가 정확했으나, 완벽주의자였던 베리는 좀 더 높은 성공률로 자유투를 성공시키길 원했다. 언더핸드 숏은 할머니가 자유투를 던지는 모습 같다는 조롱을 듣는 등 자세를 이상하지만 정확도는 그 어느 자세보다도 정확하다. 원핸드로 던지는 것보다 자세를 익히기 쉽다는 점도 장점이다. 이에 베리는 선수 은퇴 후 자유투가 부정확한 선수들을 대상으로 자유투 강습에 나서는 등 언더핸드 자유투 자세를 대중화하기 위해 노력했다. 특히 베리는 센터 포지션 선수들에게 언더핸드 자세를 가르치기 위해 노력했다. 손이 클수록 언더핸드 자세가 자유투에 유리하다는 이유에서였다. 하지만 베리와 달리 우스꽝스러운 자세를 부끄러워했던 선수들은 베리의 수업을 거절하는 등 언더핸드 자세의 대중화를 꿈꿨던 베리의 꿈은 무산되고 말았다.

이처럼, 슈팅에 대한 이야기는 밤새워 이야기해도 끝낼 수 없을 정도로 무궁무진하다. 이 책을 손에 쥔 당신이 농구팬이라면, 가슴에 담겨 있는 위대한 슈팅 장면이 최소 서너 개는 있지 않을까? 계속해서 슈팅에 대한 흥미로운 썰을 풀어보겠다.

숏은 어떻게 던져야 할까?

🏀 결론부터 말하면 숏을 던지는 방법에는 '왕도'가 없다. 게다가 필자는 선수 출신이 아니다. 동호회 농구에서 이름을 날리는 것도 아니다. 그러므로 이 글을 쓰기 위해서 국내·외 수많은 자료를 참고할 수밖에 없있다. 책의 부제는

'슛을 어떻게 던져야 하는지 방법을 제시하는 것'처럼 보이지만 슛을 던지는 것에 대해 여러 이론이 있다는 관점으로 접근하는 것이, 글을 이해하는 데 더 도움이 될 것이다. 농구를 아예 모르는 사람이 본다면 이 부분의 내용을 다 이해하기 어려울 수도 있음을 미리 전하고 싶다.

각설하고, 본론으로 들어가자면 혹자는 슈팅의 완성을 올바른 자세가 아니라, 자신감과 같은 정신 상태를 꼽는 등 정확한 슛을 던지기 위해 여러 방법을 제시하고 있다. 심지어 '과학'을 슛에 적용하는 이도 있다. 그 예로 美 크레이튼 대학 물리학 교수인 긴타라스 두다 박사는 정확한 3점 슛을 쏘기 위해서는 공이 손에서 떠날 때의 각도가 33도일 때 가장 이상적이라는 내용의 발표를 내놓은 바 있다. 이와 함께 3점 슛 라인을 기준으로, 시속 20마일과 초당 2회 회전의 속도를 줄 때 3점 슛을 완벽하게 성공시킬 수 있다고 주장한다. 슛의 성공에 있어 공의 스피드가 가장 중요하다고 여기는 두다 박사는 볼의 스피드가 단순히 빠르기를 의미하는 것이 아닌 슛의 이동 거리를 의미하는 것이라 주장하면서 거리에 따라 슛을 던졌을 때 볼 스피드를 달리해야 한다고 주장한다. 이를 위해 두다 박사는 슛을 던질 때 들어가는 하체 힘을 강조하는 등 힘이 강할수록 높은 타점과 빠른 스피드로 공을 보낼 가능성이 높아져 슛 정확도 향상에 도움이 될 수 있다고 말한다. 선수 출신이 아닌 두다 박사는 레이 앨런의 3점 슛을 물리학에 대입, 앨런이 가장 높은 타점에서 슛을 던졌을 때를 분석하여 이 결론을 도출했다고 한다.

슛을 던질 때 '백스핀'을 넣는 것이 중요하다고 말하는 이도 있다. 농구선수들이 슛을 쏠 때 공에 스핀을 넣는 것은 공중에서 받는 마찰력을 줄이기 위함이라고 한다. <농구의 물리학>이라는 책의 저자인 존 폰타넬라는 손에서 공을 놓을 때 백스핀을 주는 것이 공을 공중에서 가능한 한 가장 느린 속도로 움직이게 한다고 주장한다. 백스핀을 받은 공은 스핀이 전혀 없는 샷, 일명 '너클 볼'에 비해 들어갈 확률이 높다고 말한다. 여기에 더해 림이나 보드에 맞았을 때 역시 순간적으로 에너지를 잃고 바운드로 튀어 림으로 들어갈 가능성이 더 크다고 주장한다. 폰타넬라는 "바운드로 들어가는 공을 두고, 혹자는 행운이라고 말한다. 그러나 이는 운이 아닌 백스핀이 공을 부드럽게 만들었기 때문에 만들어진 현상이다. 운도 작용하겠지만 이를 무조건 행운의 샷이라고 말하기에는 무리가 있다"는 말로 자신의 주장에 논리를 더하고 있다.

슛을 시작할 때 필요한 주문, 'BEEF'

이처럼 슈팅에 대한 여러 가지 관점들이 존재한다. 혹시, 'BEEF'라는 말을 들어보았는가? 미국에선 슛을 시작할 때 필요한 요소의 4가지로, Balance·Eye·Elbow·Follow Through를 제시, 앞글자를 따서 'B.E.E.F'라고 부른다. 이는 미국 농구 국가대표팀 소속 코치들이 2010년 농구 캠프를 개최하면서 유소년을 비롯해 슛을 처음 시작하는 사람들에게 도움을 주고자 고안한 방법론이다. 국내 몇몇 유소년 농구 교실 중에서도 이 공식을 토대로 슛 던지는 방법에 응용하고, 발전시켜 실제 훈련에 적용하는 곳이 있는 것으로 알고 있다.

먼저 Balance는 균형이라는 뜻에서 알 수가 있듯, 패스를 받을 때 자세의 중요성을 강조하고 있다. 패스를 받을 때 무릎을 구부리는 것보다 발을 어깨너비로 벌리고 패스를 받는 자세가 바로 슛을 던지기 쉽다고 말한다. 이때 오른쪽에서 슛을 던져야 하는 경우, 오른발이 아닌 왼쪽 발에 힘을 더 주면서 슛이 올라가면, 균형을 잃지 않고, 쉽게 슛을 던질 수 있다고 말한다. 반대로, 왼쪽에서 슛을 던질 때는, 오른발에 더 힘을 줘야 한다고 말한다. 다만 이는 기본적인 방법일 뿐, 슛을 던질 때 발을 어떻게 해야 하는지는 코치마다 가르치는 방법이 다르나, 대부분은 슈팅 핸드와 발이 향하는 방향이 달라야 슛을 던지기 쉽다고 말한다.

Eye는 슛을 던질 때, 그리고 던지고 나서 어디를 봐야 하는지를 언급하고 있다. 우리가 흔히 슛을 던질 때, 림 앞쪽이나 뒤쪽을 보면서 쏴야 한다는 말이 여기에서 나온 말이다. 이 이론은 평소 슛을 던졌을 때, 림 뒤쪽을 많이 맞는다면 림의 정면을 겨냥해 슛을 던져야 할 것이고, 반대로 림 앞쪽으로 많이 향한다면, 뒤쪽을 겨냥해 거리를 조정해야 한다는 것을 의미한다. 여담으로 스테판 커리는 슛을 던질 때, 이 두 곳이 아닌 림 가운데를 조준해 던진다고 한다. 이와 함께 슛을 던지고 난 후에는 그저 공이 날아가는 것을 보고만 있는 것이 아니라 다음 동작을 준비해야 한다는 것 역시 Eye가 가지는 또 다른 의미다.

Elbow는 팔꿈치 각도를 의미한다. 미국에선 슛을 던질 때 팔꿈치가 밖으로 튀어나온 것을 두고, '치킨 윙(Chicken Wing)'이라 부른다. 그 모습이 마치 닭 날개와 비슷하다고 해서 붙은 이름이다. 치킨 윙이 만들어지면 슛 자세가 불안정해지고, 자신이 원하는 방향으로 슛을 쏘기가 어려워진다. 이에 슛을 던질 때 팔꿈치 각도는 최대한 90도를 유지하면서 몸과 일직선이 돼야 한다. 정확한 팔꿈치 각도를 만들기 위한 연습 방법으로는 벽을 이용하는 방법이 있다. 슛을 던지는 자세를 취하면서 벽에 팔꿈치를 닿게 해 팔꿈치 각도를 90도로 만들도록 하는 것이다. 이때 팔뚝과 손을 벽에 평평하게 대고, 팔 전체를 곧게 펴지 않는 것이 중요하다. 실제 슛을 던질 때는 공을 가슴과 턱 아래 가까이에 붙이고, 슈팅 핸드를 볼 아래로 향하게 만든다면 팔꿈치 각도를 90도 만드는 데 도움이 된다고 한다.

마지막으로 Follow Through는 슛을 쏜 후 슈팅 핸드를 끝까지 유지하는 것을 말한다. 이때 팔과 손을 일직선으로 만들면서 림과도 일직선이 되는 것이 중요하다. Follow Through가 잘 이루어졌을 때, 미국에선 이를 두고, 'Cookie in the Cookie Jar'라고 하는데, 그 모양이 마치 손을 위로 뻗어 쿠키 병에 있는 쿠키를 꺼내는 것과 같다는 뜻에서 붙인 말이다. 무엇보다 Follow Through가 중요한 이유는, 이 동작이 공의 회전과 관련이 있기 때문이다. 손목과 손가락을 이용해 공에 회전을 많이 줄 수 있다면 그만큼 슛이 림을 통과할 가능성이 커진다. 이론상으로는 쉬울 것 같지만 실제 코치들이 슛을 가르칠 때 가장 안 지켜져서 애를 먹는 부분이 바로 Follow Through라고 한다.

슛으로 향하는 10단계

위의 4가지 방법은 어디까지나 슛을 시작하기 위한 기본적인 방법일 뿐, 훌륭한 슈터가 되기 위해선 여러 단계가 더 필요하다. 첫째로, 실전 상황에서 정확한 슛을 쏘기 위해선 패스가 오기 전부터 슛을 쏠 준비를 하는 것이다. 미국 대학 농구계에서 코치로 잔뼈가 굵은 故 돈 마이어 코치는 "슛을 빨리 쏘는 것이 아닌 빨리 쏠 준비를 하는 것이 더 중요하다"고 선수들에게 강조했다고 한다. 이를 위해선 공을 받기 전에 무릎과 엉덩이를 약간 구부려, 슛을 올라가는 시간을 줄여야 한다. 이와 함께 평소 패스를 주는 선수들과 자주 소통하면서 본인이 어떤 타이밍에 패스를 받아야 슛으로 빨리 올라갈 수 있는지 상의하는 등 슛이 올라가는 데 걸리는 시간을 최대한으로 줄여야 한다고 조언한다.

두 번째로 손에 공이 들어왔을 때는 재빠르게 정확히 손의 위치에 농구공을 놓는 습관이 중요하다. 슛 핸드는 농구공 아래나 뒤에 있어야 하고, 이를 받치는 밸런스 핸드는 농구공 가까이에 두면서 슈팅 핸드 엄지와 밸런스 핸드 엄지가 'T'자를 이루도록 해야 한다. 이와 동시에 슈팅 핸드와 밸런스 핸드의 손바닥이 농구공에 닿게 하면서 손가락도 넓게 펼쳐야 좋은 슛을 던질 수 있다. 농구공을 받음과 동시에 손 모양이 빠르고, 자연스레 이뤄질 수 있도록 평소 반복된 연습을 하는 것이 중요하다. 이때 자신도 모르게 밸런스 핸드에 힘을 주는 경우도 발생하는 데, 밸런스 핸드는 어디까지나 농구공의 측면을 평평하게 받치는 역할만을 할 뿐이지. 힘을 주게 되면 균형이 깨질 수도 있다.

슈팅을 던지는 데 있어 3번째로 주의해야 할 점은 바로 '슈팅 밸런스'를 잡는 것이다. 래리 버드도 "좋은 슈터가 되는 비결은 다름 아닌 밸런스다. 모든 것은 밸런스를 따른다(The key to being a good shooter is balance. Everything follows balance)"는 말로 균형을 강조한 바가 있다. 슛 밸런스를 잡는 데 있어선 상체 움직임과 함께 발의 위치가 중요하다. 균형을 잡기 위해선 우선 어깨너비보다 약간 좁게 발을 벌려야 한다. 발과 발 사이 거리가 너무 좁으면 슛을 시도할 때 균형을 잡기가 어렵고, 반대로 거리가 너무 넓으면 공을 들어올리는 것에 어려움이 생긴다. 발 위치 또한 중요한데, 오른손으로 슛을 던지는 경우, 오른발을 약간 앞으로 빼고, 왼손으로 던지는 경우, 왼발을 약간 앞으로 빼면 밸런스를 잡는 데 도움이 된다. 이때 앞으로 뺀 발의 위치는 오른손잡이의 경우, 발을 왼쪽으로 실쩍 돌려 11시 방향에, 왼손잡이는 발을 오른쪽으로 살짝 돌려 1시에 방향에 위치하도록 한다. 양발에 무게를 균등하게 배분하는 것도 필요하다.

자세를 교정했다면, 슛 릴리즈를 어디에서 시작해야 빠르고 정확하게 올라갈 수 있는지 그 지점을 찾는 것이 중요하다. 여기에도 정답은 없다. 스테판 커리는 오른쪽 이마에 맞춰 슛이 올라간다. 클레이 탐슨은 그보다 좀 더 위인 이마 가운데보다 조금 더 높은 위치에서 슛을 시작한다. 케빈 듀란트는 슈팅 핸드가 아닌 밸런스 핸드 쪽 이마에서 슛 릴리즈를 시작한다. 보통은 이마 가운데나 몸 중앙에서 슛 릴리즈를 시작하는 경우가 많다. 하지만 일부 선수들은 그보다 아래쪽에서 슛이 올라가는 것이 리듬을 타기 더 쉽다고 말하기도 한다. 본인에게 최적화된 슛 릴리즈 시작점을 찾았다면 계속된 반복 연습을 통해서 자연스레 슛 릴리즈 시작점에서 슛을 시작할 수 있도록 연습해야 한다.

슛 릴리즈 시작점을 잡았다면 다음은 림 어디를 겨냥해 던질지를 설정해야 한다. 미국에서 유소년 농구 코치로 활동 중인 트레버 맥린은 슈팅 코치를 대상으로 선수들에게 슛을 쏠 때 어디를 보게 하는지, 설문조사를 한 바가 있다. 모든 코치가 제각각의 대답을 내놓았다. 이에 맥린 코치는 코치들의 설문을 종합해 결론을 내렸는데, 그 결론은 슛을 쏠 때 림 어디를 보고 던져야 할지는 본인 스스로가 편한 위치를 찾아야 한다는 것이었다. 맥린 코치는 림 앞쪽 중앙, 림 뒤쪽 중앙, 네트의 앞쪽 끝, 림 전체 중 한 곳을 선택해야 한다고 말한다. 대부분은 슛을 몇 번 던져보고 안 들어가면 겨냥한 위치를 바꾸는 경우가 많은데, 오히려 역효과가 날 수 있다고 한다. 처음에 들어가지 않았다고 해서 포인트를 바꾸는 것이 아닌, 계속해 슛을 던져보면서 본인에게 가장 편한 포인트를 찾은 후 익숙해지도록 계속 연습하는 것이 더 중요하다고 조언했다.

슛을 던질 때 손목 주름을 정확히 만드는 것도 중요하다. 여기서 말하는 손목 주름은 슈팅 핸드가 뒤로 최대한 젖혀졌을 때 만들어지는 주름을 의미한다. 유소년 선수들이나 처음 농구를 배우는 사람들이 많이 겪는 문제 중 하나가 슈팅 핸드의 손목을 곧게 세우고 슛을 던지는 것이다. 손목을 곧게 세우고 슛을 던지게 되면 공을 위로 밀면서 스핀을 주는 게 아닌 림 쪽으로 밀면서 슛을 던지게 되기 때문에 그 확률이 떨어진다. 슈팅 핸드에 손목 주름을 만들기 위해선 허리를 조금 굽히면서 90도 가깝게 손목을 굽히는 훈련이 필요하다. 손목 주름이 중요한 이유는 손목을 곧게 펴서 던지게 되면 손에 힘이 더 들어가게 되고 슛에 있어서 중요한 요소인 백스핀도 적게 걸리기 때문이다.

이와 함께 슛으로 올라가면서 몸을 올릴 때는, 슈팅 팔의 팔꿈치가 농구공 바로 아래를 향하도록 해야 한다. 이를 위해서는 상완과 하완이 'L'자형을 형성하고, 손목을 90도 뒤로 구부려야 한다. 이렇게 하면 림까지 일직선으로 슛을 쏠 수 있고, 백스핀도 잘 걸릴 수 있다. 슛을 던지면서 팔꿈치가 흔들리는 선수들은 농구공을 똑바로 쏘지 못하기에 왼쪽이나 오른쪽으로 빗나가기 일쑤라 팔꿈치 위치도 슛을 쏘는 데 있어 중요하다. 맥린 코치는 팔꿈치가 흔들리지 않게 하려면, 발가락에 힘을 주면서 팔꿈치를 가슴 쪽으로 당겨주는 훈련이 필요하다고 조언한다.

슛을 제대로 던지기 위해선 앞서 언급한 과정들이 일정한 리듬으로 자연스레 이뤄질 수 있도록 반복해서 연습하는 것이 중요하다. 실수하지 않기 위해 마지막까지 팔로우 스루를 최대한 유지하는 것도 중요하다. 앞에서 올바른 자세가 잡혔다면 슈팅 핸드의 팔꿈치는 농구공을 어깨높이를 지나 위로 들어 올릴 때 위로 곧게 펴질 것이다. 볼을 정확한 각도로 공중으로 쏘고 있는지 확인하기 위해서는 슈팅 핸드의 팔꿈치가 눈썹 옆에서 마무리되는지 잘 살펴보도록 한다. 슛 타점이 최고조에 도달했을 때는 손목을 림 방향으로 꺾어 손가락이 땅을 향하도록 한다. 이 자세는 백스핀을 만들며 부드러운 슛을 만들어 낼 것이다. 동시에 밸런스 핸드가 농구공을 건들지 않도록 해야 한다. 농구공을 만지는 마지막 두 손가락은 슈팅 핸드의 검지와 가운데인 중지가 되어야 한다.

자신감, 슛을 완성하는 또 하나의 요소

슛이 좋은 선수들 대부분이 어느 정도 슛에 대한 자신감이 있어야 확률 높은 슛을 쏠 수 있다고 말한다. 혹자는 슛에 대한 그들의 자신감을 타고난 재능이라고 말한다. 하지만 많은 전문가와 트레이너들은 자신감도 연습을 통해 만들수 있는 기술과 같다고 말한다. 이들은 슛에 대한 자신감을 쌓는 방법으로 '연습'과 '긍정적인 마음가짐', 그리고 '실수로부터 배우는 것'이라고 말한다.

이들은 만약 규칙적으로 슛을 연습하는 데 많은 시간을 할애한다면, 슛을 던질 때 근육 기억력을 발달시킬 뿐만 아니라, 슛을 성공시키면서 자신감을얻을 것이라 주장한다. 연습을 통해서 형성된, 슛을 성공시킬 수 있다는 자신감이 실제 경기에서 정확한 슛을 던질 수 있다는 자신감으로 이어진다는 것이다. 슛에 대한 자신감을 키우기 위해선 체계적인 연습 루틴이 필수다. 체계적인 연습은 여러분이 무엇을 잘못하고 있는지, 여러분이 더 많은 슛을 하는 것에 있어어떤 부분이 부족한지를 알게 해줄 것이고, 슈팅 기술을 교정할 수 있도록 도와줄 것이다.

연습도 중요하나 슛에 관해 부정적인 태도를 갖고 있다면 자신감을 기르는 것이 어려울 수도 있다. 슛을 쏠 때마다 부정적인 생각을 하게 되면, 슛을 던질 때 긴장감을 가지고 슛을 쏘는 상황이 발생, 움직임에 영향을 미치며 기술적인 실수가 자주 발생할 수 있다. 긍정적인 마음가짐은 비단 농구만이 아닌 모든스포츠에서 필수적인 요소일 뿐만 아니라 다른 분야에서도 성공을 위한 필수적인 요소 중 하나다. 농구 실력을 발전시키기 위해서는 정신적으로 단련하고, 어떤 도전이든 긍정의 마인드로 접근해야 한다. 마찬가지 슛을 던질 때도 필요하지만 효과적인 훈련이 되기 위해선 훈련 때도 부정적인 생각을 덜 하고, 훈련 내용을 신뢰하면서 집중하도록 노력하는 것이 중요하다.

마지막으로 아무리 실력이 뛰어난 슈터라 할지라도 모든 슛이 골대 안으로 들어가는 것은 아니다. 다른 점이 있다면, 이들은 실수를 두려워하지 않고, 자신이 던진 슛이 뭐가 잘못됐는지 스스로 교정할 수 있도록 분석하고, 연습에 참고한다는 것이다. 실수로부터 배우는 것은 선수들이 자신이 슛을 던질 때 무엇이 잘못됐는지 스스로 바로잡을 수 있도록 도움을 줄 수 있다. 슛 연습 영상을 촬영하는 것도 이 때문이다. 슛 연습을 비디오로 촬영하면 그것을 검토해 실수를 고칠 수 있고, 더 나은 슛을 만들 수가 있다. 실수를 교정하면서 동시에 슛에 대한 자신감도 쌓을 수 있다는 것이 이들의 주장이다. 美 현지에서 슈팅 코치로 명성을 떨치고 있는 데이브 호플라도 자신이 가르친 모든 선수의 연습과 실제 경기의 슛 영상을 촬영해 피드백을 주는 것으로 유명하다.

악마는 디테일에 있다,
슛의 완성은 결국 연습 그리고 연습!

많은 선수와 코치들이 슛의 완성은 결국 '끊임없는 개인 연습'이 답이라 말한다. 팀 연습만으로 슛을 완성하기에는 무리가 따른다. 그도 그럴 것이 팀 연습에선 슛을 많이 던져봐야 25개에서 30개 남짓이다. 스테판 커리와 레이 앨런과 같은 엘리트 슈터로 성장하기 위해선 매주 1,500개 슛 성공을 목표로 개인 훈련을 해야 한다고 한다. 단순히 숫자만 본다면 어렵지 않은 것 같지만 이는 어디까지나 오픈 상황이 아닌 게임 상황을 설정해 성공시키는 숫자로, 실패한 슛까지 더해지면 실제로 슛을 던진 숫자는 더 늘어나게 된다.

그들이 개인 연습을 강조하는 이유는 기술 향상도 있으나 연습을 통해 평소 근육 기억력을 높이면 실제 경기에서 의식하지 않고도, 자연스레 슛을 쏠 수 있기 때문이다. 그 예로 마이클 조던은, "보통 프로 선수들은 하루에 8시간씩 슛 연습을 하는 경우가 많다. 하지만 선수들 모두 플레이하는 스타일이 다르다. 슛은 더더욱 그렇다. 선수 개인의 특성이 가장 많이 드러나는 부분이 슛이다. 선수들이 슛 연습을 하는 것만 봐도 플레이 스타일이 다르다는 것을 느낄 수 있을 것이다. 공통점이 있다면 어떤 훈련이 됐든 선수들 모두 근육 기억력을 기르는 쪽으로 훈련을 소화하고 있다는 점이다"는 말로 몸이 슛을 어떻게 던져야 하는지 기억하는 것을 강조하기도 했다.

골대 가까이에서 슛을 쏘는 것을 시작으로, 실전에 버금가는 훈련 강도까지, 슛 연습에도 '악마는 디테일이 있다'는 말이 통용될 정도로, 치밀한 계획을 요구한다. 농구 코치들은 몇몇 사람들이 슛 연습을 시작할 때 3점 슛부터 던지며 몸을 풀기 시작하는 데 이는 좋은 패턴이 아니라고 말한다. 최근 스테판 커리가 리그 최고의 선수로 발돋움하면서 이와 같은 상황이 더 두드러졌다. 사람들은 이를 '스테판 커리 증후군'이라고 부른다. 이들은 효율적인 슛 연습이 되려면 림 가까이에서 슛 연습을 시작하는 것이 중요하다고 주장한다. 근거리에서 슛연습을 시작하는 것은, 연습에 집중하면서 리듬을 찾을 수 있도록 도와주는 동시에, 골을 많이 넣음으로써 자신감을 쌓을 수 있게 도와준다. 스티브 커 감독도 "좋은 3점 슈터가 되고 싶다면, 골대 근처에서 좋은 슈터가 되는 것이 필요하다"는 말로 근거리에서 슛 연습을 시작하는 것의 중요성을 언급하기도 했다.

선수들이 평소 훈련 때 실전에 버금가는 강도로 훈련을 하는 것은 오픈 상태에서 슛을 던지는 것과 차원이 다르다. 농구 코치들은 오픈 상태에서 슛을 던지는 것이 근육 기억력 향상에 도움이 된다면, 실전에 버금가는 상황에서의 훈련은 '상황 기억력' 향상을 위해 필요하다고 주장한다. 이를 위해 훈련 파트너가 건네는 패스부터 세밀한 계획을 세우는 선수가 적지 않다고 한다. 실제 경기에선 패스가 다양한 방향과 각도에서 날아오는 등 연습과 달리 본인 입맛에 맞는 패스만 받을 수 없기 때문이다. 좋은 슈터가 되기 위해선 어떤 훈련을 하느냐가 중요한 것은 아니다. 게임 샷, 게임 속도, 게임 강도, 높은 반복, 적절한 기술, 그리고 연습을 할 때마다 세세한 부분까지 주의를 기울이는 것이 더 나은 슈터가 되도록 도와줄 것이다.

레지 밀러와 레이 앨런은 오픈 찬스를 만들기 위해 끊임없이 움직이며 공간을 창출했다. 클레이 탐슨은 리그에서 슛 셀렉션이 가장 좋은 선수 중 하나로 꼽힌다. 마이클 조던, 코비 브라이언트, 앨런 아이버슨, 스테판 커리는 상대 수비벽을 흔들기 위해 다양한 기술을 연마했다. 르브론 제임스는 다재다능함으로, 팀 던컨과 데이비드 로빈슨은 훌륭한 풋워크로 리그를 제패했다. 이렇게 플레이 스타일은 다르나 이들에게는 공통점이 있다. 그것은 체육관에서 몇 시간 동안 연습하고, 게임 상황에서의 풋워크와 슛을 모방하는 것으로 훈련을 시작한다는 점이다. 반복은 습관을 형성했고, 이 습관들이 결국에 그들만이 가진 시그니쳐 무브가 되는 등 어쩌면 '꾸준한 연습'이야말로 슛을 완성하는 왕도일지도 모르겠다.

너무 싱거운 결론인가? 그런데 정말 그러하다.

슈팅 명가, 커리 삼부자

🏀 KBL에 허재 삼부자가 있다면 NBA에는 커리 삼부자가 있다. 허재 삼부자의 경우 각기 다른 스타일의 플레이로 팬들의 많은 사랑을 받고 있다면, 커리 삼부자에게는 '슛'이란 공통된 플레이 스타일이 있다.

먼저 아버지 델 커리에 대해 알아보자. 델 커리는 1986년 유타 재즈 입단을 시작으로 2002년 토론토 랩터스에서 은퇴하기 전까지 정규리그 통산 1,083경기에서 평균 40.2%(1.1개 성공)의 3점 슛 성공률을 기록하는 등 당대를 대표하는 슈터였다. 1991-1992시즌을 시작으로, 1998-1999시즌까지, 8시즌 연속 평균 +40%의 3점 슛 성공률을 기록한 것이 이를 잘 보여주는 증거. 1998-1999시즌, 3점 슛 성공률 1위를 차지할 당시 기록한 평균 47.6%(1.6개 성공)의 성공률은 본인의 커리어-하이 기록임과 동시에 두 아들의 커리어 하이 기록보다도 높은 수치다. 현 리그 최고의 슈터라고 불리는 두 아들조차도 3점슛 성공에선 경이적인 기록을 쓰고 있으나, 아직 정규리그 3점 슛 성공률 1위를 차지한 적은 없다.

현역 시절의 델 커리는 엄청난 폭발력의 득점력을 가진 선수는 아니었으나 정교한 슛을 자신의 무기로 삼았다. 단순히 슈팅 능력만 좋은 것이 아니라 부족한 운동능력을 상쇄하기 위해 속공 상황에서 가장 먼저 달리거나 컷인, 동료의 스크린 활용 등 볼이 없음에도 끊임없이 움직이며 매치업 상대를 괴롭히는 것도 장점이었다. 스타팅이 아닌 주로 벤치 멤버로서 커리어를 이어간 델 커리는 1993-1994시즌, 정규리그 82경기에서 평균 26.5분 16.3득점(FG 45.5%)을 기록하는 등 대부분 기록에서 커리어 하이를 기록하며 올해의 식스맨까지 수상,

리그 역사를 대표하는 식스맨으로 평가받고 있다. 2019년 루 윌리엄스에 의해 깨지기 전까지 델 커리가 벤치 출전으로 통산 11,147점을 기록하며 올-타임 벤치 출전 통산 득점 1위에 이름을 올린 것이 그 증거다.

델 커리는 본인의 성공 요인으로, 타고난 재능이 아닌 '노력'과 '포기하지 않는 의지'를 꼽고 있다. 1964년 버지니아주에서 태어난 델 커리는 어린 시절, 농장 헛간에 설치한 농구 골대에서 연습하는 일이 잦았다고 한다. 5남매 중 막내로 태어난 델 커리는 낮에 가족이 모두 일을 나가고 없어 집에서 홀로 지내는 일이 잦았다. 이를 알게 된 그의 고등학교 코치가 자신이 소유한 농장 헛간에 델 커리만의 농구 골대를 만들어줬다고 한다. 델 커리는 "내가 슛을 익힐 수 있도록 도움을 준 사람은 고등학교 때 코치다. 그는 자신이 소유한 농장 헛간에 농구 골대를 만들어줬고, 내가 그곳에서 슛을 연마하도록 도왔다. 여기서 코치의 지도를 받아 올바른 슛 자세를 익히려고 노력했다"는 말을 전하기도 했다. 델 커리에 따르면 그는 매일 자전거를 타고, 15분 거리에 있는 농장 헛간에 들려 500개의 골을 넣을 때까지 슛 연습을 했다고 한다.

이렇게 고등학교를 거치면서, 졸업반 시절에 고등학교 최고 슈터로 성장한 델 커리는 버지니아 공대 진학 후 시련에 부딪히게 된다. 앞서 언급했듯 운동 능력이 부족했던 델 커리는 자신보다 체격이 큰 상대 수비에 막혀 고전하는 일이 잦았다. 이때 델 커리는 상대 블록을 피하는 방법으로, 빠른 타이밍에 슛을 쏘는 것의 필요성을 느끼며 이를 위한 연습을 거듭했다고 한다. 자신의 대학 시절에 대해서 델 커리는 "대학에 진학했을 당시, 나는 가장 빠른 선수가 아니었다. 또 가장 높이 점프하지 못했기에 더 많이 움직여야 한다는 것을 알았다. 무엇보다 그 움직임을 완성하기 위해선 그 누구보다 빠른 타이밍에 슛을 던져야 한다는 걸 깨달았다"고 전한다. 이렇게 고된 훈련을 거듭한 델 커리는 고등학교와 대학교를 거치면서 빠른 타이밍에 쏘는 슛과 정확성을 겸비한 슈터가 될 수 있었다.

이런 델 커리의 근성은 두 아들인 스테판 커리와 세스 커리에게 그대로 이어졌다. 아직 과학적으로 증명된 바는 없으나 스테판 커리·세스 커리 형제가 슛에 일가견이 있게 된 것에는 분명 유전적인 요인도 작용했을 것이라 사람들은 입을 모으고 있다. 두 사람의 여동생 시델 커리도 2017년까지 배구 선수로 활동한 경험이 있다. 이를 뒷받침하는 또 하나의 증거로, 두 형제의 어머니, 소냐 커리도 고등학교 시절 철인 3종 경기 선수였고, 대학 때 배구 선수로 활동했다. 뉴욕 포스트에 따르면 2019년, 커리 가족은 샬럿 지역 내 체육관에서 가족 파티를 열었고, 농구인 가족답게 팀을 나눠 슛 대결을 펼쳤다고 한다. 이때 델 커리와 짝을 이룬 소냐 커리는 하프 코트에서 슛을 성공시키는 등 범상치 않은 슈팅 감각을 보여줬다는 후문이다.

이미 레전드가 되어버린 선수, 스테판 커리

마찬가지 스테판 커리와 세스 커리도 아버지인 델 커리처럼 역경을 딛고, 지금의 자리에 올라섰다. 먼저 스테판 커리는 현재 NBA 리그 역사상 가장 많은 3점 슛을 성공시키며 최고의 3점 슈터이자, 최고의 선수 중 한 명으로 평가받고 있다. 하지만 매 시즌 종료 후 당해 시즌 슛 자세를 분석하면서 미묘한 약점이라도 고치려고 노력하는 등 본인의 자리를 지키기 위해 치열하게 노력하는 선수다. 사실 스테판 커리는 2009년 데뷔 후 여러 차례 발목 부상에 시달리며 '유리 발목'이란 비아냥을 들어야 했다. 스테판 커리는 2010년 여름에 시행된 미국대표팀 훈련에서 왼쪽 발목을 다친 것을 시작으로, 2013년까지 왼쪽과 오른쪽 발목을 번갈아 다쳤다. 급기야 2011-2012시즌, 오른쪽 발목과 발 부상으로 40경기를 결장하기도 했다. 2012년에만 오른쪽 발목 인대 수술을 2번이나 받는 등 커리는 어느새 인저리 프론이란 수식어가 더 어울리는 선수가 돼버렸다. 이에 2012년 여름, 스테판 커리와 골든 스테이트 워리어스가 4년 4,400만 달러에 연장 계약을 맺을 당시에, 美 현지에선 수많은 농구 기자들이 커리의 화려한 발목 부상 이력을 들며 골든 스테이트의 선택을 비관적으로 바라봤다.

그러나 커리는 2012-2013시즌, 정규리그 78경기 평균 38.2분 출장에 22.9득점(FG 45.1%)으로, 데뷔 후 처음 평균 +20득점을 기록했다. 이와 함께

272개(3P 45.3%)의 3점 슛까지 성공하는 등 레이 알렌이 기록한 269개 성공을 넘어 NBA 역사상 단일 시즌 최다 3점 슛 성공이란 신기록을 세우게 된다. 처음으로 플레이오프 무대에 오른 것도 2012-2013시즌이었다. 이후 스테판 커리의 행보는 모두가 알고 있듯 현 리그 최고의 선수를 넘어 리그 역사상 최고의 선수들을 소환해 어느덧 GOAT를 가리는 경쟁에 합류하기에 이른다. 스테판 커리는 2014-2015시즌 처음 정규리그 MVP를 수상한 데 이어 NBA 파이널 우승을 차지한 것도 모자라 농구의 패러다임 자체를 바꿔 버릴 정도로 영향력 있는 선수다. 한순간의 성공에 만족한 것이 아닌 성공을 갈망하며 자신을 채찍질한 커리는 2015-2016시즌에 파이널 우승은 놓쳤으나 만장일치로 2번째 정규리그 MVP 수상이자 백투백 MVP 수상했다. 그리고 지난 2021-2022시즌에는 정규리그에서만 285개의 3점 슛을 성공시키는 등 통산 3,117개의 3점 슛을 기록, 플레이오프와 정규리그를 합쳐 리그 역사상 가장 많은 3점 슛을 성공시킨 선수에 올랐다. 이와 함께 본인의 4번째 파이널 우승과 그토록 염원하던 파이널 MVP까지 수상하면서 NBA 소속 선수가 가질 수 있는 MVP 트로피를 모두 수상한 선수가 되는 등 GOAT 논쟁에 다시 불을 붙였다.

커리의 4번째 우승이 가지는 또 하나의 의미는 바로 아직은 리그 트렌드가 3점 슛에 있음을 다시 한번 보여주는 것이기도 했다. 2021-2022시즌 초반에 NBA는 더마 드로잔과 케빈 듀란트 등 미드레인지 게임을 잘하는 선수들이 약진을 이루며 미드레인지 게임으로 리그 트렌드가 바뀌는 것이 아니냐는 분석이 나오기 시작했다. 그간에 미드레인지 점퍼는 효율성이 떨어진다는 이유로, 공격 플랜에서 제외되고 있었다. 그도 그럴 것이 3점 라인과 미드레인지 점퍼 구간은 거리가 큰 차이가 없고, 성공률 역시 2000년대 중반을 기준으로 3점 슛 성공률이 리그 평균 35.8%, 미드레인지 점퍼가 38.3%를 기록하는 등 큰 차이가 없었기에 코치들은 미드레인지보다 3점 슛을 더 선호하기 시작했다. 여기에 3점 슛이 미드레인지 게임보다 코트 위 공간 활용에 더 유리하다는 점도 미드레인지가 공격 플랜에서 설 자리를 잃어버린 또 다른 이유였다. 실제 최근 플레이오프를 보면 3점 슛을 주요 공격 옵션으로 하는 팀들이 대거 상위 라운드에 오르는 등 외곽 화력이 강한 팀들이 리그를 지배했다.

그러나 2020-2021시즌 미드레인지 구역에서 강점이 있는 피닉스 선즈와 밀워키 벅스가 파이널에 오르면서 미드레인지 게임이 다시 주목을 받기 시작했다. 먼저 피닉스는 미드레인지 게임으로는 역대급 선수 중 한 명이라 평가받는 크리스 폴이 있었다. 데빈 부커도 미드레인지 게임에 관해선 코비 브라이언트를 연상시킨다는 평가를 듣는 등 차세대 미드레인지 점퍼 장인으로 평가받는 선수다. 실제 당해 시즌 부커는 미드레인지 점퍼 성공률 6위, 성공 개수 5위에 올랐다. 디안드레 에이튼도 빅맨이지만 57%의 성공률을 기록하는 등 미드레인지 점퍼를 던질 줄 아는 선수였다. 이밖에도 파이널 진출에는 실패했지만 당해 시즌 정규리그 MVP를 수상한 요키치도 정확한 미드레인지 점퍼로 상대를 곤욕스럽게 만들었다. 요키치는 본인이 메인 볼 핸들러를 맡아서 돌파를 하다 미드레인지 점퍼를 던지거나, 핸드오프로 상대를 속이고 미드레인지 점퍼 찬스를 만드는 등 효율적인 미드레인지 게임을 보여줬다.

더욱이 2021-2022시즌은 개막에 앞서 골든 스테이트를 우승 후보로 꼽는 이들이 거의 없었다. 커리가 리그 최고의 기량을 가졌으나, 34살로, 전성기에서 내려오고 있다는 점과 함께 클레이 탐슨도 부상으로 제 기량이 아니란 이유 때문이었다. 그러나 골든 스테이트는 커리가 정규리그 64경기에서 평균 25.5득점(FG 43.7%) 3점 성공 4.5개(3P 38%)를 기록하는 등 팀의 중심을 잡아줬다. 여기에 조던 풀과 앤드류 위긴스 등이 성장하면서 골든 스테이트는 서부 컨퍼런스 3번 시드로 정규리그를 마칠 수 있었다. 플레이오프에서도 커리를 중심으로, 막강한 화력을 보여준 골든 스테이트는 덴버 너게츠, 멤피스 그리즐리스, 댈러스 매버릭스를 꺾고, 서부 컨퍼런스 정상을 차지한 것에 이어 파이널에선 보스턴 셀틱스를 물리치고, 골든 스테이트 왕조가 아직은 건재하다는 점을 과시, 리그 트렌드가 여전히 3점 슛에 있음을 다시금 증명했다.

이렇게 유리 발목이란 비아냥을 넘어 리그 역사상 최고의 선수를 논할 때 빠지지 않는 선수로 발돋움할 수 있었던 이유는 시련에 굴하지 않고, 한계를 뛰어넘으려 노력했기 때문이다. 스테판 커리는 대학교 진학 당시 가냘픈 체격을 이유로, 자신이 원했던 버지니아 공대가 신학을 거부하는 바람에 부득 불 데이비슨 대학으로 진학해야만 했다. 이때부터 스테판 커리는 웨이트 트레이닝을 시작하며 체격을 키우기 위해 노력했다. 어린 시절 배운 슈팅 자세가 프로에서 살아남기 어렵다고 느낀 스테판 커리는 슛 릴리즈를 더 빠르게 만드는 등 그간 배워온 슛 베이스 자체를 바꾸려 노력한 결과, 대학 진학 당시 평가를 뒤집는 데 성공했다. 그 결과, 2009 신인드래프트 1라운드 전체 7순위라는 높은 순위로, 프로에 입성할 수 있었다.

2012년 발목 부상으로 낙마했을 당시에도 커리는 포기가 아닌 한계를 뛰어넘는 웨이트 트레이닝을 통해 발목을 비롯한 코어 근육 강화에 노력한 결과, 자신을 계속해서 괴롭힌 발목 부상 극복에도 성공한다. 약점 극복에만 힘쓴 것이 아닌 장점인 외곽 슛과 볼 핸들링 강화를 위해 실전에 버금가는 훈련으로, 지금의 자리에 올라섰다. 이를 위해 지금도 매 시즌 종료 후 부족한 점을 보완하기 위해 슈팅 자세에 작은 흠이라도 보완하는 것은 물론, 보호 장비를 바꾸거나 훈련 시설 최첨단화에도 많은 돈을 들이는 등 스테판 커리와 함께 한 트레이너와 관계자 모두 농구를 향한 스테판 커리의 열정과 의지에 혀를 내두를 정도다.

아버지와 형을 잇다, 세스 커리

이제, 커리 삼부자의 마지막 주자, 세스 커리 이야기를 할 차례다. 스테판 커리의 동생인 세스 커리도 지금은 커리어 평균 3점 슛 성공률 43.9%(1.9개 성공)로 NBA 올-타임 성공률 역대 3위이자 현역 선수 중 1위를 달리는 등 한 팀의 주축 선수로 자리를 잡았으나, 이전까진 신인드래프트에서 낙방하는 등 우여곡절이 많았다. 형, 아버지와 마찬가지로 슈팅 능력 하나만은 끝내줬지만 왜소한 체격의 세스 커리는 고등학교 졸업반 시절, 듀크 대학으로 진학을 꿈꿨지만, 거절당하는 바람에 리버티 대학으로 향한다. 리버티 대학에서 평균 20.2득점을 넣는 등 1학년임에도 팀을 이끌며 득점력이 있음을 입증한 세스 커리는 2008년 듀크 대학으로 편입한다. 美 현지에선 팀을 옮기면 1년 유예 기간을 가져야 하는 규정이 있기에 부득불 세스 커리는 2009년, 경기에 나서지 못했다. 대학 졸업반 시절, 평균 43.5%의 3점 성공률을 기록하는 등 슈터로서 두각을 나타냈으나, 슛 하나만으로 NBA에서 살아남기란 쉽지 않았다. 2013년 신인드래프트에서 낙방한 세스 커리는 2015년 새크라멘토 킹스 입단을 시작으로, NBA에서 자리를 잡기 전까지 지금의 G-리그인 D-리그를 전전했다.

　당시 새크라멘토는 세스 커리 영입을 발표하면서 "포인트가드의 몸에 갇힌 슈팅 가드"라 칭하며 세스 커리가 슈터로서 가진 자질과 잠재력에 큰 기대감을 드러냈다. 그러나 기대와 달리, 세스 커리는 올스타 브레이크 이전까지 출전 시간이 평균 10.1분에 그쳤다. 하지만 올스타 브레이크 이후 19경기에서 평균 23.1분 출장 11.1득점(FG 46.3%), 3점 슛 성공 1.9개(3P 46.3%)를 기록하는 등 한 팀의 주축 로테이션 멤버로서 자리 잡을 수 있는 가능성을 보여준 세스 커리는, 2016년 여름 댈러스 매버릭스로 둥지를 옮긴다. 새크라멘토 시절과 비교해 코트 위 역할과 경기 플랜에서 차지하는 비중이 늘어난 세스 커리는 정규리그 70경기 평균 29분 출장 12.8득점(FG 48.1%)에 더해 3점 슛 성공률 42.5%(2개 성공)를 기록하는 등 리그에 안착하는 듯했다. 하지만 호사다마(好事多魔)라고, 세스 커리는 2017-2018시즌 개막을 코앞에 두고, 왼쪽 정강이 피로 골절로 인해 시즌을 통째로 날리게 된다.

　2016년 여름 계약을 맺었을 당시에 댈러스와 2년 계약을 맺었던 세스 커리는 2018년 여름 댈러스와 연장 계약에 실패하는 등 간신히 자리를 잡은 NBA 커리어가 한순간 막을 내릴 위기에 봉착했다. 그때 데미안 릴라드와 C.J 맥컬럼을 보좌할 백업 가드가 필요했던 포틀랜드 트레일 블레이져스가 세스 커리에게 손을 내밀었다. 세스 커리는 이전보다 줄어든 역할에 좌절하지 않고 리그 처음 입성했을 당시 초심으로 돌아가 시즌에 임했다. 재기에 성공한 세스 커리는 2018년 여름, 댈러스와 4년간 총액 3,200만 달러에 계약을 맺으며 금의환향(錦衣還鄉)한다. 댈러스로 돌아온 세스 커리는 2019-2020시즌, 주전과 벤치를 오가며 댈러스 전력의 주축으로 자리를 잡았다. 댈러스에서 계속해 커리어를 이어갈 것으로 보였으나, 세스 커리는 J.J 레딕의 대체자를 찾는 필라델피아 세븐티식서스의 구애를 받고, 2020년 여름, 필라델피아에 입성해 팀의 주전 슈팅 가드로 입지를 굳히는 등 커리어의 전환기를 맞이하게 된다.

벤 시몬스와 백코트를 구성하게 된 세스 커리는 시몬스의 약점인 슛을 보완해주면서 반대로 자신의 약점인 수비와 경기 운영에 도움을 받는 등 상부상조(相扶相助)하며 실력이 일취월장(日就月將)했다. 마찬가지 리그 정상급 센터인 조엘 엠비드와는 픽 앤 롤 플레이 호흡을 맞추면서 2대2 플레이 볼 핸들러로서까지 성장하는 모습을 보여줬다. 여기에 2020-2021시즌은 시몬스가 팀을 이탈하면서, 팀의 실질적인 포인트가드 임무까지 수행하는 등 슈터와 패서의 임무까지 동시에 맡았음에도 슈팅의 볼륨과 효율이 전혀 줄어들지 않았다. 이렇게 전성기를 맞는 듯했으나, 세스 커리는 벤 시몬스와 제임스 하든의 블록버스터급 트레이드에 연루되면서 브루클린 네츠로 이적, 저니맨의 꼬리표를 벗어던지지 못했다. 다만 세스 커리는 출판일을 기준으로, 정규리그 377경기 평균 11.3득점(FG 47.7%) 3점 슛 성공률 43.9%(1.9개 성공)를 기록하며 전성기를 맞이하는 등 아버지와 형에 이어 리그를 대표하는 3점 슈터로 자리를 잡았다.

커리 형제가 이렇게 강한 멘탈을 가지게 된 것은 모두가 아버지인 델 커리와 어머니인 소냐 커리의 교육이 있었기 때문이다. 델 커리는 집 뒷마당에 개인 코트를 만들어두고, 두 형제에게 농구를 가르친 것을 물론, 강한 멘탈을 만들어주기 위해 노력했다. 델 커리는 스테판 커리에겐 할 수 있다는 자신감을 심어주기에 노력을 했다고 한다. 반대로 항상 자신감만큼은 충분하고, 지는 것을 죽도록 싫어했던 세스 커리에겐 형에 대한 경쟁심을 부추기며 농구 선수로의 성장을 유도하는 등 다른 방식으로 형제를 교육했다는 말을 전했다. 실제 세스 커리는 형이 자신을 1대1로 이기면 이길 때까지 물고 늘어지는 등 어려서부터 경쟁심이 대단했다고 한다. 당시에 관해서 델 커리는 "우리집 뒷마당은 언제나 전쟁터를 방불케 했다. 세스 커리는 형을 죽일 듯한 자세로, 투쟁심을 불태우며 형과의 경쟁을 즐겼다"는 말을 전했다. 한편으로 두 형제가 너무 경쟁에 몰두하지 않도록 희생과 이타적인 마음을 갖을 수 있도록 교육하는 것도 잊지 않았다는 후문. 두 형제의 어머니이자 현재 교육자로 활동 중인 소냐 커리도, 스테판 커리의 말에 따르면 형제가 학교를 마치고, 집으로 돌아온 후에 항상 그날에 있었던 일을 물으면서 대화를 통해 인성 교육에 힘쓰는 등 올바른 인격 형성에 많은 공을 들였다.

이와 함께 델 커리는 두 형제의 슛 자세 수정에만 관여하는 등 잘못된 부분에 대해서만 조언을 건네고, 어떤 훈련을 하든 자율에 맡겼다고 한다. 델 커리가 이렇게 한 이유는 스스로 답을 찾는 것이 농구선수로서 창의성을 기르는 데 많은 도움이 될 것이란 의도에서였다. 평소 호기심이 많은 스테판 커리는 지금까지도 의문이 생기면 트레이너들에게 질문을 던지고, 그 궁금증을 해결하기 위한 훈련을 진행하는 등 스스로 목표를 설정하며 성공을 갈망한다고 한다. 그렇다고 해서 항상 두 형제에게 모든 것을 맡긴 것이 아니라 스테판 커리가 발목 수술로 힘들어할 때 같이 훈련 프로그램을 고안하거나 세스 커리가 G-리그를 전전할 때 빼놓지 않고 응원을 갔다. 이처럼 유전적 요인과 더불어 아버지와 어머니가 보여준 헌신적인 관심과 사랑도 커리 삼부자가 리그를 대표하는 슈팅 명가로 자리를 잡는 데 한몫했다.

커리 삼부자, 그들이 있어 NBA 팬들은 행복하다. 이어서 코트 위 극강의 희열 '클러치 샷'에 대해서 썰을 풀어보려고 한다.

코트 위 극강의 희열, 클러치 샷

🏀 모든 스포츠 용어들이 그렇지만 농구는 농구만의 독특하고, 특화된 단어들이 여럿 있다. 슬램덩크나 크로스오버는 농구에 익숙하지 않은 사람들도 적어도 무엇인지 알고 있고, 명확한 정의가 있는 농구 용어이다. 그러나 클러치 샷은 다르다. 기본적으로는 경기 종료 2분을 남기고, 슛을 성공시키는 것이라는 정의가 있다. 경기 내 최고의 퍼포먼스를 보여주는 핫 핸드(Hot-Hand)와의 차이가 여기에 있다. 최근에는 경기 종료가 아닌 쿼터 종료 2분 안에 터지는 슛으로 정의가 확대된 데 이어 이외의 시간에 중요한 상황에서 터지는 슛들도 클러치 샷이란 표현을 쓰는 등 사실상 현재 클러치 샷은 중요한 상황에서 나온 득점으로 통용되고 있다. 클러치 타임이란 용어 역시 공식적인 농구 용어가 아닌, 최근 클러치 상황에서의 퍼포먼스가 많은 수복을 받으면서 팬들 사이에서 지언

스레 생겨난 용어다.

　　클러치 샷은 레이업, 덩크슛, 3점 슛, 점프 슛이 될 수 있다. 경기 종료까지 2분이 남은 상황에서 자유투를 던지는 것도 클러치 자유투가 될 수 있다. 클러치 샷이 득점을 성공한 선수나 그걸 지켜보는 모든 이들에게 가져다주는 희열은 그 어떤 말로도 형용할 수 없다. 겪어보지 못한 않은 사람은 그 희열을 절대로 알 수 없다. 클러치 샷의 가치가 높은 이유는 단순히 게임에서 차이를 만드는 것이 아닌 경기 승패 자체를 가르는 '신의 한 수'이기 때문이다. 이에 일부 사람들은 클러치 샷을 일컬어 '코트 위에서 볼 수 있는 마법'이라 표현하기도 한다. 무엇보다 클러치 샷은 엄청난 압박감을 이겨내고, 만들어지는 슛이다. 슛만 좋다고 해서 성공할 수 있는 슛이 아니다. 리그 역사상 최고의 선수로 꼽히는 마이클 조던도 26차례나 클러치 샷을 실패한 경험이 있다. 압박감 속에서 슛을 던지는 훈련을 하는 등 클러치 샷 능력 향상을 위해 노력하는 선수들이 있으나, 흔히 클러치 타임에서의 강심장은 타고 나야 한다고 말한다. 누구에게나 클러치 타임 때 슛을 던질 기회를 잡을 수 있지만 이를 성공시켜 리그 최고의 스타로 떠오르는 선수가 소수에 불과한 것은 이 때문이다.

　　데임 타임(Dame Time)이란 신조어를 만들어내며 최근 클러치 타임 퍼포먼스의 강자로 떠오른 데미안 릴라드는, 클러치 샷을 일컬어 '책임감'이라 표한다. 릴라드는 2017년 NBC 스포츠와 인터뷰에서 "모두가 클러치 샷의 주인공을 꿈꾸나 클러치 샷을 성공시킬 수 있는 이는 사실 소수의 선수로 한정된다. 혹자는 클러치 타임을 부담스러워해 피하려고 한다. 클러치 샷 성공 여부에 따라 팀이 우승할 수도 있고 나락으로 떨어질 수 있기 때문이다. 하지만 나는 개인적으로 클러치 샷의 압박감을 즐긴다. 클러치 샷을 야구로 비교한다면, 마무리 투수와 같다. 마무리 투수는 팀에서 가장 신뢰받는 선수가 맡는 자리다. 무엇보다 나는 팀의 리더로서 팀 승리를 책임져야 할 위치에 있다. 설령 슛에 실패한다고 해도 그것 역시 내가 팀의 리더로서 감수해야 할 부분이다. 그러나 나는 기본적으로 내 슛에 자신이 있다. 그렇기에 언제나 클러치 타임의 해결사를 자처하는 것이다"는 말을 전하기도 했다.

NBA 리그 역사 전체로 범위를 넓혀보면 NBA 역사상 최고의 클러치 슈터로는 마이클 조던이 꼽힌다. 뒤에서 조던에 대해 좀 더 자세히 다룰 예정이지만 짧게 이야기를 해보면 조던은 현역 시절 시카고 불스 왕조를 건설한 자타공인 역사상 최고의 선수였다. 조던의 클러치 타임 퍼포먼스 하이라이트는 지금까지도 영상과 글을 통해 기억되고 있다. 폭발적인 운동능력에 더해 정확한 미드레인지 점퍼가 특기였던 조던은 플레이오프에서 16번의 클러치 샷을 시도, 무려 8번이나 성공시키며 팀을 승리로 이끄는 등 클러치 타임 최강자를 논할 때마다 항상 맨 위에 이름을 올리는 선수다. 버저비터도 통산 8개를 성공시키며 리그 역사상 가장 많은 버저비터를 성공시키고 있다. 조던은 평소 클러치 상황이 더 평정심을 유지하기 쉽다고 말하는 등 클러치 타임을 즐기는 선수였다.

조던 못지않게 코비 브라이언트도 리그 역사상 최고의 클러치 퍼포먼스 강자를 논할 때마다 빠지지 않고 등장하는 선수다. 코비는 클러치 샷 성공률이 좋은 편이 아니었으나, 샬럿 호네츠, 멤피스 그리즐리스, 덴버 너기츠, 포틀랜드 트레일블레이저스, 새크라멘토 킹스, 마이애미 히트를 상대로 클러치 버저비터를 성공시키는 등 중요한 순간 팀을 승리로 이끈 강심장이었다. 현역 시절 지독한 연습벌레였던 코비를 두고, 혹자는 앞서 언급한 클러치 퍼포먼스를 연습으로 완성한 선수라 칭하기도 한다. 팬사이디드는 코비의 데뷔 초반 클러치 타임 슛 성공률을 언급하며 커리어 중반 이후 코비의 클러치 슛 성공률이 급격히 좋아진 것을 예로 들었다. 이와 함께 "코비는 클러치 샷을 던질 때 보면 정맥이 얼음인 것처럼 냉철한 선수"라는 말로, 코비의 클러치 능력을 칭찬했다.

르브론 제임스는 조던, 코비와는 조금 다른 유형의 클러치 타임 퍼포먼스를 보여준다. 물론 제임스도 현역 선수 중 플레이오프에서 가장 많은 버저비터를 성공시키고 있다. 제임스는 플레이오프에서 커리어 평균 43.8%의 클러치 타임 슛 성공률을 기록하고 있다. 여기에 더해 4번의 파이널 우승을 경험하면서 5번의 클러치 샷을 성공시킨 바 있다. 그러나 제임스는 클러치 상황에서 슛이 아닌 수비와 어시스트 등 이타적인 팀플레이로 클러치 타임 퍼포먼스를 완성하는 경우가 많았다. 그러다 보니 클러치 타임 슈터로 저평가 받는 경향이 있지만

21세기 최고의 클러치 슈터를 논할 때마다 빠지지 않고 등장한다. 이외에 폴 피어스도 커리어 통산 6개의 버저비터를 성공시키는 등 해결사의 면모를 보여주며 The Truth라는 별칭을 얻었다. 플레이오프와 파이널에만 가면 힘을 내는 안드레 이궈달라도 커리어 통산 3개의 버저비터를 성공하고 있다.

일부 전문가들은 클러치 타임이란 용어 자체도 추상적인 측면이 있기에 NBA가 내놓는 클러치 지표도 그 근거가 부족하다고 말을 한다. 다만 이는 어디까지나 지표의 정확성·신뢰성에 의구심을 표하는 것일 뿐, 클러치 타임 자체를 부정하는 것은 아니다. ESPN의 피터 키링은 "여러 도구를 통해 클러치 타임에 관한 지표를 내놓는 것에 의구심을 표하는 이들이 있다. 그 선수가 향후 보여줄 클러치 타임의 퍼포먼스의 성과를 예측하고, 가치를 숫자로 나타낼 수 없는 것은 일정 부분 사실이다. 그러나 클러치 타임 퍼포먼스는 그 자체로 충분히 존중받을 만하다"는 말을 전하기도 했다.

그렇다면 NBA는 어떤 기준과 방식으로 클러치 관련 지표를 산출하고 있을까. NBA 공식 사이트는 클러치 관련 지표를 계산할 때, 경기 종료 5분 전과 5점 이하의 점수 차이를 기준점으로 잡고 계산한다. 야투 성공률과 어시스트 등 1차 지표는 이 시간대에 기록된 것들로, 평균과 합계를 계산한다. 2차 지표는 WPA(Win Probability Add) 모델을 사용한다. 2014년 마이크 뷰이가 클러치 샷 지표에 가중치를 주려고 개발한 WPA 모델은 득점으로 팀 승리에 기여한 공헌 정도를 확률로 측정하는 지표다. 득점만을 중시하다 보니 어시스트와 블록, 스킬 등 수비 지표로 만들 수 있는 클러치 타임 지표가 무시된다는 비판이 따르기도 한다. 동시에 공을 많이 잡고 플레이하는 슈퍼스타들에게만 유리한 지표라는 비평도 있다. 그럼에도 WPA 모델은 현재 시점에서 클러치 타임 지표를 측정할 수 있는 가장 정확한 모델로 평가를 받고 있다. 그 예로 USA Today는 2021년 NBA 30개 구단 임원들을 대상으로, NBA에서 사용하는 전체 지표에 대한 신뢰도를 조사, WPA 모델은 30명 중 25명의 지지를 얻어 전체 8위에 올랐다.

WPA를 구하는 공식은 eWPA+clWPA-gbWPA이다. eWPA는 일종의 기대치로, 공을 들고 공격했을 때 선수가 득점에서 기록할 수 있는 기대치를 WPA

로 나타낸 것이다. clWPA에서 cl은 클러치의 약자로, 클러치 타임 때 기록되는 WPA고, gbWPA는 가비지 타임 때 기록되는 WPA를 의미한다. 3점 슛을 성공했을 때 4.6%의 가장 높은 가중치를 주고 턴오버를 기록할 때는 2%를 삭감하는 등 경기 상황에서 일어날 수 있는 모든 상황을 확률로 나타내는 것이 WPA 모델이다. 물론 세상에 완벽한 것은 없듯, WPA 모델은 앞서 언급했듯 수비 관련 지표에 대한 예측이 없고, 클러치 상황에 대한 WPA가 전체 WPA에 미치는 영향이 큰 것과는 달리 가비지 타임에 대한 WPA는 상대적으로 전체 WPA에 미치는 영향이 적다는 평가를 듣는 등 불완전한 측면은 보완해야 할 필요가 있다.

그러나 결국 중요한 건, 한 선수가 경기 중 아우라를 뿜어내며 성공시키는 클러치 샷의 희열, 그 자체 아닐까. 어쩌면, 그 희열 때문에 우리는 다시 또 농구장으로 눈을 돌리는지도 모르겠다.

1.2
농구에 하나의 교과서는 없다

치밀한 노력과 계획의 산물,
2004 디트로이트 파이널 우승!

🏀 지금의 디트로이트는 동부 컨퍼런스 하위권에 머물며 리빌딩의 시기를 보내고 있다. 하지만 누구에게나 그렇듯, 그들에게도 영광의 시간은 있었다. 디트로이트에겐 1980년대 후반 배드보이즈 시대와 함께 6시즌 연속으로, 동부 컨퍼런스 파이널에 진출하는 등 동부를 호령했던 2000년대 초반이 그때다.

그중에서도 2004 NBA 파이널은 많은 이들에게 큰 충격을 안겼다. LA 레이커스와 디트로이트 피스톤스가 맞붙은 당시 파이널 시리즈는 레이커스가 가볍게 우승을 차지할 것이란 모두의 예상을 깨고, 디트로이트의 완승으로 끝이 났다. 이미 파이널 3연패를 이룩하며 왕조 건설에 성공한 레이커스는 2003-2004시즌을 앞두고, 칼 말론과 게리 페이튼까지 팀에 합류, 이른바 전당포 라인업을 구축한다. 정규리그에선 코비 브라이언트와 샤킬 오닐의 불화와 부상까지 악재가 겹치며 주춤했지만 플레이오프에 들어와선 시리즈를 모두 6차전 내에서 끝내는 등 파죽지세로 파이널 진출에 성공했다.

무엇보다 사람들이 레이커스의 우세를 점쳤던 주된 이유는 로스터의 전력 차이가 확연히 드러났기 때문이었다. 전당포란 이름에서 알 수 있듯, 레이커스 주전 라인업은 향후 명예의 전당 입성이 확실시되는 리그 정상급 기량을 갖

42   1쿼터. 농구의 기본은 '슛'

춘 선수들로 구성이 됐다. 반면 디트로이트는 레이커스와 비교했을 때 라시드 월러스를 제외하고는, 올스타급 선수가 아무도 없었다. 이는 천시 빌럽스도 인정한 부분이다. 빌럽스는 2019년도 4월에 열린 디트로이트 우승 15주년을 기념하는 자리에서, 야후 스포츠를 만나 "사람들이 레이커스의 우세를 점쳤던 것은 당시로선 당연했다. 우리는 리그 내에서 기량이 열 손가락 안에 들어가는 선수가 팀 내 아무도 없었다. 이것만 봐도 레이커스와 디트로이트의 객관적인 전력 차가 확연히 드러났다"는 말을 전하기도 했다.

그럼에도 디트로이트가 레이커스를 물리치고, 깜짝 우승을 차지할 수 있었던 원동력은 조직력을 바탕으로 한 단단한 수비가 뒷받침됐기 때문이다. 먼저 인사이드를 지킨 벤 월러스-라시드 월러스 빅맨 듀오는 샤킬 오닐-칼 말론 콤비의 인사이드 파괴력을 억제했다. 공격력은 떨어지지만 2002년부터 3년 연속 NBA 올-디펜시브 퍼스트 팀에 선정되는 등 리그 최고의 인사이드 수비수 중 한 명으로 평가받던 벤 월러스는 장기인 파워를 앞세워 오닐의 득점력을 떨어뜨렸다. 오닐과 비교해 10cm 가까이 작은 월러스가 오닐을 제어할 수 있었던 건 강력한 힘이 있었기에 가능했다. 마찬가지 파워포워드를 맡았던 라시드 월러스도 공격과 수비에서 말론을 압도했다. 당시 오른쪽 무릎에 부상을 안고 있던 말론은, 인사이드와 아웃사이드 공격이 모두 가능해 활동량이 많은 라시드 월러스를 제어하지 못했고 결국 은퇴 전 파이널 우승이란 꿈을 끝내 이루지 못하고 코트를 떠나야만 했다.

퍼리미터 수비에선 테이션 프린스-천시 빌럽스-리차드 해밀턴의 활약이 빛났다. 206cm의 신장과 함께 긴팔원숭이란 별칭에서 알 수 있듯 윙스팬까지 좋은 프린스는 코비 브라이언트의 수비를 전담해 코비를 괴롭혔다. 프런트라인이 수비로 레이커스를 압도했다면, 빌럽스·해밀턴 백코트 콤비는 평균 42.4득점을 합작, 공격을 주도했다. 대인 수비와 적절한 타이밍에 도움 수비를 들어가는 등 수비에서도 많은 역할을 했다. 여기에 래리 브라운 감독의 지도력이 더해진 디트로이트는 모든 포지션에서 빈틈없는 수비력을 보여줬다. 이렇게 디트로이트의 우승은 특출난 스타 플레이어가 없음에도 조직적인 팀 농구만으로도 우승이 가능하다는 것을 보여준 사례다. 최근 우승을 위해 슈퍼스타들이 페이컷을 감수하고서라도 뭉치는 등 프랜차이즈 스타의 낭만이 사라지면서 덩달아 디트로이트의 우승도 주목을 받고 있다.

그 예로 야후 스포츠는 "2004 파이널 디트로이트의 우승은 우승을 위해 스타 플레이어들이 결집하는 지금 트렌드에 시사하는 바가 크다. 당시의 디트로이트는 팀으로서 완벽에 가까웠다. 디트로이트는 레이커스의 히어로 볼에 모든 선수가 혼연일체가 된 조직력의 농구로 맞섰다. 디트로이트 베스트 5는 자신들이 맡은 역할에 최선을 다했다. 그 결과, 팀에 생동감이 더해졌다. 사람들이 디트로이트의 우승을 리그 역사상 가장 놀라운 우승으로 꼽는 것도 바로 이 때문이다. 디트로이트 선수들은 경기를 대하는 태도부터가 달랐다. 그들은 레이커스를 맞아 도전자로서 겸손했고, 승리를 갈망했다. 사람들은 디트로이트의 우승이 깜짝 우승이라 말하지만 그들의 우승은 오랜 시간을 공들인 노력의 결과물이다"는 말을 전하기도 했다.

조 듀마스의 과감한 개혁, 파이널 우승의 기틀을 마련하다!

야후 스포츠의 평가처럼 디트로이트의 2004 파이널 우승은 그저 운이 아닐지도 모른다. 디트로이트는 2002년 여름을 시작으로, 배드 보이즈의 영광을 재현하기 위한 프로젝트를 가동했다. 그 예로 2000-2001시즌이 끝나고, 신임 단장으로 부임한 조 듀마스는 과감한 개혁들로, 팀 재건의 기틀 마련에 주력했다. 1985 신인드래프트 1라운드 전체 15순위로 디트로이트에 입단한 듀마스는 1999년 농구화를 벗을 때까지 디트로이트 유니폼만을 입은 팀의 레전드다. 마이클 조던이 "지금까지 나를 가장 잘 막았던 선수"라는 말을 전하는 등 현역 시절 듀마스는 단단한 수비력으로, 배드 보이즈의 한 축을 담당, 팀에 2번 (1989·1990)의 우승을 안겼다.(*듀마스는 2000년부터 2014년까지 팀의 단장직을 역임, 성적 부진을 이유로 경질됐다)

이 때문인지 듀마스는 팀 리빌딩 슬로건을 배드 보이즈의 부활로 설정했다. 1980년대 후반 배드 보이즈는 스타 플레이어에 의존한 농구가 아닌 강력한 피지컬과 조직적인 수비로, 리그를 호령했다. 이를 위해 듀마스는 2002년 여름, 본인이 직접 나서 천시 빌럽스·리차드 해밀턴의 영입을 주도했다. 듀마스는 조직력을 중시하는 팀 색깔과 맞지 않는다는 이유로 당시 팀 내 공격 1옵션이었던 제리 스택하우스와 해밀턴이 골자가 된 트레이드를 추진, 해밀턴을 영입했다. FA시장 개막을 앞두고는 미네소타와 재계약을 고심하던 빌럽스를 찾아가 진심을 호소한 끝에 빌럽스의 마음도 사로잡았다. 듀마스는 빌럽스의 수비력과 그가 가진 리더십을 높이 평가해 영입을 추진한 것으로 알려졌다. 2002 신인드래프트 1라운드 전체 23순위로 테이션 프린스를 지명한 것도 강력한 피지컬을 바탕으로 한 그의 수비가 팀 색깔과 어울렸다고 판단했기 때문이다.

하지만 정작 파격적인 개혁은 따로 있었다. 2002-2003시즌 팀의 동부 컨퍼런스 파이널 진출을 이끈 릭 칼라일 감독을 경질한 것이 그것이다. 2001년 여름 디트로이트에 부임한 칼라일 감독은 2시즌 연속 50승 32패를 기록, 디트로이트를 동부 컨퍼런스 상위 시드로 이끌었다. 플레이오프에서도 점점 더 나아진 경기력을 보여줬다. 그러나 듀마스가 추구한 팀 운영 방향과 칼라일이 추구한 방식이 달라 마찰을 빚었고, 이는 칼라일의 경질로 이어졌다. 듀마스가 칼라일을 경질한 이유는, 젊은 선수들에게 기회를 주지 않고, 이들의 성장을 가로막았기 때문이다. 이로 인해 역할 배분을 두고, 팀 내 몇몇 선수들과 마찰을 빚었다는 점도 칼라일이 경질된 또 다른 이유. 때마침 리그 최고 명장 중 한 명인 래리 브라운 감독이 시장에 나왔다는 점도 듀마스 단장이 칼라일 감독의 경질을 결심하게 된 결정적인 계기가 됐다.

래리 브라운, 배드 보이즈의 DNA를 되살리다!

평소 특정 선수에게 의존하는 것이 아닌 조직력과 수비를 중시하는 브라운 감독의 농구 철학은 듀마스 단장이 추구한 리빌딩 방향과 부합했다. 이에 듀마스 단장의 전폭적인 신뢰를 받은 브라운 감독은 부임과 함께 대대적인 전술 개편에 들어간다. 브라운 감독은 빌럽스와 해밀턴을 중심으로 공격 선술을 운용했다. 볼 없는 움직임이 좋은 해밀턴은 브라운 감독의 오프 더 볼 스크린 전술과 시너지 효과를 냈다. 빌럽스는 안정적인 볼 배급과 경기운영으로 해밀턴의 득점을 도왔다. 빌럽스도 브라운 감독의 오프 더 볼 스크린 전술을 통해 돌파에 자신을 갖는 등 디트로이트 입성 후 성장했다. 브라운 감독은 평소 해밀턴에게 공격을 맡겼다. 다만 클러치 상황에선 해밀턴보다 슛이 좋은 빌럽스에게 공격을 맡겼고, 빌럽스는 '미스터 빅샷'이란 닉네임을 얻으며 브라운 감독의 기대에 부응했다. 2004 파이널에서 게리 페이튼을 압도한 빌럽스는 파이널 MVP에 선정됐다.

칼라일 감독 체제에선 중용 받지 못했던 테이션 프린스·메멧 오쿠어도 브라운 감독 부임 후 팀 내 비중이 급격히 늘어났다. 2003 플레이오프에서 트레이시 맥그레이디를 전담 마크, 대형 수비수로 성장 가능성을 보여준 프린스는 브라운 감독의 신뢰를 얻으면서 상대 스코어러 수비를 전담했다. 프린스는 206cm의 장신에 운동능력까지 좋아 인사이드와 퍼리미터 수비 모두 가능한 전천후 수비수였다. 상대 공격수를 끝까지 물고 늘어지는 왕성한 활동량도 프린스의 또 다른 장점이었다. 프린스는 공격력은 떨어졌지만 패스에도 두각을 드러내는 등 다재다능한 살림꾼으로 변신했다. 센터인 오쿠어도 벤치와 선발을 오가며 팀에 힘을 보탰다. 오쿠어는 보드장악력·림 프로텍팅 능력과 함께 커리어 평균 37.5%(0.9개 성공)의 3점 성공률을 기록할 정도로, 슛까지 좋았다. 이에 브라운 감독은 센터부터 스트레치형 빅맨까지, 다양하게 오쿠어를 활용했다.

이렇게 브라운 감독의 지도력이 더해진 디트로이트는 전반기, 짠물에 가까운 수비를 보여주며 33승 21패를 기록했다. 그리고 프로젝트의 화룡점정을 찍은 건 라시드 왈라스의 영입이었다. 디트로이트는 트레이드 데드라인을 앞두고, 라시드 왈라스 영입에 성공하면서 전력을 강화했다. 공·수 모두에서 리그 평균 이상의 기량을 갖춘 라시드 왈라스는 디트로이트 빅맨 로테이션에 다양성을 더했다. 림 프로텍팅에 능한 왈라스 듀오는 디트로이트 림을 난공불락으로 만들었다. 공격력은 제로지만 내·외곽 수비가 모두 좋은 벤 왈라스와 상대적으로 수비보단 공격에 강점이 있는 라시드 왈라스 조합은 찰떡궁합을 과시했다. 라시드 월라스는 디트로이트 합류 전 심판을 위협해 출전정지를 당하는 등 리그를 대표하는 악동이었다. 그러나 디트로이트에 온 후 브라운 감독의 통제 아래 악동 기질이 수그러들며 달라진 모습을 보여줬다.

브라운 감독은 주전 베스트 5에만 의존한 것이 아닌 로스터에 이름을 올린 선수들을 골고루 활용하며 선수들의 체력 안배에도 힘썼다. 그 예로 득점력이 좋은 콜리스 윌리엄슨은 벤치 득점을 주도하는 등 당해 시즌 올해의 식스맨상 최종 후보에 이름을 올렸다. 마이크 제임스와 린지 헌터도 강력한 압박 수비를 통해 상대 턴오버를 유발하는 등 짠물 수비를 추구하는 디트로이트의 컨셉에 어울리는 선수들이었다. 2003 NBA 신인드래프트 1라운드 전체 2순위로 뽑은 다르코 밀리시치가 기대 이하의 경기력을 보였음에도 그 공백이 드러나지 않았던 것은 이처럼 팀 로스터가 전체적으로 탄탄했기 때문이었다.

디트로이트는 후반기에만 21승 7패를 기록, 전반기와 합산해 54승 28패를 올리며 1997년 이후 구단 최다승을 기록하게 된다. 라시드 월라스 합류로 더욱 짜임새를 갖춘 디트로이트 수비벽은 플레이오프에 들어와 한층 더 단단해졌다. 디트로이트는 밀워키 벅스·뉴저지 네츠·인디애나 페이서스를 차례대로 물리치고, 1990년 이후 처음으로 NBA 파이널 진출에 성공한다. 디트로이트는 공격이 강점인 뉴저지와 인디애나 득점력을 장기인 수비조직력으로 억제했다. 제이슨 키드·리차드 제퍼슨을 앞세운 뉴저지는 2-2 동률을 이룬 상황에서 5차전을 승리, 3-2로 시리즈를 앞서며 동부 컨퍼런스 파이널 진출에 유리한 고지를 점령했다. 하지만 디트로이트는 해밀턴의 활약으로 6차전과 7차전을 모두 승리해 시리즈를 뒤집는 저력을 보여줬다. 해밀턴은 마지막 2경기에서 평균 22.5득점 5.5리바운드 4어시스트를 기록, 탈락 위기의 디트로이트를 구해냈다.

인디애나도 디트로이트에서 경질된 칼라일 감독이 지휘봉을 잡아 복수를 꿈꿨다. 하지만 팀 내 1옵션인 저메인 오닐이 월라스 듀오의 협력 수비에 고전을 면치 못해 파이널 진출에 실패했다. 해밀턴은 공격에서 동료들의 오프 더 볼 스크린을 활용해 끊임없이 움직이면서 레지 밀러의 체력을 빼놓았다. 수비에선 프린스가 밀러를 전담 마크하며 밀러의 득점 봉쇄에 나섰다. 브라운 감독은 플레이오프에서도 로스터의 전 선수를 활용해 주축 선수들의 체력을 안배했다. 디트로이트가 파이널에서 주전 베스트 5에 과하게 의존했음에도 체력적인 문제를 드러내지 않았던 건 브라운 감독의 철저한 출전시간 관리가 있었기에 가능했다. 그 결과 브라운 감독은 2004 파이널 우승으로, 리그 역사상 최초로 NCAA와 NBA를 모두 제패한 감독으로 남게 됐다.

조 듀마스 단장의 부임을 시작으로 차근차근 배드 보이즈의 부활을 준비했던 디트로이트는 결국 앞서 언급했듯 2004 파이널 우승으로 프로젝트를 마무리했다. 당시 우승으로 디트로이트는 역대 파이널에서 우승한 팀들 중 유일하게 사치세 라인에서 벗어난 팀이 됐다. 이후 디트로이트는 2004-2005시즌도 파이널에 진출하는 등 6시즌 연속 동부 컨퍼런스 파이널에 진출, 동부의 신흥 강호로 떠올랐다. 디트로이트는 2005년 여름 브라운 감독이 팀을 떠났음에도 불구하고, 조직적인 수비와 팀플레이를 앞세운 경기 스타일로 꾸준히 동부 컨퍼런스 상위 시드에 이름을 올렸다. 디트로이트의 베스트 5도 올스타와 국가대표에 이름을 올리며 어느새 리그를 대표하는 선수들로 성장해갔다.

그러나 세상에 영원한 것은 없었다. 디트로이트는 2006년 여름 벤 월라스의 시카고 이적과 함께 영광의 순간들을 함께 했던 주축 선수들이 나이를 먹어가며 조금씩 그 위력을 잃어갔다. 벤 월라스의 뒤를 이어 천시 빌럽스·라시드 월라스·리차드 해밀턴이 차례로 팀을 떠났다. 2013년 테이션 프린스의 멤피스 이적을 마지막으로, 2004 파이널 우승 주역들 모두 팀을 떠나게 된다.

무려 18년이란 시간이 지났음에도 디트로이트의 2004 파이널 우승이 주목받는 이유는 우승을 위해 슈퍼스타들이 결집하는 지금 리그 트렌드에 시사점을 던져주고 있기 때문이다. 그 예로 팬사이디드는 2018-2019시즌 파이널 개막을 앞두고, "근래 파이널은 대부분 스타 파워가 시리즈를 지배했다. 2004 파이널과 극명하게 대비된 것이 이 부분이다. 디트로이트는 2003-2004시즌 개막을 앞두고 물음표만 가득했던 팀이었다. 그러나 디트로이트는 시스템을 굳게 믿었고, 우승까지 만들어냈다. 당시 디트로이트의 우승은 NBA에서 어떤 일도 벌어질 수 있다는 걸 보여준 또 하나의 사례였다"는 말을 전하는 등 디트로이트의 2004 파이널 우승은 분명 리그 역사에 한 획을 그은 획기적인 사건임이 분명했다.

2003-2004시즌 우승 당시 디트로이트 피스톤스를 다시 떠올려본다. 그들의 뿜어낸 강렬한 에너지와 퍼포먼스, 그리고 조직력은, '농구에 하나의 교과서는 없음'을 명확히 증명한 것 아닐까?

'너는 내 단짝' 코트 위의 공간예술, 픽 앤 롤!

🏀 "만약 당신이 픽앤 롤을 잘 이해하는 선수 5명을 가졌다면 다른 공격 전술을 고안할 필요가 없다. 상대 수비가 정돈되지 않았다면 트랜지션 오펜스로 그들을 공략하면 된다. 반대로 세트 오펜스에선 픽앤 롤로 상대를 공략하면 된다. 이 2가지 전술만 제대로 구현할 수 있다면 당신은 매일 승리의 기쁨을 맛볼 수가 있을 것이다" 이는 1995년 밥 쿠지가 스포츠 일러스트레이트와 인터뷰에서 남긴 말이다.

10년이면 강산도 변한다는 말이 있듯 NBA도 트렌드가 끊임없이 변화하고 있다. 그러나 픽앤 롤만은 달랐다. 픽앤 롤은 1910년대 단신의 메인 볼 핸들러를 보호할 목적으로, 처음 시작됐다. 스크린을 통해 볼 핸들러를 보호한다는 개념인 픽(PICK)이 그 시작이었다. 그러다 1950년대부터 스크리너가 스크린을 선 후 인사이드로 돌아 들어간다는 롤(ROLL)의 개념이 등장하기 시작했다. 이 때를 기점으로 NBA에 픽앤 롤이란 개념이 확립됐다.

이후 픽앤 롤은 단순히 단신 가드와 빅맨의 연계 플레이가 아닌 래리 버드와 같이 볼 핸들링과 패스 능력 등 기술이 뛰어난 포워드들도 픽앤 롤을 즐겨 사용했다. 그 결과 단순히 단신 가드를 위한 전술이 아닌 전(全) 포지션 선수들이 픽앤 롤을 활용하게 됐다. 볼 스크린(Ball screen) 혹은 스크린 앤 롤(Screen and Roll)이라고도 불리는 픽앤 롤의 기본 목적은 '미스매치 유발'에 있다. 그 예로 래리 버드는 1995년 스포츠 일러스트레이트와 인터뷰에서 "공격에서 픽앤 롤을 사용하는 것은 상대 수비의 균형을 무너뜨리고 미스매치를 만들기 위해서 다"는 말을 전하기도 했다.

버드의 말처럼 메인 볼 핸들러는 스피드를 활용해 빅맨을 공략한다. 반대로 빅맨은 신장의 우위를 바탕으로 상대 볼 핸들러를 공략하는 것이 픽앤 롤의 기본 패턴이다. 성공적인 픽앤 롤은 스크린을 선 이후 인사이드로 돌아 들어가는 빅맨에게 손쉬운 득점 찬스를 제공할 수 있다. 돌아 들어가는 스피드를 제어하기 힘든 탓에 파울을 유도도 쉽다.

볼 핸들러도 수비수의 견제 없이 롤링으로 들어가는 빅맨에게 패스를 뿌릴 수 있고, 돌파와 점퍼 등 득점을 만들 수도 있다. 픽앤 롤의 성패는 볼 핸들러에게 달렸다고 해도 과언이 아니다. 볼 핸들러가 공을 쥐고 전체 상황을 주도하기 때문이다. 볼 핸들러는 패스와 득점, 2가지 선택지 중 빠르게 하나의 선택지를 선택해야 효율적인 공격을 펼칠 수 있다. 때로는 상대의 수비 방법에 따라 스크린을 이용하지 않고, 공격을 할 수도 있어야 하기에, 볼 핸들러의 판단이 그 어느 때보다 중요하다. 프로 무대에서 가드가 픽앤 롤을 할 수 있고 없음에 따라 몸값이 달라진다는 말이 있는 것도 이 때문이다.

앞서 픽앤 롤의 기본적인 개념을 살펴봤다. 그러나 픽앤 롤은 기본 패턴에만 머무르지 않고 꾸준히 발전하여 지금은 NBA 팀들이 모두 픽앤 롤을 공격 전술의 기본 바탕으로 삼을 정도로 통용되고 있다. 지금부터, 리그 역사 속 임팩트를 남긴 픽앤 롤 콤비를 알아보는 시간을 가져보자.

존 스탁턴 to 칼 말론, 유타의 중흥기를 만든 명콤비!

리그 역사상 최고의 원투 펀치를 꼽는다면 아마 의견이 엇갈릴 것이다.

그러나 최고의 픽앤 롤 콤비로 범위를 한정하면, 대부분 1990년대 유타의 중흥기를 이끌었던 존 스탁턴과 칼 말론 콤비를 꼽을 것이다. 스탁턴과 말론은 1985-1986시즌 처음 만나, 2003년 여름 스탁턴이 은퇴를 선언하기 전까지, 리그 최고의 픽앤 롤 콤비로, 팬들의 사랑을 받으며 유타의 전성기를 이끌었다. 두 선수는 정규리그와 플레이오프를 포함해 1,142경기를 함께 했다. 유타는 두 사람이 함께 호흡을 맞춘 18번의 시즌 중 13번이나 정규리그에서 +50승을 기록했다. 무관에 그쳤으나, 1997년과 1998년에는 두 시즌 연속 파이널 무대를 밟기도 했다.

스탁턴과 말론의 픽앤 롤이 유타의 가장 강력한 공격 옵션으로 자리 잡은 것은 스탁턴이 주전 포인트가드를 맡은 1987-1988시즌부터다. 리그 역사상 최고의 포인트가드 중 한 명인 스탁턴은 데뷔 초에는 평범한 선수였다. 곤자가 대학에서 4년을 보내고, NBA에 도전장을 던진 스탁턴은 1984 신인드래프트 1라운드 전체 16순위로 유타에 지명됐다. 美 현지에선 스탁턴의 지명을 두고, "유타는 너무 높은 순위에 스탁턴을 지명했다"는 말로, 유타의 선택에 의구심을 가졌다. 스탁턴은 데뷔 첫 3시즌, 팀의 주전 포인트가드인 리키 그린을 넘지 못해 백업으로 활약해야 했다. 그럼에도 평균 20분 가까이 출전시간을 보장받고, 실력을 키워 온 스탁턴은 1987-1988시즌, 처음으로 주전 포인트가드로 낙점됐다.

당해 정규리그에서 82경기 평균 14.7득점(FG 57.4%) 13.8어시스트를 기록한 스탁턴은 생애 첫 어시스트왕에 올랐다. 스탁턴은 이때를 시작으로, 1995-1996시즌까지, 8년 연속 어시스트 1위에 이름을 올렸다. 급기야 1989-1990시즌에는 평균 14.5어시스트를 기록, 새로운 역사를 쓰기도 했다. 2003년 은퇴 전까지 통산 15,805개(평균 10.5개) 어시스트를 올리며 이 부문 1위에 오르는 등 스탁턴의 패스와 경기운영 능력은 타의 추종을 불허했다. 코트 전체를 보는 시야가 넓은 스탁턴은 알맞은 타이밍에 패스를 배달해 동료의 득점을 도왔다. 스탁턴은 패스에만 능한 것이 아닌 돌파와 슈팅 등 득점 기술도 좋았다. 스탁턴은 커리어 평균 13.1득점(FG 51.5%)-3P 38.4%(0.6개)를 기록, 공격 시도가 많은 편은 아니었다. 하지만 정확한 야투로 팀의 클러치 타임을 책임지기도 했다.

닭이 먼저냐 알이 먼저냐는 논란이 될 수도 있지만 이런 스탁턴의 패스 능력에 날개를 달아준 선수가 칼 말론이었다. 1985 신인드래프트 1라운드 전체 15순위로 유타에 입단한 말론은 커리어 평균 25득점(FG 51.6%)-통산 36,928득 점을 기록할 정도로, 득점력과 득점을 올리는 기술이 뛰어났다. 말론은 206cm 로, 파워포워드를 맡기에 큰 키는 아니다. 다만 파워와 기동력을 무기로, 신장의 열세를 극복했고, 리그를 대표하는 공격수로 성장했다. 정확한 미드레인지 점퍼 도 말론의 또 다른 장점. 포스트업에 이은 페이더웨이 등 슈팅 기술도 뛰어났다. 커리어 평균 10.1리바운드란 숫자가 말해주듯 보드장악력도 일품이다. 림 프로 텍팅 능력은 떨어졌으나 힘을 앞세운 리바운드 장악과 버티는 수비는 말론을 리 그 역사상 최고의 파워포워드 중 한 명으로 만들었다.

리그 최고의 슈터이자 플레이 메이커인 스탁턴과 리그 최고의 스크리너 이자 피니셔인 말론이 펼치는 2대2 픽앤 롤은 단순한 편이라 보는 재미는 떨어 졌다는 평가가 많았다. 1990년대의 경우, 마이클 조던의 화려한 1대1 공격에 스 포트라이트가 쏟아진 것도 두 사람의 픽앤 롤을 상대적으로 재미없게 만든 부 분도 없지 않았다. 다만 파괴력 하나만큼은 조던의 아이솔레이션 못지않게 리그 최고였다. 1988년 제리 슬로언 감독이 유타 감독으로 부임한 것도 두 선수의 픽 앤 롤이 빛날 수 있었던 또 다른 요인이었다. 모션 오펜스를 중시하는 슬로언 감 독은 스크린 플레이를 비롯한 볼 없는 움직임에 이은 공격을 선호했다. 말론과 스탁턴의 픽앤 롤이 유타가 자랑하는 최고 공격 옵션으로 자리를 잡은 것도 슬 로언 감독의 적극적인 지지가 있기에 가능했다.

두 선수의 픽앤 롤이 기본에 충실했음에도 위력을 발휘한 이유는 픽앤 롤의 선택지가 다양해서다. 스탁턴과 말론의 픽앤 롤의 기본 패턴은 스탁턴이 3 점 라인 근처에서 공을 잡으면 말론이 스크린을 걸어 미스매치를 만든다. 이때 말론이 스탁턴의 매치업 상대를 인사이드로 끌고 들어가면 스탁턴이 이를 놓치 지 않고 말론에게 패스를 넣어주는 방식으로 공격을 마무리한다. 이외에 스탁턴 은 말론이 걸어준 스크린을 타고 미드레인지 점퍼나 돌파로 득점을 올린다. 말 론이 데뷔 후 미드레인지 점퍼를 장착해 픽앤 팝을 몸에 익힌 것도 두 선수의 픽

앤 롤을 더 위력적으로 만들었다. 픽앤 팝은 스크리너가 스크린을 선 후 외곽으로 빠져 슛을 노리는 것을 말한다.

이들 콤비와 한 시대를 풍미한 게리 페이튼은 2018년 유타의 지역지, 데저릿 뉴스와 인터뷰에서 "내가 만약 나와 함께 뛸 나머지 4명의 선수를 뽑는다면 우선 존 스탁턴과 칼 말론을 꼽을 것이다. 스탁턴과 말론의 2대2 픽앤 롤은 현역 시절 가장 상대하기 껄끄러운 공격이었다. 스탁턴은 패스만 좋은 것이 아니라 득점까지 뛰어나 수비를 할 때 여러 가지 경우의 수를 생각해야 했다"는 말을 전할 정도로, 스탁턴과 말론의 픽앤 롤은 가히 리그 역사상 최고라 해도 과언이 아니다.

스티브 내쉬 to 아마레 스타더마이어, 화려했던 피닉스의 태양!

1990년대 존 스탁턴과 칼 말론의 픽앤 롤이 리그를 호령했다면 2000년대는 스티브 내쉬·아마레 스타더마이어 콤비가 리그를 떠들썩하게 만들었다. 2004년부터 2010년까지 피닉스 선즈에서 호흡을 맞춘 두 사람은 짧은 시간 강한 임팩트를 남기며 피닉스를 서부 컨퍼런스의 강호로 만들었다. 두 선수는 런앤 건 오펜스의 중심으로 활약하며 선수 생활의 최전성기를 함께 했다. 피닉스는 꾸준히 서부 컨퍼런스 상위 시드에 오르는 등 정규리그에선 강세를 드러냈다. 다만 정작 본 무대인 플레이오프에선 주축 선수들의 부상과 수비력 등 한계를 보이며 대권 획득에는 실패했다.

내쉬와 스타더마이어의 픽앤 롤은 스탁턴·말론 콤비의 픽앤 롤과 비교해 화끈했다. 운동능력이 좋은 스타더마이어는 내쉬가 찔러준 패스 대부분을 덩크로 마무리하면서 보는 이들에게 시원함을 선사했다. 스타더마이어는 픽앤 롤과 픽앤 팝은 물론, 픽앤 슬립으로도 득점을 올렸다. 픽앤 슬립은 스크린을 서는 척하다 인사이드로 돌진해 득점을 올리는 것으로, 아마레가 즐겨 사용한 공격 중 하나였다. 커리어 평균 8.5어시스트를 기록할 정도로, 패스와 경기운영이 뛰어난 내쉬는 화려한 패스들로 아마레의 롤링과 슬립을 돋보이게 만들었다. 마찬가지 아마레도 어떤 각도에서 패스가 날아오든 공을 잡는 능력이 뛰어나 내쉬의 어려운 패스를 곧잘 득점으로 연결해 내쉬의 어시스트 적립에 많은 도움을 줬다.

서로가 서로에게 얼마나 특별한 파트너였는지는 스타더마이어가 내쉬의 은퇴를 축하하며 남긴 말에서 잘 드러난다. 클러치 포인트에 따르면 스타더마이어는 당시 "내쉬와의 콤비 플레이는 그야말로 마법과도 같았다. 누군가 나에게 리그 역사상 최고의 포인트가드가 누구인지 묻는다면 난 내쉬라고 거리낌 없이 말할 것이다. 내쉬는 리그 역사상 최고의 패서이자 슈터였다. 그와 함께 한 것은 내 인생에 가장 빛난 순간이었다"는 말을 전했다. 내쉬도 지난해 명예의 전당 헌액을 수락하는 인터뷰에서 "피닉스에서 아마레와의 픽앤 롤은 정말로 행복했다. 스타더마이어와 함께 하며 많은 하이라이트 필름을 찍었다. 스타더마이어는 포인트가드라면 누구나 함께 하고 싶은 파트너였다"는 말을 전하기도 했다.

무엇보다 피닉스는 내쉬와 스타더마이어의 픽앤 롤 플레이에서 파생된 공격 패턴으로 많은 득점을 올렸다. 우선 3점 라인 근처에서 시작되는 두 선수의 픽앤 롤은 내쉬의 인사이드 돌파를 극대화하려는 전술이다. 내쉬는 4번이나 180클럽에 가입할 정도로 슈팅 능력이 뛰어나다. 내쉬는 스타더마이어의 스크린을 타고, 미드레인지 점퍼와 돌파로 득점을 올렸다. 45도 지역에서 이뤄지는 픽앤 롤은 상대 베이스라인을 공략하려는 전술이었다. 두 선수의 픽앤 롤 플레이는 피닉스의 외곽 공격 강화에도 활용됐다.

그 예로 내쉬는 스타더마이어의 롤링을 미끼로 쓴 뒤, 외곽에 있는 슈터들에게 패스를 건넸다. 양손 사용이 자유자재로 가능한 내쉬는 베이스라인을 파고든 후 킥아웃 패스로 외곽 슈터의 슛을 살려줬다. 롤링하는 스타더마이어도 킥아웃 패스로 외곽 찬스를 봐줬다. 때로 스타더마이어가 내쉬에게 공을 받으면 동시에 다른 선수가 컷인을 시도, 스타더마이어의 패스를 받아 득점을 올리는 것도 피닉스가 두 선수의 픽앤 롤을 활용한 공격 패턴이었다. 피닉스는 이를 위해 주전 나머지를 외곽 슛이 가능하고 볼 없는 움직임이 좋은 선수들로 배치했다.

두 선수와 함께 했던 선수들은 기본적으로 외곽 슛과 각자의 장점으로 내쉬와 스타더마이어 콤비를 보좌했다. 라자 벨은 코비 전담 수비수로 많은 주목을 받는 등 에이스 스토퍼로 내쉬와 백코트 콤비를 구성했다. 레안드로 발보사는 기동력이 좋아 피닉스 런앤건 오펜스에 특화된 벤치 스코어러였다. 여기에 보리스 디아우와 숀 메리언은 본 포지션인 포워드 외에 다양한 포지션을 소화했다. 메리언은 3번과 4번 포지션을 맡아 공·수 양면에서 힘을 보태며 내쉬와 스타더마이어와 피닉스의 중흥기를 이끌었다. 커리어 평균 38.8%(1.2개 성공)의 3점 성공률을 기록할 정도로 슈팅 능력이 좋은 스트레칭형 빅맨인 채닝 프라이도 피닉스에서 정규리그 304경기 평균 11.4득점(FG 43.3%)·3P 38.9%(2개 성공)로 전성기를 맞이하는 등 피닉스의 런 앤 건 농구는 내쉬와 스타더마이어의 픽앤 롤에 여러 가지 공격 패턴의 결합으로 만들어진 것이다.

제임스 하든 to 클린트 카펠라, 휴스턴발 로켓의 발진 원동력!

그렇다면 현존하는 리그 최고의 픽앤 롤 콤비는 누구일까. 2010년대는 포인트가드 전성시대라 해도 과언이 아닐 정도로 각 팀 야전사령관의 면모가 화려하다. 그러다 보니 스테판 커리와 드레이먼드 그린, 트레이 영과 존 콜린스 콤비 등 뛰어난 픽앤 롤 듀오도 많이 등장하고 있다.

그중 외곽 슛이 좋은 커리는 2명의 수비수 정도는 거뜬히 자신에게 끌어들일 수 있는 기량을 가졌다. 커리와 그린 콤비의 픽앤 롤을 살펴보면 커리는 수비가 자신에게 몰리면 롤링으로 들어가는 그린에게 패스를 전달한다. 때로는 본인의 직접 돌파와 3점 슛을 통해 공격을 마무리하기도 한다. 시야가 넓고, 패스 능력이 좋은 그린은 윙 사이드에 위치한 슈터의 찬스를 봐주거나, 인사이드로 들어오는 선수에게 앨리웁 패스를 전달하는 등 다양한 방법으로 픽앤 롤을 마무리한다. 크리스 폴도 뉴올리언스와 LA 클리퍼스, 피닉스 선즈 등을 거치며 뛰어난 픽앤 롤 능력을 보여줬다. 켐바 워커와 루 윌리엄스도 뛰어난 픽앤 롤 메인 볼 핸들러로 주목을 받는 선수들이다.

클러치 포인트는 2019-2020시즌 개막을 앞두고 리그 관계자들을 대상으로 현존하는 리그 최고의 픽앤 롤 콤비가 누군지에 관한 설문을 시행했다. 1위는 휴스턴의 제임스 하든·클린트 카펠라 콤비가 차지했다. 이들이 리그 전체를 대표하는 대표성을 띠는 것이 아니라 결과에 동의하지 않는 이들도 있을 것이다. 하든의 경우, 픽앤 롤보다 엄청난 수의 자유투 획득 등 아이솔레이션 플레이에 더 능력을 발휘하는 선수이기 때문이다. 그러나 2010년대 중반의 휴스턴은 마이크 댄토니 감독 부임 후 픽앤 롤 공격의 비중이 늘어났고, 하든과 카펠라 콤비를 앞세워 리그를 대표하는 강호로 떠오를 수 있었다.

하든과 픽앤 롤은 스탁턴과 말론의 픽앤 롤 플레이와 비슷한 패턴으로 이뤄진다. 플레이의 다양성으로 치자면 커리와 그린의 픽앤 롤 플레이가 더 다채롭다. 그러나 리그 최고의 1대1 플레이어인 하든도 커리처럼 여러 명의 수비수를 자신에게 끌어들일 수 있다. 대인 수비로 하든을 막을 수 있는 선수는 리그에서 손에 꼽아야 할 정도로 거의 없다. 댄토니 감독 부임 이후 포인트가드로 뛰며 두각을 드러낼 만큼 패스가 뛰어난 하든은 인사이드로 파고드는 카펠라에게 알맞은 타이밍에 패스를 전달, 픽앤 롤 공격을 마무리한다. 카펠라는 저돌적인 롤링과 함께 점프력이 좋아 하든의 랍 패스를 앨리웁 덩크로 꽂아 넣으며 하이라이트 필름을 찍어내고 있다. 카펠라는 개인 공격력은 떨어지지만 보드장악력과 수비력, 안정적인 롤링과 득점 마무리로 최근 리그를 대표하는 센터 중 한 명으로 성장했다.

휴스턴 픽앤 롤에 또 하나 특징이 있다면 '스페인 픽앤 롤'이다. 스페인 픽앤 롤은 2016 리우 올림픽에서 스페인 대표팀이 처음 선보인 전술이다. 픽앤 롤은 2명의 공격수와 2명의 수비수가 관여한다고 해 보통 2대2 게임이라고도 불린다. 스페인 픽앤 롤은 여기에 스크린을 하나 더 세워 3대3 게임을 통해 득점을 올리는 픽앤 롤 공격이다. 이때 추가되는 선수는 보통 슈터 포지션 선수다. 스페인 픽앤 롤은 인사이드 공격과 외곽 공격을 동시에 노리는 공격 전술이다.

휴스턴은 3점 라인에 하든-카펠라를 순서대로 세우고, 인사이드에 슈터들을 배치한다. 하든과 카펠라가 3점 라인 근처에서 픽앤 롤을 시도, 하든이 돌파를 시도하고, 카펠라로 롤링으로 돌진하면 뒤에 있던 슈터가 카펠라의 매치업 상대에게 스크린을 걸어 돌진을 쉽게 만들어준다. 슈터가 스크린과 동시에 외곽으로 빠지면 하든은 미드레인지 점퍼·돌파를 통한 본인의 득점 혹은 인사이드의 카펠라나 외곽에서 위치한 슈터를 공격 마무리 옵션으로 선택할 수 있다. 여기에 좌우 90도 윙사이드에 외곽 슈터들을 추가로 배치하면 스페인 픽앤롤이 완성된다. 댄토니 감독은 픽앤롤 볼 핸들러로서 뛰어난 하든의 판단 능력을 믿고, 스페인 픽앤롤을 전술에 활용할 수 있었다.

이쯤 되면, 2대2 픽앤롤 플레이를 한 번 직접 보고 싶지 않은가? 농구 팬들에겐 좋은 시대다. 유튜브에 위 선수들의 플레이를 검색해보자. 위에서 읽은 글들이 2D였다면, 영상을 통해 그 위에 색을 입혀보자. 한 가지 더 바라는 게 있다면, 위 글을 보고 지금 당장 농구공을 들고 농구장으로 나간다면 더욱 좋겠다.

다양한 재능의 멀티 빅맨, 리그 판도를 바꾸다

🏀 농구 트렌드가 변화하듯, 빅맨의 역할도 시간을 거듭하면서 변화해왔다. 초기 NBA의 빅맨은 큰 키와 파워를 활용해 림 주변에서 득점을 올리고, 리바운드를 잡아냈다. 당시에는 "농구는 결국 센터 놀음이다"는 말이 절대적으로 통용되는 시기였다. 프로 초창기 3점 슛 제도도 없었고, 지금처럼 전략과 전술이 복잡하지 않다 보니 최대한 림 가까이를 점유하는 팀이 승리를 거두는 것이 유리했다. 그러다 보니 당시 NBA는 좋은 센터를 보유한 팀이 리그를 지배했다. NBA가 리그에 3점 슛 제도를 도입한 1979-1980시즌 전까지 대부분 MVP는 센터 포지션 선수들이 수상했다.

그 예로 조지 마이칸은 리그 초기인 1940년대와 1950년대, 208cm와 111kg의 압도적인 피지컬을 앞세워 리그를 지배했다. 카림 압둘 자바와 샤킬 오닐이 존경심을 표하는 등 마이칸은 5번의 리그 우승을 이끌며 NBA에 정통 센터 전성기, 그 시작을 알렸다.

마이칸 은퇴 후엔 월트 체임벌린과 빌 러셀이 정통 센터 전성기 시대를 이어갔다. 체임벌린과 러셀의 대결은 한마디로 '창과 방패의 대결'이었다. 단일 경기 100득점 등 리그 역사상 최고의 공격수를 논할 때마다 빠지지 않고 등장하는 체임벌린은 216cm 124kg의 압도적인 피지컬과 점프력 등 월등한 운동능력을 앞세워 리그를 지배했다. 유일한 약점이 있다면 커리어 평균 51.1%에 그치고 있는 자유투다.

반면, 빌 러셀은 208cm에 100kg으로, 체임벌린보다 피지컬이 왜소했으나, 리그 역사상 최고의 수비수로 평가받는 등 압도적인 수비력으로 리그를 지배했다. 단순히 개인 수비만 뛰어난 것이 아닌 도움 수비 등 팀 수비에도 능했던 러셀은 맞대결에서 늘 체임벌린을 압도했다. 143경기를 맞붙은 두 사람의 상대 전적은 러셀이 86승 57패로, 우위를 가져갔다. 개인 기록은 체임벌린이 러셀을 압도했으나, 러셀이 무려 11개의 NBA 파이널 반지를 가져가는 등 파이널 우승 2회에 그친 체임벌린을 압도했다.

두 사람의 라이벌 열전이 끝난 후 윌리스 리드가 바통을 이어받았다. 리드는 러셀과 체임벌린에 가려 빛을 보지 못하다 두 사람 은퇴 후 리그 최고의 빅맨으로 거듭나며 뉴욕 닉스의 전성기를 이끌었다. 뉴욕 구단 역사상 최초의 영구결번 보유자인 리드는 2번의 파이널 우승을 차지하는 등 뉴욕 구단 역사에서 유일하게 정규리그와 파이널 MVP를 수상했다. 다만 아쉽게도 고질적인 무릎 부상이 발목을 잡으면서 데뷔 후 10년 만에 커리어를 마감했다. 리드와 함께 데이브 코웬스가 보스턴의 2차례 우승을 안겨주며 205cm의 단신 센터도 인사이드를 지배할 수 있다는 것을 보여줬다. 포틀랜드 트레일 블레이져스의 빌 월튼과 워싱턴 블리츠(現 워싱턴 위저즈)의 웨스 언셀드도 팀에 한 차례씩 우승을 안겨주며 1970년대 센터 전성기를 주도했다.

리드 은퇴 후 1980년대 NBA 센터 전성기의 계보는 스카이 훅 슛이 시그니처 무브인 카림 압둘 자바에게로 이어진다. 218cm의 신장에, 스카이 훅 슛 등 농구 선수로서 기술까지 뛰어난 센터였던 압둘 자바는 매직 존슨이라는 역대 최고의 포인트가드와 함께 하면서 6번의 파이널 우승과 정규리그 MVP를 수상하는 등 1980년대 센터 전성기를 이끌었다. 여담으로 압둘 자바의 시그니처 무브인 스카이 혹 슛은 살아남기 위한 궁여지책이었다. NCAA 리그는 1967년부터 1975년까지 덩크슛을 금지하는 알신도르 룰을 제정했다. NCAA 리그가 당시 쓴 보고서에 따르면 덩크슛을 시도하는 과정에서 1,500여 건의 부상이 발생, NCAA는 부상 방지 차원에서 한동안 선수들의 덩크슛 시도를 금지했다. 이에 압둘 자바는 덩크슛을 대신할 자신만의 무기로 스카이 혹 슛을 개발해 프로 입성 후에도 최고의 센터로 활약하면서 NBA 리그 역사상 최고의 스코어러 중 한 명이 됐다. 압둘 자바와 함께 1980년대는 선수들의 피지컬이 전반적으로 좋아지면서 중량감 있는 선수들이 대거 늘어났다. 압둘 자바의 아성에 로버트 페리쉬와 케빈 맥헤일 등이 도전했다. 보스턴 소속이었던 두 선수는 압둘 자바의 LA 레이커스와 라이벌 열전을 쓰며 NBA 흥행에 불을 지폈다.

그리고 1990년대 NBA에는 패트릭 유잉, 하킴 올라주원, 데이비드 로빈슨, 샤킬 오닐의 4대 센터가 등장하며 정통 빅맨 전성기의 화룡점정을 찍는다. 1990년대는 모두가 알고 있듯, 마이클 조던의 시대다. 이들 4대 센터는 조던이 은퇴로 자리를 비운 시기에 NBA 파이널 우승을 차지하며 조던의 빈자리를 채웠다. 4대 센터는 각기 다른 개성으로, 팬들의 사랑을 받았고, 조던과 함께 리그 흥행을 이끌었다.

먼저 1984년 신인드래프트 1순위로, 리그에 입성한 하킴 올라주원은 218cm 116kg의 피지컬에 더해 기술적으로도 완성된 센터였다. 올라주원은 시그니처 무브인 드림 쉐이크와 함께 슛 거리도 길어, 미드레인지 게임과 드라이브 앤 킥아웃 능력까지 보여주는 등 현대 빅맨의 시초가 됐다는 평가를 듣기도 한다. 오프시즌 드림 쉐이크 등 올라주원의 기술을 배우기 위해 가드부터 센터까지 포지션을 가리지 않고, 선수들이 올라주원에게 기술 전수를 청하는 등 올라주원은 센터임에도 다양한 기술을 선보였다. 특히, 농구에 대한 이해도가 뛰어났던 올라주원은 팀 수비와 개인 수비에도 두각을 나타냈다. 커리어 평균 3.1개의 블록슛을 기록하면서 리그 역사상 최고의 팀 프로텍터로 꼽히는 것이 증거

중 하나. 올라주원은 조던의 1차 은퇴 직후 2년 연속 파이널 우승을 차지하며 리그를 지배했다. 조던도 올라주원을 두고, 리그 역사상 최고의 센터로 칭하기도 했다.

　　1985 신인드래프트 1순위로 뉴욕에 입단한 패트릭 유잉은 윌리스 리드 이후 뉴욕의 프랜차이즈 스타로 발돋움하며 많은 사랑을 받았다. 슬램덩크 채치수의 모델로 유명한 유잉은 탄탄한 기본기와 인사이드에서의 안정감이 돋보이는 선수였다. 무릎이 망가지기 전까지 속공 농구와 함께 파워풀한 농구로 사람들의 시선을 사로잡았던 유잉은 수비에서도 존재감을 드러내며 1990년대 뉴욕을 리그 정상급 수비력을 가진 팀으로 만들었다. 뉴욕 타임즈는 유잉을 일컬어, "수비력으로 리그를 지배할 수 있는 선수"라 평하는 등 유잉은 1대1 대인 수비와 팀 수비 모두 뛰어났다. 4대 센터와 비교했을 때 신체 능력과 기술이 떨어지고, 1대1로 공격을 마무리하는 능력이 부족하다는 평가가 있으나, 4대 센터 중 가장 정확한 미드레인지 점퍼를 갖추고 있다는 평도 있다. 조지 타운 대학 시절에는 올라주원을 넘어서 NCAA 우승을 차지하는 등 우승 복이 있었으나, 프로 입성후 고비 때마다 우승에 실패하는 등 4대 센터 중 유일하게 우승이 없기도 하다.

　　4대 센터 중 유일하게 원클럽 맨으로서 커리어를 마친 샌안토니오 스퍼스의 전설 데이비드 로빈슨은 다른 4대 센터들과 다르게 포스트업보다는 페이스업을 무기로 삼았다. 여기에는 여러 가지 이유가 있는데 당초 로빈슨은 프로 농구 선수가 아닌 해군 제독을 꿈꿨다. 실제 로빈슨은 SAT에서 1,320점을 획득, 해군이던 아버지의 바람대로 해군이 되기 위해 해군사관학교에 진학했다. 그러나 대학 진학 당시 198cm였던 로빈슨은 진학 후 키가 213cm까지 자라나며 생도의 신장제한이 있던 해군사관학교에서 퇴학당할 위기에 놓였다. 그러나 해군부 장관의 배려로, 퇴학을 면하고, 해군사관학교에서 농구 선수로 생활을 시작, NBA 팀들의 관심을 받았고, 1987년 전체 1순위로 샌안토니오에 지명된다. 농구를 늦게 시작했고, 대학 졸업과 함께 2년간 군 복무를 해야 했던 탓에 기초를 닦을 시간이 부족했던 로빈슨은 기술적으로 4대 센터와 비교해 떨어졌으나, 운동 능력이 이들보다 뛰어난 덕분에 속공 농구에서 강점을 드러냈다. 수비에서도 기동력을 무기로 삼아, 역대 최고의 수비수로 평가받는 등 샌안토니오가 리그를 대표하는 명가로 발돋움하는 데 주춧돌을 놓았다.

　　마지막으로 4대 센터 중 유일하게 1990년대 리그에 데뷔한 샤킬 오닐은 216cm에 131kg에 이르는 압도적인 피지컬과 가공할 만한 파워를 앞세워 2000년대 초중반까지 리그를 지배했다. 그 예로 오닐은 1992년 신인드래프트 전체 1순위로 리그에 입성, 신인왕부터 4번의 파이널 우승까지 차지하는 등 그 누구보다 화려한 커리어를 쌓으면서 역대 최고의 선수 중 한 명으로 평가를 받고 있다. 오닐은 압도적인 힘으로, 약점이었던 스피드와 인사이드에 국한된 좁은 공격 범위를 상쇄하는 등 리그를 지배했다. 커리어 평균 자유투 성공률이 52.3%에 그쳤지만, 2차례 리그 득점왕을 차지하는 등 그야말로 전성기 시절 오닐은 인사이드에서 공을 잡으면 무조건 득점을 성공시킬 수 있는 선수였다. 기동력이 떨어져 2대2 픽 앤 롤 수비에 약점을 보이는 등 인사이드에서 벗어나면 위력이 떨어졌으나, 포스트에선 1대1 수비로 상대에게 득점을 허용하지 않는 등 1대1 토너먼트가 있다면 최고의 선수가 됐을 것이란 평가를 들을 정도로, 1대1로는 수비든 공격이든 제어하기가 힘든 선수였다.

21세기의 도래와 함께 빅맨의 역할도 끊임없이 변하는 중

　　1990년대까지가 정통 빅맨의 시대였다면 2000년대부터는 코트 위 빅맨의 역할이 변화하기 시작했다. 가장 큰 변화는 빅맨들의 활동 범위가 인사이드에서 외곽으로 넓어지기 시작했다는 점이다. 센터들은 인사이드에서 득점을 마무리하는 피니셔와 포스트 득점원의 역할을 기본적으로 수행하면서 가드와 포워드의 전유물로 여겨졌던 미드레인지 점퍼를 던지기 시작했고, 3점 슛을 장기로 하는 선수까지 등장하는 등 스트레치 빅이라는 개념도 정립됐다. 美 현지에선 스트레치형 빅맨의 기준을 3점 슛 특화 여부에 둔다. 라마커스 알드리지를 스트레치형 빅맨으로 분류하지 않는 것도 이 때문이다. 더크 노비츠키와 케빈 러브로 대표되는 스트레치형 빅맨들은 공격에는 강점이 있으나, 수비에 약점에 드러내는 등 파트너로 인사이드 수비와 리바운드에 특화된 선수들과 함께 하는 경우가 많다. 다만 최근 조엘 엠비드와 니콜라 요키치, 칼 앤써니 타운스 등 리그 정상급 센터들 대부분이 성공률까지 높은 3점 슛을 장착하는 등 센터에게도 슛이란 공격 옵션이 보편화됨에 따라 스트레치형 빅맨이란 개념이 무의미해졌다고 보는 이들도 적지 않다.

자유투가 센터들의 약점이란 말도 이제는 옛말이다. 이전까지 자유투 성공과 성공률 기록표를 보면 센터가 아닌 가드나 포워드 포지션 선수들이 상위권에 이름을 올리는 경우가 대부분이었다. 물론 여전히 대다수 센터 포지션 선수들의 자유투 성공률은 좋지 못한 편이다. 그러나 최근 조엘 엠비드가 자유투 성공 개수 상위권에 이름을 올리며, 센터도 이른바 '자유투 삥 들기'를 할 수 있다는 걸 보여주고 있다. 엠비드는 포스트업 공격도 위력적이지만 페이스업 공격도 즐긴다. 신체 조건은 센터지만 스텝 백 슛이나 페이더 웨이 슛 등 가드나 포워드들의 기술도 어려움 없이 구사한다. 213cm의 127kg의 거구가 힘으로 무작정 밀고 들어오다 보니, 상대로선 파울 말고는 막을 길이 없다. 알 호포드, 마크 가솔 등 농구에 대한 이해도가 좋다는 선수들은 꾀가 있어서인지 엠비드의 자유투 삥들기에 대처를 잘하지만 반대로 안드레 드러먼드나 디안드레 조던 등 농구에 대한 이해도가 떨어지는 선수들은 그저 힘 대 힘으로만 엠비드를 막으려다 파울 트러블에 걸려 일찍이 벤치로 들어가는 경우가 많다.

힘만으로 반칙을 얻는 것이 아닌 플라핑까지 가미되다 보니 팬들 사이에선 엠비드의 자유투를 두고, 설왕설래가 많다. 그러나 정작 엠비드 본인은 "자유투를 얻는 것도 경기를 이기는 방법 중 하나다. 어떤 사람들이 이를 플라핑이라고 비난하지만 나는 몸과 몸의 접촉을 통해 정당한 방법으로 자유투를 얻고 있다. 나를 막지 못하니까, 손을 써 반칙으로, 내 슛을 막는 것이다. 사람들은 인사이드에서 자유투를 얻는 것이 쉽다고 말을 하나, 이는 결코 쉬운 일이 아니다. 모든 선수가 할 수 있는 것이 아니라 농구에 대한 이해도가 좋은 선수들만이 할 수 있는 특별한 기술이다"는 말로, 자신을 비난하는 사람들의 의견에 반박했다.

더불어 현대 농구에서 빅맨들은 패서로서의 역할도 요구 받고 있다.

2000년대 들어 도움수비 등 빅맨의 포스트업에 대처하는 수비가 발달하면서 빅맨들은 이를 타개할 방법 중 하나로, 패스를 선택했다. 감독들도 빅맨을 외곽 패서로 활용하면, 상대 빅맨을 외곽으로 끌어내 인사이드 수비를 헐겁게 만들 수 있다는 장점이 있다. 센터로서 뛰어난 커팅 패스 센스를 보여준 선수는 조아킴 노아다. 노아는 공격력이 사실상 제로에 가까웠으나, 대학 시절부터 탁월한 시야와 패스 능력을 보여줬던 노아는 시카고 불스 시절 데릭 로즈를 도와 게임 운영에 관여하는 등 패싱 센터로서의 경쟁력을 보여줬다. 노아가 있어 로즈는 경기 운영의 부담을 덜고, 공격형 포인트가드로, 득점 사냥에 집중할 수 있었다. 3점 슛이 공격 전술의 주요 패턴으로 자리를 잡으면서 센터 포지션 선수들이 포스트업 후 외곽 3점 라인에 자리를 잡은 슈터들에게 빼주는 킥아웃 패스 전술 등 현대 농구는 이 같은 유형의 빅맨을 컨트롤 타워라고 부르면서 코트를 넓게 보는 시야와 패싱 센스를 요구하고 있다. 실제 팀 던컨은 포스트업으로 상대 수비의 시선을 모은 후, 외곽에서 인사이드로 컷인을 시도하는 선수들이나 3점 라인에 있는 선수들에게 킥아웃 패스를 빼주는 등 기본에 충실한 플레이로 호평을 받기도 했다.

최근에는 아예 센터가 포인트가드를 대신해 플레이 메이커 역할을 맡는 경우도 있다. 대표적인 선수가 니콜라 요키치다. 요키치 이전 파우 가솔, 블라디 디박 등 여타 유럽 출신 센터들도 패싱 센터로 두각을 나타냈다. 디박은 공을 잡으면 본인이 직접 림을 노리기보다는 주위를 살피며 동료들의 움직임부터 파악하는 등 패스 우선의 마인드를 가진 선수였다. 현역 중 니콜라 부세비치도 최근 6시즌 연속으로, +3개 어시스트를 기록하고 있다. 야니스 아데토쿤보 역시 데뷔 초반 포인트가드 수업을 받는 등 빅맨치고는 시야가 넓은 편에 속한다. 아데토쿤보의 어시스트 대부분은 돌파로 상대 수비를 흔든 후 건네는 킥아웃 패스로, 팀 외곽 화력을 극대화하고 있다. 도만타스 사보니스도 가드에게 찔러주는 컷인 패스로, 호평을 받는 등 최근 컨트롤 타워로 성장해 아버지인 아비다스 사보니스의 명성을 이어가고 있다. 유럽 출신 센터들은 흑인 선수들에 비해 부족한 운동능력을 탄탄한 기본기와 코트를 넓게 보는 시야를 통해 극복하고 있다.

최근 2시즌 연속 정규리그 MVP를 수상하며 리그 최고의 선수 중 한 명으로 자리매김한 요키치의 장점은 '다재다능'이다. NBA 역사상 평균 +25득점-10리바운드-8어시스트를 기록한 선수는 요키치와 함께 러셀 웨스트브룩, 오스카 로버트슨까지, 3명에 불과하다. 보통 빅맨들은 공격에서 스크리너와 포스트 득점원을 맡는 경우가 대부분이지만 요키치는 직접 팀의 메인 볼 핸들러를 맡아 경기 운영을 도맡을 정도로, 패스 능력이 좋고, 코트를 보는 시야가 넓다. 노룩 패스나 예기치 못한 각도에서 수비수 사이로 패스를 찔러넣는 등 예술의 경지에 이른 요키치의 패스는 지켜보는 사람들의 감탄을 금치 못하게 만든다. 센터가 볼 핸들러를 맡아 픽 앤 롤 게임을 진행하는 것도 덴버의 게임 플랜에서만 볼 수 있는 진기명기다. 무엇보다 요키치는 볼 처리가 빠르고 간결하다. 리그 내 다른 볼 핸들러에 비해 적은 볼 터치 수에도 효율적인 공격을 펼치고 있는 것도 이 때문이다. 최근 2시즌 덴버가 기록한 정규리그 득점의 40% 이상이 요키치가 뿌린 어시스트에서 비롯됐을 정도로, 덴버 공격 조립에서 요키치가 차지하는 비중은 절대적이다. 센터들에게는 도움 수비를 오는 것이 스트레스지만 요키치는 이를 즐기는 듯, 오히려 상대가 도움 수비를 오는 상황에서 더 많은 어시스트를 만들어낸다.

　　여기에 더해 요키치는 본인이 직접 득점을 마무리하는 능력도 뛰어나다. 요키치는 정규리그 MVP를 수상한 최근 2시즌 연속 평균 +25득점을 기록하면서 야투 성공률까지 평균 +55%를 기록하는 등 득점의 양과 질을 모두 챙기고 있다. 센터임에도 플로터 슛을 몸에 완벽히 익히는 등 높은 확률의 포스트업 성공에 더해 크리스 폴과 케빈 듀란트 등 리그 내 정상급 미드레인지 점퍼 슈터들과 비교해도 떨어지지 않는다. 즉, 요키치는 코트 전 지역에서 득점을 만들어낼 수 있다. 2021-2022시즌 요키치는 평균 51.5%의 미드레인지 점퍼 성공률을 기록, 3점 슛도 평균 33.7%를 기록했다. 덩크슛 성공이 센터 포지션 중 최하위권일 정도로, 플레이에 파워풀한 맛은 떨어지나, 안정감만큼은 리그 레전드 센터들과 비교해도 전혀 떨어지지 않는다. 특히 요키치는 지난 시즌 클러치 타임 때 평균 4.2점을 올리는 등 최근 2시즌 연속 클러치 타임에서 평균 +4득점을 기록하면서 올라주원 이후 처음으로, 클러치 타임 때 평균 +4득점을 기록한 선수에 이름을 올리는 등 강심장의 면모까지 보여주고 있다.

마찬가지로, 역할의 변화는 수비에서도 두드러진다. 기본적으로 수비 시 센터의 임무는 수비 리바운드를 단속하는 리바운더와 블록으로 상대의 슛을 막는 림 프로텍터다. 수비 리바운드는 공격의 시발점이다. 블록은 덩크슛처럼 상대 공격수의 기를 눌러버릴 수 있는 중요한 요소다. 그러나 최근 2대2 픽 앤 롤이 공격 플랜의 기반이 되는 등 공격의 중심이 인사이드에서 아웃사이드로 옮겨가면서 빅맨에게도 외곽 수비를 요구하고 있다. 이전까지는 가드와 빅맨이 외곽에서 미스매치가 되면 가드가 스피드로 빅맨의 느린 발을 공략해 득점을 올리곤 했다. 그러나 최근 운동능력과 함께 사이드 스텝에도 능한 빅맨들이 대거 등장하면서 이와 같은 현상도 덩달아 줄어들었다. 2021-2022시즌, 보스턴 셀틱스가 강력한 스위치 디펜스로 동부 컨퍼런스를 제패할 수 있었던 것도 로버트 윌리엄스와 알 호프드 등 팀 내 센터 모두가 외곽 수비를 할 수 있었기에 가능한 전술이었다.

외곽 수비를 할 줄 아는 센터와 못하는 센터의 가치가 얼마나 차이가 나는지는 루디 고베어와 하산 화이트사이드를 비교하면 잘 알 수가 있다.

먼저 고베어는 올해의 수비수 3회와 디펜시브 퍼스트 팀 6회 수상 등 자타가 공인하는 리그 최고 수비수 중 하나다. 고베어는 커리어 평균 2.2개의 블록을 기록하는 등 216cm의 신장과 236cm의 윙스팬에서 나오는 림 프로텍팅이 일품인 선수다. 최근 3시즌 연속 +13개의 리바운드를 기록, NBA 최정상급의 보드장악력을 자랑한다. 수비 리바운드 단속만 잘하는 것이 아닌 공격 리바운드도 커리어 평균 3.3개를 기록하는 등 상대 수비에 많은 부담을 주고 있다. 동시에 고베어는 2대2 픽 앤 롤 플레이 수비 시 상대 볼 핸들러를 압박할 수 있는 기동력을 갖추고 있는 등 미스매치 상황에서 상대 가드나 포워드에게 쉽게 돌파를 허락하지 않는다. 고베어는 상대 볼 핸들러의 공을 뺏으려고 하기보다는 슛이나 패스 등 스크린을 받은 후 후속 플레이를 어렵게 만드는 수비를 펼친다. 기본적으로 신장이 있다 보니 기동성이 떨어져 상대가 3점 라인까지 고베어를 끌어내 공략하는 등 미스매치 대상이 되기도 하지만 신장에 비하면 순수한 외곽 수비력을 가지고 있다는 평가를 듣고 있다. 데뷔 초반 아예 외곽 수비를 하지 못했다는 점을 생각하면 현재 고베어의 외곽 수비력은 그야말로 엄청난 발전을 이뤘다.

반대로 화이트사이드는 림 프로텍터와 리바운더로서의 능력만을 본다면 고베어에게 뒤질 이유가 없다. 화이트사이드 역시 216cm의 신장과 231cm의 윙 스팬에서 나오는 압도적인 높이가 위력적인 선수다. 커리어 평균 24.7분을 출전하며 2.2개 블록과 10.8리바운드라는 기록을 남기고 있는 것이 그 증거. 다만 기동력과 특히 순발력이 현저히 떨어지는 바람에 상대 수비의 먹잇감이 되고 있다. 2대2 픽 앤 롤 플레이 수비 때는 아예 수비 커버가 되지 않아 오히려 팀 수비에 마이너스가 되고 있다. 공격적인 측면에서는, 2대2 픽 앤 롤 플레이 때도 스크리너와 롤맨으로서 위력을 나타내는 고베어와 달리 화이트사이드는 느린 기동력으로 인해 롤맨의 역할 수행에도 제한이 있다. 그렇다고 해서 스크린을 단단하게 거는 것도 아니라 화이트사이드는 여러 모로 현대 농구에 적합지 않은 빅맨이다. 리바운드와 블록은 신체 능력과 그에 대한 천부적인 감각으로 호평을 받고 있으나 현대 농구에서 요구하는 외곽 수비가 전혀 되지 않기에 적은 출전 시간을 기록하고 있는 것은 물론 데뷔 후 벌써 4개 팀의 유니폼을 수집하는 등 어느새 리그를 대표하는 저니맨이 되고 말았다.

샤킬 오닐은 여전히 리그 내 특급 빅맨들이 자신과 비교하면 그 기량이 떨어진다고 농담 반 진담 반으로 이야기한다. 그러나 최근 정규리그 MVP 수상자 명단만 봐도 가드에서 빅맨으로 그 무게 중심이 옮겨가고 있는 것이 눈에 보이는 등 당장 다음 시즌에라도 3점 슛의 시대가 끝나고 센터의 시대가 온다 해도 전혀 이상하지 않으리만큼 현재 NBA는 외곽 플레이와 인사이드 플레이를 모두 할 수 있는 멀티 빅맨의 시대가 물밑에서 꿈틀거리고 있다.

끊임없이 변화하는 이 '꿀팀댐'이야말로, 우리가 계속해서 NBA를 소비하는 결정적 이유 아닐까. 그리고, 이 글을 읽는 독자분들은 센터 중에서도 누구를 제일 좋아하시나요?

2쿼터

전설들이 들려주는
슛 이야기

2.1

'실사판 서태웅에서 스탠딩 슛,
백보드 3점슛의 대명사'가 된 김동우

🏀 1990년대 농구대잔치 스타들을 보며 자란 꿈나무들 중에서도 특별한 스피드와 운동능력을 겸비했던 선수 김동우(196cm, F). 김동우는 2m에 육박하는 신장에 내·외곽을 오가며 터뜨리는 폭발적인 득점력을 갖춘 선수였다. 고교와 대학 시절 그는 스피드와 탄력을 바탕으로 덩크슛을 터뜨리며 '현실판 서.태.웅'으로 불렸다. 프로에서 11시즌을 뛰고 은퇴한 김동우는 커리어를 위협하는 네 번의 큰 수술이 있었음에도 농구만을 생각하며 부상을 이겨낸, '포기하지 않는 남자'기도 했다. 부상으로 운동능력은 잃어가면서도 그에게 남은 손끝 슈팅감각은 그대로였다. 그렇게 그가 스탠딩 슛을 구사하는 슈터로 11시즌을 생존한 농구인생 이야기를 풀어보려고 한다.

응답하라 1994

1994년, 명지중학교 3학년 시절 김동우는 운동장에서 친구들과 농구를 하다 체육 선생님의 권유로 농구를 시작했다. 일반적인 경우에 비하면 늦은 편이었던 거다. 당시 그의 키는 189cm. 운동신경도 좋았기에 농구부 입단 제의는 초등학교 때부터 있었지만 취미 삼아 길거리 농구를 했을 뿐, 정식 농구부원은 아니었다. 하지만 농구를 너무 좋아했던 김동우는 어머니를 날마다 졸랐고, 학교 선생님까지 가세하여 어머니를 설득한 끝에 정식 농구부에 가입하게 되었다고 한다. 이렇게 선수로서 김동우의 농구인생은 비교적 늦은 나이에 시작됐다. 때문에 김동우는 초등학교 때부터 농구선수를 시작한 다른 엘리트 선수에 비해 기본기가 많이 부족했다. 그래서 김동우는 고등학교 진학을 1년 늦추고, 기본기를 갈고 닦았다. 매일 저녁 11시까지 박성근 감독(前 몽골 국가대표 감독)에게 스파르타식 집중훈련을 받았다.

명지고 1학년 에이스

1990년대 중반, 명지고에는 6관왕 시대를 이끈 김기만, 이정래가 있었다. 다음 세대로 명지고를 이끈 선수가 바로 전형수, 정훈, 김동우 등이었다. 당시 명지고의 박성근 감독은 1학년 김동우를 슈팅가드, 스몰포워드로 키우고자 드리블과 외곽 수비, 외곽슛 등 김동우에게 외곽 플레이를 중점적으로 지도했다. 당시 김동우는 짧은 구력에도 불구하고, 뛰어난 운동신경을 바탕으로 외곽 플레이를 펼칠 수 있는 잠재력을 선보였다. 김동우는 명지고 선수층이 두터웠던 탓에 간혹 가드로 나서며 전면강압 수비 시에는 앞선에서 상대를 압박하는 역할까지 수행했다.

'영웅학개론' 강을준 감독을 만나다!

김동우가 2학년이 될 무렵, 박성근 감독이 정훈 등 주축선수 5명과 함께 낙생고로 전학을 가게 된다. 그리고 김동우는 명지고에 부임한 '영웅학개론' 강을준 감독(前 고양 오리온 오리온스 감독)을 만나게 된다. 강을준 감독은 1997년 농구 잡지 <루키>와의 인터뷰에서 "동우의 성장 가능성은 무궁무진하다. 타고난 운동신경과 순발력, 큰 키에 유연성까지 갖췄다. 다만 체력이 약하고. 몸이 가늘어서 몸싸움에는 약하다. 그러나 성실한 훈련으로, 기량이 발전하고 있어 앞으로 고등학교에서 동우를 능가할 포워드는 없을 것이다. 무엇보다 두뇌 회전이 빨라 경기 흐름을 읽고. 상황에 대처하는 능력이 뛰어난 선수라, 조금만 더 다듬으면 앞으로 3년 안에 국가대표가 될 재목이다. 자기 자신과의 싸움에서만 이기면 전희철을 능가할 포워드가 될 것"이라고 평가했다. 박성근 前 감독이 김동우를 가드로 키우려고, 외곽 위주의 플레이를 가르쳤다면 강을준 감독은 센터 출신답게 김동우에게 센터 플레이를 가르쳤다. 강을준 감독의 지도로 김동우는 피벗 플레이, 포스트업까지 장착했다. 김동우는 "감독님께서 동기부여가 되는 멋진 말들도 많이 해주시고, 사비까지 동원하셨어요. 리바운드, 블록 슛, 스틸 등을 기록하면 감독님 개인 돈으로 선수들에게 수당까지 챙겨주셨죠. 특히 덩크슛을 하게 되면 5만원을 주셨던 걸로 기억해요"라며 그 시절을 회상했다.

1998년 쌍용기 MVP 김동우

1998년 9월 1일, 김동우가 이끄는 명지고는 쌍용기 결승전에서 운명처럼 낙생고를 만났다. 경기는 치열했다. 명지고는 경기 종료 24초를 남기고 김학주 (180cm, G)의 결승 득점에 힘입어 67대 65로 낙생고를 꺾고 우승을 차지했다. 쌍용기 대회에서 처음으로 우승을 맛 본 명지고였다. 김동우는 결승전에서 내외 곽을 오가는 활약을 보이며 17득점을 기록(덩크슛 5개, 덩크슛 수당만 25만원), 이 대회 MVP까지 수상하게 된다. 5개의 덩크슛 중 하나는 수비수를 앞에 두고 꽂아 넣은 인 유어 페이스 덩크슛(In Your Face Dunk shot)이었다. 바로 두 달 전인 7월 1일 대통령기 결승전, 오용준, 방성윤이 이끄는 휘문고에게 72대 73으로 아쉽게 1점차로 패배했던 준우승의 한을 풀며 고등학교 3학년을 화려하게 마무리했다. 우승 후 TV 인터뷰에서 김동우는 "희철이 형을 능가하는 포워드가 되겠습니다"라며 당찬 포부를 밝혔다. 당시 전희철은 4번 포지션 선수들에게 롤 모델이었다.

연세대학교 11번 '서태웅'의 시작

고교 랭킹 1위로 고등학교를 졸업한 김동우의 다음 행선지는 '신촌 독수리'라 불리는 연세대학교 농구부였다. 김동우에게 '슬램덩크 서태웅'의 이미지가 만들어진 시기가 바로 이때이다. 연세대 최희암 감독은 앞으로 더 큰 무대를 생각하고 농구를 하라며 1학년인 김동우에게 많은 기회를 주었다. 김동우는 3점 슛도 망설임 없이 쏘는 선수였기에 내외곽을 오가며 폭발적인 공격력을 바탕으로 에이스 역할을 담당했다. 하지만 장신선수가 없던 팀 사정상, 4년동안 박광재 (198cm, C)와 함께 팀의 골밑을 책임져야 했다. 그리고 2000년 코맥스배 농구 대잔치는, 김동우의 하이라이트를 만들었다고 해도 과언이 아니다. 당시 득점 1위는 중앙대 김주성(현 동부), 2위는 김동우였다. 이 당시 김동우는 빠른 스피드에 이은 돌파와 화려한 피벗 기술에 이은 풀업 점퍼, 3점슛, 덩크슛 등 다양한 공격옵션을 갖고 있었다. 그야말로 언터쳐블한 '슈퍼 루키'였던 셈이다. 김주성이 이끄는 중앙대에 패하며 준우승에 머물렀지만 김동우는 대회 베스트5에 뽑히며 팀 내 주축 선수로 자리 잡아갔다.

화려한 멤버를 구축한 3, 4학년 시절

김동우가 연세대에 입학했을 당시 중앙대는 박지현, 황진원, 송영진, 김주성 등이 주축이 되어 1998년부터 3시즌 연속 농구대잔치 우승을 차지했다. 특히 김주성의 벽을 실감했기에 대학교 진학 후 우승에 목이 마른 김동우였다. 2001년 연세대는 최고의 고교 선수들인 휘문고의 방성윤(前 서울 SK), 용산고의 이정석(前 모비스), 양정고의 최승태(現 안양 KGC코치)를 영입했다. 그 후 연세대는 2002년 30전 29승 1패(상무)라는 어머어마한 성적을 거두게 된다. 고려대와의 정기전을 포함, 22연승 가도를 달리며 2002년 대학농구 전관왕(MBC배, 종별대회, 전국체전, 대학농구연맹전)에 올랐다. 특히 김동우는 2002년 4월 26일 MBC배 전국대학농구대회 최종 결승에서 27득점(3점슛 5개)을 올리며 맞수인 고려대를 111-101로 물리쳤다. MVP는 당연히, 대회에서 맹활약한 김동우의 차지였다. 이어 김동우는 대학교 마지막 대회인 2002-2003 세원텔레콤배 농구대잔치에서 팀을 3년 만에 결승에 올려놓았다. 득점왕은 물론이고, 총 63개의 리바운드를 기록하며 61개를 기록한 중앙대의 함지훈(現 모비스)을 꺾고 리바운드까지 1위를 차지했다. 파워포워드를 맡은 김동우에게는 리바운드 1위는 의미가 있는 기록이었다. 연세대는 상무를 상대로 한 결승전에서 24득점, 13리바운드을 기록한 김동우와 32득점, 10리바운드를 기록한 방성윤의 맹활약 속에 상무를 꺾고 우승을 차지했다. 김동우는 다시 한번 대회 MVP를 수상했다. 이렇게 김동우는 화려한 대학시절을 마무리하고 프로무대에 진출한다.

2003년 드래프트 전체 1순위, 그러나...

2003년 드래프트 전체 1순위는 모두의 예상처럼 김동우였다. 농구 실력과 외모까지 겸비한 'KBL판 서태웅'이 될 것이라고 말이다. 하지만 프로 적응은 그리 호락호락하지 않았다. 프로에서는 힘이 있어야 버틸 수 있다는 조언에 따라 체중을 늘리고, 웨이트를 열심히 했다. 그러나 이것이 도리어 독이 되었다. 과부하와 함께 대학시절 장점이었던 스피드는 떨어졌다. 프로 입문 후 파워포워드에서 스몰포워드로 포지션을 바꾸면서 떨어진 스피드는 수비 시에 더 문제가 되었다. 엎친 데 덮친 격으로 발목 부상으로 시즌 중 결장, 복귀 후 다시 시즌 6경기를 남기고, 왼손 손등 골절로, 더 이상의 출전은 어려웠다. 그 결과, 김동우는 35경기 평균 8.8득점, 2.2리바운드라는 기록을 남기고, 프로 첫 시즌을 마감하였다. 시즌 중반까지는 그 해 신인 중 가장 뛰어난 활약을 펼쳤지만 부상으로 인한 시즌 아웃, 팀 성적 10위라는 기록과 함께 신인왕은 멀어지게 되었다. 그해 신인상은 삼성의 이현호(前 전자랜드)가 수상했다.

부상의 연속, 치료를 위해 일본과 독일로

김동우는 심각한 부상을 당했다. 그는 "2003년 12월 KCC전이였어요. 점프를 했는데 공중에서 제 오른발 발목이 상대 선수의 무릎 안쪽에 꼈어요. 공중에서부터 발목이 꺾인 상태로 떨어진 거죠. 어렸을 때부터 발목을 자주 다쳐봤지만 그땐 느낌이 조금 달랐어요. 테이핑이 잘라지듯 뜯어질 정도였으니까요. 이러다 발을 땅에 딛는 것조차 힘들겠다는 생각이 들었어요. 그리고 나서는 그날 어떻게 되었는지 기억도 잘 안 나네요"라며 고통스런 부상 순간을 기억했다. 증상은 시간이 지나도 나아지지 않았다. 연습 중 김동우의 어색한 자세를 본 유재학 감독은 무조건 정밀검사를 받으라고 지시했다. 국내에선 그 원인을 찾을 수 없어 일본까지 가게 되었다. 일본 병원에서는 오른쪽 발바닥 내측 인대가 완전히 끊어졌다며 본인들도 수술은 할 수 없고, 재활을 진행하자는 진단을 내렸다. 김동우는 그렇게 재활을 마치고 두 번째 시즌인 2004-2005시즌을 맞이했지만 오른쪽 발목의 통증은 계속됐다. 유재학 감독은 시즌이 끝나자마자 김동우에게 독일 의료진을 연결해주었다. 독일에서 김동우는 레버쿠젠 축구팀 의사인 파이퍼(Dr.Pfeifer) 박사를 만나 1주일 후 후경골근 수술했고, 수술은 성공적이었다.

재활의 시간이 가져온 변화들

대수술 이후 김동우는 6개월간 깁스 상태로 집에서 누워만 있었다. 그는 "혼자 있는 시간이 길어지면서 생각도 많아지고, 말도 많아지고, 성격도 많이 바뀌었어요. 그때 유재학 감독님과 장원준 단장님께 정말 죄송하고 고마울 따름이에요. 신인왕도 못 타고 팀은 하위권이었고, 정말 아무것도 아닌 빌빌거리던 선수인 저에게 수술과 재활 때문에 독일행을 결정해주셨으니 말이죠"라며 자신의 미안함과 고마움을 전했다. 또한 그는 "수술 전에는 코트에서 내 농구만 생각하고, 그저 열심히만 뛰는 경주마였어요. 앞만 보고 달렸었죠. 수술 후에는 코트에서 농구하는 선수들을 보면 너무나도 부러웠어요. 그러면서 벤치에 있는 식스맨 선수들의 심정도 백분 이해하게 되었어요. 특히 유재학 감독이 강조하셨던 '주전 선수 5명은 본인이 잘해서 뛰는 게 아니다. 같이 훈련한 선수들을 대표해서 뛰는 것일 뿐이다'라는 말의 뜻도 깨닫게 되었어요. 코트에서 뛸 때는 정말 책임감을 갖고 열심히 뛰어야 된다는 걸 느꼈죠. 원치 않게도 플레이스타일도 바뀌었구요. 전 스피드와 돌파가 경쟁력이었는데 수술 이후에는 팀에서 제일 느린 선수가 되었어요"라며 달라지게 된 본인에 대해 설명했다. 재활을 하는 운동선수 후배들에게 해주고 싶은 말은 없을까 그에게 물었다. 그는 "재활은 아무리 해도 티가 잘 안나요. 그렇지만 안된다고 생각하지 말고 끝까지 해야 돼요. 3개월, 5개월이 지나야 효과가 나타나니 중간에 절대 포기해서는 안됩니다. 그렇게 열심히 재활을 하다 보면 작은 것에 감사하게 되고, 사람이 긍정적으로 바뀌어요. 제 몸 때문에 고생하는 다른 분들을 위해서라도 열심히 프로그램을 따라야 하구요. 그때 당시 트레이너들을 생각해보면 아직도 미안하고 평생 감사해요. 독일에서 저를 위한 특수 깔창도 수소문해서 구해다주셨죠, 예민한 제 발목 때문에 다들 고생했어요"라는 말을 전했다.

뱅크슛과 스탠딩 3점 슈터 변신

대수술과 재활을 끝내고 김동우는 10개월 만인 2006년 1월에 복귀했다. 김동우에게는 슈터로 변신한 첫 번째 시즌이었다. 그는 "복귀 후 점프력이 줄어들 것이라는 건 예상을 했는데 점프는 커녕, 이제 오른발은 그냥 몸에 끌려간다는 느낌이었어요. 전과 같은 스피드와 점프가 안되니깐 특히 수비에서 약점은 많아지고 경기는 뛰고 싶고, 요령과 기교 쪽을 찾게 되더군요. 그래서 슛 폼도 풀업 점퍼가 아닌 스탠딩 슛으로 바뀌어 최대한 빨리 쏴야 하는 폼이 됐어요. 이런 저의 몸상태를 유재학 감독님께서는 이해해주시고 훈련 중 남들보다 뒤쳐져도 배려해주시고 그랬어요"라며 변신을 하게 된 이유를 설명했다. 또한 그의 장기인 뱅크슛도 여전했고 스탠딩 3점슛마저 뱅크슛으로 성공시키는 유일한 선수였다. 스탠딩 슛폼과 뱅크슛은 생존을 위한 그의 무기였다. 김동우는 "손 아귀 힘을 더 키우기 위해 손가락 푸쉬업과 신문지를 손을 꽉 쥐어짜는 훈련을 많이 했어요. 빠른 슛 타이밍과 정교함을 위한 생존 방법이었어요"라고 생존 훈련을 설명했다. 김동우는 2005-2006시즌 28경기(정규리그 20경기, 플레이오프 8경기) 출전을 시작으로, 2006-2007시즌 61경기(정규리그 51경기, 플레이오프 10경기)도 무난히 소화하였다. 김동우가 데뷔 후 가장 많은 경기를 소화한 2006-2007시즌에 소속팀은 정규리그, 플레이오프 통합 챔피언을 차지하였다. 특히 김동우는 플레이오프 기간에 평균 두 자리 득점을 기록하며 국내 선수 중 양동근에 이은 두 번째 공격 옵션으로 활약, 제2007년 제24회 아시아 남자농구선수권대회에 국가대표로 선발되기도 했다. 국가대표에서 그의 역할은 3점슈터였다. 플레이오프 4강전 2차전, 김승현과 피트 마이클이 이끌던 오리온스를 상대로, 24득점(3점슛 6/10)을 올리면서 팀의 역전승을 이끌기도 했다.

2009-2010시즌 챔피언 결정전, 4차전의 주인공 김동우

2009-2010시즌 프로농구 챔피언 결정전(7전 4선승제)은 모비스와 KCC였다. 당시 KCC의 감독이던 허재 감독은 "플레이오프 동부전에서 김동우가 챈들러를 막는 것을 보고 깜짝 놀랐다. 대학 때는 공격은 잘하지만 수비가 약했었는데 지금은 수비력까지 갖췄다. 수비는 물론이고 공수전환도 굉장히 열심히 하더라"라며 챔피언 결정전 미디어데이에서 김동우에 대한 칭찬을 아끼지 않았다. 심지어 모비스 선수 중 한 명을 데려온다면 누굴 선택하겠냐는 기자의 질문에도 허재 감독의 선택은 김동우였다. 이러한 호평에도 불구 김동우는 1, 2, 3차전에서 극도의 부진에 빠졌다. 1차전 왼손 손가락 부상으로 3차전까지 총 2득점에 그쳤고, 장기인 3점 슛은 10개를 시도해 하나도 성공하지 못했다. 시리즈 전적 2승 1패 상황에서 열린 4차전 경기에서 김동우는 거짓말같이 부진을 떨쳐내고, 대활약을 펼친다. 특히 승부처인 4쿼터에서 3점슛 4개를 몰아넣었고, 모비스는 시리즈 전적 3승1패로 우승 문턱에 다가섰다. 그리고 모비스는 끝내 4승2패로 우승을 차지했다.

트레이드 그리고 버저비터

2011-2012시즌을 마친 후 모비스는 자유계약선수였던 문태영(194cm, F)을 영입했다. 그러나 샐러리캡과 포지션 중복이란 문제를 해결하기 위해 동 포지션인 김동우는 모비스에서 SK로 트레이드가 되었다. 비시즌 연습경기에서 나서는 등 다른 터전에서 또 다른 기회가 오나 싶었지만 박상오, 김민수, 최부경, 에런 헤인즈로 이어지는 호화 포워드라인이 구성되어 김동우가 SK에서 자리를 잡기가 여의치 않았다. 결국 출전기회를 주지 못해 안타까웠던 문경은 감독은 김동우를 놓아주었다. 2013-2014 시즌 중 1월 15일, 김동우는 우승연(194cm, F)과의 1대 1 트레이드를 통해 서울 삼성 썬더스로 오게 된다. 이시준, 임동섭의 부상으로 외곽 슛의 공백을 느낀 삼성이 요청한 영입이라 김동우 본인에게는 기회였다. 그는 "(김)승현이 형이랑 대학교 때 대표팀에서 농구를 같이 해봤는데, 세상에 이렇게 편하게 슛찬스를 만들어 주는 사람이 있구나 싶었어요. 꼭 같은 팀에 뛰어 보고 싶었던 터라 같은 팀이 된 것 자체가 참 좋았어요. 근데 참 어이없게도 삼성에 와서 3경기를 뛰고, 봉와직염에 걸렸어요. 팔이 안 펴질 정도로 붓고 아프고, 이게 무서운 병이더라구요. 삼성에서 저를 필요로 해서 왔고, 코트에 들어가서 뛰면 팀에 보탬이 될 자신이 있었는데 팔이 아프니 참 답답했어요. 재활 이후 농구 인생에서 가장 속상했던 시간이 아닌가 싶어요"라며 안타까웠던 순간을 회상했다. 계속되는 불운에도 끝까지 포기하지 않았던 김동우는 2014년 11월 28일 결승 버저비터를 포함, 15득점(3점슛 4/6)을 기록하며 팀에 짜릿한 역전승을 안기는 등 삼성에게 조금이라도 도움이 되고자 했다.

인헌고, 명지고 코치 그리고 국가대표 코치,
LG 세이커스 코치 김동우

2014-2015시즌 전부터 괴롭혀온 부상 부위가 다시 재발, 그렇게 김동우는 아쉬움 속에 은퇴를 결정했다. 프로에서 우여곡절의 11시즌을 치룬 그가 생각하는 좋은 농구선수는 무엇일까? 그는 "농구에 있어서 본인의 멘탈을 제어할 수 있고 없고의 차이가 참 중요하다고 생각해요. 무슨 말이냐면 경기를 하다 10점차 정도로 앞서나가면 수비가 느슨해지면서 공격할 때에는 팀이 아닌 개인을 위한 플레이가 나오기도 하잖아요. 그러면 이기는 농구를 하기 어렵다는 거

예요. 또 공격은 잘하는 날도 있고 못하는 날도 있어서 기복이 생길 수밖에 없어요. 그래서 항상 일정한 실력을 발휘하려면 수비가 좋아야 해요. 수비가 좋아야 상대팀에게 지더라도 적은 점수차로 마무리하게 되고 다음 경기 때 해볼만하다는 생각과 함께 승리할 수 있지 않나 싶어요"라며 자신의 생각을 전했다.

실사판 서태웅으로 불린 김동우, 선수로서의 퍼포먼스를 이제는 볼 수 없지만 지도자로서 그가 펼쳐갈 퍼포먼스를 기대해본다.

아시아 Best5
'구비 브라이언트' 김민구

🏀 김민구는 초등학교 3학년 때 처음으로 농구를 시작했다. 어렸을 때부터 운동을 좋아했고, 태권도 선수를 하고 있었다. 그러나 매산초등학교로 전학가면서 그의 농구인생이 시작됐다. 김민구의 운동신경과 스피드를 눈여겨보던 농구부 코치가 그의 아버지에게 테스트를 제안한 것이었다. 당시에 대해 김민구는 "저는 그냥 방과 후 농구인 줄 알았어요. 엘리트 농구를 할 생각이 전혀 없었거든요. 저는 어렸을 때 태권도 선수가 꿈이었어요. 근데 갑자기 농구부 테스트를 보래요. 베이스라인에서 베이스라인까지 뛰어 보라고해서 그냥 뛰라니까 뛰었죠. 그리고 갑자기 내일부터 당장 나오라는 거예요"라며 본인의 의지와 상관없이 농구 인생이 시작이 됐다고 전했다. 당시 김민구는 키가 작았고, '신장이 아닌 심장으로 농구한다'라는 명언을 곱씹으며 이를 극복하려 했지만 현실은 이상과 완전히 달랐다. 김민구는 처음 농구를 시작했을 당시 형들 옆에서 기본기만 3시간씩 연습하고, 집에 가고는 했다고 한다. 그러나 초등학교 4학년 때부터 조금씩 경기를 뛰기 시작했고 그때부터 슈팅 가드로 뛰었다. 김민구는 "쭉 2번으로 많이 뛴 것 같아요. 물론 중학교 때도 1번과 2번을 잠깐 왔다 갔다 하면서 뛰고, 대학교 때도 1번 보고 2번 보고를 많이 했죠"라며, "그때 가장 자신 있는 게 슛이었어요. 왜냐하면 제가 몸이 약하고, 힘도 없고, 키도 작으니까 뭐가 자신 있을까 생각했는데 슛을 던지는 게 가장 자신이 있더라고요. 몸을 부딪히지 않고, 상대방을 상대로 제가 제일 잘할 수 있는 건 사실 슛이라고 생각을 했어요. 그때부터 자신 있게 슛을 던졌죠"라고 덧붙였다. 기본기와 슛 연습에 집중했던

셈이다. 농구 센스까지 타고났던 김민구는 고등학교 때부터 슛 좋은 슈팅 가드에서, 경기 운영이 되고 슛까지 좋은 듀얼 가드로 주목을 받기 시작했다.

승부욕과 자신감 그리고 라이벌

김민구를 떠올릴 때마다 빠질 수 없는 것이 바로 자신감과 승부욕이다. 그의 이런 자신감과 승부욕은 삼일중, 고등학교 시절부터 나타나기 시작했다. 그는 "위에 출중한 형들이 너무 많으니까 롤 모델이라고 생각하는 것을 넘어 '진짜 멋있다. 부럽다', 약간 이런 생각만 많았다"라며 당시를 회상했다. 그 중에는 현재 스킬 트레이너를 함께 하고 있는 박찬성(박유민) 코치도 있었다. 그는 "사실 유민이 형한테 제일 많이 그걸 느꼈죠. 왜냐하면 제일 많이 봤으니까… 어떻게 저렇게 하지?"라며 박유민이 부러움의 대상이었다고 말했다. 선망의 대상이 생기면서 자연스레 승부욕이 생기기 시작했고, 라이벌까지 생기기 시작했다. 김민구의 첫 번째 라이벌은 유병훈(190cm, G)이었다. 김민구는 이렇게 말한다. "라이벌보다는 꼭 이기고 싶다, 이겨야겠다라는 생각은 항상 가지고 있었어요. 병훈이 형이 너무 잘하잖아요. 솔직히 진짜 센스가 너무 좋고, 차분하면서 여유까지 가지고 있는 등 포인트가드가 가져야 할 덕목을 많이 갖췄죠. 그래서 진짜 이기고 싶다는 생각을 많이 했어요." 그리고 고등학교에 올라가면서 라이벌이 한 명 더 생겼다. 포지션은 달랐지만 자신만큼이나 승부욕이 강했던 이대성이었다. 김민구는 "대성이 형도 이겨야겠다 생각했어요, 대성이형도 저를 대학교, 프로에서 이기려고 그랬구요"라는 말로 당시를 회상하며 웃음을 지었다. 이때부터 시작된 김민구와 이대성의 라이벌 구도는 프로에 와서도 계속 된다. 전주 KCC와 울산 모비스 경기에서 모비스 감독인 유재학 감독이 작전타임 때, 전반전에 힘을 다 쏟아 후반전에 밀리기 시작한 이대성에게 "재(김민구)는 지금 시작하잖아"라며 핀잔을 주던 장면이 대표적이다. 안양KGC 최승태 코치는 김민구에 대해 이렇게 이야기한다. "민구같은 경우에는 타고난 승부사기질에 본인이 엄청난 노력을 통해 얻은 자신감이 있어서 중요한 순간에 그런 플레이들을 펼칠 수 있던 것 같아요. 그런 순간을 즐기기도 하고 그럴때 오히려 집중력이 더욱 높아지더라구요."

플로터(feat.김종규 & 최부영 감독)

한때 한국 농구에는 플로터를 쓰면 '주접을 떤다'라고 혼내는 지도자들이 많았다. 그러나 2000년대 중후반부터 프로 선수라면 혹은 신장이 작은 선수들에게 플로터는 필요한 기술 중 하나가 되었다. 대표적으로 현역 선수 중에는 김선형이 플로터를 잘 던지는 선수로 꼽히고 있다. 그리고 김민구도 플로터하면 빠질 수 없는 선수다. 김민구가 처음 플로터를 시도하기 시작한 때는 고등학교 시절이다. 대학교에 진학한 후 1학년 때부터 엄청난 퍼포먼스를 보였던 탓에 수비의 견제가 많았고, 이를 이겨내기 위한 다양한 공격 기술이 필요했다. 이에 대해 김민구는 "처음 경희대 입학을 앞두고 걱정이 된 것이 있어요. 이게 선입견일 수도 있는데 최부영 감독님을 떠올리면 약간 플로터를 던지고 더블 클러치도 하는 등 정석적인 농구에 벗어나는 것을 했을 때 좀 자제시키거나 못하게 할 거 같다는 선입견이 좀 있었어요"라는 말을 전했다. 그러나 최부영 감독은 김민구에게 자유롭게 플레이를 할 수 있는 기회를 줬다고 한다. 실제 최부영 감독은 경기 중에 플로터를 계속해 성공시키면 잔소리를 한마디도 하지 않았다고 한다. 김민구는 오히려 경희대 시절 농구가 너무 즐거웠다고 한다. 호랑이같이 무서워 보이는 최부영 감독님이 무한 신뢰를 보내줘서 더 자신 있게 농구를 하고 재미있게 했던 것 같다고 한다. 그렇다면 플로터는 왜 시도하게 되었을까? 김민구는 "사실 플로터가 플로터인지 몰랐어요. 용어나 그에 관한 지식이 전혀 없었거든요. 그냥 내가 드라이브를 치고 가서 안에서 내가 해결할 수 있는 걸 뭔가 찾아야겠다"고 생각하고 시도하게 되었다고 한다.

그러면 플로터는 어떻게 연습했을까? 여기에는 김종규의 도움이 컸다고 한다. 김민구가 삼일상고에 재학하던 당시에는 신장이 좋은 선수가 없었는데, 대학무대 최장신인 김종규는 김민구에게 환상적인 동료이자 최고의 훈련 파트너였다. 김민구는 김종규의 블록을 피하면서 플로터를 연마했다. 이렇게 최부영 감독과 김종규의 도움으로 김민구는 플로터를 자신의 것으로 만들었다. 최부영 감독은 김민구에게 할 수 있는데 시도조차 안 하면 오히려 쓴 소리를 했다. 최부영 감독과 김종규의 전폭적인 지원 아래 그는 단순히 자세만 연습한 것이 아니라 김종규를 상대로 성공률을 높이려고 연습했고, 왼손-오른손 플로터가 다 가능할 수 있도록 연습했다. 이에 대해 그는 말한다. "사실 오른손 잡이면 왼손을 잘 못 쓰는 사람들도 많잖아요. 저는 그런 소리를 듣기 싫었어요. 저는 지도자 선생님들한테 어렸을 때부터 기초부터 다 정확하게 배웠고, 항상 듣던 소리가 손을 한쪽만 쓰면 반쪽 짜리 선수가 될 수밖에 없다는 거였어요. 그래서 양 손을 쓰려고 치열하게 노력했죠. 그러다 보니 플로터도 양손으로 구사하게 되는 계기가 됐죠."

아시아 Best5

농구 팬이라면 국가대표 김민구를 떠올렸을 때 가장 먼저 아시아 베스트5에 오른 2013 아시아 선수권 대회를 떠올릴 것이다. 당시 김민구는 유재학 감독에게 혼은 많이 났지만 "그때도 재밌었죠. 진짜 너무 재밌었어요. (조)성민이 형, (양)동근이 형 따라다니면서 이것저것 물어보고 많이 배운 대회였어요" 라며 좋은 추억이었음을 언급했다. 기복도 없고 슛에 대한 자신감은 언제나 있던 김민구는 평소와 달리 슛이 너무 안 들어가서 스트레스를 받다 보니 힘든 상황이었다고 한다. 하지만 '조선의 슈터' 조성민이 있었기에 다시 한번 살아날 거라 생각했다고 한다. 그동안 김민구는 청소년 대표팀, 대학 대표팀을 모두 거쳤지만 성인 대표팀이 다른 점은 자신이 최고가 아닌 KBL 최고 고수들이 모인 팀이었다는 점이다. 특히 조성민이 연습하는 것을 보면 조성민은 슛 100개만 딱 던지며 연습하는 데 그 100개가 전력을 다한 슛이었다고 한다. 그는 "형들이, 개수만 채울 바엔 50개를 정말 모든 힘을 다 쏟아서 쏘라고 하더라고요. 그렇게 연습을 많이 했죠. 움직임도 완전 시합 때 움직임으로 100% 전력을 다 했어요. 그래서 슛 감이 더 좋았던 것 같아요. 그러고 나서 예선을 치르는데 진짜 다 들어가더라고요. 진짜 그때는 미친 것 같았어요. 그런데 막상 본선이 시작되니 안 들어가는 거예요. 그래서 스트레스를 받고 있었단 말이에요"라며 기쁨 반 슬픔 반 상태였던 당시 심경을 설명했다. 여담으로 김민구는 이 일화를 전해주면서 슛 연습을 하더라도 그냥 개수만 채우는 것이 아닌 적은 수의 슛을 던지더라도 전력을 다하고, 실전 상황을 이미지 트레이닝하면서 슛 연습을 하는 것이 더 효과적이라고 언급했다.

슛 감은 안 좋았지만 기회는 왔다. "연습 때 슛 감이 이렇게 좋은데 실전에서 안 들어가 답답했지만 성민이 형을 비롯해 형들이 들어갈 거니 걱정하지

2쿼터. 전설들이 들려주는 슛 이야기

말라며 위로줬어요. 그러다가 필리핀이랑 하기 전날인가 전전 경기인가부터 한두 개 들어가더라고요. 그래서 슛 감이 조금씩 잡히는 것 같았는데 막상 시합 때 쏘면 안 들어가는 거예요." 그러나 필리핀과 경기에서 팀 내 최고의 슈터인 조성민의 슛이 좋지 않았다. 그때 김민구가 투입되었다. 김민구는 "제가 일찍 투입돼서 그런지 전반에는 슛이 안 들어갔어요. 그런데 후반전에 슛을 하나 쐈는데 그때부터 들어가기 시작하더군요. 그냥 잡으면 바로 바로 쐈죠. 그게 또 다 들어가고, 워낙 대표팀에서는 패스 잘하는 사람들이 많잖아요. 동근이 형을 비롯해 형들이 찬스를 다 만들어주니까 저는 그냥 발만 맞추고 준비만 하면 됐어요. 저는 그냥 뭐 '게임 체인저' 같은 느낌이었어요. 경기 외적으로는 분위기 메이커 같은 역할도 했구요. 막내였으니까 들어가서 수비도 열심히 했던 것 같아요. 그래서 재밌었어요"라며 당시를 회상했다. 김민구를 아시아 베스트 5로 만든 그날 경기는 어쩌면 조성민이 만들어 준 경기가 아니었을까 생각해본다. 김민구는 "선수 생활을 하면서 한 획을 남기고 싶은 목표가 늘 있었어요. 아시아 베스트 5가 대표적이죠. 하지만 자만이라는 독이 되기도 했어요. 자만하지 말았어야 했는데…. 그땐 제가 최고인 줄… 후회하는 부분이에요"라는 말로 이른 나이에 아시아 베스트 5에 오른 것이 본인 커리어의 '양날의 검'이었다고 말했다.

허재와 만난 제2의 허재의 센세이션
그리고 음주 교통사고

김민구는 프로 데뷔 첫 시즌 '제2의 허재'라는 평가를 받았다. "프로 데뷔를 앞두고 대표팀 들어가 있다 나와서 좀 쉬고 있었어요. 운동을 안 한 상태에서 드래프트 뽑히고 팀에 들어왔는데 운동을 안 했으니까 몸 상태가 좋지는 않았어요. 그런데 갑자기 전주로 오라는 거예요. 그때는 2군이랑 1군이 나눠져 있었는데 2군 운동할 때 같이 운동을 해야겠다는 생각으로 내려갔죠. 그런데 막상 운동을 시작하니 너무 힘든 거예요. 이거 어떡하지 계속 걱정만 하다가 경기가 열리는 전주로 출발했죠. 전주에서 삼성이랑 첫 경기 하는데 다행히 또 그날은 컨디션이 괜찮더라고요. 하지만 그날은 뭘 잘해야겠다는 욕심 다 버렸어요. 경기 흐름에 방해가 되면 안 됐기에 외워둔 패턴을 까먹지 않는 쪽으로 경기를 했던 거 같아요. 그에 맞춰 세트 오펜스 등 패턴에 의한 움직임을 가지려고 했고, 그렇게 하다 보니까 첫 번째 3점이 안 들어갔죠. 그런데 형들이 계속 패스를 줘서 3점슛을 쏘니까 딱 그게 들어갔어요. 그때부터 완전 더 자신감 얻었죠." 허재 감독은 기회를 많이 줬다고 한다. 허재 감독은 본인이 현역 때 보여준 승부욕, 자신감을 김민구한테서 본 것이다. 이에 허재 감독의 김민구를 제2의 허재로 만들기 위해 지원을 아끼지 않았다. 그러나 허재 감독의 노력은 결국 무위에 그치고 만다. 국가대표 차출기간 김민구는 음주 후 차를 운전해 음주운전 사고를 냈고, 치명적인 부상을 입으면서 농구 인생이 끝날지도 모르는 상황까지 이르게 됐다. 구단의 적극적인 재활 지원 덕분에 부상에서 회복은 됐지만 더 이상 '구비 브라이언트'는 없었다. 그나마 그가 선수로서 코트에서 할 수 있었던 역할은 3점 슈터 역할이었다. 또한 당시 프로 농구 최고 연봉인 9억 2천 만원을 받고 리그 최고의 슈팅 가드 이정현이 KCC에 합류하면서 김민구의 팀 내 입지는 더욱 좁아지고 말았다. 종종 20분 정도 나와서 좋은 경기력을 보여주었고, 이에 이정현도 "민구와 뛰면 편하다"라는 말로, 함께 많은 시간을 뛰고 싶음을 드러냈지만 김민구의 몸 상태가 온전치 않았던 탓에 출전이 들쭉날쭉했다. 이에 대해 김민구 역시 "제가 건강할 때 정현이 형과 함께였으면 '팬들이 열광하는 농구'를 보여주지 않았을까요?"라며 씁쓸함을 보였다. 그렇게 김민구의 '악마의 재능'은 사라져 가는 듯했다.

완벽히 부활하지 못한 3점 슛,
슈팅 심리학

2019-2020 시즌, 김민구는 최저 연봉인 3,500만원에 원주 DB와 1년 계약을 맺었다. 당시 DB에는 자신의 깐부인 김종규가 있었고, 절친한 형인 김태술이 있던 곳이었다. 사실 김민구에게 기대를 가진 사람은 거의 없었다. 부활? 이런 단어를 생각한 사람도 없었다. 하지만 김민구는 시즌이 시작되자마자 평균 20분 정도를 소화하면서 평균 10득점과 3어시스트에 가까운 기록을 유지하는 등 이전과는 다른 경기력을 보여주며 팬들로 하여금 부활에 대한 기대감을 갖게 했다. 특히 김민구는 날카로운 어시스트 패스를 손쉽게 뿌리는 등 농구 센스는 쉽게 사라지지 않는다는 것을 보여줬다. 다만 좀 아쉬웠던 점은 3점 슛 성공률이었다. 현역 시절 3점 슛은 김민구의 최우선 공격 옵션이 아니었다. 실제 3점

2쿼터. 전설들이 들려주는 슛 이야기

숏 성공률이 높았던 때도 30% 초반대였다. 하지만 김민구가 음주 사고 후 복귀했을 때는 스테판 커리에 의해 농구의 패러다임이 바뀌면서 3점 숏 장착은 옵션이 아닌 필수가 됐다. 원주 DB시절, 시즌 초반 3점 숏 성공률이 38%였지만 신인 시절 이후 평균 20분 이상 소화한 시즌이 처음이라 체력이 급속도로 떨어진 탓에 결국 29%의 성공률로 시즌을 마쳐야 했다. 기록으로만 본다면 김민구의 3점 숏이 그다지 좋아 보이지는 않을 것이다.

　　그러나 만약 김민구의 숏이 정말 좋지 않았다면 모비스의 유재학 감독이 김민구에게 슈터 역할을 요구하지 않았을 것이다. 물론 모비스 때도 중요한 경기에서 몇 번 3점 숏을 성공시켰지만 성공률은 그다지 높지 않았다. 무엇보다 모비스는 공격보다 수비에 더 집중, DB에서 뛰던 때보다 수비에 적극적으로 임해야 했기에 체력 소모가 커지면서 숏의 기복이 있었다. 이에 대해 김민구는 "이게 좀 아쉽더라고요. 하지만 찬스에선 망설이지 않고, 일단 쏘고 봤죠. 저는 숏은 진짜 자신감이라고 생각하거든요. 그래서 저는 찬스다 생각하면 망설이지 않고 숏을 쐈어요"라고 전했다. 이어서 그는 "숏을 그렇게 열심히 연습했는데 경기에서 시도조차 하지 않는다면 진짜 바보 같고 아쉽잖아요. 다른 것보다, 숏을 쏘지 않았다고 뒤늦은 후회를 하기 싫어서 저는 그냥 숏을 쐈어요. 물론 안 들어가는 날이 더 많았죠. 그러나 저는 던지다 보면 감을 찾아가기에 안 들어가더라도 계속 숏을 쏴야 된다고 생각을 해요"라며 자신만의 슈팅 심리학을 설명했다.

부담감,
역할 그리고 은퇴

　　원주 DB에서 부활한 김민구는 DB 시절에 대해 "DB에서는 연봉을 많이 받고 적게 받고를 떠나서 제 욕심을 다 내려놓고 다른 선수들을 살려주기 위한 플레이를 했던 것 같아요. 그러다 찬스가 오면 직접 공격을 하기도 했구요"라는 말을 전했다. 하지만 울산 모비스 시절에 대해선 "저도 뭔가 FA로서 그 돈을 받을 자격이 있다는 걸 보여줘야 된다는 생각이 항상 있었던 것 같아요. 역대 최고 연봉상승률인 557.1%이라는 기록도 세우며 이적하다 보니까 부담감이 더 많았던 것 같아요. 처음에는 이제 볼 핸들러로 나서다가 갑자기 1라운드 후반인가 그때부터 1번에서 2번 역할을 맡기 시작했고, 수비에서 몸을 날리다 보니 몸도 점점 아파왔어요. 제가 부족하니까 그렇게 되겠죠. 다른 것보다 연습이 부족하니까 몸 상태가 좋지 않았던 거 같아요. 다른 사람들은 아니라고 말해주지만 저는 그렇게 생각해요"라며 모비스 시절, 자신이 유재학 감독의 기대에 못 미쳤다고 생각하고 있었다.

결국 모비스에서 한 시즌을 마친 김민구는 31세란 젊은 나이에 은퇴를 선택했다. 아직 1년 계약이 더 남은 상태에서 내린 결정이라 모두 김민구가 왜 은퇴를 선택했는지 궁금해했다. 더욱이 모비스에서도 원주 DB에서 활약했을 당시 기록과 비슷한 성적을 남겼고, 팀도 4강까지 올라갔던 터라 그의 갑작스런 은퇴는 농구계를 깜짝 놀라게 했다. 이에 대해 김민구는 "사실 시즌 중에도 무릎이 너무 아팠어요. 은퇴해서 그런지 지금은 아프지 않아 '코트 복귀를 도전해볼까' 하는 생각도 잠깐 하기도 했어요(웃음). 그러나 이미 하락을 해봤었기에 하락할 때 은퇴하기가 싫었어요."라며 솔직한 심정을 드러냈다. 화려했던 경희대 시절과 달리 김민구는 프로 무대에서 챔피언 경험은 없었다. KCC에서 챔피언 결정전에 진출했지만 준우승에 그쳤고, DB에서 통합 우승을 노렸지만 코로나 19 바이러스로 인해 시즌이 조기 중단되면 정규리그 1위에 만족해야 했다.

농구를 잘하려면 그리고 슛을 잘 쏘려면 기본기가 중요하다. 김민구는 "저는 이왕 농구하는 거면 농구를 예쁘고 멋있게 정확하게 해야 된다고 생각을 하거든요. 그러려면 기본기가 중요해요. 기본기를 제대로 갖춰야 기술을 써도 자연스럽고 멋지게 나와요. 지금도 저는 유소년클럽 아이들한테 항상 그렇게 얘기를 하거든요. 슛 하나를 쏘더라도, 레이업 슛을 하나를 쏘더라도 예쁘고 멋있게 정확하게 하라고 해요. 또 농구를 하다 보니까 느낀 것이 있다면 기술을 연마할 시기에 또 최부영 감독님처럼 믿어주고 신뢰해주는 지도자를 만난다면 자신 있게, 재미있게 농구를 할 수 있는 것 같아요"라며 자신의 소신을 나타냈다.

이현중 원포인트 레슨

김민구가 실제로 만나본 이현중. 그리고 SNS에 공개된 이현중과 함께한 원-포인트 레슨도 궁금했다. 김민구는 말한다.

"감히 제가 현중이를 언급하기는 부담이 되죠. 그래도 삼일상고 후배이고 대한민국을 대표할 슈터이기도 해서 제 나름의 조언을 조금 해줬습니다. 저는 슛에 대해 이렇게 생각해요. 사람들마다 체형이 다르지만 결국 잘 들어가는 폼이 있어요. 저는 항상 이 점을 강조해요. 지금 쏠 때 편하면서 바른 자세가 돼야 된다고 생각합니다. 바른 자세로 던져야 하는 이유 중 하나는 슛 성공률 높은 슈터들은 다 이런 자세를 가지고 있어요. 현중이 같은 경우는 스타일이 다르죠. 그런데 저는 그에 관해선 딱히 이야기한 건 없어요. 워낙 슛 터치가 좋은 선수니까요. 다만 몸에서 볼을 떨어뜨리지 말라는 말을 해줬어요. 이게 무슨 말이냐 하면 볼을 몸에서 떨어뜨리면 볼을 접어서 쏘니까, 볼을 몸에 최대한 붙여서 위로 올라가며 쏘라고 조언해줬죠. (방)성윤이 형도 볼을 몸에 밀착해서 슛이 올라가잖아요. 스테판 커리도 다 이렇게 올라가요. 그러니까 슛이 어떻게 보면 안정이 되고요. 현중이가 슛 터치도 좋고, 지금은 몸 상태까지 좋고 하니까 지금은 괜찮을 수 있지만, 나중에는 더 힘이 들고 그렇게 하면 할수록 상체가 뒤로 젖혀서 슛 폼이 망가질 수 있다는 조언을 해줬어요. 어쨌거나 슛에는 정말 정답은 없는 것 같아요."

"제 키는 184cm, 민구 키는 191cm 정도 되는 거 같습니다. 그리고 제가 민구보다 손, 발이 더 큽니다. 반면 민구는 170 후반대 선수들이 타고 난 사이즈 정도 되는 거 같아요. 볼 키핑과 플로터, 레이업슛, 클러치 상황의 터프 샷을 쏠 때 핸디캡이 있다고 생각하는데 수비가 허탈하고 화가 날 만큼 자유자재로 마무리가 가능한 선수입니다. 민구의 센스는 평상시 민구 성격과 라이프 스타일에 그대로 묻어납니다. 말로 표현하기 힘드네요. 타고난 순발력과 재치는 누군가가 가르쳐서 되는 건 아닌 거 같아요. 억지로 하나 써 본다면 승부욕이 굉장합니다. 그 말은 클러치 상황에서 집중력이 평소보다 10배는 높아지는 타입 같다는 겁니다. 제가 봐 온 민구의 슈팅은 '슈팅 폼이 변하지 않고 일정하다'입니다. 부드러운 손목 터치와 힘이 들어가지 않는 어깨가 앨보우를 망설임 없이 일정하게 펴지게끔 만드는 거 같아요. 또 하체 밸런스가 좋아서 바디 컨트롤에 실패해도 일정하게 점프할 수 있는 힘이 있습니다."

손대범 KBS N SPORTS 농구 해설위원이 본 김민구

"클러치에서의 활약은 '기질'이라고 생각한다. 내가 만나고 본 클러치 승부사들의 공통점이다. '안 되면 어쩌지'라는 생각을 하지 않는다. 김민구도 그런 유형의 선수였고, 그 자신감에 맞는 재능과 실력이 있었다고 생각한다. 기질이 앞서지만 그 기질을 감당하지 못할 선수들이 많은데, 김민구는 그렇지 않았다. 대학시절부터 어느 팀과 만나든 해보려는 의지가 강했다. 다만 큰 사고로 이어진 뼈아픈 선택이 너무 아쉽다."

🏀 서장훈(207cm, C), 현주엽(195cm, F), 방성윤(195cm, F)이라는 국가대표 선수들을 지도하며 휘문학교 전성시대를 이끌었던 김재원 감독이 있다. 김재원(65세) 감독이 휘문 감독으로 있을 때, 휘문학교 농구부는 전성기를 구가했다. 승률이 굉장히 높았고, 우승도 많았다. 김재원 감독의 대표적인 업적이라 하면 2002년, 말레이시아에서 열린 청소년 대표팀 우승이다. 대한민국 농구 역사상 중국에게 28점차 대승을 거둔 것도 처음이었다. 심지어 결승전에서 이룬 성과. 방성윤은 김재원 감독에 대해 "선수들이 경기에 몰입하게 하는 능력과 선수들의 장점을 극대화하는 능력이 뛰어났다. 또한 선수들은 '선생님이 된다'고 하면 되게 만들었다. 가령, 청소년대표팀 때 예선에선 중국에게 졌는데 선생님이 20점차 이상으로 결승에서 이기게 해주겠다고 했다. 그런데 실제로 20점차 이상으로 이긴 거다. 휘문에서도 이런 경험이 많았다"라고 덧붙였다.

슈팅 이전에 필요한 것은 '몸싸움과 드라이빙'

김재원 감독은 농구를 처음 접하는 선수들이 장신이건 단신이건 기본기 훈련을 루틴으로 하게 했다. 동시에 우선적으로 골밑에서의 기본적인 플레이를 익히게 하면서 점점 외곽 플레이에 익숙해지도록 만들었다고 한다. 골밑 플레이에 익숙해지면 외곽에서 플레이를 하는 것이 힘들지 않을까? 김재원 감독은 이에 대해 "농구의 기본은 몸싸움인데 몸싸움을 못하면 농구를 잘하기 어렵다. 외곽에 있던 선수가 몸싸움하라고 하면 못한다. 반면 처음에 몸싸움이 심한 스포츠라는 것을 이해하고, 몸싸움을 경험한 후 외곽 플레이를 하게 되면 쉽게 할 수 있다"라며 자신의 지도 방식을 설명했다. 슛도 골밑 슛 그리고 외곽 슛이라고 순서를 정리했다.

또한 김재원 감독은 "몸싸움을 해봐야 드라이브 인을 자신 있게 할 수 있고, 드라이브 인이 되고 나서야 슛 연습이 이어져야 한다"라고 전했다. 결국 농구의 기본은 '붙으면 돌파 떨어지면 슛'라는 것이고, 농구는 정적(靜的)이면 안된다는 점을 강조하고 있다. 이는 김재원 감독의 오랜 농구 철학으로, 휘문학교 최고의 선수로 손꼽히는 서장훈, 현주엽, 방성윤을 중학교 때부터 지도할 때도 같은 방식이었다고 한다. 이 세 선수가 몸싸움을 두려워하지 않고, 농구의 기본인 '붙으면 돌파, 떨어지면 슛'을 철저히 이행, 인사이드와 아웃사이드에서 모두 플레이가 가능했던 이유가 여기에 있었다. 현 세대는 슈팅의 시대인데 슈팅은 필수라는 것을 누구나 알고 있는 반면, 몸싸움과 드라이브 인에 대해 소홀한 면이 없잖아 있다. 김재원 감독 눈에 들어 온 KBL 선수들은 김선형, 최준용, 이승현, 변준형, 김낙현, 허훈, 허웅, 이정현(KCC) 등이었다. 이들은 몸싸움을 두려워하지 않고, 드라이브 인도 망설이지 않다 보니 외곽 슛 찬스도 난다는 것이다. 특히 2021-2022시즌에 최준용이 보여준 플레이를 언급하면서 "최준용(200cm, F)은 삐쩍 마른 몸을 가진 선수지만 몸싸움을 하면서 리바운드하고 블록슛까지 한다. 여기에 드라이브 인에 이은 어시스트에다가 외곽 슛까지 장착하니 좀처럼 막을 수가 없는 선수가 됐다"며 극찬을 했다. 김재원 감독이 키워낸 슈터는 대표적으로 오용준, 방성윤, 배경한, 신제록 등이 있다.

슈팅의 정확도는 개인의 노력이 필요

김재원 감독은 농구를 지도하면서 "몸싸움, 드라이브 인, 슛 및 팀 훈련 등 기본적인 것이 끝나고, 개인 연습 시간에 하는 것이 슛 연습이라고 생각한다"라며 자신의 지도 방식을 전했다. 즉, 기본적인 것을 한 후 개인 연습 때 자신의 슛을 정교하게 만드는 것은 자신이라는 것이다. 앞서 언급한 서장훈, 현주엽, 방성윤도 개인 연습시간에 자신의 슛을 고교 시절까지 완성시킨 것이다. 과거 방성윤이 NBDL 진출할 때 언론에서 김재원 감독에게 "방성윤을 어떻게 지도했냐?"라는 질문을 많이 던졌다고 한다. 그때 김재원 감독의 답변은 "방가(휘문에서 방성윤을 편하게 부르는 호칭)는 스스로 성장했다"라는 말로 답변을 했다고 한다. 김재원 감독의 말에 따르면 방성윤은 중학교와 고등학교 1학년까지는 외곽 슛보다 빅맨에 가까운 선수였다. 여기에 더해 궂은일, 수비 및 리바운드까지 하는 선수가 바로 방성윤이었다. 방가는 스스로 성장했다는 김재원 감독의 말은 팀 연습과는 별개로 방성윤이 대한민국 국가대표 슈터가 되기 위해 자발적으로 슛을 연마한 노력을 언급한 것이었다.

서장훈의 슈팅

Q: 서장훈은 중학교 때부터 슛이 좋았나요?
A: (서)장훈이는 처음부터 슛이 좋았다. 우선 손이 굉장히 크기에 장점도 있지만 슛에 대한 메커니즘을 이해하고 몸에 적용하는 게 빨랐다. 즉, 공부하는 머리도 좋고 운동신경마저 뛰어났다.

Q: 서장훈은 슛은 노력보다 재능인가요?
A: 장훈이가 예능을 통해서 보여준 모습을 보면 이해가 빠를 것이다. 장훈이는 굉장히 섬세하고 자기 관리가 뛰어나다. 장훈이의 슛은 재능에 노력까지 더해졌기에 지금의 우리 모두가 아는 서장훈이 된 거다. 슈터보다도 슛이 좋았던 게 서장훈이다. 그래서 서장훈이 고1 때 이미 대성할 거라고 생각했다. 단순히 슛이 있고 키가 크고 밸런스가 좋은 센터라서가 아니라 재능과 노력 그리고 지기 싫어하는 투지가 있는 선수였기 때문이다.

Q: 1990년대 휘문고 전성기 때는 외곽슛 시도가 필요 없었을 것 같다.
A: 당시 우리 팀의 전술로, 마지막에 장훈이가 외곽 슛을 쏘는 작전이 있었다. 1995-1996 농구대잔치에서 연세대가 고려대를 꺾었을 때 장훈이가 버저비터 외곽 슛을 넣는 장면이 있다. 그 작전 원조가 우리다. 우리의 작전 중 하나였다.

현주엽의 슈팅

Q: 현주엽은 중학교 때부터 슛이 좋았나요?

A: (현)주엽이는 장훈이만큼 슛이 좋지는 않았지만 슈퍼스타 자질이 있었다. 미국의 시라큐스 대학교(카멜로 앤써니의 모교)에서도 주엽이를 데리고 가고 싶어했다. 슛도 기본 이상으로 좋았다. 하지만 주엽이는 워낙 BQ가 좋고 운동능력 그리고 힘이 좋아서 슛을 들어가게 만들어 버린 느낌이랄까? 주엽이는 센터나 포워드보다 가드를 시키고 싶었으나 그 당시 시대에 센터의 가치가 높다 보니 내 뜻대로 할 수 없었다. 주엽이는 NBA 스타 찰스 바클리 같은 선수이기도 하지만 매직 존슨에 더 가까운 유형의 선수였다. 그리고 주엽이도 노력을 많이 했다. 주엽이는 뛰어난 코트비전에 압도적인 운동능력과 힘 그리고 카리스마와 리더십 같은 리더의 자질을 갖추고 있다보니 팀을 이기게 하고 다른 선수들도 살려내는 능력을 갖추고 있었다. 그래서 다른 선수들에 비해 상대적으로 슛에 대한 부족함을 크게 느낄 틈이 없었을 것이다.

Q: 현주엽 선수의 슈팅은 고려대 입학 후 더 향상되었나고 봐야 할까요?

A: 향상이라기 보다는 사용 빈도가 높아지기 시작했다는 말이 맞을 것이다. 고려대 신입생 시절부터 자신보다 신장이 큰 서장훈을 상대하면서 자연스레 느꼈을 것이다. 본인이 슛을 쏘면서 서장훈을 외곽으로 끌어내야 선배들이 골밑으로 공격하기가 쉬워졌을 테니 말이다. 더욱이 고학년으로 올라가면서 KBL이라는 프로리그가 생겼고, 외국인 선수와 호흡도 맞춰야 했기에 주엽이가 외곽 슛을 쏘는 빈도가 자연스레 늘어날 수밖에 없었다.

방성윤의 슈팅

Q: 방성윤은 중학교 때부터 슛이 좋았나요?

A: (방)성윤이는 노력과 성실함의 끝판왕이다. 사실 성윤이는 처음부터 슛이 좋은 것도 아니었고, 슈터도 아니었다. 휘문 농구부에선 주로 파워포워드 아니면 센터로 뛰었고, 허슬 플레이도 많이 했다. 하지만 득점 찬스에선 반드시 넣는 선수였다.

Q: 어떻게 노력을 했나요?

A: 성윤이가 휘문고 1학년때 팀 내 최고의 슈터는 오용준(前 고양 오리온 오리온스)이었다. 성윤이가 용준이 슈팅을 보면서 슛 연습을 개인적으로 남들보다 많이 했다. 그리고 성윤이 자체가 원래 성실하고, 후배들도 잘 챙기고 그래서 선생님들이 다 좋아했다. 이때부터 성윤이의 슛이 향상되는 시점이었다고 본다. 고학년으로 올라갈수록 성윤이의 힘과 하드웨어에서 나오는 슈팅이 자유자재였기에 타학교에서 막을 선수들이 있었겠나?

Q: 국가대표, NBDL까지 도전할 슈터라 될 것이라 생각했나?

A: 도전정신이 서장훈, 현주엽보다 강했다. 현주엽은 고교 시절 시라큐스 대학교에서 제의가 왔고, 서장훈도 마음만 먹으면 미국 무대 도전이 가능한 선수였다. 하지만 시도를 안 했다. 반면 성윤이는 "실패하더라도 도전하겠다"고 하면서 실제로 도전했다. 2002년 아시안게임을 우승하면서 병역특혜를 받았기에 군대 간다 생각하고 도전하라 말했다. 꽤 좋은 성과를 냈지만 부상 그리고 집중견제 등으로 프로 생활을 빨리 접어 아쉬움이 있었다. 아… 하여간 2002년 청소년 대표팀을 이끌고 말레이시아에 가서 중국을 28점차로 누르고 우승할 때 성윤이가 MVP였다. 그때부터 나는 성윤이가 문경은에 이어 국가대표 슈터가 될 거라고 생각했다.

⊕ 문경은(190cm, F)은 연세대학교 재학 시절부터 영화 '람보'의 주인공 실베스타 스텔론을 닮은 외모에 돌고래처럼 솟아 올라 던지는 폭발적인 3점슛으로 인해 '람보 슈터'라는 별명을 얻었다. 연세대학교 시절 농구대잔치 우승을 이루는 등 화려한 마지막 승부를 끝내고 삼성전자에 입단한 문경은은 실업무대에서 선배인 김현준과 함께 쌍포를 이뤄 활약하며, 농구대잔치 결승에 한번 더 올라갔지만 '허동택 트리오'의 기아자동차에 밀려 준우승에 그친다. 이후 군생활을 마치고 복귀한 수원 삼성 썬더스를 시작으로 13 시즌 동안 프로무대에서 활약한 그는 프로 통산 610경기에 나서 9,347점을 기록하며 통산 득점 5위에 올랐다. 그의 특기인 3점슛은 1,669개로 프로통산 최다 기록을 보유하고 있고, 한 경기 최다 22개 3점슛으로 66득점 기록도 가지고 있다. 물론 22개 3점슛 기록은 과열 경쟁으로 인한 것이었고 KBL에서 따로 시상은 하지 않았다. (이후 문경은은 인터뷰에서 "내 3점슛 최다 기록은 12개다"라고 했다.) 농구대잔치 최다 3점슛 기록도 그의 몫으로, 3점슛 14개 기록을 가지고 있다. 그의 KBL 통산 3점슛 성공률은 39.5%. 문경은은 2002년 부산 아시안게임 금메달의 주역으로 고비마다 중요한 3점슛과 자유투를 성공시키며 우승에 일조했다. 문경은은 속공 3점슛이 특기이기도 했으며, 정교하고 비거리가 긴 3점슛으로 인해 국제용으로 활용도가 높았다. 덕분에 프로무대 커리어도 길게 가져갈 수 있었다. 문경은의 농구 인생과 슈팅에 대해 들어보자.

Q: 연세대 시절을 떠올리면 다른 슈터들에 비해서 장신 슈터였습니다. 장신 슈터라는 점에서 어떤 장점이 있었는지도 궁금합니다.

A: 일단 질문을 잘해 주셨는데, 제가 연세대 입학해서 최희암 감독님이 저를 장신 슈터로 키워가셨죠. 당시만 해도 180cm 초반대인 이충희, 김현준 선배님들이 각 팀의 슈터였어요. 제 장점은 신장도 있고 덩크슛까지 할 수 있는 점프력을 활용한 점프슛을 던질 수 있다는 거였죠. 아직도 기억나는 게 발빠른 수비수들이 와서 제 슛타이밍을 알아도 블록킹을 못했어요. 신장이 작은 선수가 붙으면 제가 포스트업에 들어가기도 했고요. 그리고 제가 참 운이 좋았던 게 최희암 감독님께서 제가 포스트업으로 작은 선수들 상대할 때 공간 활용을 할 수 있게끔 많이 도움을 주셨어요. 같이 뛰는 선후배 동료들이 자리 양보를 해줬기 때문에 상대팀에서는 저를 장신 슈터로서 막기가 힘들었을 거예요.

Q: 삼성에서 전자 슈터 김현준 선수를 만났잖아요. 김현준이란 존재가 문경은 감독에게 어떤 존재였고, 어떤 것을 배웠고, 어떤 영향을 받았는지 궁금합니다.

A: 저도 "슛 좀 던진다"고 생각을 했고, 또 대학교 때 대표팀 선수로 선발이 되었죠. 어렸을 때부터 김현준, 이충희 선수 등등 대표팀의 슈터 선수들을 보며 흉내도 내고, 그렇게 성장했죠. 그래서 삼성전자에서 만났을 때는 일단 너무 좋았고, 사실 김현준 선배가 있어서 삼성 행을 택한 것도 있었어요. 저는 "현준이 형과 같이 운동하는 것만 해도 영광이다"라고 생각했어요. 신인 때 같은 팀에서 운동하며 느낀 건 역시 "현준이 형은 내가 봐도 나보다 더 정확한 슈팅을 능력을 갖고 있다"라는 거였어요. 왜 그런 거 있잖아요. 제가 슛을 쏘기 위해서 나머지 네 명의 선수가 스크린 걸어주고 저의 타이밍을 가드들이 패스를 맞춰서 봐주고, 그런 노력의 결과물을 줘야 되기 때문에, 정말 10개 던지면 10개 다 들어갈 정도로 준비가 돼 있어야 하거든요. 그 부분을 느끼게 해준 분이 현준이 형이었죠.

Q: 00~01시즌에는 삼성이 우승했습니다. 사실 그때 워낙 전성기셨고 잘해 주셨잖아요. 하지만 우승까지 했는데 이적을 했죠. 어떤 인터뷰를 보니 "후배에게 에이스를

남기고 싶어서 이적했다"라고 했는데 그렇게 된 부분에 아쉬움은 없는지 궁금합니다. 왜냐하면 워낙 전성기였기 때문이죠.

A: 그렇죠. 결혼도 했고 이제 모든 게 안정적이었거든요. 몸도 최상이었고 사실 그 당시에 기억은 잘 안 나지만 평균 득점도 거의 18~19득점했고, 요즘 시대의 용병 수준이었던 셈이죠. 나이는 전성기였지만 일단 팀 내 간판 선수로서 플레이를 하고, 슈터답게 편하게 슛을 좀 던져보고 싶었어요. 팀의 스타일이 좀 저랑 좀 안 맞았다고나 할까요. 주희정(180cm, G)과 아티머스 맥클래리(192cm, F)의 포스트업, 그러니까 가드와 용병의 2대2로 이어지는 스타일이 저랑 안 맞았어요. 마침 삼성에서 이제 우승도 했고, 결정적인 이유는 현준이 형이 사고로 돌아가시고 이 팀에 안 계시는게 가장 컸죠. 그때 유재학 감독님이 인천SK빅스에서 러브콜을 하셨고, 그래서 유재학 감독님은 저를 또 대학교 4년 동안 가르쳐 주신 코치님이었기 때문에 성향도 맞고 스타일도 맞는다는 걸 알았어요. 그래서 다른 도전을 한번 해보고 싶었죠. 사실 그때 빅스는 4강도 못 가는 팀이었어요.

Q: 이적 후 감독님은 2대2나 어시스트도 꽤 많이 하셨어요.

A: 그렇죠. 사실 제2의 전성기를 빅스-전자랜드 시절에 누렸는데 그때서야 김동광 감독님이 "프로에서 살아남아야 한다"는 조언을 해줬던 것들이 깨달아졌죠. 프로가 생기면서 용병이 2명이 뛰면서 속공이 아닌 이상 사실 세트 플레이에서는 확률 높은 용병을 찾게 돼 있거든. 그래서 "슈터들이 2대2을 장착을 안 하면 무조건 슛을 쏴서 득점할 수 있는 그런 찬스가 나지 않겠구나"라는 걸 깨달았어요. 절실하게 느껴서 많은 연습을 했죠. 빅스 가서 서른 살에 머리 짧게 깎고 웨이트도 다시 해서 진짜 람보 같이 막 상체를 불렸어요. 그래서 죠니 맥도웰(192cm, F)과 막강한 콤비 플레이를 했죠. 제가 2대2 스크린 걸리면 슛을 쏠 줄 알고 다 달려들거든요. 그때 맥도웰에게 찬스를 주면 백발백중이었죠. 결국에는 이제 살아남기 위해서 다른 걸 하나하나씩 장착을 하게 된 셈이에요.

Q: 감독님은 서울 SK나이츠에서 크게 부상 없이, 은퇴할 때까지 3점 슛을 선보였죠. 몸 관리를 잘하신 것 같아요. 특별히 몸과 슛을 유지한 방법이 있나요?

A: 일단 제가 좀 욕심이 많거든요. 그래서 매시즌 리그에서 3점슛 부문에서는 탑을 유지해야 되지 않겠느냐, 그런 저만의 목표로 프로생활을 했기 때문에, 그러려

면 일단 부상이 없어서 시합을 뛰어야 넣잖아요. 그래서 부상 관리에 굉장히 신경을 많이 썼고, 사실 중요한 건 운도 좋았죠. 제가 몸에 수술한 적이 한 번도 없으니까요. 사실 불의의 사고도 몇 번 당했는데, 발목도 거의 부러지다시피 한 적도 있어요. 발목도 30년 농구하면서 서너 번 다쳤죠. 그래도 수술을 한 적이 없을 정도로 운이 좋았던 것 같아요.

Q: 감독님 3점슛은 워낙 유명한데, 사실 자유투도 유명하거든요. 3점슛은 클린샷이고, 자유투는 뱅크슛이잖아요. 다르게 쏘는 이유가 있나요?

A: 제가 사실 백보드를 쓰게 된 이유는 현준이형의 영향이 좀 있어요. 제가 경기 때 막 움직이다가 멀리서 점프 슛으로 3점 슛을 던졌기 때문에 갑자기 자유투 라인에 서면 림이 굉장히 가깝게 보여요. 그래서 제 힘에 맞게 제 슛을 던지기 위해 뱅크슛을 던지게 되었어요. 제 슛을 잘 보면 스핀이 많은 편이에요. 그런데 저는 요즘 선수들에게는 진짜 반대하고 있어요. 요즘 거의 뱅크슛으로 자유투를 쏘잖아요. 물론 백보드를 맞춰서 쏘는 게 그 선수들 나름 긴장을 해서 그랬다든지, 저와 같은 이유가 있을 거예요. 하지만 굉장히 정확히 해야 되거든요. 스핀 양이나 날아가는 힘이나 공의 그 각도나 본인이 생각했을 때는 정확하게 그 네모 칸에 맞췄다고 생각해도 '탕' 맞고 튕겨 나오는 경우도 있어요. 지금 프로에 있는 선수들은 적응을 했기 때문에 어쩔 수 없다고 생각해요. 하지만 어린 선수들은 프로 선수들을 보고 많이 배우거든요. 그래서 그 부분은 사실 배우지 않았으면 좋겠어요. 자유투 뱅크슛은 정말 어렵거든요.

Q: 선수 시절 내내 감독님을 따라붙는 수비수도 엄청 많았잖아요. 대학 때부터 김영만(193cm, F), 양경민(193cm, F), 추승균(192cm, F), 이지승(188cm, F) 그렇게 수비에 탁월한 선수들이 계속 수비해 왔고요. 제가 기억하기로는 프로 초창기에는 김영만 선수에게 약간 잡히는 모습도 있었던 거 같아요.

A: 네, 영만이가 수비를 잘해요. 하지만 사실 개인 한 선수에 잡힌 거보다 팀에 잡히는 거죠. 김영만 선수가 속한 팀의 4번 5번 포지션에 있는 센터들이 작다면, 김영만 선수도 저를 막기가 쉽지가 않죠. 하지만 기아에 있으면서 김유택(197cm, C), 한기범(207cm, C), 클리프 리드(192cm, F) 이런 수비의 노하우에 있는 선수들이 수비를 많이 도와줬던 부분이 있어요. 제가 스윙해서 수비를 흘

트러 놓아도 유택이형이 도와주니까요. 뒷선 4, 5번이 수비를 잘하느냐에 달려 있죠. 예를 들어서 제가 삼성에 가서 연대랑 경기할 때 김훈(190cm, F)이 저를 막았어요. 제가 훈이를 떨쳐내도 뒤에 서장훈(207cm, C)이가 있었죠. 제가 수비를 못한다고 해도, 연세대학교 4학년 때 뒤에 서장훈이 골 밑에 있기에 저보고 수비 못한다는 소리 한마디도 안 나왔어요. 결국 4번 5번이 튼튼한 팀이 수비가 좋게끔 되어 있거든요. 그래서 2000년대 중후반 전성기 시절 김주성(205m, C)이 있는 동부, 서장훈이 있었던 SK(하니발, 재키 존스), 이런 팀들이 실점이 적으면서 강팀이었던 거예요.

Q: 방성윤 선수가 "문경은 감독님은 자신보다 한참 높은 레벨의 슛을 가지셨다"고 하던데, 어떻게 생각하시나요?

A: 제 외모를 보면 고생을 안 하고 노력을 안 한 것 같이 보여지겠지만, 진짜 엄청나게 많이 던지고, 이렇게 저렇게 고쳐도 보고 슈팅에 대해 연구와 노력을 많이 했습니다. 그리고 제 은사님들이 저보고 "넌 슈터니까 자신감 가져라"고 소언해주셨죠. 그래서 슈팅연습을 1,000개 성공시키는 걸 매일 반복했죠. 체육관에 불을 켜고 있으면 수위아저씨가 전기세 많이 나온다고 자기 잘린다고 불 끄라고, 막 그럴 때거든요. 그때도 밤 12~1시까지 농구가 재미있어서 그렇게 슈팅 연습을 했어요. 대학교 1, 2학년 그리고 3학년 초까지 하루에 1,000개 3점슛 성공하는 연습을 했죠. 심지어 대학 때 문경은이 슛을 성공시켜야 식사했던 일화도 있어요. 한 군데 20개씩 5군데잖아요. 탑- 45도- 코너 이렇게 각각 20개씩 시도해서 다섯 곳을 통과해야 밥을 먹으러 가는 거죠. 그걸 저만 시켜요. 제가 1학년 때 2, 3, 4학년 형들은 밥도 못 먹고 제가 끝날 때까지 기다린 거죠. 처음에는 형들이 "야 너 빨리 끝내" 막 이렇게 인상 쓰고 얘기하다가, 내가 불쌍하니까 나중엔 "파이팅" 해 주고 그랬어요. 정말 엄청나게 힘들었지만 형들이랑 정이 들었죠.

Q: 감독하시면서 슛이 좋지 않은 선수들이 많았는데, 개선된 선수도 많아요.

A: 일단 현실적으로 제가 김선형이랑 최준용이한테 "슛은 망설이지말고 자신 있게 던지라"고 얘기를 했죠. 그리고 그 선수들이 연습량도 많았고요. 얘네들은 연습량을 믿기 때문에 슛에 대한 발전이 있었죠. 주희정도 우리 팀에 있을 때 속공

　　　　　　　　　　　　　　　　　2쿼터. 전설들이 들려주는 슛 이야기

3점슛 많이 시도했어요. 희정이도 노력을 많이 했기에 그게 가능한 거였구요.

Q: 혹시 선수 방성윤에 대한 아쉬움은 없나요?
A: 제가 처음 감독 되고 가장 먼저 성윤이한테 "다시 하자"고 했죠. 성윤이가 공격 력만 좋은 게 아니라 볼 핸들링도 좋아서 2번자리에 딱이었거든요. 김선형-방 성윤-애런 헤인즈-최부경-김민수 라인업이었죠. 그리고 성윤이는 제 연세대 후 배고 같은 슈터도 하잖아요. 제 뒤를 이을 국가대표 슈터였는데 이래저래 많 이 아쉬움이 남죠.

Q: 선수 시절 아시아 최고의 슈터 중 한 명이셨는데, 현재 이현중이 NBA에 도전 중이 잖아요. 당시 NBA에 도전해보고 싶은 생각은 없으셨나요?
A: 사실 아는 분들이 별로 없으신데, 제가 1학년 때 저희 연세대학교가 BYU대학이 랑 자매 결연을 맺어서 1년에 한 번씩 갔죠. 제가 1학년 때 하와이에서 BYU대학 과 공개 시합을 하는데 잘했나 봐요. 그래서 그 팀 감독님이 "문경은이를 우리한 테 보내면 안 되겠냐?"라고 제안을 했어요. 하와이도 어쨌든 미국이니까, 그래 서 최희암 감독이 보내주겠고 했죠. 최희암 감독님이 저한테도 물어보시기에 저 도 "가겠다"고 했죠. 그런데 우리나라는 병역의무로 군대까지 가야하기에 도전 을 포기했어요.

Q: 슛을 잘 쏘려면 슈팅 멘탈 관리가 중요하잖아요. 선수시절 감독님은 슈팅에 있어서 망설임이 없어 보이는 편인데, 2002년 부산 아시안게임 때는 다소 긴장한 느낌이 었습니다.
A: 사실 고려대와 정기전을 시작으로 큰 경기를 너무 많이 치뤄봐서, 크게 긴장도 안 해요. 그런데 솔직히 그날 2002년 아시안게임 결승전 마지막 순간에는 무지 하게 떨렸어요. 솔직히 말씀드리면 그때 자유투 1구 성공, 1구 실패했잖아요. 중 국한테 저는 항상 견제 대상 1호거든요. 그래서 저로 인해서 이제 반사적인 찬 스들이 나는 효과가 있죠. 그 와중에 가장 중요할 때 제가 1구를 놓쳐서 엄청 떨 었어요. 그래도 그 짧은 시간에 정신을 추스려서 2구를 성공시켰다는 거에 대해 서 나름 자부심을 느끼고 있습니다.

Q: 경기 막판 김승현이 패스해서 3점슛 넣은 게 엄청 중요한 상황이었던 걸로 기억하거든요. 중요할 때라 그런지 감독님 영상을 보면 점프를 비교적 많이 안 하고 살짝 점프하셔서 슛을 성공시켰어요.

A: 이게 정확하게 던지다 보니까 점프가 안 되더라고요. 그러니까 슛이 잘 안 날아갔는데 그게 어떻게 하늘이 도왔는지 그게 들어가더라고요(웃음).

Q: 마지막으로, 감독님이 생각하는 '슈터'란 무엇인지 듣고 싶습니다.

A: 팀의 간판 슈터라면, 득점은 많이 못 하더라도, 결정적인 순간 한방을 터뜨리는 활약은 꼭 해야 하지 않나 싶어요. 그게 슈터의 기본 자세 아닐까요?

'람보 슈터' 문경은의 이야기에 이어 그를 바라본 농구인들의 이야기를 곁들여본다.

손대범 KBS N SPORTS 농구 해설위원이 본 문경은
"문경은은 보기 드문 장신 슈터였다. 그 신장에 볼 없는 움직임이 굉장히 좋았다. 탄력도 뛰어나 잡은 뒤 바로 솟구쳐 올라 슛을 시도했는데 타점이 높아 막기 힘들어했다. 그래서 비슷한 신장대의 김영만을 만나면 더 힘들어했던 것이 아닐까 싶다. 핸들러는 아니었지만, 유재학 감독이 SK빅스 시절 고육지책으로 맥도웰과의 2대2도 지시했는데 곧잘 해냈던 걸로 기억한다. 이 역시 슛이라는 확실한 무기가 있었기에 가능했다고 본다."

김우석 바스켓코리아 편집장이 본 문경은
"문경은은 슈팅 밸런스가 뛰어나고, 슛 터치와 손목 스냅 자체가 예술이다. 기계처럼, 무릎부터 손목을 사용하기까지의 메커니즘이 매우 일정하다. 많은 연습량에서 만들어진 자세와 기술이다. 강한 하체가 기반이 되어 만들어진 슈팅력이기 때문에 기복도 심하지 않았다."

2.5

전설의 '슛도사' 이충희
VS
'전자슈터' 김현준

🏀 최근 현대 농구에서 가장 중요하게 여겨지는 부분은 슛이다. 슛이 없으면 경기에 나가기 힘든 시대가 현시대다. 전통적으로 아시아에서 우리나라의 농구는 신장은 작지만 확률 높은 슛을 장착하고 있어 양궁 농구로 불렸다. 수많은 불세출의 슈터들이 양궁 농구의 명맥을 이어오고 있는 가운데 이충희(180cm, F)와 김현준(183cm, F)의 라이벌 열전은 우리나라의 양궁 농구 역사에서 중요한 한 페이지를 차지하고 있다. 이들의 별명은 모두 '슛'이 포함된 '슛도사', '전자 슈터'이다. 이 때문에 두 선수의 라이벌 열전을 이야기할 때 빠질 수 없는 게 '슛'이다. 두 사람의 라이벌 열전이 치열하게 전개되는 부분에는, 1980년대 고려대와 연세대라는 사학 라이벌, 현대와 삼성이라는 대기업 라이벌 구도도 한몫했다. 어떤 선수가 더 나은 선수인지는 개인의 선호도에 맡긴다.

'슛 도사' 이충희

신기수(神技手)의 시작

이충희의 '슛 도사'라는 별명은 한국에서 붙여진 것이고, 반대로 '신기수(神技手)'는 대만에서 이충희에게 붙여준 별명이다. 이충희는 남들보다 늦은 나이인 송도중학교 2학년 때부터 농구를 시작했다. 당시 신장이 150cm에 불과했던 이충희는 그렇다고 운동 신경이 좋은 선수도 아니었다. 중학교 2학년에 올라갈 무렵 특별활동 부서에서 선택한 것이고, 다른 운동부에 비해 단지 공을 가지고 놀 수 있는 스포츠라 농구를 시작한 것이다. 그렇게 시작한 농구부 생활은 결코 쉽지가 않았다. 앞서 언급했듯 키도 작았고, 농구에 특별한 소질이 있던 것도 아니었기에 고(故) 전규삼 코치도 이충희에게 "농구의 길이 아닌 다른 길을 가라"고 제안했지만 이충희 농구 인생의 진짜 시작은 이 순간이었다.

신동파와 1,000개의 슛팅

본격적으로 농구에 모든 것을 걸겠다고 결심한 이충희는 신동파(188cm, F)를 롤 모델 삼아 성장했다. 당시 신동파는 대한민국을 넘어 아시아를 대표하는 최고의 득점기계였다. 이충희는 '신동파처럼 슛을 잘 넣는 선수가 돼야겠다'고 마음먹었다. '최고의 슈터'가 되겠다는 확고한 목표가 생긴 이후로 이충희는 달라지기 시작했다. 그 예로 이충희는 중학교에서 고등학교로 올라갈 때 약 1년간 하루에 1,000개의 슛을 던졌고, 1,000개라는 숫자는 던진 슛의 개수가 아닌 넣은 슛을 의미했다. 새벽에 350개, 점심시간에 250개 그리고 저녁에 400개를 성공시켰다. 이 일화에서 드러나듯 농구 선수로서 이충희의 특별한 소질은 노력과 근성이었다. 그리고 이충희의 성장에 있어 또 다른 기폭제가 된 이는 한때 그에게 농구를 그만두라고 권유했던 고(故) 전규삼 코치였다. 전규삼 코치는 한국 농구 역사상 최고의 스킬 트레이너라는 평가를 받을 정도로 중고등학교 어린 선수들에게 창의성과 기본기에 대한 중요성을 역설하는 등 시대를 앞서가는 코치였다. 이충희는 근성과 노력으로, 전규삼 코치가 강조하는 기본기를 착실하게 습득했다. 이충희가 훗날 '슛도사'라는 별명을 얻은 것도 기본기가 튼튼했기에 어떤 상황에서도 슛을 던질 수 있었기 때문이다. 그의 최고의 무기가 된 페이더웨이 슛도 누가 가르쳐준 것이 아닌 이충희 자신이 생존하기 위해 만들어낸 슛이었다. 그 결과, 이충희는 고등학교를 졸업할 무렵에 이미 '완성형 슈터'가 되어있었다. 고교 최고의 슈터를 잡기 위해 모든 대학이 스카우트에 열을 올렸지만 이충희의 선택은 고려대학교였다.

고려대학교 49연승 그리고 현대전자 득점왕

이충희는 1977년 고려대학교에 입학하자마자 대학 팀들은 물론 실업 팀들까지 모두 제압하면서 한국 최고의 농구 선수로 떠올랐다. 고려대학교 재학 시절 이충희는 임정명, 진효준, 황유하, 이민현 등과 함께 호흡을 맞추면서 49연승을 기록, 대학 때부터 실업팀 선배들을 압도했다. 자연스럽게, 이충희는 졸업과 동시에 여러 실업 팀의 끈질긴 구애를 받았다. 당시 실업 팀의 빅2였던 현대와 삼성 사이에서 고민하던 이충희는 현대전자를 선택하며 본격적으로 성인 무대에 진출했다. 이충희는 "(임)정명이가 먼저 삼성으로 갔기 때문에 고대 출신의 기둥 선수 두 명이 모두 한 팀에 갈 수 있는 상황이 아니었다. 또 당시에는 때리며 운동시키던 시대였지만 방열(당시 현대 감독) 감독님은 선수들을 다독이며 배려하는 스타일이어서 함께 뛰고 싶었던 지도자이기도 했다"며 당시 현대를 선택한 배경을 밝혔다. 실업무대 데뷔와 동시에 이충희는 '득점 머신'으로 활약했다. 그는 6년 연속 리그 득점왕에 올랐고, 1983년 창설된 농구대잔치에선 개인 득점 4천점을 가장 먼저 돌파한 선수가 됐다. 국내 한 경기 최다 69득점 기록도 이충희가 보유한 또 다른 대기록이다. 이와 함께 1983년부터 1985년까지, 3년 사이에 두 차례나 MVP에 오르면서 현대의 우승을 견인했다. 특히 이충희는 존재만으로도 상대팀에게 부담이었다. 단지 볼을 잡는 것만으로도 상대팀을 긴장하게 만들었기 때문이다.

'페이더 웨이 슛'이라는 이충희의 시그니처 플레이

이충희의 시그니처 플레이는 '페이더 웨이 슛'이었다. 국내 농구 팬들에게 페이더 웨이슛은 마이클 조던, 코비 브라이언트, 덕 노비츠키의 시그니처 무브로 더 많이 알려져 있다. 신장이 180cm에 불과해 신체 조건의 우위를 기대하기 어려웠던 이충희는 상대 수비의 집중 견제 속에 살아남기 위한 방책으로 페이더 웨이 슛을 장착하기 위해 부단히 노력했다. 이충희의 페이더 웨이 슛은 그가 '슛 도사'라는 타이틀을 얻는 데 결정적인 역할을 한 그만의 시그니처 무브다. 이충희는 슛뿐 아니라 끊임없이 움직이는 볼 없는 움직임 등을 특유의 노력을 통해서 만들어 낸 테크닉으로 한국과 아시아를 대표하는 슈터로 발돋움했다. 이충희는 단순히 슛만 좋은 것이 아닌 풋워크와 볼 없는 움직임 등 슛을 만들어가는 과정도 뛰어난 슈터였다. 상대 수비가 붙으면 돌파하고 떨어지면 쏘는 등 플레이가 간결했던 것도 슈터, 이충희가 가진 또 다른 장점이었다.

댈러스 매버릭스와 레알 마드리드가 주목하다

이충희는 프로 선수로서 만이 아니라 태극마크를 달고 뛰면서도 뛰어난 업적을 많이 남겼다. 그 예로 이충희는 1987 방콕 아시아 선수권 대회에서 MVP를 수상하는 등 대한민국 대표팀을 아시아의 강호로 이끌었다. 1986년 스페인에서 열린 세계선수권 대회에선 득점 2위에 오르는 등 아시아를 넘어 세계를 놀라게 했다. 특히 이충희는 브라질과 경기에선 전반전이 36-42로 끝났는데, 이충희 혼자 34점을 기록했다. 이충희의 기량이 마음에 든 스페인의 레알 마드리드와 NBA댈러스 매버릭스 등 여러 해외 팀들이 이충희에게 관심을 가졌다. 이충희는 과거 언론 인터뷰에서 "가고 싶었지만 병역 특례로 인해 5년간은 국내에 머물러야 했다. 협회가 나서서 도와줬다면 가능했겠지만 아쉽게도 기회가 오지 않았다. 그때 NBA에 갔다면 인생 자체가 틀려지지 않았을까 생각한다"며 아쉬움을 남기기도 했다. 또한 그는 아시아 최고 슈터로서 상대의 심한 견제와 부상이 겹치면서 힘든 시간을 보내야 했다. 무릎 부상이 심해졌고 결국 이충희는 1992년에 전격 은퇴를 선언했다. 그리고 한국을 떠나 대만에서 프로 리그 홍궈팀의 플레잉 코치로 뛰었던 이충희는 몸이 완전치 않은 상태에서도 팀을 대만 프로 원년 우승으로 이끄는 등 대만 농구 팬들 사이에서 '신기수(神技手)'라 불리는 영웅이었다.

'전자슈터' 김현준

1999년 10월 2일

어느덧 20년이란 시간이 흘렀다. 1999년 10월 2일은 바로 김현준 코치가 자택에서 용인 삼성수지 체육관으로 출근하던 중 불의의 교통사고로 인하여 39세로 생을 마감한 사건이 있던 날이다. 김현준 코치는 한국농구 역사에 한 획을 그은 선수이자 슈터 계보에 한축이었다. 동시에 삼성 농구단의 프랜차이즈 스타이자 현역 시절에 전자슈터로 명성을 떨쳤던 위대한 슈터 故 김현준 코치의 농구 인생을 돌아보는 시간을 가져본다.

김현준의 농구인생

김현준은 광신상고-연세대를 거쳐 1983년, 삼성전자에 입단했다. 당시 삼성은 1987-1988시즌 김현준을 중심으로 정상에 오르는 등 현대와 함께 한국 농구를 대표하는 실업 농구 팀이었다. 삼성에서의 활약을 바탕으로 국가대표에도 꾸준히 이름을 올린 김현준은 1988 서울 올림픽에 참가하기도 했다. 1991-1992시즌과 1992-1993시즌, 연속으로 득점왕에 오르는 등 리그 정상급의 득점 기계로 활약한 김현준은 1993년 통산 5,000득점을 돌파한 데에 이어 1995년 6,000득점을 돌파하는 기염을 토했다. 더불어 김현준은 1995년, 36세의 나이에도 건재함을 과시하며 광신상고-연세대 직속 후배인 문경은(190cm, F)과 쌍포를 구축, 커리어 마지막 시즌 우승에 도전했다. 하지만 '허동택' 트리오의 기아자동차에게 패하며 준우승으로 커리어를 마무리해야 했다. 당시 TV중계 화면에 김현준이 휴대용 산소 호흡기를 이용하는 장면이 여러 차례 전파를 탔을 정도로, 김현준은 본인의 커리어 마지막 경기를 우승으로 마무리하기 위해 그 누구보다 혼신의 힘을 다했다.

김현준을 언급할 때마다 빠질 수 없는 인물들이 있다. '슛도사' 이충희와 '농구대통령' 허재이다. 이들은 지금 시대 아이돌보다 인기가 많았던 1980-90년대 농구대잔치가 낳은 최고의 스타들이었다. 특히 김현준과 이충희의 소속팀이었던 삼성과 현대는 기업 라이벌 스토리가 스포츠로까지 이어지면서 김현준과 이충희의 맞대결은 항상 많은 주목을 받았다. 한국 농구 역사를 대표적인 슈터인 이충희와 김현준의 슛 대결도 이들의 라이벌 열전에 흥미를 더했다. 이후에 둘의 라이벌 구도에 도전장을 내민 선수가 바로 허재였다. 중앙대를 졸업한 허재가 기아자동차에 입단하며 실업 팀에 도전장을 던지게 되자 농구의 열기도 덩달아 뜨겁게 달아올랐다. 이들은 당시 한국 농구의 인기를 이끄는 트로이카였고, 서로가 서로의 선의의 경쟁을 유도하는 자극제였다.

김현준의 시그니쳐 플레이였던 '뱅크슛'

뱅크슛 하면 누가 떠오르는가? 프로 농구를 보고 자란 세대라면 문경은을 꼽을 것이고, 농구대잔치를 보고 자란 올드 팬이라면 김현준을 떠올릴 것이다. 문경은에게 모티브를 준 선수가 바로 선배 김현준이었다. 김현준은 자유투와 3점슛까지 뱅크슛으로 넣으면서 뱅크슛이라는 시그니처 무브를 가진 선수였다. 당시의 김현준은 포워드로 분류되긴 했지만 엄밀히 따지면 그의 정확한 포지션은 슈팅 가드였다. 플레이 스타일도 김현준은 단순히 슛과 슈팅 기술만 능한 선수가 아닌 비하인드 백드리블에 이은 어시스트 등 다른 기술도 뛰어난 선수였다. 실제 김현준의 경기를 보면 포인트가드와 슈팅 가드를 모두 소화하며 게임을 조율할 줄 알았다. 그 결과 김현준은 6,063점을 득점하면서 동시에 +600어시스트라는 기록도 낼 수 있었다. 무엇보다 김현준은 선수 시절 기본기와 슛이 정확한 '한국적인 농구'를 추구하고자 했던 선수였다. 현재, 프로농구에서 시그니처 플레이를 가지고 있는 선수가 몇이나 될까? 손에 꼽을 정도로 적은 게 현실이다. 연세대 농구부 출신 후배인 방성윤은 "세월이 흘러서 김현준 선배님의 플레이를 다시 보니, 굉장히 창의적이었다고 생각을 하게 되었다. 살아계셨으면 감독으로도 성공하셨을 것 같다"며 김현준 선수의 부재를 아쉬워했다.

2.6

'조선의 슈터'가 되기까지
조성민

🏀 조성민은 대기만성형 선수였다. 전주고와 한양대를 거치는 동안 에이스였던 적이 단 한번도 없다. 조성민은 189cm로 슈팅가드인지 스몰포워드인지 애매한 포지션에 큰 신장을 가진 선수도 아니었고, 그나마 슈팅이 좋고 성실한 것이 유일한 무기였다. 그러나 단 두 가지 무기만으로 프로에 입성해서 3D 선수에서 팀 내 에이스 그리고 대한민국 대표팀의 '조선의 슈터'로 2014년 인천 아시안게임 금메달을 따는 데 핵심멤버로 활약했다. 조성민은 단일시즌 자유투 56회 연속 성공이라는 기록과 정교한 슈팅으로, KBL에 단 두명만 가입된 180클럽 선수 중 한명이기도 하다.

KT 시절 라이벌 슈터 문태종(198cm, F)과의 쇼다운을 기억하는가? 경기 막판 클러치타임에 조성민이 3점을 성공시켰고, 다시 문태종이 3점을 성공시키며 빅경기를 선사했다. 또한 전창진 감독의 큰 신뢰 속에 조성민이 "3점숏을 쏘겠다"고 하니 전창진 감독은 "3점 OK"라고 했고 화답하는 3점숏을 멋지게 명중시켰던 장면은 두고두고 회자되는 명장면이다. 그는 어떻게 슈팅 레전드가 되었을까?

Q: 조성민하면 '슈터'라는 분명한 이미지가 있습니다. 팀에서 슈터의 역할을 맡기 시작한 건 언제부디였니요?

A: 제가 전문적인 슈터라고 하면 고교, 대학교 때도 아닙니다. 솔직히 프로에 와서 진짜 전문적으로 슛을 던지고 그렇게 했던 것 같아요. 전창진 감독님을 만나고 나서라고 생각해요. 그 전까지 제가 슈터라고 생각해 본 적도 없고 그냥 가드랑 포워드를 두루두루 할 수 있는 그런 유형의 선수였던 것 같아요.

Q: 조성민의 어린시절에 전주고와 김학섭(182cm, G)을 빼놓을 수 없다고 봐요. 사실 거의 모든 스포트라이트는 김학섭이었잖아요.
A: 네, 저희 전주고는 (김)학섭 중심의 팀이었고, 랭킹에 드는 선수였어요.

Q: 신인시절 근성 있게 수비하는 모습을 보여줬는데, 그 부분은 한양대에서 배운 건가요?
A: 아니요. 대학교 때 수비를 정확하게 배웠다기보다는 프로에 와서 엄청 노력을 많이 했던 것 같아요. 프로 1년 차 때는 그냥 시키는 대로 그냥 열심히 했죠. 당시에는 되게 힘들어서 코치님들 원망도 많이 했습니다. 매일 불려가서 비디오 보고 혼났거든요. 그래도 저한테는 큰 자산이 됐던 것 같아요. 비디오를 많이 보게 되면 농구 보는 눈이 좋아지거든요. 나중에는 영상을 하도 많이 보니까 눈이 트인다고 해야 되나, 그러면서 수비도 좋아진 것 같아요.

Q: 1년차 마치고 바로 군대 가셨고, 이후 전창진 감독님을 만났습니다.
A: 네, 군대 가서 몸관리에 신경을 썼어요. 그런데 전역을 앞두고 전창진 감독님이 오게 되면서 솔직히 고생을 많이 했죠. 몸을 만들어 오긴 했는데 훈련량이 엄청나서 정말 힘들었습니다. 그리고 특히 슈팅 훈련이 진짜 너무 힘들었으니까요. 그래서 몸이 너무 힘들어서 야간에 개인 운동을 못 할 정도였어요. 전창진 감독님은 제가 멈출 때까지 무빙슛을 연습시키거든요. 무빙슛 연습을 제가 멈춰도 감독님이 원하는 데까지 해야 되니까… 그래서 그렇게 고생했던 게 큰 도움이 많이 됐던 것 같아요. 감독님은 특히 '농구 길'에 대해서 많이 알려주셨어요. 감독님이 항상 제게 "너는 열심히 하고 다 좋은데 농구 길만 조금 더 알면 농구 더 잘할 수 있겠다"고 하셨어요. 동선이나 찬스 만드는 부분 그리고 타이밍적인 부분들을 많이 가르쳐주셔서 제가 그 부분을 많이 배우고 공부했던 것 같아요. 볼

없는 움직임부터 2대 2까지 다 만들어주셨어요.

Q: 유재학 감독은 슈터 조성민을 어떻게 활용했고, '조선의 슈터'로 만들었나요?
A: 감독님이 대표팀에서도 기회를 또 많이 주셨어요. 그리고 전창진 감독님이랑 또 겹치는 부분도 되게 많고, 그래서 '제가 농구를 잘 배웠구나' 이런 생각도 들었습니다. 유재학 감독님은 엄청 세밀하세요. 제가 전창진 감독님께 배운 농구와 겹치는 면이 있어서 적응도 빨랐고 유재학 감독님이 나를 믿어주시고 있다는 게 느껴져서 자신감이 붙었죠. 찬스를 많이 만들어주셨고 저도 놓치지 않고 슛을 성공시켰어요. 어느새 '조선의 슈터'라는 별명이 생겨났죠.

Q: 국가대표에서 조성민 선수는 큰 키가 아니었는데, 흔들림 없이 슛을 쏠 수 있던 비결은 무엇인가요?
A: 무빙이나 타이밍이나 연습 과정이 다 녹여져 있다고 봐요. 연습하는 건 똑같아요. 제가 전창진 감독님한테 배워왔던 것이 그거예요. 저는 가만히 서서 쏘는 슛이 없었으니까요. 연습할 때도 한결같이 무빙슛이었어요. 상대 수비수가 큰 선수라고 해 가지고 특별히 어떻게 한다기보다는 일단 수비수를 따돌려서 좋은 상태에서 편안한 슛을 쏴야 되거든요. 그래야 좋은 슛을 던질 수 있어요. 그런 부분들이 몸에 익다 보면 '이 선수는 절대 나를 막지 못한다'고 느껴지는 게 있어요. 이렇듯, 자기가 깨우치는 게 있단 말이에요. '이 타이밍에 이 정도면 절대 막지 못한다'고 생각하고 그 타이밍에 그냥 연습한 대로 던지는 거죠. "확신을 가지고 있느냐 없느냐"가 중요하다고 봐요. 확신이 없으면 던지는 슛이 확률이 떨어지고 설령 들어가더라도 다음 슛이 불안해지거든요. 다른 사람은 몰라도 본인은 알 수 있잖아요.

Q: 조성민 선수 이후 슛 좋은 선수가 없는 것은 아닙니다. 하지만 오프더볼 무브로 계속 움직이며 슈팅을 노리는 선수를 찾아보기 어렵긴 해요. 그리고 2대2가 되고 수비까지 되는 선수는 거의 없다고 보거든요.
A: 그래서 이런 말들을 많이 들었었어요. 후배들이 "형 안 힘드세요?"라고 물어봤거든요. 근데 저랑 동근 형이랑 이런 얘기를 해요. 동근이 형도 저랑 같은 유형

의 선수라 그런지 저랑 생각하는 게 똑같아요. "공격 선수 있고 수비 선수 따로 있는 게 어디 있냐?" 이런 얘기죠. 당연히 수비도 하고 공격도 하는 거잖아요. 팀에서 인정 받으려면 득점하고 공격 많이 하는 선수들이 수비를 더 열심히 해 줘야 된다고 봐요. 당연히 동근이 형도 힘들고 저도 힘들었죠. 제가 애들한테 한 얘기가 있어요. "당연히 너 힘들면 형도 힘들지. 일부러 티를 안 낼 뿐이야"라고. 힘들어서 무릎 잡고 싶어도 무릎 안 잡아요. 제가 그렇게 티내면 상대 감독이 '체력이 약하구나' 알고 약점을 잡히잖아요.

Q: 2대2 같은 경우는 어떻게 메인으로 하게 된 건가요?
A: 전창진 감독님한테 2대2 하는 법을 배웠고, 그건 결국 타이밍이에요. 그게 엄청 난 기술 같지만 타이밍을 뺏는 것, 그리고 두 선수 간의 호흡이 중요하죠. 그걸 어떻게 맞추느냐에 따라서 좋은 플레이가 나오고 안 나오고가 갈려요. 국제대회 에 나가서 배워오기도 했고요. 그렇게 배우고, 제가 팀으로 돌아오니, 자연스럽 2대2 메인 선수가 되더라구요. 확실히 국제대회를 갔다 와서 국내에서 하면은 플레이가 편했어요.

Q: 조성민 선수는 많은 움직임으로 공격을 하고 수비도 에이스를 맡았죠. 거기다가 2대 2까지 하면, 체력 소모 엄청 컸을 거란 말이죠. 그렇게 견제를 받아가면서도 자유투 를 90%를 넘기는 게 신기했어요.
A: 자유투 연습을 할 때 한결같이 던지는 연습을 해야 되겠죠. 10개 던지면 10개 가 안 들어가더라도 똑같은 슛을 던져야 되는 거예요. 안 들어갔다고 해서 이렇 게 조정하거나 그런 게 아니라 그냥 10개를 한결같이 던지는 거예요. 클린으로 던지는데 그게 더 저는 쉬웠던 것 같아요. 림 앞부분만 넘겨주면 되는 거니까요. "링 쪽으로 그냥 바로 던지는 게 더 확률이 높다"고 저는 생각하거든요. 왜냐하 면 앞에 맞아도 뒤에 공간이 있어서, 또 맞고 다시 들어올 수 있는 환경이 있잖 아요. 그래서 다른 기술적인 부분보다는 공이 날아갈 때 조금 소프트하게 날아 가야 된다고 저는 생각해요. 공이 세게 날아가면 더 멀리 튕겨나갈 거고, 그래서 최대한 공을 예쁘게 소프트하게 보내주면 림에 왔더라도 미끌어져서라도 들어 갈 확률이 높아질 테니까요.

Q: 수비수가 계속 따라붙을 때 오프더볼무브로 떨쳐내는 방법을 듣고 싶습니다.
A: 동료들한테 도움을 많이 받아야 하고 스크린도 받아야 하죠. 최대한 수비수들을 파울 트러블로 만드는 거죠. 일단 파울을 많이 얻어내려고 노력을 했어요. 그러려면 많이 움직여야 하기에 부지런해야 해요. 결국 전창진 감독님도 그랬고 유재학 감독님도 그랬고 "감독이 제일 좋아하는 선수가 누군지 아냐"라고 질문을 하신 적이 있어요. "팀에 헌신하는 선수"처럼 모범답안이 있잖아요. 그런데 그게 아니에요. 감독 입장에서는 "활동량이 많은 선수가 제일 좋은 선수"라는 거죠. 그만큼 부지런해야 된다는 얘기겠죠?

Q: 혹시 제일 혹시 까다로운 선수가 있었나요?
A: 저는 그런 선수는 크게 없었는데 '이 선수는 정말 수비를 잘하고 기술도 있으면서 수싸움을 해야 된다'라고 생각한 사람은 딱 한 명밖에 없어요. 바로 양동근 선수요. 예를 들어 수비 잘하는 신명호 선수 같은 선수도 있지만, 제가 경기 나갈 때 생각이 많아지게 했던 선수는 양동근 선수 한 명밖에 없었던 것 같아요.

Q: 코치가 되기 전에 슈팅 캠프를 여셨던 경험이 있습니다. 사실 너무 좋은 캠프였던 것 같아요.
A: 제가 코치가 되기 전에 가르쳐 보니까, 다들 다양한 슛폼을 가졌더라고요. 솔직히 개선이 쉬운 건 아니라고 생각이 들거든요. 저 같은 경우에는 선수들 슛폼을 고치려고 캠프를 연 게 아니에요. 사람마다 몸도 다르고 체형도 다르고 손도 다르고 팔도 다르잖아요. 각자의 폼들이 있을 거란 말이에요. 그래도 꼭 지켜야 되는 부분들이 있단 말이죠. "좋은 슛을 던지기 위해서는 폼을 바꿔라"는 게 아니라, 꼭 지켜야 되는 그런 부분을 알려줬어요.

Q: 슛에 대해 중점적으로 가르쳐 주신 것은 무엇인가요?
A: 슛을 던지는 길을 알려줬고 하체를 쓰는 연습을 많이 시켰어요. 요즘 NBA를 보면 너무 가볍게 슛을 던지는 것처럼 보이잖아요. 그런데 그 선수들이 그냥 하루아침에 대충 던져가지고 그렇게 만들어진 게 아니란 말이에요. 본인들이 터득해서 그 릴리즈를 본인만의 스타일을 가지고 간 거예요. 저는 그렇게 생각하거

든요. 피닉스 선즈에 데빈 부커라는 선수가 있잖아요. 그 선수가 저는 정석이라고 봐요. 외국 선수들 같은 경우는 워낙에 힘이 좋다보니 그냥 바로 떠가지고 쏜단 말이에요. 그런데 국내 어린 선수들은 그렇게 힘을 갖추고 있지 못하다 보니 몸을 이용해서 던지는 방법을 가르쳐줬어요. 그러니까 자연스럽게 슛 거리도 나오더라고요. 슛을 손으로만 던지게 되면 안 좋은 동작을 하게 된단 말이에요. 어깨를 튼다든지 몸을 꼰다든지. 충분히 몸이 정렬된 상태여야 잘 던질 수 있는데, 빠른 릴리즈를 하려고 손과 팔만 가지고 쏘게 되니까, 그래서 이제 그런 부분들을 제가 좀 잡아줬죠. 애들한테 이해도 시켜주고요.

Q: 슈팅 쏠 때 사실 멘탈 관리도 필요하잖아요. 그건 어떻게 하셨나요.
A: 저 같은 경우는 자신감이 생길 때까지 연습을 꾸준히 했어요. 연습할 때 확신이 안 들면 경기 나가서 불안하거든요. 연습을 통해서 자신감을 키워야죠. 당연히 훈련하는 게 힘들 수밖에 없죠. 그래서 저는 선수들한테 얘기해요. "훈련하며 스스로를 이겨냈으면 좋겠다. 편하려고만 하지 말고 힘들고 어려운 걸 찾으라"고요.

'조선의 슈터' 조성민의 이야기를 들었다면, 지금부터는 그에 대해 이야기하는 전문가들의 이야기를 들어보자.

안양 KGC 최승태 코치가 본 조성민
"성민이는 노력의 아이콘이죠! 프로에 오는 선수들이 본받을 만한, 굉장한 노력으로 만들어진 대기만성형 선수잖아요. 어릴 때부터 폼이나 슛 터치는 좋았고, 선수를 키워내는 능력을 가진 전창진 감독님을 통해 많은 훈련량과 반복적인 훈련을 통해 자신의 것을 만들어냈죠. 성민이는 받아들이는 자세가 좋았고 그런 성민이였기에, 연습으로 만들어진 자신감이 지금의 성민이를 만들어 내는데 아주 큰 역할을 한 것 같아요."

2쿼터. 전설들이 들려주는 슛 이야기

손대범 KBS N SPORTS 농구 해설위원이 본 조성민

"전창진 감독, 손규완 코치의 가장 큰 강점은 슈터에게 슛만 가르치는 것이 아니라 스크린 이용시 각도, 틈새 활용, 볼을 캐치할 때의 스텝 등을 굉장히 디테일하게 전수한다는 점에 있다. 김승기 감독도 마찬가지다. 조성민 코치는 KT 시절에 '조선의 슈터'로 거듭났는데 이런 디테일한 지도가 있었기에 가능했다고 본다. 또 본인도 성공에 대한 의지가 강했던 선수라 생각된다."

OSEN 서정환 농구전문기자가 본 조성민

"조성민 선수는 워낙 무빙도 좋고 슈팅 모션이 간결해 공을 잡고 쏘기까지 걸리는 시간이 적었다. 다른 선수가 슈팅까지 세 번의 모션이 필요하다면 조성민은 두 번 만에 쏜다. 수비수가 알아도 막기가 대단히 까다롭다. 클러치 상황에서도 대단히 침착해 성공률이 높다는 점이 조성민의 강점이다."

2.7

미드레인지 장인,
소리 없이 강한 남자 추승균

🏀 '소리 없이 강한 남자' 추승균(192cm, F)은 자타가 공인하는 한국 농구의 레전드다. 추승균하면 떠오르는 수식어들로는 공수겸장, 스몰 포워드의 교과서, 이조추 트리오, 국가대표, 백발백중 미드레인지, 철인, 원클럽맨 등 다양하다. 지금부터 그가 누구인지 알아보고, 동시에 그의 시그니처 무브인 '미드레인지 슈팅'에 대해 나눠보자.

마이클 조던의 비디오 테이프

추승균하면 빼놓을 수 없는 것이 바로 미드레인지와 페이더웨이 점프슛이다. 그는 부산중앙고에 입학을 앞두고 있을 당시 비디오 테이프를 하나 받았다. 마이클 조던의 시카고 불스 경기가 담긴 비디오 테이프였다. 지금이야 유튜브와 다양한 SNS가 있어서 마음만 먹으면 스킬을 습득하는 것이 어렵지 않다. 하지만 1980~1990년대, 미국 농구를 보려면 비디오 테이프나 AFKN 등을 통해 볼 수 있었다. 고등학교 진학을 앞두고 당시 추승균의 신장은 190cm였다. 센터를 보기에는 어렵고 파워 포워드 포지션을 맡기 위해선 확실한 장점이 필요한, 애매한 사이즈의 신장이었다. 이에 추승균은 마이클 조던의 비디오를 보면서 조던의 기술을 본인 것으로 만들어야겠다고 생각했는데 그 기술이 바로 '페이더웨이 점프슛'이었다.

그때부터 비디오 테이프가 늘어지도록 반복해서 보며, 하루 1,000개씩 페이더웨이 점프슛을 연습했다. 추승균은 "페이더웨이 점프슛이 내 몸에 완전히 스며들었다고 느껴질 때까지 연습했다"고 한다. 그리고 이 슛을 연습하면서 깨닫게 된 것은 바로 '코어 근육'의 중요성이었다. 허리와 배가 많이 아팠지만 참고 복근 운동을 수행하며 슈팅 연습까지 병행했다고 한다. 추승균은 '페이더웨이 점프슛'을 디테일하게 연구하고 연습한 결과, 자신을 대표하는 시그니쳐 무브로 만들 수 있었다. 고등학교 당시 하루 팀 훈련 횟수가 5회였고, 팀 훈련 외 슛 연습에 몰입한 추승균이었다. 추승균은 하나의 예를 들며 "09~10시즌 KBL 챔피언 결정전에서 (하)승진이가 부상이라 함지훈도 수비하면서, 공격할 때 상대 수비수를 상대로 페이더웨이 점프슛을 많이 넣었다. 그때 나보다 큰 (김)동우가 수비했는데 완전 뒤로 쫙 넘어지며 슛을 성공시켰다. 체력 소모가 심했다. 그러나 어린 시절부터 코어 근육과 페이더웨이 점프슛을 연구한 것이 그때 많이 나타났던 것 같다"고 한다. 그리고 그는 "페이더웨이 점프슛은 키 큰 선수의 블록슛을 피해서 득점을 올리기 위해 연습한 것이었다" 고 강조했다. 고교 입학을 앞둔 추승균은 자신에게 뭐가 필요한지 스스로 찾고 자기 것으로 만든 것이었다.

1학년부터 경기를 많이 뛰고 싶어 선택한 한양대학교

고등학교 졸업반 시절의 추승균은 서장훈 다음으로 대학교 팀들의 주목을 많이 받았던 선수였다. 그런 그가 왜 연세대, 고려대, 중앙대가 아닌 왜 한양대를 선택했을까? 그의 대답은 "1학년부터 경기를 많이 뛰고 싶었다"였다. 자세한 이유는 두 가지였다. 우선 경기를 많이 뛰고 싶은 것은 첫 번째 이유였고, 다음은 3번 포지션으로 변경이었다. 추승균은 대학교에 들어가면서 파워포워드 포지션을 맡기엔 비교적 작은 신장이라 3번인 스몰포워드로 포지션으로 변경을 해야 했다. 어린 시절 가드에서 파워포워드로 한 차례 포지션을 변경한 경험이 있었지만 포지션 변경은 비교적 많은 시간이 필요했기에, 경기를 많이 뛰면서 변경해나가고 싶었다는 것이 그의 설명이다. 그가 처음으로 스몰 포워드로 뛰어본 것은 고3 때 청소년 대표팀에서였다. 그때 박수교 코치, 홍대부고 김진수 부장 감독님이 "4~5번 포지션에 (서)장훈이, (현)주엽이가 있는데 3번 포지션에서 뛰어야 경쟁력이 있다"라며 포지션 변경에 대한 조언을 했다고 한다. 여담으로 당시 청소년 대표팀의 또 다른 4번 포지션 선수인 양희승(195cm, F)도 그렇게 3

번 포지션으로 변경을 시작했다고 한다.

추승균이 생각하는 자신의 대학 생활은 '눈물'이었다고 한다. 1학년부터 에이스 역할을 맡게 되었지만 그만큼 견제가 심했기 때문. 여기에 개인 성적은 좋았지만 팀 성적이 좋지 않았던 것도 그의 마음을 불편하게 만들었다. 당시 한양대는 추승균을 제외하고 멤버가 그리 좋지 않았다. 고교 시절 박훈근, 박규현과 같은 든든한 동료가 없었기에 경기에 지는 것이 그렇게 힘든 것인지 처음으로 느꼈다고 한다. 그럼에도 추승균은 방황하지 않고, 더욱 강해지기 위해 누구보다 기량을 갈고 닦으며 연습에 임했다. 한양대학교를 선택한 것은 전적으로 본인의 선택이었기에 방황할 수 없었고, 무엇보다 다른 학교 동기들에게 지기 싫어서 더욱 치열하게 연습했다고 한다.

추승균이 대학에서 활약하던 당시 1990년대는 문경은부터 김영만, 양경민, 우지원, 김훈 그리고 동기 양희승까지 대형 스몰포워드들이 즐비했다. 4번 파워포워드 포지션도 정재근, 전희철, 현주엽까지, 포지션 경쟁이 치열했다. 추승균은 "연대, 고대, 중대를 가지 않은 것은 그곳에 내 라이벌들이 다 거기에 있었기 때문이에요. 그곳에 가면 이기는 경기와 인기를 얻을 수 있었을 거에요. 그러나 1학년은 그렇다 쳐도 2학년이 되어서도 10분 이상 뛰는 것이 쉽지 않았을 겁니다. 무엇보다 그 선수들과는 내부에서 경쟁하는 것보다 코트 위에서 상대편으로 직접 상대하며 경쟁하고, 이기고 싶었어요. 프로에 갈 때도 경은이형, 영만이형, 지원이형만큼은 이기고 싶었거든요"라며 그 시절을 회상했다.

인사이드와 아웃사이드 득점을 가리지 않았던 스코어러이자 팀의 에이스였던 추승균의 대학시절 인생 경기는 1995-1996시즌 농구대잔치에서 만났던 고려대와의 경기였다. 당시 고려대는 전희철-김병철-양희승-신기성-현주엽으로 이어지는 환상의 라인업을 구축하는 등 대학과 실업 팀을 통틀어 최강의 팀으로 평가됐다. 당시 전승을 달리던 고려대가 유일하게 패할뻔한 경기가 한양대와 경기였다. 그 경기에서 추승균은 양팀 최다인 36득점을 올리며 고려대를 시즌 첫 패배의 위기로 몰아넣었다. 당시 상황을 복기하면 고려대 후반전 종료 3초를 남겨놓고, 전희철이 3점슛으로 동점을 노렸고, 한양대의 수비자 파울이 불리며 자유투 3개를 얻게 됐다. 전희철은 이를 모두 성공시키며 경기를 연장으로 이끌었다. 아쉽게도 연장에서 한양대는 패하고 말았지만 그 경기에서 고려대 어떤 선수도 추승균을 막을 수 없었다. 졌지만 잘 싸운 경기가 이런 경기가 아닐까? 그 경기 전까지만 해도 언론에서 추승균을 평가할 때 '세기가 약하다'라며 다른 팀 3번 선수들에 비해 저평가를 받았지만 그 경기로 인해 언론에서 추승균의 평가는 더 올라갔다. '공수겸장'에 미드레인지 슈팅까지 좋은 추승균을 대학 최고의 3번을 뽑는데 주저하는 사람은 없었고, 곧이어 추승균은 농구대잔치 올스타 선수이자 대학대표팀의 포워드로 올라섰다.

신선우 감독의 눈에 들다

그런 와중 '신산'으로 불리는 신선우 감독의 눈에 추승균이 들어왔다. 그때부터 현대는 추승균을 주목해 영입을 준비했고, 그렇게 추승균은 농구 명가, 현대에 입단하게 되었다. 당시 신생팀 진로는 서장훈의 연세대를 지목했고, 또 다른 신생팀 LG는 고려대를 지목하게 되었다. 당시 이충희 LG 신임 감독은 추승균에게 함께 하자고 제안했으나, 추승균은 어린 시절부터 현대라는 팀을 좋아했고, 이전부터 관심을 가진 현대를 배신할 수 없었기에 이충희 감독에게 정중히 거절의 의사를 표시했다. 추승균이 입단할 당시 현대는 세대교체가 필요한 팀이었다. 무엇보다 당시 포워드의 신장이 190cm 이상으로 바뀌는 시대 흐름 속에서 현대는 팀 내 포워드 선수들 대부분이 180cm 중반이거나 그 미만이었기에 추승균은 팀 내서 '용병'으로 불렸다. 팀 선배들과 같은 3번 포지션이지만 신장은 190대라 선배들이 상대하기 부담스런 존재였다. 프로 새내기 추승균이 처음 받은 미션은 '수비'였다고 한다. 추승균은 슈팅력을 바탕으로 한 공격력은 우수했으나 수비력은 그렇지 못했다. 대학 시절, 수비력도 좋은 선수였지만 신선우 감독이 보기엔 성에 차지 않았다는 표현이 더 정확할 것이다. 신선우 감독의 '큰 그림'은 가드 포지션에 군 제대를 앞두고 있는 이상민-조성원, 그리고 4번과 5번 포지션을 맡아 줄 외국인 선수 2명에다 추승균이 3번 포지션에서 라인업의 균형을 잡아주는 계획이었다.

추승균은 "그때 신선우 감독님이 계획을 짠 것 같아요, 상민이형-재훈이형-성원이형이 다 군대 전역할 때를 말이죠. 제가 대학교 4학년 마지막 농구 대잔치가 끝나고 현대에 입단했을 때 2개월 후에 프로 농구가 생겼잖아요. 제가 실업팀으로 들어갔다가 이제 프로팀에 생긴 거니까 그때는 이제 다 내가 물 나르고 다 시합 뛸 수 없는 때기도 하고요. 그런데 감독님이 저한테 되게 신경을 엄청 많이 쓰는 거예요. 연습시키고 그리고 상대 패턴 같은 거 할 때도 신장이 작은 선배 선수들이 많았으니까 상대 용병 역할을 하게 했어요. 형들이 실수하면 형들한테 뭐라고 해야 되는데 저한테 뭐라 하는 거예요"라며 그 시절 신선우 감독의 '애정의 갈굼'을 기억했다.

처음에는 심적으로 힘들었지만 시간이 지날수록 신선우 감독이 그리는 큰 그림을 이해하게 되면서 더욱 열심히 훈련에 임했다고 한다. 그는 "감독님이 다른 것보다 수비 연습을 죽어라고 시키셨어요. 그땐 수비에 대한 노하우가 있던 것도 아니었고, 그냥 젊으니까 감독님이 시키신 대로 하면서 체력으로 열심히 상대만 따라다녔어요. 그러다가 경기를 뛰고 하면서 점점 수비에 눈을 뜨기 시작했어요. 나중에는 비디오 분석도 하면서 다른 선수들의 장단점도 알게 됐고, 그러다 보니 수비에 대한 노하우가 생긴 거 같아요"라며 프로 무대 데뷔 시기를 기억했다.

그리고 그는 "수비를 배우고 잘하게 되면서 동시에 얻은 것이 있는데 공격이 쉬워졌다는 점이에요. 공격하는 선수들의 길을 잘 아니까 반대로 제 공격에서 저만의 길이 보이기 시작했어요. 그 예로 프로 입단 전에는 오른쪽으로 공격하는 습관이 있었는데, 이를 통해 왼쪽으로 공격하는 법을 발전시킨 계기가 됐어요. 수비 위치에 따라 수비를 어떻게 무력화시키고, 슛을 쏠지도 연구를 많이 했어요. 미드레인지 슈팅을 할 때, 원 드리블에 이어 점프 슛할 때 수비 위치와 타이밍을 터득하게 되었어요. 그러다 보니 상대 수비의 견제가 있어도 그 위치에서 절대 슛을 막기 어렵게 만들고, 타이밍을 놓치지 않게 됐어요"라는 말을 전했다.

KBL 전설의 '이조추 트리오'

KBL 전설의 '이조추 트리오'의 막내 추승균의 시작은 순탄치 못했다. 추승균하면 기복이 없다는 표현이 있는데, 이는 무슨 뜻일까? 추승균은 1997-1998시즌 처음 시즌 경기를 시작할 때, 비시즌에 준비한 것에 비해 경기가 너무 안 풀렸다고 한다. 계속해 경기력이 올라오지 않자 신선우 감독은 추승균을 베스트 5에서 식스맨으로 내려버렸다. 추승균은 "시즌을 시작하고 나서 10~11경기 정도 컨디션이 올라오지 못했다. 그러다가 식스맨으로 보직을 옮긴 후 창원에서 LG하고 경기를 하고 있었는데 그때부터 컨디션도 살아나고, 경기력도 좋아졌다. 안 들어가던 슛도 들어가기 시작했고, 비시즌에 열심히 준비한 수비력도 되살아나면서 자연스레 베스트 5에도 복귀했다"라고 기억했다. 그렇다면 이상민-조성원과 호흡은 어땠을까?

추승균은 "우리는 역할 분담이 확실히 좋았고, 신선우 감독이 강조한 수비에 다들 능했어요. 상민이 형과 성원이 형 그리고 나까지 수비에 능했어요."라며 그들의 호흡은 기본적으로 역할 분담과 수비 이해도에서 오는 호흡이었음을 강조했다. 이조추 트리오에서 포인트가드였던 이상민은 경기 리딩과 어시스트를 담당했고, 슈팅 가드인 조성원은 3점슛과 속공 등 득점을 담당했다. 추승균은 속공, 미드레인지 점퍼로 공격을 이끌면서 수비에선 상대 에이스 전담 수비수로 활약했다. 각자의 장점을 잘 살렸던 이조추 트리오는 KBL 원년 챔피언 기아를 꺾고 첫 우승에 성공했고, 리그를 대표하는 강팀으로 군림하면서 KBL 리그 역사에 한획을 긋게 된다. 추승균은 "우리 트리오는 사실 굉장히 젊었고, 다들 각 포지션에서 모두 탑 클래스 선수들이었어요. 국내 선수만이 아닌 외국인 선수들도 탑 클래스였어요"라며 이조추 트리오가 이끌던 시절의 현대를 추억했다.

KCC의 프랜차이즈 스타 추승균 그리고 레전드

'이상민도 없고, 조성원도 없고…' 추승균의 홀로서기가 시작된 KCC 시절은 '왕조의 몰락'으로 비쳐졌다. 그러나 추승균은 이상민을 통해 2대2 플레이를 배웠고, 연차가 쌓이면서 어느새 팀 후배들을 이끄는 든든한 리더가 되어 있었다. 추승균은 이조추의 막내가 아닌 KCC를 이끄는 프랜차이즈 스타이자 '캡틴 추'로 변신하게 된다. 추승균은 하승진, 전태풍 그리고 강병현 등 젊은 선수들을 이끌고 다시 한번 KCC의 우승을 이끌었다. 기복이 없는 그의 실력은 후배들에게 좋은 본보기가 됐고, 허재 감독도 추승균을 신뢰했다. 그 결과 추승균은 15시즌을 소화, 서장훈에 이어 KBL 역사상 2번째로 1만 득점을 돌파한 선수가 되면서 리그를 대표하는 레전드 반열에 올랐다. 이에 그치지 않고, 챔피언 반지를 5개나 보유하면서 KCC의 원클럽맨으로 남는 등 그의 백넘버 4번은 KCC 구단의 영구결번이자 영광을 상징하는 숫자가 됐다.

'공수겸장', 닮아서 치열했던 김영만과의 대결

추승균은 "저는 (김)영만이 형 실력을 인정해요. 영만이 형이 부산에 있을 때였나? 제가 고등학교 1학년 때 영만이 형이 고3이었잖아요, 마산고등학교가 저희와 가까워서 연습 게임을 정말 많이 했어요. 형이 '사마귀 슈터'란 별명처럼 독특한 느낌의 슛 폼을 가졌는데, 슛이 좋아서 던지면 다 들어가고, 2점 슛은 거의 100%에 가까운 성공률을 기록했어요. 근데 고등학교 때와 달리 대학교 들어가서는 영만이형과 직접적으로 매치업이 된 적이 거의 없어요. 그때 영만형이 3번을 맡았지만 저는 4번을 맡았기에 매치업이 이뤄지지 않았죠. 하지만 프로팀에 와서는 서로 득점을 안 주려고, 진짜 죽기 살기로 수비했어요"라며 김영만과의 추억을 회상했다. 이어 "영만이형은 저와 공격과 수비 스타일도 비슷하고 공격 스킬뿐만 아니라 수비까지 좋아서 정말 상대하기 까다로운 상대였어요. 프로 초창기에는 제가 좀 밀리다가 따라잡았죠. 물론 영만이 형이 부상이 잦아서 기량이 하락하기도 했고, 근데 정말 영만이 형과 대결이 재밌었어요"라며 설명했다.

미드레인지 장인이 되기 위한 슈팅 연습의 방법

추승균은 그 첫 번째 비결로 꾸준한 '등 근육 웨이트와 스쿼트'를 꼽았다. 그래야 체력이 떨어져도 흔들리지 않고 슈팅을 유지할 수 있다는 것이 그의 설명. 두 번째는 '슈팅 연습'인데, 앞서 언급했듯 자신의 신체 구조와 맞는 연습과 동시에 수비에 대한 연구를 하면서 슈팅 연습을 해야 효과적이라고 한다. 세 번째로는 '이미지 트레이닝'을 강조했다. 상대 수비수가 항상 같지 않고 자신보다 신장이 크거나, 아니면 작지만 빠르거나 혹은 블록 슛 타이밍이 좋은 수비수일 수 있기 때문이다. 추승균은 "연습과 실전은 다르다고 봅니다. 연습도 실전처럼 해야 하는데 그러려면 이미지 트레이닝이 중요합니다. 실전 경기에서 만약에 제 체력이 떨어지면 조금 더 올려 슛을 쏩니다. 그러면 그거에 맞춰서 연습이 되어 있어야 합니다. 상대 수비수의 손 높이에 따라서 미세하지만 슛 위치 등이 달라지기에 저는 연습할 때 이걸 다 생각하면서 연습을 했고, 경기에 적용했기에 슛이 흔들리지가 않았다고 봅니다"라며 자신의 안정적인 슈팅 노하우를 전했다.

또한 추승균은 미드레인지 점퍼에 강점이 있는 선수로 KBL에선 이대성, 그리고 NBA에선 케빈 듀란트를 언급했다. 추승균은 케빈 듀란트를 두고, 말이 필요 없는 최고의 미드레인지 슈터라고 설명했다. 반면 이대성은 호불호가 갈리는 선수인데, 추승균은 해설위원을 하면서 이대성을 주목했다고 한다. 이대성의 경우, 비시즌 미드레인지 연습을 굉장히 많이 한 티가 났다고 한다. 과거엔 스텝이 꼬여서 무작정 안쪽으로 파고 들다가 미드레인지 슈팅을 시도하려니 무리하게 슛이 올라가거나 죽은 볼 패스가 많았다고 한다. 그러나 지금은 스텝이 꼬이는 것도 없고, 무리한 슛 시도와 죽은 볼 패스가 많이 줄었다고 한다. 그만큼 이대성도 무작정 연습하는 것보다 체계적으로 슛에 대한 연구를 했기 때문에 많이 개선됐다는 것이다. 추승균은 "3점 슛의 시대지만 미드레인지 점퍼도 다시 중요해지고 있다. 무엇보다 미드레인지 점퍼는 팀의 에이스라면 꼭 필요한 슈팅이고, 프로에서 살아남기 위해서 장기적으로 꼭 필요하다고 본다"라며 미드레인지의 중요성을 언급했다.

터닝 페이더웨이 점프슛 이해하기

이번에는 추승균의 또 다른 시그니처 무브인 페이더웨이 점프슛을 알아보고자 한다. 추승균은 "등으로 느끼고 스텝을 잘 놓아야 합니다"라며 페이더웨이 점프슛의 포인트를 강조했다. 이어 "기본적으로 등을 이용해 상대 수비수의 힘을 느끼고, 그 다음에 스텝을 잘 놓아야 합니다, 우선 첫 번째 스텝 밟고, 두 번째 스텝을 잘 놓아야 합니다. 특히, 두 번째 스텝을 잘 밟아야 바로 점프를 올라가면서 도는 것까지 가능해 슛을 편하게 쏠 수 있습니다. 슛을 쏘고 나서의 모습도 중요합니다. 그것이 중요한 것은 그래야 일정한 슛 폼이 되고, 슛 성공률도 높아지기 때문입니다"라며 설명을 이어갔다. 또한 그는 스텝의 중요성을 설명했는데, 스텝을 놓는 위치와 타이밍을 스스로 연구해야 한다고 했다. 무조건 따라하는 것은 형식을 흉내내는 것에 불과하고, 자신의 신체적인 구조와 상대할 수비수들을 생각하면서 스텝 연구를 해야 잘못된 자세를 고칠 수 있고, 부상 위험도 줄일 수 있다고 한다.

멘탈 관리는 슈팅연습과 추리소설

농구 경기에서 가장 쉽게 기복이 있다 없다를 알 수 있는 것 중 하나가 슛이다. "수비는 기본이고 슛도 기복없다"라는 가장 많이 들었던 추승균의 멘탈 관리는 어땠을까? KBL 180클럽 가입된 선수는 추승균과 조성민 단 2명이다. 이는 추승균의 슛이 2점슛, 3점슛, 자유투를 가리지 않고, 안정감이 매우 높다는 방증이다.

이에 대해 추승균은 "제 멘탈 관리는 젊었을 때는 안 되는 부분들 연습을 해서 될 때까지 해서 자신감을 채우고 다시 신발끈을 묶었습니다. 시합 때 안 됐던 것이 한 개 두 개 나오잖아요. 그럼 그걸 연습했습니다. 이 슛이 안 들어갔다고 이 슛이 왜 안 들어갔지, 계속 안 들어가는 이유가 뭐지? 끊임없이 생각했고, 실패한 슛만 찍어서 스텝이 잘못된 건지? 손목 스냅이 잘못된 건지? 내 자세가 잘못된 건지? 복기하면서 개선 방안을 찾은 후 연습에 적용했습니다. 연습으로 스트레스와 멘탈을 관리하는 스타일이라 몇 날 며칠이고, 무조건 될 때까지 연습을 했습니다, 남들은 모를 겁니다. 제가 왜 그렇게 연습에 집착하는지. 근데 그걸 해야 되고, 그걸 해야지 안정감이 생겨서 멘탈적으로 강해지고 이겨낼 수 있었습니다"라며 그의 기복 없는 슈팅의 비결을 알렸다. 이어 멘탈 관리에 대해 한 마디를 더했는데 "저는 나이가 들면서 책을 좀 더 많이 읽었습니다. 경기 후에 버스 안에서도 책을 좀 많이 봤습니다. 특히 추리 소설들이 재밌어서 정말 많이 읽었습니다. 대신에 선수 때는 9시 경기가 끝나면 밤에 버스 안에서 읽다 보니까 눈이 좀 많이 나빠졌습니다"라며 자신이 재미있어 하는 추리 소설로 스트레스도 풀고, 멘탈 관리를 한 것처럼 재미있는 것을 찾으라고 추천했다.

이쯤 되면 설명이 됐을까? 왜 추승균이 미드레인지 장인이 됐는지 말이다.

하프
타임

슛은
재능이 아닌 노력이다

방성윤에게 듣는
미국 NBDL 경험과 슈팅

🏀 올 여름 전까지 국내 농구 팬들은, 매년 여름 열리는 NBA 신인드래프트에 큰 관심을 가지지 않았다. 그도 그럴 것이 NBA 신인드래프트는 그야말로 남의 잔치였기 때문이다. 그러나 이번 2022신인드래프트만큼은 달랐다. 현 시점에서 한국 농구 최고의 유망주로 꼽히는 이현중(201cm, F)이 신인드래프트에 도전했기 때문. 아쉽게도 이현중의 첫 번째 도전은 실패로 끝이 나고 말았다. 그러나, 언젠가는 지금의 이 노력들이 쌓이고 쌓여 한국 농구의 발전으로 이어질 것이라 굳게 믿는다.

이현중 이전에도 이미 여러 선수들이 미국 농구 도전을 시도했다. 그 예로 지난 2004 NBA신인드래프트에서 하승진이 2라운드 전체 46순위로 포틀랜드 트레일 블레이져스에 지명된 바 있다. 하승진이 NBA에 입성하기 이전에는 이충희(댈러스 매버릭스), 허재(밴쿠버 글리즐리스), 현주엽(시라큐스 대학교), 서장훈과 김성철(뉴저지 넷츠), 방성윤(NBDL) 등이 미국 팀들의 관심을 받았다. 최근에는 이종현과 이대성 등이 NBA 신인드래프트와 G 리그에 도전하기도 했다.

이현중 외에도 최근 KBL 주최로 유망주들을 선발, 미국으로 농구 유학을 보내는 등 한국 농구의 저변의 넓히기 위한 노력이 일어나고 있다. 슈팅이란 무기를 가지고 NBDL에서 가장 많은 경기를 뛰고, NBA무대에 콜업되기 직전까지 갔던 방성윤(195cm, F)을 만나 큰 무대 진출에 필요한 것들을 들어보는 시간을 가져 봤다.

방성윤은 누구?

1999년 한국농구는 방성윤이란 대형 유망주의 등장으로 떠들썩했다. 방성윤은 현주엽의 하드웨어와 문경은의 슈팅을 갖춘 선수로 평가를 받는 등 향후 한국 농구를 이끌 차세대 국가대표급 재능으로 주목을 받았다. 195cm-100kg, 아시아 선수로는 보기 드문 체격 조건을 갖췄던 방성윤은 휘문고-연세대학교 농구부를 거쳤고, 서울 SK 나이츠에서 프로 선수 생활을 했다.

먼저 방성윤의 프로 진출 이전 커리어를 살펴보면, 방성윤은 2000년 열린 아시아 청소년 선수권대회에서 중국을 격파하는 선봉장이 되어 MVP를 수상하는 등 고등학교 시절부터 많은 주목을 받으며 연세대학교에 입학했다. 이후 2002년 부산 아시안게임에 유일한 대학생 신분으로 국가대표에 합류한 방성윤은 NBA슈퍼스타 야오밍이 주축이 된 중국을 꺾고, 20년만에 금메달을 획득하는 데 일조했다. 이때 당시 병역 혜택으로 2년이라는 시간을 얻게 된 방성윤은 현실에 안주한 것이 아니라 NBA 진출이라는 자신의 오랜 꿈을 이루기 위해 NBDL(現G-리그)에 도전한다. 당시 방성윤의 도전은 MBC다큐멘터리 <별을 쏘다>라는 제목으로 방송에 알려지는 등 많은 주목을 받았다. 철저하게 준비를 했지만 방성윤의 미국 도전은 결코 쉽지가 않았다. 특히 방성윤은 KBL과 NBDL 리그 경기 외에 국가대표 소집에도 빠지지 않고 응하면서 쉼 없이 달려온 탓에 커리어 내내 잦은 부상에 시달리며 코트 복귀와 부상 이탈을 반복해야만 했다. 결국 몸과 마음이 모두 지쳐버린 방성윤은 끝내 이를 극복하지 못하고, 2011년 은퇴를 선언했다. 당시 소속팀 서울 SK나이츠는 은퇴가 아닌 임의 탈퇴로 처리하면서 방성윤이 복귀할 수 있는 여지를 남겨뒀지만 이후 KBL 정책에 맞춰 은퇴 선수가 되었다.

도전의 아이콘

방성윤은 커리어 내내 미국과 한국을 오가며 NBA진출의 문들을 두드렸다. 방성윤의 첫 미국 도전은 연세대학교 4학년 때인 2004년으로 거슬러 올라 간다. NBA 하부리그인 NBDL에 도전을 한 것이다. 당시 드래프트에 참가해 4 라운드 전체 20순위로 로어노크 대즐에 지명된 방성윤은 41경기 평균 12.5득점, 38개의 3점슛 성공과 39.2%의 3점슛 성공률을 기록했다. 리그 전체 15위를 기 록한 득점 기록도 기록이지만 방성윤은 시즌 최다 3점슛 성공을 기록하면서 본 인의 슈팅 능력이 미국에서 통할 수 있다는 것을 증명했다. 국내 농구보다 슛 거 리가 긴 7.23m인 미국 무대에서 경쟁력을 선보였기에 기록이 더 돋보일 수밖에 없었다. 이에 미국 현지 팬들과 언론은 방성윤에게 'Big Bang'이라는 별명을 선 물했다.

　　방성윤의 경우, 유독 도전 정신이 강했다. 방성윤을 발굴하고, 지도했던 휘문고등학교 김재원 前 감독의 말에 따르면 "서장훈, 현주엽도 미국에서 오퍼 가 왔었고, 도전하라고 권유했었지만, 그들은 도전하지 않았다. 반면 방성윤은 고교 시절부터 미국에서 관심을 갖지 않았음에도 스스로 도전하고자 하는 의지 가 강했다"라고 한다. 김재원 前 감독은 처음 방성윤이 미국 도전을 결정했을 때 "냉정하게 넌 미국에서 안 통하니까 공부하고 온다고 생각해"라는 말을 했다고 한다. 김재원 前 감독의 증언에 따르면 방성윤이 농구를 하기에 좋은 몸은 아니 었다. 유연성과 운동능력이 휘문중학교 동기였던 김일두에 비해 많이 떨어졌고, 센스도 휘문중,고 동기였던 진상원(양정중 코치)에 비해 떨어졌다고 한다. 그럼 에도 불구하고, 방성윤은 특유의 도전 정신을 통해 본인의 약점을 극복하려 많 은 노력을 기울였다.

안타까운 선수로

　　NBDL활약을 바탕으로 NBA진출을 노렸지만 실패한 방성윤은 미국 무 대를 뒤로 한 채, 국내로 복귀했다. 이때 방성윤은 2005년 KBL 신인드래프트에 서 전체 1순위로 부산 KTF 매직윙스에 지명됐다. 하지만 이후 3대3 트레이드를 통해 서울 SK 나이츠로 이적, KBL 무대에 진출하자마자 많은 주목을 받았다. 신 인이지만 경기력만큼은 KBL 정상급 선수들 못지 않다고 평가를 받던 방성윤은 데뷔 시즌 17.2득점, 4.2리바운드를 기록, 기록에서 알 수 있듯 압도적인 경기력을 선보이며 신인상을 수상했다. 부상으로 전 경기를 뛰지 못했음에도 방성윤이 데뷔 시즌 보여준 경기력은 압도적이었다. 방성윤은 경기력 뿐만 아닌 득점 성공 후 펼치는 강렬한 세레모니와 레게머리를 포함해서 다양한 헤어스타일을 선보이는 등 경기력 외적으로도 주목을 받으며 루키 센세이션을 일으켰다.

고등학교 시절의 방성윤은 포지션 구분이 없이 뛰었다. 당시 휘문고는 방성윤-진상원을 제외한 선수들 대부분이 190cm대 초반이었기에 방성윤이 이를 메우기 위해서 올라운드 플레이어로 활약해야만 했다. 연세대학교에 입학해서는 비슷한 신장과 인사이드 플레이가 가능한 김동우가 있었기에 내외곽을 가리지 않는 스코어러였고, 이 모습이 김진 감독의 눈에 들어 2002 부산아시안게임, 대표팀 막내로 참가하기에 이른다. 국내에선 신체조건이 강점이 됐지만 반대로 미국 NBDL에선 신체적인 조건의 장점을 활용하지 못했던 방성윤은 본인의 또 다른 장점인 슛을 극대화, 미국 무대 진출 전 슈팅 능력을 더 정교하게 다듬기 위해 노력했다.

그 결과 방성윤은 2006년 국내에서 열린 WBC 대회에서 본인의 슈팅 능력을 인정받기에 이른다. 당시 이 대회는 이벤트 성격이 짙은 대회였다. 하지만 일본에서 열린 농구월드컵 준비를 위해 미국 대표팀이 출전하면서 엄청난 관심을 끌었다. 르브론 제임스, 크리스 폴, 카멜로 앤써니, 드웨인 웨이드, 드와이트 하워드, 커크 하인릭 등 명단만 화려한 것이 아닌 그들의 경기는 농구 팬들의 눈을 즐겁게 했다. 당시 대한민국 대표팀은 미국 대표팀을 맞아 50점차 이상의 대패를 당했지만 방성윤은 이날 경기에서 3점슛 3개를 포함해 21득점을 올리며 돋보이는 활약을 펼쳤다. 경기 후 르브론 제임스는 인터뷰에서 "방성윤의 슈팅이 대단히 인상적이었다"라고 칭찬하기도 했다.

코트 전역에서 득점을 올릴 수 있었던 방성윤은 서장훈 이후로 평균 20득점 이상을 기록하기도 했지만 소속팀을 강팀으로 이끌지 못했다. 그런 와중 부상 악령이 계속해서 방성윤의 발목을 잡았고 결국 버티지 못한 방성윤은 29세의 이른 나이에 선수 은퇴를 해버리고 말았다. 이후, 좋지 않은 사건에 휘말려

사회면에 나오며 팬들에게 실망을 안겼다. 하지만 복귀를 준비한다는 소문에 팬들이 다시 한번 관심을 갖기도 했지만 루머에 그치고 말았다. 그의 도전은 NBA였지만 어느 순간에 방향성을 잃었고, KBL 최고의 선수도 되지 못하며 도전은 무너지고 말았다. 김재원 前 감독 말에 따르면 "선수를 아낀다는 것이 그냥 편의다 봐주며 좋은 말만 해주는 게 아니라 냉정하게도 얘기해줘야 하는데…20대 초반부터 유명세를 타다 보니 성윤이를 진짜 아끼는 사람들보다 그렇지 않은 사람들이 붙어서 오히려 이래저래 희생양이 된 부분이 많아서 안타까움이 크다"라며 진한 아쉬움을 드러냈다. 김재원 감독과 연락이 끊긴 후 다시 만나기까지 10년 이상이 걸렸다. 어쩌면 방성윤에게 부상과 은퇴 이후의 삶이 인생의 큰 교훈을 얻는 시간들이 되었을지 모른다. 이제는 안타까운 옛 선수로 남고 말았다. 수많은 사건과 사고를 경험 후 깨달은 것은 '자신이 가장 사랑하고 잘 하는 것이 농구'라는 사실이었다. 또한 사건들이 많으면서 사람들 만나는 것이 두려웠던 것을 조금이나마 극복하게 해준 것도 농구였다. 그제서야 자신을 좋아했거나 싫어했던 농구 팬들에 대한 고마움과 죄송함을 느꼈다고 한다.

3x3농구선수로 복귀, Asia No.1슈팅 코치의 꿈

방성윤은 현재 한울건설(김수영 대표) 소속 3x3농구선수로 활약 중이다. 여전히 현역 때와 비교해도 손색이 없을 정도로 뛰어난 슈팅 능력을 선보이며 소속팀의 우승을 이끄는 등 팀의 든든한 기둥으로 활약 중이다. 그리고 슈팅 클래스를 열어 선수들과 일반인 및 유소년들에게 슈팅도 가르치고 있다. 그는 "제가 하는 수업은 재미가 없을 수 있습니다. 슈팅의 원리를 설명하고 기본기를 강조하는 수업입니다"라며 그의 수업을 설명했다. 실제로 그의 수업을 10주간 참여해봤다. 슈팅을 머리로 알고 있었지만 직접 경험해보니 슈팅 원리에 대해 놓치고 있는 것이 많았다. 슈팅 원리에 대해 이해하고 기본기를 배우고, 클래스 외에 연습시간을 가져가며 슈팅이 개선되었다. 필자가 방성윤을 인터뷰하며 슈팅에 대한 고민도 털어놨고 그래서 10주간 클래스에 참여하게 되었다. 필자의 고민은 '미드레인지 슛은 점프슛이었지만 3점슛은 세트슛으로 쏜다는 것'이었다. 10주간 수업을 받고 연습을 통해 복습한 결과, 이제는 미드레인지와 3점슛을 모두 점프 슛으로 쏠 수 있게 되었다. 방성윤은 "제가 20대때 NBA 도전했을 때처럼 지금은 Asia No.1 슈팅코치를 꿈을 꿈니다. 제가 가진 슈팅 노하우를 전하여 누군가가 NBA 그리고 프로무대 입성하는 데 보탬이 되고 싶습니다"라며 그의 꿈을 전했다.

NBDL (G리그) 경험과 큰 무대 도전할
후배들에게 전하는 이야기

Q: G-리그(前NBDL)는 어떤 리그였나?

A: NBDL을 시작으로, NBA진출의 꿈을 꾼 것은 고교 시절부터였다. NBDL을 처음 갔을 때는 2004년, 대학교4학년 때였다. 처음에 드래프트에서 한 팀에 20명을 뽑고, 거기서 다시 10~12명을 뽑아 하루 지날 때마다 2명씩 커트시켰다. 3일째 되는 날 훈련장으로 향하는데 들고 있던 농구가방과 용품들을 다 흘렸고, 농구를 시작한 이래 처음으로 쌍코피를 흘려봤다. 그 정도로 힘들었지만 최종적으로 생존해서 NBDL을 뛸 수 있었다. 치열한 경쟁이 펼쳐지는 곳이 미국 무대인 것을 제대로 느꼈다. 쿼터당 2분 남았을 때만 3점슛으로 인정해주는 룰이 있었다. 2분 전에는 3점 슛을 넣어도 똑같이 2점슛이었다. 참 말도 안되는 룰이었다.(웃음)

Q: 한국도 훈련량에서 결코 밀리지 않을 텐데?

A: 똑같이 운동은 했는데 정말 긴장을 많이 했다. 투맨, 쓰리맨 속공 연습을 하는데 100~120% 전력을 다해 집중해서 훈련을 했다. 한국에선 똑같이 2시간 운동해도 횟수가 많다 보니 점점 체력을 안배하며 훈련하는데, 미국에선 단순 횟수보다도 한번 하더라도 엄청난 집중력이 요구된다는 점에서 차이가 있었다. 그리고 팀 훈련이 끝나면 코치와 지친 상태에서 슛 연습을 했다.

Q: 미국에서 활약 후 KBL에 돌아와서 맡은 역할의 차이는?

A: 미국에서 역할은 클레이 탐슨(골든스테이트 워리어스) 같은 역할이었고, KBL에 와서는 볼 소유를 하며 포스트업, 외곽슛, 2대2 등 다양한 역할을 해야 했다.

Q: 어떤 역할이 더 잘 어울리는 것 같나?

A: 지금 생각해보면 부상이 너무 많았기에 캐치 앤 슈터 역할이 좀 더 좋지 않았을까 생각도 해본다. 하지만 (문)경은 형이 나보다 워낙 슛이 좋았다.

Q: 미국에서 활약했지만 비슷한 역할을 했던 선수가 NBA에 콜업되었는데?

A: 미국에서 NBA를 도전하면서 10일짜리 계약이라도 꼭 하고 싶었다. 단 한순간이라도 NBA선수들과 같이 뛰고 벤치에 앉아 있는 것만이라도 좋으니, 콜업만이라도 되고 싶었다. 당시 나 대신에 맷 캐롤(198cm, F)이 NBA로 올라갔다. 비하인드 스토리를 말한다면 당시 캐롤보다 기록에서 밀리지 않았고 저도 20득점, 18득점, 24득점 등 기록이 좋아서 콜업이 기대될 때였다. 그런데 제 에이전트가 "일을 못해서 미안하다"고 했다. 알고 보니 캐롤의 에이전트는 캐롤의 영상과 기록 등을 계속 홍보한 반면 나의 에이전트는 무슨 병이 걸려서 나에 대한 영상 등을 구단에 보내 홍보를 해야 하는데 당시 아예 일을 못했다고 한다.(*맷 캐롤은 포틀랜드, 샬럿, 샌안토니오, 댈러스 등을 거치며 NBA에서 장수했다.)

Q: 한국으로 돌아와 부상의 연속이었는데 그때 다시 한번 미국 무대 도전하고 싶은 적은 없었나?

A: 대학교 2학년으로 막내였던 나는 운 좋게도 잘 하는 형들 덕분에 아시안게임 금메달 획득을 했다. 그래서 미국 무대 도전 기회를 잡은 거였다. 그리고 3년 정도를 미국 무대를 도전했는데 점점 부족하다는 것을 많이 느끼게 되었다. 예를 들면 KBL 국내 선수들만 봐도 나보다 운동능력이 좋은 선수들이 많았다. 나는 고등학교 때부터 노력이 이길 수 있음을 증명하고 싶어서 노력을 해왔기에 더 노력을 했다. 하지만 미국 무대는 무시무시한 경쟁이다. 그나마 조금이라도 어릴 때 NBDL에서 콜업 받을 기회를 엿보는 수준까지 간 것도 쉽지 않은 것이었다. 쉽게 말해 하승진이 NBA에서 뛴 것 자체가 엄청난 것이다. 내가 NBDL에서 경기를 많이 뛴 것보다 더 대단한 것이다. (최근 WNBA 박지수가 새삼 더 대단하게 느껴지게 한다.)

Q: 후배들에게 빅리그 진출을 위한 가장 중요한 조언 3가지만 해달라.

A: 첫째는 '자신감'이다. 미국 선수라고 해서 월등히 뛰어나다고 생각하면 안 될 뿐

하프타임. 슛은 재능이 아닌 노력이다

만 아니라 기죽지 말고 똑같은 농구선수라고 생각하며 임해야 그들과 농구할 수 있기에 자신감이 가장 중요하다. 둘째는 기술적인 부분인데 '현지화 전략'이 어야 한다. 쉽게 말해서 농구를 하기 이전에 현지 문화도 경험하고, 그들이 훈련하는 방식과 역할 등을 경험하는 것인데 조금이라도 어릴 때 가는 게 좋다고 본다. 셋째는 '기본기 훈련'을 등한시하면 안 된다는 것이다. 슛-드리블-패스도 기본기지만, 농구에서 기본기는 여러 복합적인 것들이 많다. 특히 미국무대를 도전한다고 하면 기본기는 미국 현지에서 느끼는 리듬과 몸싸움하면서 느끼는 힘을 계속 접해야 한다. 그 선수들이 하고 있는 연습들을 어떻게 하는지를 알아야 하고 어떻게 하면 그들을 이길 수 있을지 반드시 연구해야 한다.

Q: 어릴 때부터 배우는 한국의 조직 농구와 미국의 개인기 농구 차이는?
A: 한국에서 배운 농구와 확실히 다르다. 한국에서처럼 조직적인 농구만 하면 벤치에만 있어야 한다. 내 장점을 최대한 PR 해야 한다. 장점을 최대한 살리게 하는 농구라고 표현하고 싶다. 제 경우는 '던지면 슛 다 들어 간다', '동양인이지만 발 느리지 않다', '수비 된다'를 표현했다. 미국 선수들은 연습 때 설렁설렁 슛 던지는 선수들이 많았지만 난 실전처럼 슛을 던졌고 연습도 마지막이고 전쟁이라고 생각하며 임했다. 사실 미국에 가기 전에도 스텝을 더 빠르게 하기 위한 운동을 엄청나게 하고 갔던 기억이 난다. 그래서 코치가 동양인으로 보지 않았고 내 장점을 보게 된 것이 NBDL에서 뛸 수 있었던 비결 같다.

Q: 지금 후배들을 가르치며 NBDL 경험을 전달하는 편인가?
A: 아직 후배들이 어리다 보니 몸이 완성되지 않아서 어려움이 있다. 예를 들어 스텝 하나를 밟더라도 힘을 적재적소에 쓰는 것이 중요한데 쉽지가 않다. 또한 슛의 경우도 밸런스를 잡는 것이 중요한데 그런 부분을 잘 가르쳐야 할 것 같다.

Q: 국내 농구계에서 이현중, 여준석, 양재민 등이 큰 무대 도전을 준비하는데 이들을 알고 있나?
A: 이현중은 사이즈와 슛이 좋고, 여준석은 운동능력과 높이가 있고 지금 KBL에 와도 통한다고 본다. 양재민은 스페인, 미국, 일본 농구 경험이 있다고 알고 있다.

Q: 이현중, 여준석, 양재민 등에게 해줄 조언은?

A: 일단 도전의 의지가 중요하다. 3명 모두 외국으로 나가면 신장의 우위는 사라진다. 자기만의 확실한 장점을 극대화 시키는 것이 가장 중요한 것 같다. 기본적으로 슈팅력은 무조건 좋아야 한다. 밸런스 잡는 것, 스텝을 놓을 때 힘 쓰는 것 등을 익혀야 한다. 이현중은 스피드와 체격, 여준석은 해외무대에 맞는 포지션, 양재민은 확실한 장점을 극대화시켜야 한다. 스킬 트레이닝도 자기에게 진짜 필요한 것이 무엇인가를 알고, 그것만 중점적으로 해서 극대화시켜야 한다. 또한 앞서 언급했듯이 현지에서 더 부딪히면서 습득하는 것이 중요하다. 미국 무대를 가면 분업농구로 봐야 활용될 수 있다. 국내에서 에이스 롤을 맡았더라도 미국 무대가면 그 롤을 할 수 없음을 알게 될 것이다. 그래서 자신의 확실한 장점이 있어야 한다. 슛은 기본이자 필수다. 장점은 극대화하며 현지화 전략을 놓치지 말아야 할 것이다..

안양 KGC 최승태 코치가 본 친구 방성윤
"성윤이의 제일 큰 장점은 단연 독보적인physical(신장 및 체격)이었죠. 농구적으로는 슛이 제일 큰 장점이었지만, 슛 컨디션이 좋지 않을 때 본인의 신체적인 장점을 이용해 페인트존 내에서 득점을 만들어내거나 파울을 이끌어내 자유투 득점을 만들어 낼 수 있는 능력 역시 성윤이가 가진 특장점이라고 생각해요. 물론 스크린 이용 방법이나 슛거리 등 성윤이에게는 무기가 많았죠. 성윤이의 슛에 대해서는 뭐 두말할 것 없죠. 깨끗한 폼, 정해지지 않은 슛 거리, 빠른 타이밍, 스텝백, 풀업, 잽스텝 등 슛에서 할 수 있는 모든 것을 다 구사할 수 있는, 정말 몇 안 되는 선수 아니었나 싶어요."

하프타임. 슛은 재능이 아닌 노력이다

방성윤의 장점 역시 슛이었다. 방성윤은 좋은 신장에 힘까지 갖추어 다른 방식의 공격도 능했다. 다만 승부욕이 강하다 보니 종종 동료들이 인정하지 못할 타이밍의 슈팅 시도도 많았다. 가장 안타까운 건 이것이 하나, 둘 안 들어가기 시작했을 때 본인도 모르게 힘이 들어간다는 점이었는데, 이럴 때 부상이 자주 나왔다. 무리하게 루즈볼 리커버리에 가담한다거나 하는 상황이다. 부상만 아니었다면 김동욱(부산 KT)처럼 롱런했을 것 같다.

3.2

'장신슈터로 포지션 변경과
슈팅 멘탈리티' 이규섭 코치

🏀 前 서울 삼성 썬더스의 이규섭(198cm, F) 코치는 2000년 신인드래프트에서 1라운드 전체 1순위의 영광을 차지했다. 이규섭 코치는 데뷔 시즌 2000-2001 시즌에 팀의 주전 파워포워드로 평균 12.7득점 4.7리바운드를 기록했다. 신인답게 궂은 일을 도맡았고, 끊임없는 움직임을 통해 골밑에 힘을 더하며 신인왕도 차지할 수 있었다. 특히 데뷔 시즌 이규섭 코치는 주희정(180cm, G)과 문경은(190cm, F) 그리고 맥클래리(192cm, F)를 보좌하며 챔피언결정전에 진출에 한몫을 했다. 그리고 챔피언결정전에서 만난 창원 LG세이커스를 압도하며 서울 삼성 썬더스가 우승을 차지하는 데 기여했다. 그러나 이규섭 코치는 2년차 시즌에 소프모어 징크스를 겪은 후 2001-2002시즌을 마치고, 상무에 입대했다. 설상가상으로 군 복무 중에 소속팀 삼성이 '국보급 센터'인 서장훈을 영입하면서 제대 후 팀 내 입지까지 걱정해야 하는 상황에 놓였다. 빅맨 포지션의 최고의 선수이자 KBL 최고의 선수였던 서장훈(207cm, C)은 자기 관리까지 잘하는 선수였기에 전 경기 출장뿐만 아니라 30분 이상 출전 시간을 기록하는 것이 가능한 자타 공인 당대 KBL최고의 선수였다. 이규섭 코치 입장에선 당시 본인의 포지션으로 서장훈과 공존 불가라는 결론밖에 나오지 않았다.

이에 이규섭 코치는 고려대학교 시절 박한 감독과 임정명 코치가 말해주었던 포지션 변경에 대한 비전을 다시 한번 확실한 목표로 세웠다. 살아남기 위한 선택이었다. 이규섭 코치에게 행운이었을까? 당시 이규섭 코치의 곁에는 상무 동료로, KBL 최고의 슈터였던 조상현(現 LG 세이커스 감독)이 있었다. 이규섭 코치는 '조상현 바라기'가 되었다. 조상현 감독으로부터 슈터로서의 노하우를 배웠고, 이를 자신의 것으로 만들기 위해 부단히 노력했다. 슈터로의 변신을 위해 상무 선수들과 감독을 찾아가 "보기 거북할 정도로 슛을 좀 던져도 되겠습니까?"라는 말까지 했다고 한다.

그 결과, 이규섭 코치는 상무에서 군 전역 후 슈터로서 성공적인 시즌을 거듭하며 2005-2006시즌 서울 삼성의 챔피언결정전 우승을 이끌었다. 이규섭 코치는 생애 처음으로 챔피언 결정전을 온전히 다 뛰면서 평균 14.8점을 기록, 우승의 주역이 되었다. 이규섭 코치는 신인 시절 골밑과 외곽을 넘나드는 모습에서 외곽에 집중한 외곽 슈터로 전향하게 됐다. 백 넘버도 13번에서 9번으로 바꿨다. 다행히 이 전향은 성공적이었다. 이규섭 코치는 이때부터 국가대표에도 꾸준히 이름을 올리며 한국을 대표하는 장신 슈터 반열에 오르게 되었다. 또한 이규섭 코치는 당대 최고의 가드였던 이상민, 강혁과 함께 뛰며 자신의 장점을 부각시킬 수 있었다. 지금까지도 이규섭 코치의 변신은 포지션 변경에 가장 성공한 사례 중 하나로 남았고, 삼성에서 선수생활을 마감하며 원클럽맨 출신으로 남았다. 지금부터는 이규섭 코치에게 직접 빅맨에서 외곽 슈터로 변신한 과정과 슛에 대한 자신만의 노하우를 들어보자.

Q: 빅맨에서 슈터로 변신 이유와 과정
A: 대학교 입학할 때 박한 감독님, 임정명 코치님이 포워드로의 전향에 대한 비전을 제시해주셨다. 이미 고학년 때 포워드도 외곽 플레이가 필요하다고 느낄 때가 많아서 외곽 슛 연습을 계속 하고 있었다. 그러나 당시 고려대학교가 빅맨 스카우트에 실패하면서 상황상 빅맨 플레이 위주로 계속 플레이를 했다. KBL 무대에 와서도 팀내 외국인 선수가 2명이었지만, 신장이 있다 보니 골밑 플레이도 가능했다. 미스매치에 의해 골밑 플레이를 했다. 당시 외국인선수가 내외곽을 같이 하는 좋은 선수였다. 여러 변수가 발생할 수 있는 환경이다보니 역할이 어떻게 바뀔지 몰라 외곽 플레이 연습은 게을리하지 않았다.

Q: 서장훈의 등장으로, 생존을 위한 슈터 변신이었는데 상성은 어땠나?

A: 상무에서 조상현 선배의 포워드 플레이를 보면서 외곽 플레이를 배웠다. 농구인생의 대부분을 빅맨으로 뛰었던 터라 슈터로 변신하기 위해선 연습을 혹독하게 해야만 했다. (서)장훈 형이 삼성에 영입되서 포지션 변경이 필요할 것이라 예상하며 더욱 더 열심히 연습했다.

Q: 포스트업과 슛 터치가 좋은 빅맨이었다가 외곽 슈터로 변신 후, 스크린을 거는 입장에서 스크린을 피해 상대 공격수를 따라다니게 되었는데 그 이야기 궁금하다.

A: 좋은 외국인 선수와 서장훈 선배에게 도움 수비가 가다 보니 수월하게 플레이할 수 있었다. 당시 코트 위에서 2m의 선수가 4명이나 뛰는 상황이었다. 이 때문에 동선과 스페이싱에 어려움이 있었지만, 장훈이 형이 농구를 워낙 잘하는 선수여서 도움을 많이 받으며 플레이를 할 수 있었다. 당시 1쿼터-4쿼터 외국인 선수 2명, 2쿼터-3쿼터 외국인선수 1명인 시기여서 투입되는 국내 선수에 따라 높이가 높은 팀이 되기도 빠른 팀이 되기도 해서 팀플레이가 변화무쌍했다.

Q: 파워포워드 이규섭은 좋은 '스크리너'로도 유명했다. 포지션 변경 후에도 금방 적응한 느낌이었다고 한다. 맞나? 아니면 어떤 노력을 했나?

A: 이 부분이 가장 힘든 부분이다. 지금도 어린 선수들이 외곽에서 3점을 쏘고 외곽 플레이어를 희망하는데, 사실 슈터로 변신하면서 가장 신경을 썼던 부분이 이 부분이다. 신장이 비교적 작은 선수들은 스크린을 피해 따라다닐 수 있는지 없는지에 따라서 경기 출장 여부가 결정되기도 한다. 반면에 나는 키가 작은 선수보다 느리지만 리치가 길고, 힘이 좋은 부분을 활용했다. 수비 잘하는 선수를 따라도 해보고, 그동안 경험했던 다양한 스크린을 이용하는 부분 등을 고민하고, 연습했다. 이 부분을 연습에도 적용하면서 나에게 가장 어울리고, 잘 할 수 있는 움직임을 갖기 위해 노력했다. 포지션 변경에서는 이 부분이 가장 중요한 포인트라고 생각하며, 이 부분에 익숙해지고 잘 할 수 있으면 3,4번을 같이 수행할 수 있다고 본다. 반면, 불가능하면 4번밖에는 소화를 못하는 선수가 된다고 생각한다.

Q: 자신만의 좋은 슛을 가져가는 방법이 있었을텐데 궁금하다.

A: 슛의 메커니즘에는 여러 가지 방법이 있다. 가장 좋은 방법은 같은 폼으로 계속 연습을 해서 같은 폼으로 슈팅을 할 수 있게 연습을 하는 것이다. 하체의 힘을 이용하는 방법을 찾아내는 것이 자신만의 슛을 찾기 위한 방법 중 가장 중요한 포인트 중 하나다. 팔꿈치의 위치도 매우 중요하다. 팔이 공을 잡을 때의 자세가 중요하다 생각하고, 같은 자세를 가지기 위해 꾸준히 연습했다. 그 위치를 잡기 위해 많은 노력했고. 그 후에는 밸런스가 깨진 상황에서의 슈팅을 연습하면서 슈팅에 대한 자신감을 가져갔다. 사실 다양한 상황에서의 슈팅 연습이 중요한데, 경기 중에 시도를 하기에는 현실적인 어려움이 있다. 이 부분은 상무 시절 동료, 감독, 코치의 도움으로 다양한 슈팅을 해보면서 많이 배울 수 있었다. 이 부분에 대해 감사하게 생각한다.

Q: 포지션을 변경했기에 지금 시대였다면 슛을 던져야 하는 게 맞지만 그 당시에는 눈치가 보였을 텐데 이에 대한 대비를 어떻게 했나?

A: 많은 슛을 연습을 했고, 원래 개인 훈련은 혼자 하는 스타일인데, 이때는 슈팅 연습을 더 많이 하는 모습을 보여줬다. 노력을 많이 한다는 모습을 보여줘서 동료들도 슈터로서 포지션 변경을 이해를 할 수 있게 만들었다. 포지션 변경에 대해서는 정말 많은 연습과 노력이 필요하다. 좋은 슈터가 40%라고 생각했을 때 '10개중 6개 미스'라고 역발상을 하면 부담 없이 쏠 수 있다.

Q: 슈터로 자리잡고 국가대표로서 활약도 좋았다. 두 포지션에서 뽑힌 선수가 유일하지 않을까 생각한다. 국가대표때 자신의 슛이 터진 날이 있으면 말해달라.

A: '2003 하얼빈 대회' 전체라고 생각한다. 그때 센터 포지션이었다가 포워드로 변경해서 들어간 상황이라 다른 국가 팀에서 나에 대한 스카우팅이 전부 빅맨으로 맞춰져 있었다. 이에 상대는 내가 코트에 들어섰을 때 인사이드 플레이를 막는 수비만 했다. 그 결과 자연스레 슈팅 기회가 많아졌고 자신 있게 던진 결과, 결과까지 좋았다. 하지만 그 이후 상대 수비가 내 슛을 대비하는 수비로 변경이 되면서 그때보다는 슈팅 찬스를 만들기 어렵기도 했다.

Q: 2006년 WBC에서 드와이트 하워드(211cm, C)의 엄청난 블록 슛의 희생양이다. 그때 느낌이 궁금하다. 자세히 보면 패스가 좋지 않게 왔다. 그 영향도 있지 않나?

A: 살면서 그런 높이는 처음 봤다. 연습 때 다양한 위치 및 상황에 따라 블록을 당할지 안 당할지를 설정해보고, 연습도 많이 했다. 물론 패스가 다리 쪽으로 오기는 했지만, 내 판단에는 아무리 운동능력이 좋은 외국인 선수라도 블록 못할 것이라고 생각했다. 나름 슛 릴리즈도 빠르다고 생각해서 자신 있게 던졌는데도 명장면으로 남게 되었다. 현재 아이들이 가장 좋아하는 장면 중 하나다.

Q: 지도자로서 선수들에게 슛에 대한 필요성을 어떻게 전달하는지 궁금하다.

A: 프로 선수는 슛이 없으면 살아남기 힘들다 올바른 자세로 많은 연습이 필요하다. 연습량이 곧 자신감이라고 생각한다. 슛에 대한 폼이나 이런 건 바꾸거나 완벽하게 만들 수 없다. 올라가는 동작은 간결하게 바꿔야 한다. 공이 과도하게 떨어지거나 붙거나 내렸다 올리는 등의 불필요한 움직임을 최대한 없앨 수 있도록 조언을 하고 있다. 좋은 슈터의 기준은 성공률이 40%에 이르는 것이다. 10개 중 6개는 못 넣는다. 평균적인 슈터가 성공률이 30%라고 하면 10개 중 7개를 못 넣어도 된다. 이렇게 거꾸로 생각을 하면 부담 없이 자신 있게 슛을 던질 수 있다. 한두 개 안 들어간다고 해서 슛을 주저하면 안 된다. 대신 본인의 롤에 맞게 던져야 한다. 예를 들자면 센터, 가드가 슈터처럼 많이 던지면 안 되는 것과 같은 이치다. 오픈이 되면 망설일 필요가 없이 자신 있게 슛을 쏴야 한다. 연습을 많이 하면 자신감이 올라오고, 연습 때 얻은 자신감을 바탕으로 경기에서 슛을 시도를 해보면 감이 올라온다. 그러면 득점으로 연결되고 다득점을 할 수 있고 또 좋은 선수로 성장할 수 있다고 생각한다.

손대범 KBS N SPORTS 농구 해설위원이 본 이규섭
이규섭은 전희철, 함지훈과 함께 KBL 역사에 손꼽힐 풋워크를 갖춘 선수였다. 인사이드를 마스터한 덕분에 매치업에 따라 외곽도 던지고, 인사이드도 공략했다. 매치업의 우위를 가져간 것이 가장 큰 장점이었다고 생각한다.

하프타임. 슛은 재능이 아닌 노력이다

고려대시절까지 대학최고 센터였던 이규섭은 삼성 입단 후 서장훈의 존재로 식스맨으로 밀린다. 외국선수까지 더해 골밑에서 설 자리가 없었다. 이규섭이 살아남은 방법은 3점슈터로 변신이었다. 지금처럼 스트레치4라는 개념이 없던 시절에 큰 모험이었다. 이규섭이 아마추어 시절 주로 센터를 봤지만 슛터치 자체는 원래 좋은 선수였다. 단지 3점슛 라인까지 슛거리를 늘리는 훈련을 하지 않았을 뿐이다. 힘도 좋아 슛거리를 늘리는 것은 어렵지 않았다. 이후 이규섭은 슈터로 국가대표까지 발탁되며 인정을 받았다. 드와이트 하워드 앞에서 던진 3점슛은 두고두고 회자된다.

허슬플레이와 클러치 슈팅으로
돋보였던 김보미

🏀 19시즌을 뛰고 은퇴한 김보미(176cm, F)의 농구 인생은 초등학교 시절부터 시작됐다. 김보미는 수피아 여고, 청소년 대표팀을 거쳐 2005년 신인드래프트에 참가해 1라운드 전체 3순위로, 춘천 우리은행에 지명, WKBL에 데뷔했다. 커리어의 시작은 우리은행이었지만 이후 이적한 팀만 4개(금호생명-하나외환-KB-삼성생명)나 되는 등 WKBL의 대표적인 저니맨이 됐다. 그럼에도 김보미는 어느 팀에서나 필요로 하는 주요 식스우먼이었다. 이를 뒷받침하는 증거로, 김보미는 2008년과 2010년 WKBL 식스우먼상을 수상했다. 여기에 김보미는 2010 광저우 아시안게임'에 국가대표로 나서 은메달을 획득하는 등 태극마크를 달고도 빼어난 활약을 펼쳤다.

WKBL를 대표하는 식스우먼이라는 수식어 외에도 투혼으로 상징되는 김보미는 수술만 4차례나 받았을 정도로, 커리어에 우여곡절이 많았다. 하지만 이를 모두 극복하고 19시즌이나 코트를 누빈 선수가 됐다. 특히 김보미는 용인 삼성생명 블루밍스에서 뛴 현역 마지막 시즌, 우승 트로피를 들어올리며 이른바 아름다운 마무리로, 코트를 떠났다.

김보미의 마지막 시즌을 돌아보면, 플레이오프를 앞두고 정규리그 4위였던 삼성생명은 객관적인 전력에서 열세였다. 그러다 보니 삼성생명의 우승은커녕 시리즈 승리조차 예상하는 이들도 극히 드물었다. 그러나 삼성생명은 4강 플레이오프에서 박혜진-김소니아-박지현-김정은이 이끄는 정규리그 1위팀, 아산 우리은행을 물리치는 기염을 토하며 사람들을 놀라게 했다. 이어진 챔피언 결정전에서도 WNBA출신이자 국보급 센터, 박지수가 이끈 KB국민은행까지 격파하며 반전 드라마를 완성했다. 은퇴를 결심하고, 1년 단기 계약을 맺었던 김보미는 4강 플레이오프와 챔피언 결정전, 8경기에서 평균 32분 26초를 소화했다. 그녀는 커리어 내내 주연보다는 조연이었지만 적어도 당시 4강 플레이오프와 챔피언 결정전에서 만큼은 당당한 주연으로 활약하면서 평균 11.6득점 4.6리바운드를 기록, 투혼을 불살랐다. 레전드 농구 드라마인 <마지막 승부>를 생각나게 할 정도로, 그녀의 마지막은 드라마 그 자체였다. 특히 김보미는 클러치 상황에서 슈팅과 허슬 플레이로, 팀을 위기에서 구해냈다.

임근배 삼성생명 감독은 당시 김보미의 활약을 두고, "36세 노장 선수가 솔선수범하며 몸을 사리지 않았다. 김보미는 같이 뛰는 선수들의 투지를 살아나게 했다"고 극찬했다. 김보미도 "프로 무대에서 3번의 우승을 경험했는데, 첫 우승은 신인이라 경기를 못 뛰었고, 두 번째 우승은 식스우먼으로 뛰며 이룬 우승이었다. 마지막 우승은 주전급으로 뛰면서 우승에 기여해 좋았다"는 말로 커리어의 화룡점정을 찍은 소감을 밝혔다.

슈터인 듯 슈터 아닌 김보미

Q: WKBL에서 슈터 역할을 하면서 느낀 점은 무엇인가요?
A: 저는 사실 중고등학교 때도 그렇고 프로에서도 슈터는 아니었어요. 그런데 프로에 처음 와서 보니까 슛이 없으면 프로에서 살아남지 못하겠더라고요. 제 농구 스타일은 원래 드라이브 인과 일대일 위주에 점프슛 그리고 리바운드에 참여한 후 그걸로 득점하는 속공 득점이었어요. 슈터라고 하기엔 부끄럽죠. 사람들이 말하는 진짜 슈터는 전직 선수 중에 변연하 코치님, 박정은 감독님, 김은혜 언니가 있고, 현역 선수로는 강이슬이라고 생각해요. 반면 저는 그런 스타일의 멋진 슈터는 아니었던 것 같아요. 그래서 저는 지금까지도 제가 슈터였다고 말하기 어려워요. 그냥 신인 시절에 슛이 없으면 안 되겠다는 생각에 슛을 열심히 연습하다 보니까 약간 슛을 던지게 된 선수가 된 것 같아요.

Q: 슛이 어느 정도 없었기에 슛이 없었다고 하는지 잘 와 닿지 않아요.

A: 슛이 없는 선수라고 느꼈던 게 신인 시절이에요. 그 시절엔 슛에 대한 비중이 현 시대만큼은 아니었어요. 연습 게임에서 4쿼터 종료 후 5쿼터를 마지막으로 해서 신인 선수들을 넣는 경우가 있어요. 뛰라고 판을 깔아줘서 그때 제가 딱 들어 갔는데 3점슛을 쏠 능력이 없었어요. 그래서 슛을 못 던졌어요. 노마크 찬스가 났는데 자신이 없었고, 그런데 또 못 넣으면 뺄 것 같은 거예요. 결국에는 자신이 없어 슛을 안 던졌는데 아니나 다를까 저를 바로 경기에서 빼더라고요. 그때 감독님이 "슛 찬스에 못 넣는 건 괜찮은데, 슛을 던지지 못하면 게임을 뛸 수가 없다"고 하셨어요. 그리고 감독님이 한 번 더 진심 어린 조언으로 "안 들어가는 건 괜찮다. 하지만 그걸 들어가게끔 연습하는 건 선수가 해야 할 몫이다"는 말을 해주셨는데, 그 얘기를 듣고, 그때부터 슛을 연습해야겠다고 마음먹었죠.

슛은 노력으로 극복 가능

Q: 노력으로 슛을 장착하신 거네요?

A: 네, 그러나 저는 타고난 슈터가 아니잖아요. 그래서 타고난 슈터들을 따라잡지는 못해요. 슛을 장착해야겠다는 생각을 하고, 제일 먼저 슛 폼을 교정했어요. 야간, 새벽이나 아침에 운동을 일찍 나가서 매니저 언니들 혹은 슈터 언니들한테 슛 폼을 봐달라고 부탁했어요. 우리은행에서는 김은혜 언니가 봐주고, 연습을 도와줬어요. 그리고 첫 휴가를 나가자마자 모교인 수피아 여고로 가서 연습했어요. 휴가 기간 동안 하루에 1천개씩 슛을 막 던졌어요. 제가 아무리 하루에 1천개씩 던지고, 1만개씩 던져도 사실 손끝 감각이 뛰어난 현역 최고의 슈터인 강이슬 선수를 쫓아갈 수는 없어요. 다만 제가 느낀 것은 '어느 정도의 레벨까지는 자기가 노력하면 만들어질 수 있다'라는 걸 경험을 통해 알게 됐어요. 제가 경험한 부분이기 때문에 후배들한테도 "슛은 네가 하려고 마음먹고 노력한다면 어느 정도까지는 던질 수 있는 선수가 될 수 있다"고 얘기해요. 드리블, 패스, 어시스트 등은 사실 센스와 감각이 있어야 되잖아요. 드리블도 어렸을 때부

터 노력해야 되고, 이게 손끝에 붙어 있어야지 할 수 있는 거예요. 패스 같은 경우도 감각적으로 나가는 패스는 만들어질 수 있는 게 아니거든요. 이상민 감독님, 전주원 코치님, 김승현 전 선수 등 레전드 가드들 플레이를 보면 다르잖아요. 그런데 저는 슛만큼은 나이나 포지션에 상관없이 노력하면 만들어질 수 있다고 생각해요. 예를 들어, 3점슛 성공률이 29%였는데, 노력하면 적어도 성공률이 32%로 올라가는 것이 가능하잖아요. 최소한 진지하게 노력하면 자신감은 붙는다고 봐요. 제 농구가 마음에 들지는 않지만, 그래도 오랜 시간을 코트에서 뛸 수 있었던 건, 사실 슛을 연습해서 슈터급은 아니어도 슈터처럼 보여질 정도로 노력했었기에 가능했다고 생각해요.

Q: 슛 연습은 어떻게 했나요? 무작정 많이 쏜 건가요?
A: 이미지 트레이닝이요. 이게 최고의 방법인 것 같아요. 실제로 데이터도 있다는 글을 읽은 기억도 있어요. 슛이 필요하다고 깨달았을 때 언니들이 슛 폼 교정을 도와줬어요. 교정된 슛 폼으로 성공률을 높여야 하잖아요. 그러려면 실전처럼 슛을 쏴야 했기에, 실전처럼 이미지를 그려가며 슛 연습을 했고, 농구 코트가 아니어도 머리 속에서 상황을 만들면서 연습했어요. 경력이 쌓이면서 연습 방법은 더 효율적이고 효과적으로 개선되어 왔어요.

긍정의 힘에서 나오는 슛과 허슬

Q: 김보미 선수 마지막 시즌에 위기 때마다 멋진 슛이나 클러치 슛을 성공시키는 걸 자주 봤어요. 그런 힘이 어디서 나오는지 궁금해요. 왜냐하면 프로에서 오랜 시간 뛰었기도 하지만 나이가 있기도 하고 은퇴를 선언하셨기에 신기했어요.
A: 정말 초인적인 힘이 나왔던 것 같아요. 이런 얘기를 하면 좀 그렇지만… 저는 진짜 하나님이 그런 힘을 주셨다고 생각을 해요. 사실 저는 그 시즌이 마지막 시즌이라는, 그런 생각들 때문에 뭔가 저 발끝에 있는 에너지까지 끌어다 쓴 게 아닌가 그런 생각도 들어요. 사람이 궁지에 몰리면 초인적인 힘이 나온다고 하잖아요. 제게는 2020-2021시즌 WKBL챔피언결정전이 그런 상황이었던 것 같아요.

Q: 클러치 슛도 그렇고, 기습적으로 공격 리바운드를 잡은 후 골밑 슛을 성공시켰던 게 굉장히 중요한 순간이었던 걸로 기억해요.

A: 예, 중요한 순간에 제 슛이 안 들어갔는데 그걸 잡기 위해 본능적으로 오펜스 리바운드에 참여했던 거 같아요. 오펜스 리바운드를 잡자마자 골밑 슛을 쐈는데 들어가고 나니 바로 힘이 쫙 풀리더라구요.

Q: 뭐 몸도 막 날리고... 슈터 역할도 했지만, 허슬 플레이나 거친 수비도 많이 하잖아요.

A: 제 아버지가 목사님이세요. 제가 약간 플레이도 거칠고 몸을 사리지 않는 농구를 하니까, 아버지가 목사님이라고 하면 사람들이 다 놀라더라고요(웃음).

Q: 슈터 역할임에도 허슬 플레이가 많았는데, 개인적으로는 허슬 플레이가 팀의 입장에선 사기를 올리는 긍정적인 부분도 있지만, 선수 개인에게는 부상 위험이 있을 수도 있는데 특별한 유지 비결이 있는지 궁금해요

A: 어린 시절부터 엄마가 주신 조언이 유지 비결인 거 같아요. 조 아시죠? 조가 엄청 작잖아요. 그 조가 코트에 뿌려졌다면 그 조를 다 줍기 위해 얼마나 열심히 집중해서 주워야겠어요. 항상 그런 마음으로 코트에서 나가 농구를 하라고 가르치셨어요. 그래서 슛을 쏘고, 허슬 플레이 하는 게 구분된 것은 아니었던 거 같아요. 체력이 떨어져 갈 때, 공격 리바운드를 잡고 골밑 슛을 성공시킨 것도 일맥상통해요. 그래, 내가 이 코트에서 조를 줍는 마음으로 정말 열심히 하자! 그렇게 생각했어요. 그런 게 습관이 되니까 나이 들어서도 그런 부분이 습관적으로 나왔던 것 같아요. 이게 비결이에요. 물론 '조금은 요령을 피우고, 몸을 사리면서 했음 어땠을까?'라는 생각을 해보는데, 사실 저는 몸치에다가 박치라, 운동신경이 떨어져 빨리 습득이 잘 안 돼요.

Q: 허슬 플레이가 어린 시절부터 사실 이렇게 몸에 배지 않으면 못하는데, 제가 방성윤 선수도 인터뷰하고, 그의 감독 선생님도 인터뷰했는데 원래 허슬 플레이를 많이 했다고 하더군요. 그 때도 많이 다쳤고, 프로에 와서도 허슬 플레이를 하다가 또 다치고... 김보미 선수를 보니까 허슬 플레이는 누가 시켜서 하는 게 아니라 본능적인 것 같아요.

하프타임. 슛은 재능이 아닌 노력이다

A: 맞아요. 본능적으로 나가는 거 같아요. 허슬 플레이는 어렸을 때부터 받은 교육의 영향인 것 같아요. 초등학교 선생님, 중고등학교 선생님도 모두 코트 위에서 열심히 하지 않는 것에 대해선 엄격하게 뭐라고 하셨어요. 코트에서의 자세 하나하나를 중요하게 생각하셨어요. 제가 제일 존경하는 선생님이 중-고등학교 부장 선생님인 노한기 선생님인데 모든 부분에서 제가 영향을 많이 받은 선생님이세요. 제가 중고등학교 때 이 선생님한테 배웠거든요. 이분이 제가 프로에 갈 때 "지도자들은 농구를 잘하는 것도 중요하지만 사람이 성실한가를 많이 본다"고 하셨어요. 예를 들면 삼각 패스를 하면, 패스를 주고 보통의 선수들은 이 라인 끝까지 뛰지 않고, 어느 정도까지만 뛰고, 안 찍고 나가는 경우가 많은데 지도자들은 이 선수가 라인 끝까지 최선을 다해서 뛰고, '라인을 찍고 나가는지 안 나가는지'까지 본다면서 성실함에 대한 당부를 많이 하셨어요.

Q: 은퇴하기 전에 슛이나 수비 등 공수 밸런스를 잡는 게 쉽지 않았을 텐데 어떻게 했나요?
A: 이 부분은 확실히 "이게 비결이다"라고 말을 못하겠어요. 진짜 노력을 많이 했어요. 고관절을 부드럽게 하는 운동과 엉덩이 운동을 신경 써서 많이 했어요. 필라테스도 하고요. 김익겸 선생님의 도움으로 고관절을 부드럽게 하는 운동을 아침마다 선생님과 같이 했어요.

슈팅 멘탈, 어머니 그리고 이관희

Q: 다시 슛 이야기로 돌아가 보죠. 슛이 잘 안 들어갈 때, 정신적 스트레스를 극복하는 김보미 선수만의 방법은 무엇이었나요?
A: 사실 중고등학교 때는 우물 안 개구리잖아요. 한 게임에 막 4,50득점씩 올린 경기도 있었어요. 평균 득점이 20점을 넘어가니까 교만해질 때도 있었고, 경기가 뜻대로 풀리지 않는다면 낙심할 때도 많았는데, 그럴 때마다 어머니가 지혜로운 말을 해주시면서 멘탈을 관리해주셨어요. 겸손하고, 일희일비하지 않아야 한다고 하셨죠. 그런 말들이, 제가 흔들릴 때 흔들리지 않도록 중심을 잡게 해주셨

죠. 그러다 보니까 슛을 쏠 때도 한두 개 안 들어가는 것에 대해선 위축되지 않았어요. 프로에 와서는 코칭 스텝의 영향도 있었고, 또 언니들이 해준 좋은 이야기들이 쌓이면서, 일희일비하지 않는 마인드가 생겼던 것 같아요.

Q: 나이가 들고 경기력이 떨어질 시기가 있었을 텐데 그런 모습이 없었던 거 같아요.

A: 말씀드렸지만 체력이 다해 힘들어서 은퇴한 거예요(웃음). 솔직히 삼성에 와서 후배인 이관희 선수를 알게 되면서 배운 게 많아요. 특이한 선수지만 재능도 있고 잔정도 많아요. 그리고 무엇보다 목표 설정과 그 목표를 이루려는 노력이 대단해요. 약속을 지키는 남자 컨셉이 어느 정도 맞아요. 관희가 시즌 전 목표 설정을 위해 노력하는 모습과 일취월장하는 모습을 보며 동생이지만 존경스러웠어요. 관희 덕에 저도 목표 설정과 노력을 더해 투혼으로 마지막 시즌을 마무리할 수 있었어요.

프로무대에서 생존하려면

Q: 프로무대에서 생존 비결은 무엇인가요?

A: 사실 프로에 오니까 정말 제가 중고등학교 때 했던 퍼포먼스들은 아무것도 아니더라고요. 그게 가장 힘들었거든요. 처음 프로에 왔을 때 저희 팀에 김계령, 김영옥, 조혜진, 한현희, 김은혜 언니 등 대선수들 사이에서 제가 할 수 있는게 없었어요. 다른 팀에는 김지윤, 변연하, 박정은, 이종애 언니 등 레전드들이 있었어요. 그러니까 제가 중-고등학교 때 2, 30점 넣었던 게 아무 의미가 없더라고요. 그 언니들도 그렇게 했었고, 프로에서도 그렇게 해낸 언니들이랑 비교했을 때 전 아무것도 아니잖아요. 그런데 저는 게임이 너무 뛰고 싶었거든요. 여기서 살아남기 위해서 뭘 해야 될까 고민을 했고, 답을 내린 게 3점슛과 수비였어요. 그게 없으면 게임을 못 뛰겠다는 생각이 들었어요. 사실 저는 냉정히 말해 수비를 잘하진 못해요. 그래도 어떤 선수를 수비해야겠다고 생각하면 옷을 끄집어 당겨놔서라도 쫓아다니려는 근성은 있다 생각해요. 그게 비결이었던 것 같아

요. 그렇기 때문에 수비를 노련하게 잘하지는 않지만 그런 걸로 상대를 조금 귀찮게 하고, 때로는 그 때문에 누군가는 부상을 입을 위험이 있었어요. 이에 너무 거칠다 그런 소리도 많이 들었어요. 지금 은퇴하고 나서도 "너는 너무 거칠었다"는 소리를 듣기도 하지만 그때 당시에는 일부러 그런 게 아니라 열심히 하다 보니까 부득이하게 그런 상황이 나왔던 것도 있어요. 또 그렇게 열심히 안 하면 저는 게임을 뛸 수 없었기 때문에 누구보다 죽기 살기로 했었던 거예요. 그리고 제가 워낙 좋은 선수들하고 뛰다 보니까 이런 견제는 저하고 같은 팀에 있던 그 선수들이 다 받았어요. 예를 들어 KB 시절엔 강아정 같은 훌륭한 슈터가 있었고, 삼성에선 김한별 선수가 있었어요. 그 선수들이 수비를 안으로 몰아넣은 후 좋은 패스를 저한테 주다 보니 상대적으로 오픈 된 상태에서 편안하게 슛을 던졌던 것 같아요. 그래서 그나마 이만큼 할 수 있었던 거라고 생각해서 동료들한테 고마워요. 프로는 사실 수비가 안 되면 뛸 수가 없어요. 그리고 지금은 슛도 필수입니다. 프로에서 살아남기 위해 수비와 슛에 대한 끊임없는 노력으로 플레이를 개선한다면 화려하진 않아도 오랫동안 생존할 수 있다고 생각합니다.

김보미 선수와의 인터뷰를 마치며
'치열함', 그리고 '성실함'이라는 두 단어가 손에 남았다.

'미녀 슈터' 김은혜

🏀 현재 WKBL 해설과 예능 프로그램, 노는 언니에서 활약 중인 방송인 김은혜는 WKBL에서 활약하던 현역 시절, '미녀 슈터'로 불렸다. 그 이유인 즉, 이효리를 닮은 외모와 함께 슈팅 능력이 좋았기 때문이었다. 이와 함께 182cm 의 신장에 더해 윙스팬까지 좋았던 김은혜는 수비력과 슈팅 능력까지 갖춘 포워 드였다. 김은혜는 소속팀인 우리은행의 전성기를 여는 데 일조하면서 국가대표 에도 여러 차례 선발되는 등 태극마크를 달고 뛰었다.

김은혜는 프로 입단 전부터 정교한 슈팅으로 많은 주목을 받았다. 숭의 여고 재학 시절, 제15회 아시아 청소년 선수권에서 맹활약하는 등 드래프트를 앞두고 고교 랭킹 1위에 올랐다. 그 결과, 김은혜는 2001 WKBL 신인드래프트 에서 전체 3순위로, 한빛은행(現 우리은행)에 입단했다. 김은혜는 프로 데뷔와 동시에 리그를 대표하는 슈터로 실력을 발휘했다. 그 예로 김은혜는 2001년과 2005년 WKBL 올스타전 3점 슛 대회에서 2위에 이름을 올렸다. 동시에 2003년 우리은행의 첫 겨울리그 우승에 일조하면서 국가대표에도 합류한 김은혜는 제 21회 'FIBA 아시아 여자농구 선수권 대회' 준우승에도 힘을 보탰다.

2004년에는 퓨처스리그 BEST 5위, 겨울리그 우수후보 선수상을 수상하 였다. 2006년에는 우리은행의 네 번째 우승을 이끌었고, 제15회 도하 아시아 경 기대회에선 4위를 차지했다. 사실 소속팀 우리은행은 감독이 불미스런 사건에 연루되면서 사퇴를 하는 등 2000년대 초반의 영광을 뒤로 하고, 2000년대 중 반부터 추락하기 시작했다. 하지만 김은혜 개인은 2007년 겨울리그에서 3점슛 47개를 성공, 최다 3점슛 성공 1위를 차지하는 등 리그를 대표하는 슈터로 명성을 날렸다. 경기 외적으로는 2007-2008시즌에 미디어 스타상을 수상, 그리고 올스타 팬 투표에서 1위를 차지하는 등 팬들의 인기도 한 몸에 받았다.

　　　　김은혜는 3점 슛뿐만 아니라 자유투 역시 좋았는데, 그 예로 2009-2010 시즌에 자유투상을 차지하기도 했다. 김은혜는 커리어 평균 87.3%의 높은 자유투 성공률을 기록하고 있다. 인기와 실력을 갖춘 슈터였지만, 신은 김은혜에게 모든 것을 다 주지는 않았다. 바로 내구성이었다. 김은혜는 농구 선수로서 좋은 신체 조건을 가졌지만, 슈터로서 견제를 많이 받다 보니 자연스레 부상 위험에 노출될 때가 많았다. 무릎 부상을 비롯해 각종 부상들이 김은혜를 괴롭혔고, 설상가상 농구 선수의 선수 생명을 위협하는 치명적인 부상인 아킬레스건 부상까지 당했다. 그럼에도 쉽사리 포기하지 않았던 김은혜는 2012-13시즌, 우리은행의 우승을 뒷받침한 이후 은퇴를 선언, 지금은 WKBL 해설위원 등 방송계에서 활발히 활동하면서 여자 농구 알리기에 전념하고 있다.

미녀 슈터 김은혜

Q: 농구를 어떻게 시작했나요?
A: 초등학교 때 농구 인기가 굉장히 많아서 시작했습니다. 제 또래들이 많이 공감하겠지만 당시에는 농구대잔치, 슬램덩크, NBA 등이 선풍적인 인기를 끌었고, 이로 인해 농구가 좋아졌습니다. 농구를 했던 친척 언니의 영향도 있었죠. 그러나 축구 선수 출신인 아버지가 농구 선수가 되는 것을 엄청 반대하셨습니다. 그럼에도 농구부가 없는 일반학교에서 일반인 중에 키가 가장 컸어요. 결국엔 아버지의 반대를 이기고 농구 선수로서의 길을 걷게 됐습니다. 농구를 시작한 이후 키가 계속 자라면서 5학년 말에는 전교에서 제가 제일 컸습니다.

Q: 슈터치고 신장이 큰 편인데 처음부터 슈터의 역할을 맡았나요?
A: 지금 제 신장이 182cm정도 됩니다. 저를 지도하신 선생님들이 제 슛 터치가 좋다고 보셔서, 저를 슈터로 키우려고 하셨습니다. 제가 신장이 작지는 않았지만

그렇다고 센터를 볼만큼 크지도 않았어요. 그리고 몸싸움이 강한 편이 아니어서 중학교 때 포지션은 외곽 선수였습니다. 다만, 신장이 큰 편이라 팀 사정상 4번을 맡아야 했고, 3점슛은 간간히 던지는 선수였습니다. 그러나 고등학교 1학년 때 숭의여고 은사님인 이옥자 선생님이 3점슛을 안 던지면 게임을 못 뛰게 했습니다. 그때는 제가 슛이 좋은 선수인지 몰랐습니다. 그래서 선생님이 3점슛을 안 던지면 왜 경기를 못 뛰게 하는지 이해를 못했어요. 나중에 알고 보니 선생님이 저를 더 좋은 선수로 만들기 위해 그러신 거였어요. 그때는 제가 슛 거리도 짧고, 체격도 왜소한 편이라 슛에 대해 자신이 없었어요. 그런데 선생님이 자극을 꾸준히 주셨던 바람에 슛 연습을 열심히 했습니다. 고2가 된 후에는 조용봉 선생님으로 코치님이 바뀌고 나서는 완전히 슈터가 되기 위해 3점슛보다 한 발 더 뒤에서 슛을 쏘는 연습을 했어요. 고3 때 인사이드와 아웃사이드를 모두 오가며 득점을 하는 선수였지만 전문적인 슈터는 아니었습니다. 쉽게 말해 슛은 있으나, 슈터는 아니었던 거죠. 슈터라고 불리기 시작한 건 우리은행 입단 후 입니다. 김영수, 박명수 선생님이 저를 슈터로 만들어주셨습니다.

Q: WKBL과 국가대표에서 가드와 센터의 비중이 높았을 때인데, 슈터 역할을 하면서 느낀 점은 무엇인가요?
A: 센터와 가드가 더 주목을 받지만… 저는 포워드가 기본적으로 골게터라고 생각했고, 항상 포워드가 팀 내 1옵션이라고 생각했습니다. 때문에 제 포지션에 자부심을 가지고, 슈터 역할을 소화했던 것 같아요.

슈팅은 타고나는가?

Q: 식상한 질문입니다. 슈터는 타고 나는 건가요 아니면 노력으로 만들어지는 건가요? 김은혜 선수는 전자와 후자 중 어디에 속하는 것 같나요?
A: 손끝 감각은 타고 난다고 봅니다. 그리고 노력으로 나머지 부분을 커버해준다고 생각합니다. 그리고 슈터의 완성은 슛이 아무리 안 들어가도 다시 쏠 수 있는 강심장이겠죠. 아무리 타고난 손끝 감각이라도 심장의 크기가 중요하다고 봅니다. 자신이 없으면 슈터 역할은 소화를 못한다고 보거든요.

하프타임, 슛은 재능이 아닌 노력이다

Q: 롤 모델과 플레이에 영향을 준 사람이 있었나요?

A: 중학교 때부터 제 롤 모델은 변연하 언니였습니다. 그래서 백넘버도 10번이었습니다. 하지만 프로 입단 후 느낀 게 많았습니다. (변)연하 언니랑 저는 플레이 스타일이 많이 다르다는 것을 깨달았어요. 그때부터 박정은 언니의 플레이를 따라 하게 됐습니다. 특히 (박)정은 언니의 플레이를 보면서 슈팅 찬스를 만들어내는 센스, '경기 흐름 속에서의 슈팅 타이밍이나 효율적인 슈팅' 등을 배웠던 것 같습니다.

Q: 성공률 높은 슛을 만들기 위한 어떤 노력을 했고, 본인만의 노하우가 있나요?

A: 복근 운동을 기본으로, 코어와 힙 운동을 많이 했습니다. 이 운동이 굉장히 중요하다는 것을 프로 초창기에는 몰랐어요. 어릴 때는 슛을 많이 던지면 슈팅이 완성될 거라 생각하다가 20대 중반에 새로 부임하신 박건연 감독님을 만난 후 '캐치 앤 슈터'에서 '만들어가는 농구'를 하게 되면서 코어 운동 시작을 했습니다. 그때 깨달은 것이 밸런스의 중요성이었습니다. 이 밸런스를 만들기 위해 트레이너 선생님들이 코어 운동을 도와주셨는데 굉장히 효과를 많이 봤습니다.

슛이 있는데 너무 이른 은퇴

Q: 김은혜 선수는 슛이 있는데 너무 이른 시기에 은퇴하신 건 아닌가요?

A: 많은 팬들이 아쉬워해줬는데 부상 후 더는 발전이 없다고 생각해서 내린 결정이었습니다. 두 번째 FA를 앞두고는 아킬레스건이 파열이 됐습니다. 파열 이후 두 시즌을 노력해봤지만 근육이 기능을 잃었다고 판단했습니다. 그러다 보니 노력하더라도 농구가 늘지 않는 느낌이더군요. 기존에는 타고난 신체라고 했는데 회복이 안 되는 것을 많이 느꼈습니다. 그리고 무엇보다 일반 팀이었다면 계속했을 수도 있는데 훈련량이 많은 것이 위성우 감독님 스타일이었고, 훈련을 소화하는 데 한계를 느끼다 보니 빠른 은퇴를 결정하게 됐습니다.

Q: 현 세대였다면 포지션 변경 후 더 뛰어도 좋았을 텐데?

A: 그 당시만 해도 인사이드에서 몸싸움을 하기 어렵고, 밖에서 나와 슛을 해본 적

이 없었습니다. 몸에 배었으면 가능했을 거 같긴 해요. 최근의 농구 트렌드는 전체적인 신장이 낮은 스몰 볼인데, 그때 당시만 해도 신장이 크다 보니 인사이드에서 몸싸움을 하고 나와서 슛을 쏘는 것에 대한 어려움이 컸습니다. 당시에는 뛰어다니고 스윙을 하면서 슛을 쏘다가, 상대팀 빅맨을 데리고 나와 슛을 쏘는 것이 처음이다 보니 한계를 느끼곤 했습니다.

슈팅 멘탈

Q: 다시 슛 이야기로 돌아가서, 슛이 잘 들어가지 않을 때 흔들리는 멘탈을 극복하는 김은혜 선수만의 방법은 무엇이었나요?

A: 믿음을 주셔서 슛을 쏘긴 했습니다. 제가 고집스럽게 슛을 던지는 스타일이 아니다 보니, 3개가 안 들어가면 4번째 찬스가 왔을 때도 슛을 던져야 하는데 그때마다 감독 선생님들이 "더 던져야 하고, 너가 던져야 해"라고 하셨거든요. 그래서 슈팅을 계속 쏠 생각을 하게 됐던 것 같습니다. 예를 들어, 슈팅 멘탈이라고 하면 연하 언니의 경우 슛이 10개가 안 들어가도, 11개째를 던지는 배짱이 있었는데, 그게 슈팅 멘탈인 거 같습니다. 그런 면에서 저는 연하 언니에 비해 배짱이 부족했습니다. 대신에 저는 배짱은 부족했지만 연차가 쌓이면서 슛에 대한 자신감을 쌓아갔고, 팀 동료 선수들의 리바운드와 패스를 믿고, 경기에 임한 것이 슈팅 멘탈을 잡는 데 큰 도움이 됐습니다.

Q: 나이가 들고 경기력이 떨어지거나 슛이 너무 안 들어가는 시기가 있었을 텐데, 극복은 어떻게 하셨나요?

A: 멘탈이 흔들릴 때는 있지만 제게 있어 이를 극복하는 방법은 계속 연습하고 또 연습하는 것이 최고의 방법이었습니다. 스크린을 걸고, 슛 쏘고, 생각 없이 감을 잡다 보면 자연스레 멘탈이 좋아거든요. 절대로, 생각이 많으면 안 된다고 봅니다. 너무 복잡한 생각이 있으면 슛이 더 안 좋아졌던 거 같아요. 몸이 익숙해지고, 기억하게 만드는 연습이 최고였던 것 같습니다.

하프타임. 슛은 재능이 아닌 노력이다

프로무대에서 생존하려면 장점 극대화

Q: 프로무대에서 생존 비결은 무엇인가요?

A: 슛 외에 비결은 신장과 피지컬이었습니다. 제가 2번까지 소화할 수 있고, 팔도 길어서 미스매치 공략도 가능하고, 수비선 스위치도 가능한 선수였습니다. 그게 큰 장점이었죠. 결국 장점을 극대화하는 것이 생존 비결이라고 생각합니다. 다른 선수들보다 슛 거리가 길었던 것 역시 한몫 했다고 봅니다.

Q: 김은혜 선수의 인생경기는?

A: 여농 티비 영상에 한 번 나왔던 경기가 있습니다. 2006-2007시즌은 제가 3점 슛 상을 받았던 시즌입니다. 그때 저희 팀에 '타미카 캐칭'이라는 압도적인 기량을 갖춘 선수가 있었기에 저도 덕을 봤던 경기였죠. 당시 3점슛을 12개 시도해서 7개를 성공(VS KB스타즈, 2007.02.28)했습니다. 그때 가장 좋은 슈팅을 보여줬던 것 같아요.

> 김우석 바스켓코리아 편집장이 본 김은혜
> 김은혜 슈팅을 떠올리면 가장 먼저 떠오르는 것은 부드러움이다. 강하게 던지는 것 같지 않지만, 손에서 떠난 볼은 가볍게 림까지 도달하고 포물선도 이쁘다. 높은 위치에서 림으로 향하기 때문에 골로 연결될 수 있는 확률이 높다. 그리고 김은혜의 최고 강점은 가볍고 빠르지만 슈팅 자세가 일정하다는 것이다.

3.5 ◐
슛이 없는 선수에서
슛이 있는 선수로 주희정

🏀 '슛이 없는 선수에서 슛이 있는 선수'라는 말로 주희정(182cm, G)을 설명하기에는 그의 커리어가 너무 화려하다. 그는 자타가 공인하는 KBL레전드 중 한 명이다. 그의 커리어에 대한 자세한 설명은 생략하기로 한다. 지금부터는 주희정 감독에게 직접 본인의 농구 인생과 슛 이야기를 들어보자.

🎙️

Q: 고려대학교 중퇴 후에 수련생으로 나래 블루버드에 입단했습니다. 나래 블루버드에서 평균 12득점, 4.5어시스트, 4.2 리바운드, 3스틸이라는 기록을 내면서 신인상을 받으셨어요. 장래가 기대되는 주전 가드가 됐는데, 이후 '슛이 없다'는 평가가 나오기 시작했잖아요. 그런 말이 나올 때마다 심정이 어땠나요?

A: 사실 농구 선수가 슛이 없다는 건 굉장히 창피한 얘기인데요. 득점을 올리고, 어시스트를 하는 등 개인 기록도 좋고, 팀도 이기면서 기분이 좋았어요. 그런데 농구 팬들이나 언론사 기자분들이 그렇게 말씀을 하시거나 기사가 나올 때마다 되게 창피했어요. 옷을 벗고 코트에서 뛰는 것 같은 느낌이 들 정도로, 수치심을 느끼며 농구를 했던 것 같아요. 그러면서도 경기에 나가 이겨야 하고 극복하기 위해 제 스스로 멘탈적인 부분을 매일매일 다잡고, 경기를 준비어요. 슛이 없다는 약점을 멘탈적인 부분을 통해 이겨냈던 것 같아요. 한때는 어릴 때부터 고등학교 때까지 슛 연습 안 한 것을 많이 후회하기도 했어요. 달리기를 좋아하고, 그게 강점이다 보니 다른 기본적인 거나 드라이브인, 패스만 너무 하고, 슛에 대

한 연습은 게을리 하다 보니 그 부분에 대해서 후회를 많이 했어요. 그나마 다행인 게 프로 구단 입단 후 조금이라도 빨리 슛의 중요성을 깨달았죠. 그게 다 팬들하고 언론 기자분들이 저한테 망치로 머리를 쳐준 덕분인 거죠. 그때부터 정신을 차렸는데도 어느새 30대가 됐더라구요.

Q: 나래 블루버드에서 신인상도 받았는데, 나래가 드래프트에서 신기성을 뽑으면서 1년만에 삼성으로 트레이드가 됐잖아요. 그때는 사실 기분이 어땠어요?

A: 사실 그때는 기분이 상당히 안 좋았죠. 많이 울었어요. 팀 내 선배님들하고, 팬들과도 정이 들었기에 더 서글펐어요. 더욱이 신인 때 기록도 너무 좋았잖아요. 버림을 받는 기분이었고, 대학교 때처럼 신기성 선배, 김병철 선배의 그늘을 벗어나지 못했다는 생각도 들었어요. 프로에 들어왔고, "초대 신인상을 받았는데도 내 한계가 여기까지인가?"라는 고민도 많이 했고, 스트레스도 많이 받았어요. 한편으로는 또 그런 부분이 흔들리는 저를 잡아준 약이 됐던 것 같아요. 오히려 독하게, 악으로 깡으로 시련을 이겨낼 수 있었던 발판이 되지 않았나 싶어요.

Q: 대신 삼성에 와서 전자 슈터로 불리던 김현준 코치에게 슛을 배웠다고 들었어요.

A: 처음 김현준 코치님께 양해를 구했어요. 슛이 너무 없다 보니까 슛을 잘 던지고 싶은 마음에 김현준 코치님께 "등 번호 10번을 제가 달고 뛰어도 되겠습니까?"라고 물었어요. 그때 코치님이 제게 "네가 슛이 좋아지고 싶으면 달고 뛰어라" 말하며 흔쾌히 허락해주셨어요. 그래서 제가 첫 해 삼성에 왔을 때 10번을 달고 뛰었어요. 10번을 달고 뛰면 그래도 김현준 코치님만큼의 슈팅 능력은 아니더라도 무릎 정도까지는 되지 않을까 하는 심정이었습니다. 그런 의미로 10번을 달고 뛰었는데 김현준 코치님이 그 부분을 좋게 봐주셨나 봐요. 그때부터 슈팅에 관해 많은 조언을 해주시고, 서포트도 많이 해주셨어요. 그런데 농구라는 게 아무리 유능한 사람이 가르친다 하더라도 1년 안에 큰 변화가 있지는 않아요. 저도 김현준 코치님의 노하우를 저만의 것으로 흡수하려고 무단히 노력했죠. 근데 그러고 나서 1년 뒤에 김현준 코치님이 사고를 당하셨어요. 지금도 잊지 않고 생각하지만 김현준 코치님께 많은 부분을 배웠던 것 같아요.

Q: 슛 메커니즘 같은 걸 배운 건가요?

A: 폼을 배운 게 아니고, 약간의 교정을 받았어요. 슛 타이밍도 가르쳐주셨는데 김현준 코치님은 2번과 3번 포지션으로 활약하면서 슛을 던졌지만, 저는 포인트가드라 포인트가드로서의 슛 타이밍과 스텝을 배웠어요. 코치님은 제게 슛은 "너에게 제일 편한 폼으로 던지라"고 말하셨어요. 슛 폼을 이렇게 쏴라 저렇게 쏴라, 손목을 묶어라, 이게 아니라 스텝, 슛 타이밍 그리고 볼 위치, 딱 이거 세 가지를 강조하셨죠. 저는 그것을 바탕으로, 저한테 맞는 방법을 찾아서 슛 연습을 한 거죠. 김현준 코치님의 가르침은 지금도 기억하고, 잊지 않고 있어요.

Q: '테크노가드'로 불리던 2000년대 초반, 팀의 우승을 이끌고, MVP도 되셨어요. 그때는 속공 전개, 어시스트 그리고 활동량이 엄청 돋보였죠. 그때 당시에 사실 챔피언 결정전에서 창원 LG세이커스가 주희정 선수의 슛을 사실상 버렸다가 역으로 당했잖아요. 실제로 언론에서도 "LG가 주희정의 슛으로 인해 당했다"라고 말할 정도였어요. 당시 MVP 받았을 때 소감을 듣고 싶어요.

A: 어린 나이에 MVP를 받다 보니 사실 한편으로는 쑥스럽기도 했고, 다른 선수들에게 미안한 마음도 있었어요. 팀에 훌륭한 선배님들이 많았는데 대표적으로 문경은 선배님이 계셨죠. 당시 우승했을 때 김현준 코치님이 세상에 안 계셨지만, 마음속으로 코치님께 "정말 많이 감사하다"고 말씀 드렸죠. 사람들이 주희정의 슛이 간간이 들어가는 거라고 했지만, 저는 그 간간이 들어가는 슛을 만들려고 부단하게 노력을 했어요. 사실 이상민 선배님이 연세대 시절에는 슛이 엄청 좋지는 않았어요. 그런데 유심히 보니까 이상민 선배님은 중요할 때 꼭 한 방씩 슛을 성공시키는 클러치 능력이 있었어요. 6개를 던져 하나가 안 들어가도, 7개째, 딱 중요할 때 한 방을 성공시킬 수 있는 슈팅 능력을 갖고 있었어요. 그래서 저도 가드로서 평소에 슛이 안 들어가더라도 승부를 짓는 슛을 성공시킬 순간이 올 거라는 생각으로 연습했습니다. 그러면서 생긴 저만의 자신감이 그때 챔피언 결정전 때 가끔씩 한방-한방-한방 이렇게 딱 터져줬던 것 같아요. 그러다 보니까 농구 팬들도 그렇게 기억을 하시는 것 같고, 제게도 좋은 기억이었던 것 같아요.

하프타임. 슛은 재능이 아닌 노력이다

Q: 서장훈이 영입됐잖아요. 그러면서 빠른 농구를 표방하는 주희정의 삼성에서 지공 위주의 농구를 하는 서장훈의 삼성이 됐죠. 이때도 어려움이 있었을 거 같아요.

A: 솔직히 신인상을 받고, 파이널 MVP를 받았을 때 속공 농구와 아웃 넘버를 만드는 스타일의 농구였지만 장훈이형이 팀에 와도 크게 문제될 거라 생각지 않았어요. 장훈이 형이 저보다 선배고 훨씬 클래스가 높은 선배이기 때문에 개의치 않았어요. 그래도 저는 지공 농구보다 빠른 템포 농구 스타일인데 그게 장훈이형하고 맞지 않았죠. 솔직히 말씀을 드리면, 지금에 와서 당시를 돌이켜보면 창피하지만 가드로서 2대2 플레이를 잘 못했어요. 오로지 그냥 빠른 스타일의 농구를 선호했던 거 같아요. 상대 선수를 제치면서 수비수를 저에게 붙이고, 어시스트를 할 수 있는 능력만 있으면 된다고 생각했죠. 그러다 보니까 제가 장훈이 형에게 맞추지 못한 거죠. 그런데 저는 장훈이형이 저에게 맞추게끔 기다리고 있었거든요. 계속 그런 생각을 가지고 있다가 가드가 센터에게 맞춰줘야 한다는 것을 안양 KT&G로 트레이드가 되고 나서 느낀 거예요.

Q: 다시 한번의 시련으로, 업그레이드되는 시간이었겠군요.

A: 그렇죠. 그때 하마터면 교만하게 될 뻔했는데 제 부족한 점을 깨닫게 되면서 업그레이드의 필요성을 느끼게 됐죠. 그때 저도 장훈이형에게 최대한 맞췄거나 지공 농구도 할 수 있는 능력을 갖췄다면 아마 트레이드도 없었겠죠. 장훈이형과 계속 호흡을 맞췄다면 그때 농구 실력이 만개해, 조금 더 빨리 좋은 선수로 성장할 수 있었을 텐데, 지나고 나니 많이 아쉽더라고요.

Q: 주희정-이정석 트레이드는 양팀 모두 성공이었죠. 주희정의 농구를 팬들에게 제대로 알릴 수 있었으니까요. 정규리그 MVP도 되면서 전성기가 시작됐고, 최고 가드의 반열에 오르게 시작했죠.

A: 그렇죠. 평균 15득점과 함께 8.5개 어시스트로, 이 부문 1위와 정규리그 MVP를 차지했죠. 그때는 소름이 끼쳤죠. 앞서 말했듯 장훈이형이 오면서 마음의 상처를 또 한 번 겪었잖아요. 솔직히 그때 딜레마에 빠졌고, 이게 내 농구 인생의 정점이구나 생각했어요. 그때 또 나이가 29에서 30으로 넘어가는 시기였거든요. 그 당시에 저는 "아무리 농구를 길게 해도 서른셋 정도에 은퇴를 하는 경우가

많은데 이제는 정점에 왔구나"라는 걸 느꼈죠. 그런데 안양으로 트레이드 되고 나서 한 번 더 제 농구를 보여준 거죠. 그리고 MVP를 받을 때는 유도훈 감독님하고 잠깐 1년을 하고 이상범 감독님하고 1년을 했죠. 그때는 숏에 눈을 조금 뜨고, 2대2 플레이도 할 줄 아니까 5대5 농구가 쉬워 보였죠. 그 당시에 이런 것들이 너무 웃긴 거예요. 삼성에서 제가 장훈이형과 2대2 플레이에 눈을 떴다면 삼성에서 장훈이형하고 오래 같이 할 수 있었을 텐데 말이죠.

Q: 업그레이드 된 자신의 농구를 하며 어떤 느낌이었나요?
A: 제가 잘하는 빠른 농구는 제가 하지 말라고 해도 몸에 배어 있어 자동으로 나왔던 것 같아요. 거기에 2대2 플레이 하나를 입히니까, 5대5 농구가 더 쉬웠죠. 저는 지금도 지도를 하며 느끼는 게 농구는 5대5보다 1대1 상황이 더 좋다고 하잖아요. 그런데 저는 그거보다 2대1 상황이 제일 좋다고 생각하는 등 감독을 하면서 새롭게 뭔가를 또 배우는 거 같아요. 2대1을 잘하면 1대1도 잘하게 되고, 5대5도 잘하게 된다고 봐요. 안양에서 농구를 했을 때 2대2플레이에 속공 전개까지 되는 등 농구 길이 보였어요. 저한테 수비가 두세 명 몰려 있을 때 굉장한 전율을 느낀다고 해야 되나, 저만의 쾌락을 느꼈죠. 그러면서 오히려 더 즐기려고 했어요. 서른이 넘어서 비로소 농구에 눈을 뜨게 된 거죠. 시야가 넓어지면서 그때는 뭘 해도 됐어요. 그때부터 한 4~5년간은 스피드가 조금 줄어들 때까지 제가 하고 싶은 대로 다 했어요.

Q: 그리고 우승하기 위해 서울 SK 나이츠로 오게 되잖아요.
A: 그렇죠. 그때는 트레이드 상대였던 (김)태술이가 반대로 힘들어하는 그런 상황이었어요.

Q: 서울 SK 나이츠에 오니까 이제 문경은-방성윤-김민수 공격력이 좋은 선수들이 있었잖아요. 그리고 그때 모래알 조직력으로 불릴 때였고요.
A: 제가 우승이 하고 싶어 SK에 온 게 큰 욕심이었던 것 같아요. 뭐를 하려고, 잡으려고 하면 멀어지더라고요. 돈을 벌려고 해도 멀어지는 건 마찬가지인데 우승을 갈망하고, 우승에 배고파 SK에 갔는데 그게 뜻대로 되지가 않더라고요. 그때 전

희철 감독님은 은퇴를 했지만 식스맨에 김기만, 이병석 선수까지 있어서 탄탄했어요. 주전 선수들이 너무 공격 성향이 강하다 보니까 저는 선수들의 공격 점유율을 배분해주는 것과 수비에 치중을 해야겠다고 생각했죠. 때마침 외국인 선수도 역대급 NBA 스펙을 가진 사마키 워커였죠. 솔직히 지금 와서 고백하면 제가 많이 흔들렸어요. 제가 중심을 못 잡았고, 팀 리딩을 잘 못 한 거 같아요. 아마 저와 트레이드가 된 태술이는 제가 신인 때 신기성 선배가 팀에 와서 제가 삼성으로 트레이드됐을 때의 심정과 비슷했을 거예요. 어쨌든 태술이도 안양을 가서 더 잘 됐고, 저는 더 안 됐는데 그때 또 "이제는 진짜 여기가 나의 정점이다"고 한탄을 했었죠. 팀을 어떻게든 조율하겠다는 게 아니라 솔직히 저도 그 당시에 손을 놓았죠. 그도 그럴 것이 국내 용병인 방성윤 선수는 4경기 뛰고, 부상을 당해 시즌 아웃이 됐어요. 제가 첫해 트레이드가 되고 팀이 4연승을 할 때, 성윤이의 인대가 끊어진 거예요. 성윤이의 존재감이 엄청날 때인데 그때를 기점으로 팀이 와르르 무너졌던 거 같아요. 저도 동시에 초심과 중심을 잃고, 여기서 끝내자는 식으로 자포자기했죠.

Q: 2010년 초 중반에 NBA는 스테판 커리가 주도해 슛에 대한 패러다임이 바뀌었잖아요. 그러면서 KBL도 슛이 없으면 살아남기 어려운 시대가 됐어요.

A: 그렇죠. 슛은 필수죠. 김현준 코치님의 후배가 문경은 선배에요. 경은 선배는 광신상고에서 하루에 1천개의 슛을 던졌다고 하는데, 저는 1천개를 던질 시간이 없었어요. 왜냐하면 웨이트 트레이닝이나 개인 연습을 할 때 목표치가 있었기에 슛 1천개를 던질 시간이 없었어요. 슛이 들어가기 전까지 저만의 훈련을 제가 만들어서 훈련을 한 거예요. 목표치가 하루에 200개에서 300개 성공시키는 거였어요. 그리고 200개에서 300개를 메이드를 시킬 때 서서 던지는 게 아니라 무조건 슈터처럼 실전 경기 상황을 만들어 움직여요. 훈련으로 하체 밸런스를 잡기 힘들 정도로 지쳤을 때, 슛 2,300개를 던졌습니다. 그것을 22,2세 때부터 계속해서 7,8년 정도를 하니 슛이 조금 좋아진 거죠 그러면서 이제 안양 갔을 때 삼성 시절보다 슛이 좋아진 거예요.

Q: 후에 다시 서울 삼성으로 왔어요. 그때는 백업으로 뛰셨지만 리딩뿐만 아니라 슈팅도 좋았고, 2015-2016시즌 준우승할 때 플레이오프에서 중요한 순간에 주희정 선수의 역할이 컸잖아요. 주희정 선수가 많이 눈에 띄었는데 어떤 롤이 정해져 있었나요?

A: 딱히 롤은 정해져 있지 않았고요. 서울 SK 나이츠에 갔을 때 제가 좀 욕심을 부렸다고 말씀을 드렸잖아요. 욕심으로 제가 뭔가 보여줘야 되잖아요. 정점인데도 불구하고 무엇인가 보여주고 은퇴를 해야 팬들이나 언론, 주위 사람들이 저를 기억하기에 나이가 들어서 은퇴를 한 것보다 팬들의 응원을 받을 수 있게끔 하고 싶었어요. 식스맨상도 받고 싶었고, 식스맨으로서 팀에 활력을 주고 싶었어요. 벤치에 있으면서 경기가 안 풀릴 때 뭐가 안 됐는지 머리에 인지한 후 교체가 됐을 때 그에 대한 준비를 했던 거예요. 사실은 그러면서도 창피했죠. 제가 경기를 30분 이상을 뛰는 선수였는데 갑자기 5분을 뛰는 선수가 돼버리면서 제 스스로가 굉장히 창피했죠. 그런데 그것도 제가 멘탈적으로 이겨내야 될 부분이고, 삼성으로 트레이드가 되고 나서 젊은 선수들이 못하는 부분을 제가 해야겠다고 생각했어요. 스피드는 죽었지만 경기의 맥과 흐름을 읽고, 빠른 판단을 해서 우리 동료들한테 전달을 해줘야 되겠다, 마음을 먹었죠. 그러다 보니 삼성에서 우승까지는 못했지만 쏠쏠하게 활약을 할 수 있지 않았나 싶어요.

Q: 삼성에서 젊은 선수들과 친하게 지내셨고, 연습을 주도하며 도와줬다고 들었습니다. 일화가 많으시던데 이관희 선수(190cm, G)가 원래 슛이 없었잖아요.

A: 유일하게 관희가 전화하는 친구에요. 관희가 군대 전역을 앞두고 저에 대해서 알아보면서 트레이너 형한테 '희정이 형 어때?'라고 물어봤다 하더라고요. 그래서 제가 "그런 거 하지 말고, 형한테 직접 찾아와서 같이 운동하시죠?" 이렇게 하라고 관희한테 말했죠. 그때부터 친하게 지내며 야간에 훈련도 같이 하는 등 1대1도 하고, 슈팅 연습도 했어요. 관희는 슛 쏘는 걸 좋아하는데 힘들게 쏘거나 어렵게 쏘는 것은 또 싫어해요. 그래서 제가 관희한테 "힘들게 슛을 쏘고, 힘들게 뭔가 과정을 거쳐야지 시합 때 쉽게 던졌을 때 들어갈 확률이 5%는 더 높아지지 않겠니?"라고 했죠. 그러니까 본인도 그렇게 연습을 하더라고요. 그때는 제 말을 잘 귀담아 들어서인지 연습을 곧잘 했는데 지금은 제가 관희에게 조언

하프타임, 슛은 재능이 아닌 노력이다

할 엄두도 못 내죠. 국가대표까지 됐는데 감히 제가 어떻게 뭐라고 하겠어요. 이번에 3점 슛 콘테스트 1위까지 했으니 어깨에 힘이 엄청 들어갔죠(웃음).

Q: 훈련 방식이 남다르신 거 같아요. 본인에게 유독 혹독하시고요.
A: 저는 독학으로 훈련방식을 만들었지만, 지금은 유튜브 같은 걸로 쉽게 훈련 방식을 구상할 수 있잖아요. 제가 선수 생활을 할 때도 그런 게 있어 미리 알았다면 준비를 더 철저히 했을 것이고, 훈련 방식도 더 체계적으로 준비를 했을 것 같아요. 슈팅 능력과 스킬 업까지 포함해서 말이에요.

Q: 슛을 발전 시키기 위한 조언을 한마디 해주세요.
A: 슛을 갖추기 전에 기본 드리블을 할 줄 알아야 하고, 하체와 몸에 힘이 좋아야 된다고 봐요. 그래야 드라이브 인을 할 수 있게 되고, 그 다음이 슛인 거지, 슛을 갖추고 나서 드라이브 인이 안 좋은데 드라이브 인을 못하면 발전이 없는 거예요. 몸에 힘이 없는데 무슨 슈팅을 하겠어요. 하체 근력부터 키우고, 드라이브 인을 몸에 익힌 다음 슛이 되어야 한다고 봐요.

Q: 특별한 이유가 있나요?
A: 만약에 제가 슛이 좋은데 드라이브 인이 안 좋아요. 그런데 수비 잘하는 애가 붙어버리면 드라이브 인도 못하게 되죠. 저는 농구라는 게 슛이 먼저가 아니라 기본기랑 어시스트가 먼저 되고, 하체 힘과 근력도 있어야 농구의 기본이 갖춰진다고 생각해요. 그걸 느끼게 해준 사람이 바로 문경은 감독님이에요. 서울 SK 나이츠에 같이 있었는데, 그때 문경은 감독은 은퇴 당시에 상체가 워낙 좋으니까 웨이트는 하체 스커트 운동만 10세트를 했어요. 자신의 강점을 잘 알고 계신 거였죠. "하체가 좋아야 슛이 좋다"고 문경은 감독이 자주 이야기했어요. 한국을 넘어 아시아 최고의 슈터가 한 말이니 맞는 말이었죠.

Q: 주희정 선수는 드라이브 인이 엄청 좋았던 걸로 기억해요.
A: 제 자랑을 조금 하자면(웃음)... 신인이 어떻게 평균 12득점을 넣겠어요. 정확히는 12.7점이고, 슛이 없을 때였는데, 아마 3점 슛 성공률이 17%였을 거예요. 아

직도 기억나는 것이 강동희 선배, 이상민 선배는 제가 3점슛 라인 앞에 서면 자유투 라인까지 떨어져서 수비를 했어요. 3점슛이 없다고 생각하고, 드라이브 인을 수비하겠다는 생각을 했던 거죠. 스피드를 붙여서 드라이브 인을 할 수 있는 능력이 있었기에 평균 12점을 넣은 거였어요. 여기에 슛 연습까지 하니 슛도 들어가면서 평균 12점을 넣었던 거 같아요.

Q: 슛이 좋으려면 기본적으로 근력이 좋아야 하고 드라이브 인을 할 줄 알아야 한다는 말씀인 거죠?

A: 그럼요. 예를 들어 여준석에게 슈터처럼 슛을 쏘라고 하면 못 쏴요. 운동능력이 어마어마하게 좋지만 하체 근력이 부족하다는 거죠. 3번 포지션에 맞게 움직이려면 하체 근력을 더 키우라고 말했죠.

Q: 역대 최고의 슈터와 현역 최고의 슈터는 누구라고 생각하나요?

A: 역대 최고는 문경은 선배라고 생각해요. 사람들이 잘하는 선수를 보면 '100년 만에 나올만한 선수'라는 말들 하잖아요. 제가 볼 때 문경은 선배가 100년 만에 한 번 나올만한 슈터에요. 조금 더 설명하자면 문경은 선배 슛은 실패해도 롱 리바운드가 되는 슛이 거의 없어요. 슛이 굉장히 정교하다는 의미죠. 상체와 하체 밸런스가 좋기에 가능한 슛이에요. 제가 볼 때 앞으로도 문경은 선배 같은 슈터가 쉽게 안 나올 것 같아요. 현역은 무조건 전성현이죠.

'슛이 없는 선수'에서 '슛이 있는 선수'로 진화한 주희정. 그의 진화는 여전히 농구 팬들에겐 '영감의 원천'이다.

하프타임. 슛은 재능이 아닌 노력이다

3.6

'두목호랑이' 이승현의 슛터치를 만든 아버지 이용길

🏀 2000년대 초반 '새벽형 인간'이라는 용어가 유행했다. 정주영 회장은 새벽에 자녀들과 다같이 모여서 운동하고 식사한 것으로 유명하다. 그렇다면 농구계 새벽형 인간은 누가 있을까? 바로 '두목 호랑이' 이승현(197cm, F)이라고 말하고 싶다. 새벽 운동을 하며 슛연습을 한 이승현과 그의 부친 이용길로부터 이승현의 슈팅에 대해 들어보자.

이승현의 슛터치는 새벽에 만들어졌다

이승현의 부모는 농구 선수 출신이고, 이승현은 유도선수 출신이다. 이승현의 부친 이용길은 말한다. "승현이는 살 빼려고 농구를 시작했다. 농구를 시작한 이래 승현이는 새벽 운동을 거른 적이 없다. 나와 아내가 배운 운동 스타일로 어려서부터 가르쳤고 부족한 부분은 자료들을 찾아서 가르쳤다. 특히 초등학교 5학년, 농구시작 전에 슛폼을 가르쳐주기 시작했는데 자세가 잘 나와서 신기했다. 생각보다 자세가 빨리 잡혀서 프리드로우라인 한발 앞에서 슛폼이 몸에 밸 때까지 계속 연습을 시켰다. 그 다음부터는 농구인이나 농구 동호인들이 말하는, '프리드로우라인을 돌아가며 슛을 하는 올림픽코스'로 슛폼도 익히고, 점프슛도 연습했다."

이용길씨는 아들이 어린시절부터 부모에게 순종하면서 묵묵히 운동해온 모습을 보며 대견함을 느껴왔을 것이다. 그는 "승현이의 투지와 근성은 귀찮은 새벽운동을 이겨내면서 만들어진 것이다"라고 전했다. "프로가 된 지금도 같이 운동을 하냐?"는 질문에 이용길씨는 "내가 지방에서 직장 은퇴하기 전 주말에 서울 올라오면 같이 운동을 하기도 했다. 물론 지금은 운동을 같이 할 수준이 아니지만 건방떨지 않고 같이 운동하러 가는 모습 보면 성실함은 확실히 있다고 자신한다"라고 한다.

이승현을 지도했던 용산고교 이효상(前 원주DB 코치) 前코치는 이승현에 대해 "새벽에 공 튀기는 소리가 들리면 이승현이었다"고 회상한다.

신장으로 인하 저평가 그리고 보여준 슈팅

이승현은 4년간 고려대학교 농구부의 전성기를 이끈 주역으로, 고려대의 2013년 농구대잔치 우승을 시작으로 MBC배, 프로-아마 최강전, 한국대학농구리그 챔피언 결정전 우승을 비롯 아시아-퍼시픽 대학농구 챌린지, 대학농구리그 정규리그 전승 및 챔피언 결정전 우승을 차지하며 고려대 농구부의 전성기를 이끌었다. 하지만 2014 인천 아시안 게임에서 결국 최종 엔트리에 들지 못했다. 파워포워드치고 높이가 낮고 슛거리가 긴 편이 아니라서 국제대회에서 파워포워드 기용이 애매했기 때문이었다. 이에 고려대학교 '안암골 호랑이' 농구부 서포터스 前회장이었던 이병열은 "이승현이 처음 국가대표에 가서 고려대에서 하던 역할과 달리 외곽에서 슛도 던지는 3.5번 역할을 주문 받았는데, 골밑에서 혹은 하이 포스트에서 이종현과 쉽게 플레이 하던 것에 비해 어려움이 있었을 거다. 그러나 언론에 보도된 것처럼 유재학 감독이 3점슛 연습하라고 해서 시작한 건 아니다. 이승현의 부모님이 두 분 모두 선수 출신인데 긴 슛이 필요한 걸 모르고 있었을까? 당연히 연습할 때는 3점슛을 던졌을 거다. 다만 고려대에서는 좀 더 골밑에서 움직여야 했고 게임 조율도 하며 심지어 볼 운반도 해야 했다"라며 이승현의 슛이 문제가 아니라 팀의 역할에 충실한 모습이 오히려 슈팅 능력에 대한 저평가로 비쳐졌다고 설명했다.

이승현은 자신보다 슈팅이 좋은 선수가 있다면, 그 선수를 위해 스크린을 걸어주고 리바운드를 잡아주고 찬스를 만들어주는 선수다. 그렇다고 그가 슛이 없는 선수가 아니라는 것을 지금까지 증명해오고 있다. 특히 대학교 4학년 시절 국가대표에 계속 탈락하다 보니 슈팅능력이 있다는 것을 보여주기 위해 슈팅을 적극적으로 시도했다. 그리고 대학교 4학년 마지막 대회에서 적극적으로 3점슛 찬스가 나면 시도하며 성공하기 시작했다. 이용길은 "승현이가 어린 시절부터 슛터치가 좋았다. 그런데 신장도 좋았고 힘도 좋았다. 만약에 키가 2m이상 안 될 줄 알았으면 처음부터 슈터로 키웠어야 하는 생각도 든다(웃음)"라며 신장과 슈팅으로 저평가 받는 부분을 농담으로 답했다. 하지만 그는 "승현이를 가까이서 지켜 본 동료나 선생님들은 알고 있다. 이미 3점슛 연습은 고교 때부터 항상 했고, 팀내 연습에서는 3점 시합도 항상 상위권이었다. 다만 팀 내 역할이 인사이드를 장악하는 것이었기에 그 역할에 충실했다. 대학교2학년 때까지 경기에서 3점슛 기회가 없었다. 그리고 이종현이 입학하면서 활동범위가 넓어졌다. 그래서 3학년때부터 3점슛을 시도하게 됐다"라며 슈팅으로 저평가받던 시절에 대한 아쉬움을 토로했다.

하메드 하다디(218㎝, C)를 통해 4번 포지션 경쟁력 확보

KBL 첫해 4번이 아닌 3.5번에 가깝게 기용되었지만 그의 4번 경쟁력을 확인한 대회가 있었다. 대한민국은 2015 아시아남자농구선수권 8강전에서 '아시아 챔피언' 이란에게 62대75로 대패를 당했다. 하지만 이란 선수 최초로 미국 프로농구(NBA)에 진출했던 하메드 하다디를 막는 우리나라 선수의 모습을 보면서 농구 팬들은 열광했다. 그는 바로 197cm의 단신 센터 역할을 맡은 포워드 이승현이었다. 14대26으로 지고 있었지만 최준용의 연속 득점으로 추격전을 펼치던 상황이었다. 하지만 2쿼터 종료 6분 31초를 남기고 슈팅을 하던 이승현이 상대 발을 밟고 왼쪽 발목을 다쳤다. 이때부터 우리 대표팀은 급속도로 골밑이 무너지기 시작했다. 결국 대한농구협회와 KBL의 제대로 된 협조 없이 치러진 국가대표팀의 제28회 아시아 농구 선수권대회는 아시아 5위라는 실망스러운 성적을 냈다. 하지만 이승현이라는 '차기 국대 두목'을 발견하고 '팬들이 열광하는 플레이'가 무엇인지를 확실히 알게 해준 것만큼은 성과였다.

2015 KCC프로아마농구 최강전 MVP

고양 오리온 오리온스는 지난 8월 22일 서울 잠실학생체육관에서 열린 KCC 프로아마농구 최강전 결승에서 고려대를 상대로 93대68 완승을 거뒀다. 대회 첫 프로 우승팀이 되었다. 이승현은 고려대 시절 프로 팀들을 함께 제압해 온 고려대 후배들을 상대로 25점, 7리바운드를 기록했다. 특히 이승현은 이종현 (206cm, C)을 상대로 힘과 기술에서 압도하며 자신의 가치를 더욱 높였다. 이승현으로 인해 이종현에 대한 평가와 고려대 시절 이승현의 존재감도 이슈가 되기도 했다.

2015-2016 KBL 챔피언결정전 MVP

'두목 호랑이'이 이승현이 이끄는 고양 오리온 오리온스는 2015-2016 KBL 챔피언결정전에서 전주 KCC를 상대로 93대68 완승을 거뒀다. 문태종, 조 잭슨, 김동욱, 애런 헤인즈가 공격에서 활약했다면 이승현은 하승진과 외국인 선수를 수비하며 주도권을 잡는데 앞장섰고, 우승하는 데 큰 역할을 하며 MVP에 선정되었다. 이승현은 외곽 슈팅 능력이 있기에 하승진을 끌고 나와 공격하며 하승진을 힘들게 했다. 특히나 하승진과 외국인 용병을 수비한 모습은 대체 불가능 그 자체였다.

KBL 최고의 파워포워드

이승현은 KBL 드래프트 전체 1순위를 시작으로 신인상을 수상하고 챔피언결정전MVP와 베스트5, 그리고 최우수 수비상까지 받으며 명실상부 최고의 파워포워드로 올라섰다. 특히 슈팅을 더욱 정교하게 만든 2021-2022시즌 이대성과 막강한 원투펀치를 결성했고, 환상적인 2대2 경기를 펼치며 평균 13.5득점의 커리어 하이를 기록했다. 2022-2023 시즌을 앞두고 FA가 된 이승현은 KCC로 팀을 옮겨 용산 고등학교 시절 후배이자 프로농구 최고의 인기스타인 허웅 (186cm, G)과 힘을 합쳐 다시 한번 우승 도전에 나서려고 하고 있다.

하프타임. 슛은 재능이 아닌 노력이다

이승현의 아마추어 시절부터 지금까지의 모습을 지속적으로 지켜봤다. 겉모습만 보면 마치 이승현이 힘으로 농구할 거 같지만 사실 굉장히 영리한 선수이며 슈팅도 갖췄다. 특히 슈팅 능력은 이승현이 가진 매우 큰 장점이라고 생각한다. 인사이드 플레이어 중 이승현 정도로 **빼어난** 슈팅 능력을 지닌 선수는 흔치 않다. 자신보다 더 큰 선수를 끌어내서 공격하는 능력도 있고, 미드 레인지 점퍼는 한 팀의 공격 루트를 분산시킬 수 있는 좋은 옵션이다. 특히 외곽슛과 골밑슛에 더해 미드 레인지 슈팅은 공격에서 밸런스를 잡아주고, 상대 수비를 머리 아프게 할 수 있는 기술이기 때문에 이승현의 미드 레인지 점퍼는 상당히 높은 가치를 지니고 있다고 할 수 있다.

NBA의 슛 이야기

4.1

슈터와 슛이 있는 빅맨 이야기

더크 노비츠키, 노력이 빚은 최고의 스트레치 빅맨

달러스 매버릭스의 프랜차이즈 스타이자, 전설인 더크 노비츠키는 리그 역사상 최고의 '스트레치형 빅맨'이기도 하다. 노비츠키가 뛰던 당시 빅맨들은 외곽 플레이에도 강점이 있는 지금의 리그 트렌드와 달리 인사이드 플레이에 강점이 있었다. 노비츠키와 함께 4대 파워포워드로 불린 크리스 웨버와 팀 던컨, 케빈 가넷의 플레이만 봐도 알 수 있다.

세 선수와 달리 노비츠키는 커리어 평균 38%(1.3개 성공)의 3점 슛 성공률을 기록하는 등 인사이드가 아닌 외곽 플레이에 더 강점이 있는 파워포워드였다. 특히, 2006-2007시즌에는 최고의 슈터들에게만 가입이 허락된다는 180클럽에도 가입했다. NBA 역사상 208cm 이상의 선수 중 180클럽에 가입한 이는 노비츠키와 케빈 듀란트, 두 사람밖에 없을 정도로, 빅맨들에게 180클럽은 미지의 영역이기도 하다. 당시 노비츠키는 야투 성공률 50.2%-3점 성공률 41.6%-자유투 성공률 90.4%를 기록하며 대기록에 이름을 올릴 수가 있었다. 21년 커리어 전체를 살펴보면 노비츠키는 정규리그 1,522경기에서 평균 20.7득점(FG 47.1%) 7.5리바운드 2.4어시스트를 기록했다. 자유투 성공률도 평균 87.9%(5.4개 시도)에 이르는 등 노비츠키는 내·외곽을 모두 넘나들 수 있는 공격형 포워드로 활약했다.

노비츠키의 농구 인생을 논할 때면 빼놓을 수 없는 사람이 있다. 바로 노비츠키를 처음 농구계로 끌어들인 이는 '홀거 게쉬바인더' 코치다. 노비츠키가 리그 최고의 선수로 성장하면서 함께 주목받기 시작한 게쉬바인더는 지금도 NBA 여러 스타급 선수의 멘토로 활약하고 있다. 게쉬바인더는 노비츠키에게 농구만 가르친 것이 아닌 사춘기 소년이었던 노비츠키의 바른 인격 형성에도 큰 영향을 미쳤다. 그 예로, 게쉬바인더는 노비츠키에게 음악도 자주 듣고, 문학책까지 많이 읽어볼 것을 권장했다. 이에 그친 것이 아니라 학업도 철저히 관리했다. 노비츠키에게 있어 게쉬바인더는 그저 단순히 개인 코치가 아닌 '가족'이라고 할 수 있다.

이런 두 사람의 인연은 1994년, 노비츠키가 독일 2부리그, DJK 뷔츠부르크에 입단하면서 시작된다. 입단 초기 노비츠키는 외곽이 아닌 인사이드 플레이 위주로 훈련을 받았다. 입단 당시 신장이 2m가 넘었던 탓에 노비츠키의 포지션은 자연스레 빅맨이 됐다. 외곽 슛은 철저히 훈련에서 배제됐다. 그러나 훈련을 진행하면서 노비츠키가 슛과 외곽 플레이에도 재능이 있음을 알게 된 게쉬바인더는 노비츠키 부모님의 허락을 받고, 일주일에 적게는 2번에서 많게는 3번, 노비츠키를 따로 불러내 슛과 외곽 플레이에 대한 과외를 진행했다. 게쉬바인더는 인사이드 슛에 익숙한 노비츠키의 슛 자세를 교정하는 것부터 훈련을 시작했다. 아직 발전 가능성이 큰 어린 나이였기에 속성 과외가 아닌 패스와 볼 핸들링, 웨이트 트레이닝까지 체계적인 단계를 밟아가며 지도했다.

이렇게 게쉬바인더의 지도를 받으며 성장을 거듭한 노비츠키는 1997년 나이키가 주최한 농구 캠프에 참가해 발군의 기량을 뽐내며 NBA의 주목을 받는다. 당시 캠프에 참가했던 찰스 바클리는 노비츠키가 자신을 상대로 주눅 들지 않고, 덩크 슛을 성공시키는 등 잠재력을 드러내자, 곧 있을 1997년 NBA 신인드래프트 참가를 권유했다. 그러나 당시 독일에는 지금의 우리나라처럼 병역의 의무가 있었다. 입대가 9월로 예정됐던 노비츠키는 부득이하게 바클리의 제안을 받아들이지 못했고, 1년 뒤인 1998년 신인드래프트를 통해 NBA에 진출하게 된다. 바클리의 관심을 받고, 여러 국제대회에서 두각을 나타냈던 노비츠키는 드래프트 개막 전부터 다수 팀의 주목을 받았고, 치열한 리쿠르팅 전쟁 끝에 댈러스가 1라운드 전체 9순위로 노비츠키를 품는 데 성공한다.

데뷔 첫해 노비츠키는 정규리그 47경기 평균 20.4분 8.2득점(FG 40.5%) 3.4리바운드를 기록했다. 노비츠키의 첫 NBA와 미국 생활은 고난의 연속이었다. 영어에 익숙지 않아, 감독을 비롯한 팀원들과 소통에 많은 어려움을 겪었다. 설상가상, 독일에서 뛰던 때와 달리 세계최고의 무대인 미국 농구에서의 노비츠키는 운동능력과 장기인 슛도 모두 평범한 선수였다. 시즌 초반 인상적인 활약을 펼쳤으나, 시간이 지날수록 경기 템포를 따라가지 못하는 등 체력적인 한계에 부딪혔다. 군 제대 후 제대로 된 훈련이 없이 곧바로 NBA에 입성한 것에 더해 NBA의 살인적인 일정(단축시즌이었음에도)도 노비츠키를 더 힘들게 했다.

스포르팅 뉴스에 따르면, 당시 노비츠키를 근거리에서 지켜본 스티브 내쉬는 "신인 노비츠키는 여러모로 부족한 선수였다. 재능이 없었던 게 아니라 NBA에서 뛸 준비가 부족했다는 표현이 맞을 것이다. 그런 상황에서 구단도 노비츠키를 압박했다. 보통의 선수라면 무너질 법도 했지만 노비츠키는 훌륭하게 이를 이겨냈다"는 말을 전했다.

실제 내쉬의 말처럼 댈러스 구단은 데뷔 초부터 노비츠키에게 많은 기대를 걸었다. 그 예로, 드래프트 당시 6순위 지명권을 갖고 있었던 댈러스는 노비츠키를 얻기 위해 9순위 지명권과 맞바꾸기도 했다. 댈러스는 피닉스 선즈에서 뛰던 내쉬와 노비츠키를 동시에 얻기 위해 드래프트 당일 여러 차례 트레이드를 진행하면서 팀 리빌딩에 나섰다. 노비츠키 지명 후 돈 넬슨 감독은 인터뷰 때마다 노비츠키를 신인왕 후보로 언급해 언론의 관심을 유도했다. 하지만 기대와 달리 노비츠키는 데뷔 첫 신인왕은커녕, 올-루키팀 수상에도 실패하는 등 구단의 기대를 충족시키지 못했다.

그러나 내쉬 말처럼 노비츠키는 재능이 아닌 준비가 부족한 것이었다. 1999-2000시즌, 노비츠키는 데뷔 시즌과 완전 다른 선수로 돌아온다. 노비츠키

입장에선 데뷔 시즌이 단축 시즌으로 치러진 것과 함께 댈러스가 플레이오프 진출에 실패한 것이 신의 한 수가 됐다. 시즌이 1월에 끝나면서 다음 시즌 개막 전까지, 충분한 훈련 시간을 확보한 노비츠키는 즉각, 독일로 돌아간다. 노비츠키의 귀국에 맞춰 훈련 일정을 짜놨던 게쉬바인더는 5개월간의 혹독한 훈련으로, 노비츠키의 변화를 만들어냈다. 다른 것보다 노비츠키에게 체력과 함께 파워 증강이 필요하다고 판단한 게쉬바인더는 노비츠키에게 약 10kg의 납 조끼를 입힌 상태로 훈련을 진행했다. 게쉬바인더를 절대적으로 신뢰했던 노비츠키는 독일에 머무는 동안 이를 성실히 이행했다. 이후에도 게쉬바인더는 노비츠키의 훈련을 전담하는 등 은퇴 전까지 멘토 겸 정신적 지주로 활약한다.

다시 노비츠키의 2번째 시즌 이야기를 해보자면 1999년 여름, 미국으로 돌아온 노비츠키는 서머리그 때부터 달라진 모습을 보이며 기대감을 높였다. 노비츠키는 데뷔 첫해 본인의 매치업 상대를 종종 놓쳤던 것과 달리 상대를 끝까지 쫓아가며 괴롭히는 등 수비력이 눈에 띄게 좋아진 모습이었다. 여기에 더해 영점이 잡히지 않았던 3점 슛도, 영점이 잡히면서, 볼 핸들링 능력까지 향상되는 등 공격력이 폭발했다. 시즌 중반 주전 파워포워드인 게리 트렌드가 부상으로 물러나면서, 주전 자리를 차지하게 된 노비츠키는 이후 기량이 무르익는 등 확고한 팀 내 주전 파워포워드로 자리를 잡게 됐다. 경기 외적으로도, 구단이 마련한 아파트가 아닌 동료들이 대거 거주하는 아파트로 이사해 친목을 다지는 등 댈러스라는 팀에 빠르게 녹아들었다.

이후 노비츠키는 인사이드 공격보다 아웃사이드 공격 비중을 늘리는 등 스트레치 빅맨의 완성형으로 거듭난다. 게쉬바인더에게 모든 훈련을 일임한 노비츠키는 그의 조언을 들으며 자신의 단점을 고치고, 장점을 극대화하기 위해 밤낮으로 노력했다. 그 예로 당시 노비츠키와 댈러스에서 한솥밥을 먹었던 포파이 존스 코치는 "젊은 나이에 미국으로 건너온 외국 선수들은 향수병으로 고생하는 등 적응에 애를 먹는 경우가 부지기수다. 급기야 이 때문에 꿈을 포기하고, 고국으로 돌아가는 경우도 허다하다. 그러나 노비츠키는 달랐다. 노비츠키의 직업윤리와 프로의식은 역대 최고였다. 그 예로, 늦은 밤 비디오 분석을 위해 체육관에 오면 그곳에는 언제나 노비츠키가 슛 연습을 하고 있었다. 심지어 휴일에도 농구를 하고 있었다"는 말을 전했다.

이런 각고의 노력이 있었기에 노비츠키는 자신의 시그니처 무브인 페이더 웨이를 완성할 수 있었다. 기본적으로 페이더 웨이는 하체 힘과 순발력 그리고 균형 감각까지 요구되는 등 고난도의 기술이다. 노비츠키는 기술의 완성도를 높이기 위해 한쪽 다리를 들고 슛을 쏘는 훈련과 균형 감각을 위한 코어 운동도 게을리하지 않았다. 두 다리 모두를 활용하기 위해 발을 바꿔가며 페이더 웨이를 연습을 했다는 후문. 특히 노비츠키는 페이더 웨이를 구사할 때 다리를 한쪽만 들고 쏘는 독특한 루틴을 갖고 있다. 국내 팬들이 '학다리 웨이'란 별칭을 붙인 것도 이 때문이다. 노비츠키는 훈련 영상을 녹화해 반복해서 보는 등 훈련에 참고하며 페이더 웨이에 최적화된 자세를 찾기 위해 슛을 갈고 닦았다.

다시 댈러스 이야기를 시작하면, 댈러스는 노비츠키의 성장에 맞춰 노비츠키를 중심으로 팀 전력을 재편한다. 우선 댈러스는 노비츠키와 팀을 이끌던 내쉬와 재계약을 포기했다. 30대가 된 내쉬와 재계약을 맺기보다 전성기에 접어든 노비츠키를 중심으로 팀을 재편하는 것이 장기적으로 낫다는 판단에서 내린 결정이었다. 내쉬가 팀을 떠난 후 마이클 핀리도 샌안토니오로 이적하는 등 댈러스는 2004년 여름을 기점으로, 노비츠키에게 모든 초점을 맞춘 팀으로 변모했다. 노비츠키도 구단의 기대에 힘입어 정규리그 MVP 후보로 거론되는 등 리그 최고 선수 중 하나가 된다. 클러치 상황에서도 여러 차례 팀을 구하는 등 해결사 역할도 맡았다. 노비츠키는 2006-2007시즌 정규리그 MVP를 차지해 유럽 선수로는 최초의 정규리그 MVP란 타이틀을 획득하게 된다.

노비츠키 시대에 파이널 우승을 이루겠다는 열망을 드러낸 마크 큐반, 댈러스 구단주는 노비츠키의 인사이드 수비 부담을 덜어주기 위해 에릭 뎀피어와 타이슨 챈들러와 같은 수비형 빅맨을 영입하는 등 지원을 아끼지 않았다. 그 결과, 댈러스는 2005-2006시즌 파이널 무대에 올라 첫 우승에 도전하게 됐다. 운명의 장난인지 몰라도 노비츠키는 2번의 파이널 모두 마이애미 히트를 상대했다. 첫 맞대결에선 드웨인 웨이드와 샤킬 오닐 콤비를 대적한 노비츠키와 댈러스는 시리즈 첫 2게임을 모두 가져가면서 리드를 잡았다. 그러나 침묵을 지키던 오닐이 인사이드를 장악하기 시작했고, 설상가상 드웨인 웨이드의 득점까지 터지는 바람에 시리즈를 2-4로 내주고, 파이널 우승의 꿈을 다음으로 미뤄야 했다. 노비츠키는 파이널 시리즈에서 평균 22.8득점(FG 39%) 10.8리바운드를 기록했다. 야투 성공률에서 알 수가 있듯, 노비츠키는 마이애미 수비의 집중 견제에 시달리면서 힘겨운 싸움을 펼쳐야 했다.

노비츠키의 2번째 파이널 진출은 그 후 5년 후인 2010-2011시즌에 가서야 이뤄진다. 댈러스는 2006년 파이널 우승 실패 이후 리그 상위권에 꾸준히 이름을 올리며 플레이오프 단골손님이 됐으나, 대부분 1라운드 진출에 그치는 등 우승과는 거리가 멀었다. 이에 언론에선 노비츠키를 두고, 새가슴이라 평가하기 시작했다. 하지만 절치부심하며 파이널 우승의 꿈을 포기하지 않았던 댈러스와 노비츠키는 2010-2011시즌 파이널에서 자신들에게 아픔을 줬던 마이애미와 다시 만난다. 6년 전 오닐과 웨이드 콤비가 이끌었던 마이애미는 르브론 제임스와 크리스 보쉬 등 슈퍼스타가 새로이 팀에 합류해 웨이드와 빅3를 구축하는 등 전보다 훨씬 강력해진 전력으로 댈러스를 맞이했다. 반대로 댈러스는 노비츠키를 중심으로 제이슨 키드와 션 메리언 등 베테랑의 노련함을 앞세우는 팀이었다.

이 때문인지 많은 이들이 파이널 시작 전부터 마이애미의 낙승을 예상했다. 양 팀은 혈전을 벌이며 1차전과 2차전을 나눠 가졌지만 3차전을 마이애미가 가져가면서 우위를 점하는 듯했다. 그러나 사람들의 예상과 달리 4차전부터 6차전까지 모두 댈러스가 승리하면서 우승의 영광을 가져간다. 파이널 MVP에 선정된 노비츠키는 시리즈를 치르는 동안 4쿼터에만 합계 62득점을 올리는 등 승부처를 지배했다. 노비츠키는 평균 40.4분 출장 26득점(FG 41.6%) 9.7리바운드 2어시스트를 기록하며 댈러스를 이끌었다. 무엇보다 댈러스의 우승은 당시 리그 트렌드를 전면적으로 반박했기에 리그에 시사하는 바가 컸다. 2000년대 중반부터 NBA는 우승을 위해 슈퍼스타들이 우승을 위해 모이는 경우가 빈번했다. 2007년 보스턴 셀틱스가 케빈 가넷-폴 피어스-레이 알렌으로 이어지는 빅3

를 구축한 데 이어 마이애미도 이 트렌드에 따라 만들어진 팀이었다. 그런 슈퍼스타 팀을, 전성기가 지난 노장들이 주축이 된 팀이 물리치고 창단 첫 파이널 우승을 차지했기에 그 어떤 파이널 우승보다 임팩트가 강한 우승 중 하나였다.

창단 첫 우승 후에도 댈러스는 우승에 대한 열정을 이어가려 했다. 그러나 아무리 뛰어난 선수라도 세월의 흐름을 막을 수 없었다. 운동능력이 떨어지기 시작한 노비츠키는 더는 파워포워드 포지션에서 뛰기가 어려웠다. 부상에 시달리는 빈도도 늘어나는 등 건강도 예전만 하지 못했다. 댈러스는 대대적인 팀 리빌딩이 아닌 FA 대어를 통한 리툴링을 노렸지만 기대와 달리 댈러스의 팀 전력은 대어들의 마음을 훔치지 못했다. 노비츠키는 자신을 위해 팀이 희생한 것처럼 자신도 팀의 FA 영입을 돕기 위해 연봉을 삭감했지만 이마저도 대어들의 마음을 훔치기에 역부족이었다. 때로는 센터를 맡아 궂은일을 도맡는 등 노비츠키는 21년의 커리어를 보내며 세운 화려한 기록 못지않게 겸손과 희생의 미덕을 아는 슈퍼스타였다.(*노비츠키는 2015-2016시즌을 끝으로 선수 은퇴를 선언한다)

더크 노비츠키 프로필
1978년 6월 19일생 213cm 111kg 파워포워드 독일 출신
1998 NBA 신인드래프트 1라운드 전체 9순위
NBA 챔피언(2011) NBA 파이널 MVP(2011) NBA 정규리그 MVP(2007)
NBA 올스타 13회 선정 올-NBA 퍼스트팀 4회 올-NBA 세컨트팀 5회
올-NBA 써드팀 3회 선정 180클럽 가입(2007)
정규리그 1,522경기 커리어 통산 31,560득점 11,489리바운드 3,651어시스트 기록

레이 앨런,
지독한 강박관념이 만든 최고의 슈터

🏀 현재 NBA의 리그 트렌드는 3점 슛을 기반으로 하는 스페이싱 농구다. 그 시발점은 다름 아닌 골든 스테이트 워리어스의 2014 NBA 파이널 우승이다. 스테판 커리와 클레이 탐슨의 스플래쉬 듀오를 앞세운 골든 스테이트는 빠른 템포의 농구와 폭발적인 3점 슛으로, 현재까지도 리그 트렌드를 주도, 그 중심에는 리그 역사상 최고의 3점 슈터로 꼽히는 스테판 커리가 있다. 그리고 커리 이전에는 레이 앨런이 리그 최고 3점 슈터로 군림하면서 슈터 계보를 이어오고 있었다. 그 예로 커리가 기록을 깨기 전까지 정규리그 최다 3점 성공 개수도 앨런의 기록이었다. 앨런은 2005-2006시즌 259개(3P 41.2%)의 3점을 성공시키며 기록을 경신했다. 그러나 커리가 2012-2013시즌 272개(3P 45.3%)를 성공해 앨런의 기록을 깬 것에 이어 2015-2016시즌 다시금 402개(3P 45.4%)의 3점을 꽂아 넣으며 이 부문 1위를 굳건하게 지키고 있다.

앨런의 이야기로 다시 화제를 돌리면, 1996년 신인드래프트 1라운드 전체 5순위로, NBA에 입성한 앨런은 2014년 여름 은퇴를 선언하기 전까지 통산 2,973개의 3점 슛을 성공시키며, 이 부문 전체 2위에 올라있다. 앨런은 단순히 3점 슛 성공 개수만 많은 것이 아닌 성공률도 평균 40%에 이르는 등 양과 질을 모두 갖춘 선수다. 이 때문에 국내 농구 팬들은 앨런에게 '만렙 슈터'라는 별명을 지어줬다. 3점 슛에 관한 앨런의 기록이 더욱 값진 이유는 그가 활약한 1990년대 후반부터 2010년대 초반은 리그 내 공격 트렌드가 외곽보다는 3점 슛 라인 안의 미드레인지 구역이나 인사이드 공략에 비중을 둔 시기였기 때문이다. 물론 2000년대부터 공격에서 3점 슛의 비중이 늘어나면서 조금씩 새로운 공격 트렌드로 자리를 잡아가기 시작했다. 다만 지금과 같이 절대적인 비중을 차지하는 것은 아니었다.

그 증거로, 앨런이 데뷔한 1996-1997시즌 NBA 정규리그 평균 3점 슛 시도 개수 1위는 마이애미 히트가 기록한 22.7개다. 이는 2021-2022시즌 최하위,

시카고 불스가 기록한 28.8개(3P 36.9%)보다 적은 수치다. 앨런의 은퇴 시즌인 2013-2014시즌 정규리그 이 부문 전체 1위도 평균 26.6개에 불과했다. 당시 1위는 휴스턴 로케츠였다. 속공 공격과 외곽 공격을 중시하던 케빈 맥헤일이 지휘봉을 잡았지만 지금 트렌드와 비교하면 외곽 공격을 중시했다고 말하기엔 부족한 숫자였다.

여기에 더해 1990년대를 지배한 마이클 조던도 3점 슛이 아닌 미드레인지 점퍼와 돌파를 통한 득점으로 시카고 불스 왕조를 이뤘다. 실제 조던은 커리어 평균 1.7개(3P 32.7%)의 3점 슛 시도를 기록한 것에 그쳤다. 조던의 1차, 2차 은퇴 이후 가드-포워드 포지션 선수들보다 샤킬 오닐, 패트릭 유잉, 하킴 올라주원, 데이비드 로빈슨이 이른바 4대 센터로 불리는 등 센터 포지션 선수들이 조던의 빈자리를 대신해 우승을 차지하는 등 주목을 받은 것도 이를 뒷받침하는 또 다른 근거. 2000년대 들어선 故 코비 브라이언트와 트레이시 맥그레이디, 빈스 카터 등 포스트 조던이 되기를 바라면서 시대를 주도한 스윙맨들도 3점 슛이 주가 아닌 미드레인지 점퍼나 인사이드 돌파를 통한 득점으로 사람들을 열광시켰다.

앨런은 이런 흐름 속에서 데뷔 시즌 평균 30.9분을 출장해 13.4득점-3점 슛 성공 1.4개(3P 39.3%)를 기록, 리그를 대표하는 3점 슈터로서 성장할 수 있는 가능성을 보였다. 비록 생애 단 한 번뿐인 신인왕의 영광은 앨런 아이버슨에게 돌아갔지만, 앨런은 돌파를 통한 득점을 선호한 기존 스윙맨들과 다른 스타일로 팬들의 주목받는 등 성공적으로 신고식을 마쳤다. 득점에 특화된 다른 슈팅가드 포지션 선수들과 달리 준수한 수비력과 포인트가드를 도와 경기운영에 관여했다는 점도 앨런이 가진 또 다른 장점이었다.

이후 나날이 기량이 발전한 앨런은 2001년 NBA 올스타 전야제 3점 슛 콘테스트에서 참가해 1위를 차지하는 등 리그 최고의 슈터 중 한 명으로 발돋움했다. 지금의 사람들이 3점 슈터로서 앨런과 커리를 비교하는 것처럼 앨런 역시 레지 밀러의 뒤를 이어 등장했던 탓에 밀러와 끊임없이 비교당해야만 했다. 이 과정에서 혹자는 앨런의 플레이 스타일을 두고, 온전히 슈터는 아니라고 평가하기도 했다. 그도 그럴 것이 전성기 시절 앨런도 운동능력을 활용한 돌파에 이은 득점에 능한 선수였다. 다만 기본적으로 볼 없는 움직임과 캐치 앤 숏 등 슈터로서 가져야 할 움직임도 훌륭했던 덕분에 은퇴 직전까지 롤 플레이어로서 중용을 받을 수 있었다.

앨런을 리그 역사상 최고 슈터로 만든 원동력은 '루틴에 대한 집착'이었다. 앨런은 그와 함께 한 선수들 모두가 혀를 내두를 정도로 철저한 자기 관리의 끝판왕이다. 그 예로 보스턴 글로브의 보도에 따르면, 앨런은 시즌 시작 후 매일 가볍게 오전 훈련을 마친 후 오전 11시 30분부터 오후 2시 30분까지 낮잠 및 충분한 휴식을 취한다고 한다. 이 과정에서 치킨·흰 쌀밥을 먹고, 3시 45분에 체육관으로 출근한다. 이후 머리를 면도한 다음 정확히 4시 30분부터 연습을 시작하는 앨런은 코트를 5개 구역으로 나눈다. 그리고 구역 안에서 인사이드부터 3점 숏 라인 바깥까지 5개 거리를 설정한 후 숏 연습을 시작, 이를 모두 성공시킨 후에야 연습을 마치는 루틴을 반복한 것으로 유명하다. 보통 앨런은 한 구역에서 150개에서 200개의 숏을 던진다고 한다. 자유투를 2개 이상 실축한 날에는 경기 종료 후 150개의 자유투를 성공시키고, 경기장을 나선다는 일화도 있다. 비시즌에도 시즌 때와 같은 강도는 아니지만 같은 시간에 같은 루틴을 반복하는 등 비슷한 리듬을 유지했다. 함께 한 동료들의 루틴 중 배울 것이 있다면 그를 자신의 것으로 만들기 위해서도 노력했다.

다음은 2007년 발목 수술을 한 후 앨런이 홈 경기에 앞서 지킨 루틴이다.

아침 8시 - 블루베리 팬케이크로 구성된 아침 식사
오전 10시 - 슈팅 연습
오후 12시 - 통밀빵에 얹은 살코기 칠면조 샌드위치로 점심식사
오후 1시 30분 - 2시간 낮잠
오후 3시 30분 - 구운 치킨, 밥, 브로콜리
오후 4시 - 숏 연습 더, 한 시간 안에 200번 쏘기

오후 5시 - 햄스트링에 초점을 맞춘 1시간 스트레칭 운동 후
PB&J 샌드위치와 물 섭취

오후 7시 - 게임 시작

오후 10시 - 얼음이 담긴 통에 15분 동안 몸 담그기

앨런은 자신의 루틴에 대한 집착을 지독한 강박관념이라고 표현한다. 앨런은 보스턴 셀틱스 소속으로 뛰던 시절, 보스턴 지역 신문과 인터뷰를 통해 "병원에서 정확한 진단을 받은 적은 없지만 나는 내 루틴이 어릴 때부터 형성된 지독한 강박관념이라고 생각한다"는 말을 남긴 바가 있다. 마찬가지 앨런의 어머니도, 앨런이 어린 시절부터 집안 내 물건 위치가 바뀌면 그것을 곧바로 원위치시키는 것은 물론, 항상 하던 마무리 훈련을 방해했더니 종일 울음을 터트린 일화를 소개하기도 했다. 코네티컷 대학 재학 당시 매일 정장을 입고, 훈련장에 나타나자, 팀 동료들이 할리우드란 별명을 붙여준 것도 유명하다. 앨런은 조던이 항상 정장 차림으로 경기장에 오는 것을 보고, 조던과 같은 선수가 되고 싶은 마음에 그 같은 루틴을 만들었다는 후문이다.

이와 함께 보스턴 시절, 앨런과 함께 한 케빈 가넷은 "보스턴에 오기 전까지 나는 많은 선수를 봐왔고, 모두가 그들만의 루틴을 가지고 있었다. 일반인들이 보면 과민하다고 느낄 정도로, 선수들은 자신의 루틴을 철저히 지킨다. 그중에서도 앨런은 내가 지금까지 본 선수 중 최고다. 이렇게 느끼는 것은 나만이 아니다. 앨런과 이전에 함께 했던 동료들의 말을 들어봐도, 항상 같은 말을 한다. 한 일화로 원정 경기 당시 앨런은 자신의 루틴을 지키기 위해 구단 버스를 타지 않고, 매니저와 택시를 이용해 선수단보다 먼저 경기장에 도착한 적이 있다"는 말을 전했다.

NBA는 정규리그만 82경기에 이르는 등 웬만한 체력으로는 버티기가 힘든 리그다. 그럼에도 앨런은 이런 강박관념을 통한 꾸준한 자기 관리를 통해 정규리그와 플레이오프 통산 1,471경기 출장을 기록하는 등 철인임을 과시했다. 은퇴를 목전에 두고 치른 2시즌 동안에도 정규리그와 플레이오프를 합해 195경기

를 소화했다. 데뷔 후 정규리그 평균 득점이 한 자릿수로 떨어진 것이 은퇴 시즌인 2013-2014시즌 기록한 9.6점이 처음인 것도 앨런의 꾸준함을 증명하는 또 다른 근거다. NBA 통산 3점 슛 성공 전체 3위를 기록 중인 밀러는 은퇴 시즌인 18번째 시즌에야 통산 2,560개의 3점 슛 성공을 기록했다. 반면 앨런은 그보다 빠른 15번째 시즌에 밀러의 기록을 넘어섰다.

더욱이 놀라운 건 보통 은퇴를 앞둔 노장 선수들이 벤치에 머무는 시간이 긴 것과 달리 앨런은 은퇴 시즌에도 평균 26.5분을 소화하며 팀의 핵심 로테이션에 들었다는 점이다. 아무리 기량이 뛰어난 선수라도, 나이가 들면 들수록 경기력이 떨어지는 게 당연하다. 하지만 앨런은 오히려 36살의 나이에 평균 45.3%로, 본인의 3점 슛 성공률 커리어 하이를 기록하는 등 비율이 더 좋아졌다. 물론 전성기 시절 보여준 득점의 폭발력은 재현이 힘들었다. 하지만 앨런은 슈터로서 보여줄 수 있는 정석적인 움직임과 짧은 시간 내에 보여준 고효율로 팀에 보탬이 됐다. 스크린을 타고, 코트 좌우를 뛰어다니다 슛을 쏘기 위해선 강한 체력이 필요하다. 평소 체력 관리도 꾸준히 했던 앨런은 은퇴 후인 지금도 선수 때와 비슷한 체형을 유지해 많은 이들을 놀라게 하고 있다.

앨런의 지독한 강박관념이 만든 루틴의 결과물은 슈팅 폼에서도 확인할 수 있다. 슈터의 교본이라는 평가를 받는 앨런의 슛 폼은 데뷔 초나 은퇴 시즌이나 한결같다. 이 때문에 경기 중 찍힌 사진이 그저 유니폼만 바꾼 합성이 아니냐는 의혹이 들 정도다. 이런 의혹이 생기는 건 모두 다 지독한 노력의 결과물이다.

데뷔 초 밀워키 벅스에서 앨런을 지도했던 슛 전담 코치 데이브 호플러는 "슈팅 자세에 있어 가장 중요한 것은 양손 모두 L자에 가까운 모양으로 만들어 공을 확실히 받쳐 드는 것이다. 앨런은 그 누구보다 확실하게 이 슈팅 자세를 몸에 익혔다. 연습 때나 경기 때나 앨런의 슛은 빗나갈 것 같지 않다는 느낌이 들 정도로, 그의 슛 폼은 완벽에 가깝다"는 말을 전했다.

앨런의 선수 황혼기를 살펴보면 앨런은 2012년 여름, 마이애미 히트로

이적 후 주전이 아닌 벤치 멤버로 보직을 변경했다. 2012-2013시즌, 생애 2번째 파이널 우승 반지를 차지하는 등 화려하게 선수 생활을 마무리할 수 있었다. 특히, 2013 파이널 6차전에서 보여준 앨런의 빅 샷은 2020년 NBA가 선정한 2010년대 최고의 명장면 1위로 꼽히는 등 백미로 남아 있다.

당시 앨런은 경기 종료 5.2초를 남기고, 경기를 원점으로 만드는 3점 슛을 성공시키며 강심장의 면모를 보여줬다. 앨런의 슛으로 기사회생한 마이애미는 연장에서 샌안토니오를 물리치고, 2연속 파이널 우승이자 창단 후 3번째 우승을 차지할 수 있었다. 단지 슛만 던진 것이 아닌 다양한 상황을 설정해 슛을 연습했던 앨런은 2008년 NBA 파이널 때도 결정적인 레이업 슛을 성공해 팀의 우승을 이끄는 등 선수 시절 클러치 상황에서 뛰어난 집중력을 선보였다.

앨런의 꾸준한 자기 관리는 프로를 꿈꾸는 어린 농구 선수들에게만 아닌 일반 사람들에게도 시사하는 바가 크다. "물방울이 바위를 뚫는다"는 뜻을 가진 수적천석(水滴穿石)은 작은 노력이라도 끈기 있게 계속하면 큰일을 이룰 수 있다는 말이다. 앨런이 이 말을 알고 있었는지는 모르나, 그가 보여준 노력과 열정을 실생활에 적용할 수 있다면 우리 역시 인생의 승리자가 될 수 있을 것이다.

레이 앨런 프로필
1975년 7월 20일생 196cm 93kg 슈팅가드 미국 출신
1996 신인드래프트 1라운드 전체 5순위 지명
NBA 파이널 우승 2회(2008·2013) NBA 올스타 10회 선정
정규리그 1,300경기 커리어 통산 24,505득점 5,272리바운드 4,361어시스트 3점 슛 성공 2,973개

3쿼터. NBA의 슛 이야기

스티브 내쉬, 리그 역사상
가장 저평가된 최고의 슈터!

🏀 사람들에게 스티브 내쉬는 리그 역사상 최고의 포인트가드이자, 픽 앤 롤 볼 핸들러로 기억되는 경우가 많다. 국내 농구팬들 사이에선 뛰어난 재능을 가졌지만 끝내 삼국통일을 이루지 못한 제갈공명과 내쉬를 비교해 내쉬를 승상이란 별칭으로 부르기도 한다. 최고의 선수라는 칭호는 얻었으나, 끝내 파이널 우승을 이루지 못하고 은퇴를 한 안타까움이 담긴 표현이다.

내쉬에 대한 평가를 아쉬워하는 이는 국내에만 있는 것이 아니다. 現 The Athletic 소속 칼럼니스트이자 선수 효율성을 측정하는 공식을 만든 존 홀린저는 ESPN 소속으로 글을 쓸 당시, 내쉬를 NBA 리그 역사상 최고의 슈터로 평가했다.

홀린저는 "내쉬는 NBA가 3점 슛 라인을 통합한 후 지금까지 내가 본 선수 중 최고의 슈터다. 개인적인 주관이라고 말하기엔 슛에 관한 기록들이 이를 확실히 말해준다. 많은 유망주 선수가 그럼 왜 내쉬의 슛 폼과 루틴을 따라 하지 않냐고 묻는다면 그건 바로 내쉬만의 루틴이 있어 따라 하기 어렵기 때문이라 말하고 싶다. 이미 내 주위에 여러 선수가 내쉬의 자유투 루틴과 자세를 모방했다. 하지만 결과가 좋지 않았다. 그들은 내쉬의 것을 자신의 것으로 만들지 못했다. 내쉬의 슛은 하루아침의 노력으로 이뤄진 것이 아니다"는 말을 전하는 등 美 현지에서 내쉬를 높게 평가하는 사람 중 하나다.

그도 그럴 것이 내쉬는 2005년과 2006년, 2년 연속 정규리그 MVP를 수상하는 등 당시 소속팀인 피닉스 선즈를 리그 최고로 이끌었다. 피닉스는 내쉬와 아마레 스타더마이어의 2대2 픽 앤 롤을 기본으로 한 화려한 런 앤 건 공격으로 사람들의 시선을 사로잡았다. 일각에선 피닉스가 스몰 라인업의 시작을 열었다고 주장한다. 그러나 피닉스는 막상 플레이오프에선 높이와 수비의 약점을 극복하지 못하고, 탈락하는 등 파이널 우승으로 화룡점정을 찍는 데는 실패했다.

2015년을 끝으로 현역에서 은퇴한 내쉬는 은퇴 직전 LA 레이커스에 합류하는 등 우승에 대한 열망은 놓지 않았지만 끝내 우승 반지 획득에는 실패했다. 은퇴 후 내쉬는 곧장 코치 수업을 시작하지 않고, 리그 여러 팀의 임시 인스트럭터를 맡는 등 한동안 농구와 거리를 두고 사는 듯했다. 그러다 2020년 여름, 브루클린 네츠의 신임 사령탑으로 부임, 깜짝 선물로 팬들을 놀랍게 만들었던 내쉬는 현역 시절 지향했던 공격 농구를 그대로 선보이며 우승에 도전하고 있다.

다시 현역 시절 내쉬의 이야기를 시작하자면 선수 시절 내쉬는 뛰어난 포인트가드이자 동시에 리그에서 가장 뛰어난 슈터였다. 포인트가드였던 내쉬는 슛보단 패스를 즐겼던 탓에 많은 슛을 던지지는 않았다. 내쉬는 커리어 통산 정규리그 1217경기에서 평균 14.3득점을 올리면서 야투 성공률이 49%에 달했다. 3점 슛과 자유투도 시도가 많지는 않았지만 성공률이 각각 42.8%(1.4개 성공)·90.4%다. 특히 자유투 성공률은 스테판 커리에 이어 올-타임 전체 2위에 올라있는 등 내쉬는 리그 최고의 슈터에게 주어진다는 180클럽에도 무려 4번이나 이름을 올렸다. 리그 역사상 단 9명만 이름을 올리고 있는 180클럽에 4번이나 이름을 올린 것만 봐도 그가 얼마나 뛰어난 슈터인지 잘 알 수가 있다.

피닉스의 런 앤 건 농구가 2000년대 중반 리그를 지배했던 것은 선수 활용 등 마이크 댄토니 감독의 전술·전략과 픽 앤 롤 플레이에 최적화된 내쉬의 만남이 조화를 이룬 결과물이었다. 댄토니 감독은 앞서 언급했듯 내쉬의 픽 앤 롤 파트너로, 스타더마이어를 낙점했다. 당시 리그에서 가장 저돌적이고 운동능력이 좋았던 스타더마이어는 내쉬를 위해 단단한 스크린을 서준 후 롤링과 슬립으로 상대방 인사이드를 공략하는 등 내쉬가 찔러주는 패스를 잡아 득점으로 연결했다. 인사이드로 향하는 돌진력과 마무리 능력만 좋은 것이 아닌 미드레인지 점퍼도 정확했던 스타더마이어는 픽 앤 팝 공격을 통해서도 상대를 공략했다. 커리어 평균 76.1%(6.4개 시도)의 자유투 성공률을 기록할 정도로, 자유투 역시 정확했기에 상대로선 반칙을 통해 스타더마이어의 공격을 끊기도 힘들었다.

이렇게 내쉬와 영혼의 콤비를 이룬 스타더마이어는 내쉬가 선수 은퇴를 선언했을 당시, 클러치포인트와 인터뷰에서 "내쉬와 함께 한 픽 앤 롤 플레이는 그야말로 마법과도 같았다. 누군가 나에게 리그 역사상 최고의 포인트가드가 누구인지 묻는다면 나는 내쉬라고 거리낌 없이 말할 것이다. 내쉬는 리그 역사상 최고의 패서이자 슈터였다. 그와 함께 한 시간은 내 인생에 가장 빛난 순간이었다"는 말을 전했다.

내쉬도 2018년 명예의 전당 헌액을 수락하는 인터뷰에서 "피닉스에서 스타더마이어와 함께 한 픽 앤 롤 플레이는 정말로 행복했다. 스타더마이어와 함께 하며 많은 하이라이트 필름을 찍었다. 스타더마이어는 포인트가드라면 누구나 함께 하고 싶은 최고의 파트너였다"는 말로 찬사를 보냈다. 한때 이 명콤비는 브루클린에서 감독과 어시스턴트 코치로서 인연을 이어가며 현역 시절 이루지 못한 우승의 꿈에 도전하기도 했다.

댄토니 감독은 내쉬와 스타더마이어의 2대2 공격을 활용해 외곽 공격도 강화했다. 댄토니 감독은 두 사람의 파트너로, 라자 벨과 조 존슨 등 외곽 슛 능력이 좋은 선수를 세웠다. 내쉬는 스타더마이어의 롤링을 미끼로 쓴 뒤 외곽 슈터들에게 패스를 건넸다. 양손 사용이 자유자재로 가능한 내쉬는 베이스라인을 파고든 후 킥-아웃 패스로, 외곽에 있는 슈터의 슛 찬스를 봐줬다. 롤링을 통해 인사이드를 파고든 스타더마이어도 킥-아웃 패스로 외곽 찬스를 봐줬다. 때로 스타더마이어가 내쉬에게 공을 받으면 동시에 다른 선수가 컷인을 시도, 스타더마이어의 패스를 받아 득점을 올리는 것도 두 선수의 픽 앤 롤에서 파생된 공격 패턴이었다. 두 선수의 픽 앤 롤에 때를 맞춰 다른 선수들이 패스를 받기 좋은 곳으로 이동하는 것도 피닉스 공격의 약속된 패턴이었다.

이 과정에서 내쉬는 단순히 패스로 동료 선수들의 득점만을 도운 것이 아닌 자신이 직접 득점을 올리는 해결사 역할도 함께 맡았다. 내쉬와 스타더마이어가 펼치는 픽 앤 롤 플레이의 특징이 하나 더 있다면 그것은 바로 3점 슛 라인 근처에서 시작되는 '하이 픽 앤 롤'이 많았다는 점이다. 하이 픽 앤 롤은 기본적으로 점프슛이 좋은 스크리너의 픽 앤 팝 전술을 활용하기 위한 것도 있지만 볼 핸들러의 인사이드 돌파나 점퍼를 통한 득점을 활용할 때도 필요한 전술이다.

숏이 좋은 내쉬는 스타더마이어의 스크린을 이용한 후 점퍼나 돌파 후 득점으로 공격을 마무리하는 등 클러치 타임 때도 해결사 역할을 맡았다. 내쉬는 동료의 득점을 살리는 포인트가드의 역할에 충실하고자 득점을 자제했을 뿐이지, 기본적으로 폭발력과 득점력이 있는 선수였다. 내쉬는 피닉스 소속으로 뛴 플레이오프 75경기에서 평균 18.2득점(FG 49.7%)에 3점 숏 성공도 1.3개(3P 38.2%)를 기록하는 등 득점에 적극적이었다. 득점만이 아닌 평균 어시스트도 9.7개에 달한다는 건, 플레이오프와 같은 큰 무대에서도 내쉬가 영향력 있는 선수임을 알 수 있게 해주는 대목이다.

더불어 내쉬가 클러치 상황에서 얼마나 뛰어난 해결사였는지 그와 관련된 기록지에서 고스란히 드러난다. 그 예로 내쉬는 클러치 타임 때 커리어 평균 45.9%의 야투 성공률을 기록했다. 8m 이상 거리에서 던지는 딥 쓰리 성공률도 43%에 이르는 등 숏 거리 또한 길었던 내쉬는 클러치 상황에서도 평균 39.8%의 3점 성공률을 기록하는 등 강심장의 면모를 드러냈다. 클러치 타임 상황에서 3점 숏을 314개 던진 것에 반해 어시스트는 단 64개만 기록한 것도 눈길을 끈다. 한마디로 정리해 클러치 타임 때의 내쉬는 냉철한 포인트가드가 아닌 화끈한 승부사였다.

이렇게 내쉬가 클러치 상황 때도 집중력을 유지할 수 있었던 비결은 바로 실전과도 같은 강도의 훈련과 이미지 트레이닝이다. EPSN에 따르면 현역 시절 내쉬는 수비 리바운드를 잡는 것을 시작으로, 상대 코트로 넘어가 공격을 마무리하는 것까지 다양한 상황을 설정해 훈련을 진행했다고 한다. 상황을 한 번만 연습한 것이 아닌 같은 상황을 계속 반복해 몸이 기억하도록 반복 훈련을 했다. 몸이 상황을 기억하게 되면 실제 상황에서 의식하지 않아도 저절로 반응할 수 있다는 이유에서였다.

자유투도 실제 경기 때 루틴처럼 트레이너의 패스를 받아 3번 튀긴 후 숏을 쏘는 등 실제 상황과 같은 긴장감을 유지하기 위해 노력했다. 자유투 2개를 쏘고, 30초의 휴식 시간을 가져간 패턴도 훈련 내용 중 하나였다. 훈련 과정 전체를 녹화해 훈련이 끝난 후 이를 복기하는 것도 잊지 않았다.

이와 함께 내쉬는 평소 '이미지 트레이닝'도 중시했다. 이미지 트레이닝은 내쉬가 진행한 훈련의 시작과 마무리였다. 내쉬는 훈련 시작 전 명상을 통해 슛과 패스 등 전체적인 플레이 과정을 상상하고, 이를 훈련에 적용하는 방식을 즐겼다. 훈련이 끝난 후에는 훈련 과정을 녹화한 비디오를 보고, 부족한 부분을 확인해 그 과정을 이미지 트레이닝 하는 것으로 훈련을 마무리했다. 그리고 그 이미지 트레이닝을 다음날 훈련에 재차 적용하는 등 내쉬는 끊임없는 반복으로 자신만의 리듬과 루틴을 만들기 위해 노력했다. 이미지 트레이닝은 훈련 시간이 상대적으로 부족한 경기 당일에 많은 도움이 됐다고 한다.

내쉬가 이미지 트레이닝을 중시하게 된 계기는 스티브 커의 조언 덕분이었다. 커는 내쉬가 피닉스에서 뛰던 당시 피닉스 단장을 맡아 인연을 맺었다. 현역 시절 커리어 평균 45.4%의 3점 성공률을 기록하는 등 전문 슈터이자, 클러치 타임 때도 마이클 조던을 대신해 간간이 해결사 역할을 맡을 정도로 강심장이던 커는 이미지 트레이닝을 그 비결로 꼽았고, 내쉬에게 팁으로 알려줬다.

특히 커는 슛 거리를 늘리기 위해서 웨이트 트레이닝이 아닌 이미지 트레이닝을 활용했다고 한다. 보통 선수들은 슛 거리 향상을 위해 하체 힘을 키우는 경우도 많다. 그러나 이미 자신이 쏠 수 있는 슛 거리를 충분히 확보했다고 생각한 커는 웨이트 트레이닝을 통해 파워를 키우는 것보단 이미지 트레이닝이 슈팅 향상에 더 도움이 될 것이란 판단에 많은 시간을 명상과 이미지 트레이닝에 할애했다고 한다. 커의 조언을 들은 내쉬도 스포츠 심리학자를 찾아가 이미지 트레이닝을 더 효율적으로 활용할 수 있는 방법을 찾기 위해 고심했다.

현역 시절 내쉬는 제이슨 키드와 라이벌 열전을 써 내려가며 대결을 펼쳤다. 이에 사람들은 두 사람의 현역 은퇴 후 감독으로서 지략 대결을 펼칠 날을 고대해왔다. 그간은 앞서 언급했듯 내쉬가 코트 전면이 아니라 물밑의 조력자로 머물며 대결이 성사되지 못했다. 하지만 2020년 여름, 내쉬가 브루클린 감독으로 부임한 데 이어 2021년 여름, 제이슨 키드도 댈러스 매버릭스 감독으로 복귀, 마침내 농구팬들이 원하고 원했던 두 사람의 재대결이 성사된 가운데 과연 내쉬가 현역 시절 이루지 못한 우승의 한을 풀 수가 있을지에도 팬들의 관심이 쏠리고 있다.

스티브 내쉬 프로필
1974년 2월 7일생 191cm 81kg 포인트가드 캐나다 출신
1996 NBA 신인드래프트 1라운드 전체 15순위 지명
정규리그 MVP 2회 수상(2005·2006) 올-NBA 퍼스트 팀 3회(2005-2007) NBA 올스타 8회 선정 정규리그 어시스트 1위 5회 180클럽 4회 가입(2006·2008-2010)
정규리그 1,217경기 커리어 통산 17,387득점 3,642리바운드 10,335어시스트 3점 슛 성공 1,685개(3P 42.8%) 자유투 성공률 90.4%

케빈 듀란트, 효율성과 폭발력의 스코어러

🏀 케빈 듀란트는 자타가 공인하는 리그 최고의 스코어러다. 이 글을 쓰고 있는 시점을 기준으로, 정규리그 통산 939경기에서 26,071득점을 기록하며 이 부문 전체 18위에 올라있다. 1988년생으로, 아직 은퇴까지 몇 년의 시간이 남았기에 은퇴가 다가온 시점에는 적어도 10위권 안에는 들어갈 수 있지 않을까 조심스레 예상해 본다. 같은 시점을 기준으로 현재 NBA 올-타임 통산 득점 9위는 28,289점을 기록 중인 카멜로 앤써니다. 리그에선 최다 득점자가 아니지만 2020 도쿄올림픽에 참가했던 듀란트는 대회에서 124점을 추가로 적립, 통산 435점을 기록하며 이 부문 1위로 올라섰다. 종전 이 부문 1위는 336점의 카멜로

앤써니였다.

눈에 보이는 기록만이 아닌, 동료와 전설들 모두 듀란트의 득점 능력을 인정한다. 그 예로 2020년 여름, 드레이먼드 그린과 찰스 바클리는 리그 최고의 스코어러를 두고, 설전을 벌인 바가 있다. 그린은 바클리가 제임스 하든을 리그 역사상 최고의 스코어러로 지목하자, 즉각 반대 의견을 표하며 듀란트를 역대 최고의 스코어러로 추켜세웠다. 바클리는 하든이 인사이드와 외곽에서 모두 폭발력을 보여줄 수 있는 선수란 점에서 하든을 현재를 넘어 리그 역사상 최고의 스코어러로 뽑았다. 이와 함께 마이클 조던과 코비 브라이언트도 역사에 길이 남을 훌륭한 스코어러지만, 득점 루트가 3점 슛 라인 안쪽으로만 몰려있다는 점을 이유로 들며 득점 기술에 있어선 하든이 이들보다 최고라고 평가했다. 스코어러 역할만이 아닌 플레이메이커 역할을 맡아 경기 운영까지 할 수 있다는 점도 바클리가 하든을 최고로 꼽은 또 다른 이유였다.

반면, 그린이 듀란트를 리그 최고의 스코어러라고 주장한 이유는 득점의 '효율성'이다. 득점 볼륨과 함께 커리어 평균 야투 성공률까지 49.6%에 이르는 등 듀란트의 득점은 질적으로도 우수하다는 것이 그 이유다. 하든의 커리어 평균 야투 성공률은 44.2%다. 3점 성공률도 듀란트의 커리어 하이 기록이 45%인 것에 반해 하든의 커리어 하이는 39%에 그치는 등 커리어 평균 36.6%를 기록 중이다. 하든은 2012년 휴스턴 로케츠 이적 후 공격 지분 대부분을 차지하는 등 부동의 1옵션이었다. 하지만 듀란트는 2016년 골든 스테이트 워리어스로 이적하면서 스테판 커리, 클레이 탐슨과 공격 지분을 나누는 등 공격 횟수가 오클라호마시티 썬더에서 뛸 때보다 감소했다. 하지만 그럼에도 평균 +25득점(25.8점)을 기록했다는 점도, 그린이 듀란트를 리그 최고의 스코어러로 꼽은 이유였다.

두 사람에 관한 논쟁은 아마 밤을 새워도 쉽게 결론을 내릴 수 없는 난제다. 스타일이 다를 뿐이지, 하든 역시 자타가 공인하는 리그 최고의 스코어러 중 한 명이다. 그러나 2번의 파이널 우승과 파이널 MVP 수상 등 일일이 열거하기 어려울 정도로, 수많은 대기록을 써가고 있는 듀란트가 은퇴 후 명예의 전당 입상이 확실시된다는 점은 이견이 없는 팩트다. 여기에 듀란트는 슈퍼스타가 사람들에게 감동을 줄 수 있는 요소 중 하나인 '스토리'도 갖추고 있다. 무분별한 SNS 사용으로, 국내 팬들 사이에서 '듀중 계정'으로 불리는 등 농구 외적으로 비판점이 있는 것도 사실이다. 그러나 가난했던 어린 시절을 이겨내고, 농구 선수로 성공함과 동시에 선수 생활에 치명적인 부상을 딛고, 재기에도 성공하는 등 역경을 극복했다는 점도 의미 있는 메시지다.

부상 이력을 살펴보면, 듀란트는 2014년 오른쪽 발가락 골절상을 당했다. 2007년 데뷔 후 줄곧 평균 출전시간 전체 1위를 달리는 등 그간의 피로가 누적되어 발생한 악재였다. 2019 파이널에선 선수 생활의 치명타라 할 수 있는 아킬레스건을 다쳤다. 대형 부상을 입은 선수들은 조급함에 복귀를 서두르다, 선수 생활을 이어가는 데 어려움을 겪기도 한다. 그 예로 듀란트와 같은 부위를 다친 드마커스 커즌스는 지금까지 부상 악령에 시달리며 지난 시즌 후반 뒤늦게야 덴버 너게츠와 계약해 겨우 자리를 잡는 등 순탄치 않은 커리어를 이어가고 있다.

이에 듀란트가 아킬레스건 부상을 당했을 때도 재기에 대한 낙관론보다 비관론이 우세했던 것이 사실이다. 처음 토론토에서 부상 진단을 받았을 때 가장 먼저 들은 말도 "아킬레스건 파열로, 더는 커리어를 이어가지 못할 수도 있다"는 말이었다고 한다. 30대에 접어든 나이도 비관론에 힘을 더했다. 그러나 16개월에 가까운 시간을 재활과 치료에 할애한 듀란트는 복귀 후 첫 시즌인 2020-2021시즌, 정규리그에 나서 35경기 평균 33.1분 출장 26.9득점(FG 53.7%)을 올리는 등 건재를 과시했다. 향후 출전시간 관리가 필요하겠지만 이전 경우들과 비교하면 듀란트의 재기는 분명 성공적이었다. 듀란트의 소속팀 브루클린 네츠가 2021년 여름, 듀란트와 계약 기간 4년, 총액 2,270억 원 상당의 연장계약을 맺은 것도 듀란트의 건강에 대한 확신이 있었기 때문이다. 그리고 2021-2022 시즌, 듀란트는 정규리그 55경기에서 평균 29.9득점(FG 51.8%) 7.4리바운드 6.4 어시스트를 기록하는 등 구단의 확신에 경기력으로 보답했다.

브루클린 구단의 소식을 전담하는 언론 매체인 네츠 데일리의 보도에 따르면 듀란트가 다른 선수들과 달리 아킬레스건 파열이란 치명적인 부상을 딛고,

재기에 성공할 수 있었던 요인은 이전보다 발달한 의학의 힘과 뼈를 깎는 노력이 더해진 결과물이었다. 듀란트의 집도를 맡은 의사는 J. 마틴 오말레이 박사다. 오말레이 박사는 일전에 듀란트가 오른쪽 발 골절상을 입었을 때도 수술을 맡아 듀란트의 성공적인 복귀를 도운 바가 있다. 이때부터 듀란트는 오말레이 박사를 전적으로 신뢰했고, 몸 관리에 대한 조언을 오말레이 박사에게 구했다. 듀란트가 아킬레스건 부상으로, 재활을 하던 당시에 브루클린 이적을 결심한 것도 오말레이 박사가 뉴욕에 있기 때문이란 이야기가 돌았을 정도로, 오말레이 박사에 대한 듀란트의 신뢰는 매우 두텁다. 그도 그럴 것이 오말레이 박사는 듀란트의 체형에 맞는 맞춤형 수술을 했다. 오말레이 박사가 월스트리트 저널과 인터뷰에서 "듀란트와 오랫동안 교류를 하면서 듀란트의 건강상태와 체형이 어떤지 잘 알 수 있었고, 이를 참고해 수술을 성공적으로 마칠 수 있었다"고 말한 데서 이를 알 수 있다.

수술 후 듀란트는 재활에 많은 시간을 투자했다. 듀란트는 개인 전담 물리치료사인 데이브 헨콕과 오말레이 박사의 계획하에 오전 치료와 체육관 운동, 오후 치료 90분, 저녁 수영장 재활로 이어지는 빡빡한 일정을 소화했다. 헨콕이 듀란트의 재활을 두고, "지금까지 이 일을 해오면서 가장 고된 작업이 바로 듀란트의 재활 치료였다"는 말을 전했을 정도로, 듀란트의 재활은 쉽지 않은 여정이었다. 여기에는 천문학적인 재정이 투자됐다는 후문이다. 그 예로, 듀란트는 무중력 러닝머신을 활용해 아킬레스건에 무리가 가지 않는 방식으로 몸 상태를 이전과 같이 만들기 위해 노력했다. 앞서 언급했듯 복귀에 조바심을 내지 않은 것도 주요했다. 헨콕과 오말레이 박사는 개인 농구연습부터 재활 마지막 단계인 5대5 농구 훈련에 이르기까지, 충분한 시간을 갖고 계획을 수립하는 등 듀란트의 복귀를 서두르지 않았다. 정신적인 부분의 조언과 치료도 아끼지 않았다. 이 때문인지 일각에선 듀란트의 재기를 두고, 아킬레스건 부상의 새로운 치료 모델을 만들어냈다는 평을 내리고 있다.

이렇게 코트 안팎으로 이슈 몰이를 하는 탓인지, 사람들은 어느새 현재 리그에서 뛰고 있는 선수가 아닌 이미 은퇴 후 리그의 전설로 자리를 잡은 이들과 듀란트를 비교하고 있다. 그 예로 美 현지 매체인 Fan Sided는 듀란트와 마이클 조던·코비 브라이언트·앨런 아이버슨을 비교하면서 듀란트를 리그 역사상 최고의 스코어러로 꼽았다.

이 매체가 듀란트를 최고의 스코어러로 뽑은 이유는 그린과 같은 이유인 '효율성'이다. 폭발력은 위 세 선수가 우위일지는 몰라도 공격 기술과 득점 효율성은 듀란트가 역대 최고란 설명이다. 그도 그럴 것이 앞서 언급한 야투 성공률 외에도 듀란트의 3점 슛과 자유투 성공률은 38.4%(1.9개 성공)와 88.4%(7.6개 시도)에 이른다. 리그 역사상 커리어 평균 +25득점을 기록하고 있는 12명 중 180클럽에 이름을 올리고 있는 이는 듀란트가 유일하다. 듀란트는 2012-2013시즌 야투 성공률 51%·3점 성공률 41.6%·자유투 성공률 90.5%를 기록하며 180클럽에 가입했다. 물론 조던의 야투 성공률도 평균 49.7%에 이른다. 자유투 성공률까지 83.5%(8.2개 시도)다. 다만, 3점 슛 성공률이 평균 32.7%(1.7개 시도)에 그치는 등 장기는 아니다. 조던 본인도 현역 시절 인터뷰에서 3점 슛으로 득점을 올리는 방식을 선호하지 않는다고 밝히기도 했다. 마찬가지 브라이언트와 아이버슨도 3점 라인 안쪽의 생산성이 더 좋은 선수들이다.

여기에 듀란트는 현재 리그에서 가장 정석적인 슛 폼을 가진 선수 중 한 명이다. 그의 높은 슛 적중률의 비결은 사기적이란 표현의 수식어가 붙는 신체조건에 있다. 듀란트는 208cm의 신장에 더해 윙스팬도 225cm에 이르는 등 스탠딩 리치가 246cm에 이른다. 공식적으로 밝혀진 신장이 208cm이지 실제 신장은 211cm에 육박한다는 이야기도 있다. 수직 도약력과 압도적인 신체조건이 더해진 듀란트의 점퍼는 슛을 던지는 타점이 워낙 높다 보니 웬만한 높이의 블록으론 저지하기가 어렵다. CBS 스포츠도 2020년, 가장 이상적인 슈터의 조건을 꼽으면서 그중 하나로 듀란트의 신장을 꼽았다. 여담으로 당시 CBS 스포츠는 듀란트의 신장과 클레이 탐슨의 슛 폼 그리고 데미안 릴라드의 슛 거리를 모두 갖춘 선수가 슈터의 이상향이라고 밝혔다.

마찬가지 ESPN도 2010년대 최고의 슈터를 선정하는 과정에서 듀란트를 최고의 미드레인지 점퍼 슈터도 꼽았다. 선정 이유로 "현재 리그 최고의 3점 슈터는 누구나가 알고 있듯, 스테판 커리다. 그러나 리그 최고의 미드레인지 점퍼 슈터로 범위를 한정한다면 그 타이틀은 듀란트에게 돌아갈 것이다. 리그에서 듀란트보다 미드레인지 점퍼를 쉽게, 그리고 많이 던지는 선수는 없다. 그의 미드레인지 점퍼는 이미 마이클 조던·코비 브라이언트와 비교해도 손색이 없을 정도로, 최고의 공격 옵션이다. 3점 슛도 마치 자유투를 던지는 것처럼 편하게 던진다. 듀란트는 선천적으로 타고난 신체조건과 득점 본능으로, 코트 전역에서 득점을 올릴 수 있는 리그 최고의 스코어러다"는 말로 그 이유를 설명했다.

ESPN의 설명처럼 듀란트는 3점 라인 안쪽에서도 득점 생산성이 좋은 선수다. 그도 그럴 것이 듀란트는 센터의 신장에 가드의 기동력을 갖춘 선수다. 돌파 시 놓는 퍼스트 스텝 등 풋워크도 뛰어나다. 데뷔 초엔 타고난 신장이 큰 탓에 드리블 자세가 높아 볼 핸들링이 불안정했다. 하지만 각고의 노력 끝에 이마저도 극복한 듀란트는 돌파와 슛을 모두 갖춘 선수로 거듭났다. 상대 수비와의 거리에 따라 슛과 돌파를 자유자재로 구사해 림 어택을 시도하는 등 플레이가 간결하다.

자유투도 평균 7.6개를 얻어내는 등 파울 유도도 능숙하다. 돌파 후 득점만을 노리는 게 아니라 외곽에 있는 동료에게 킥-아웃 패스를 빼주는 등 공격 옵션이 다양한 것도 듀란트의 아이솔레이션이 위력적인 이유다. 오클라호마시티에서 뛰던 때는 주변에 믿고 맡길 동료가 없어 득점에 더 치중했다. 그러나 골든스테이트 이적 후 팀 동료들을 활용하는 법을 배우는 등 하든이나 르브론 제임스처럼 본인이 직접 플레이 메이커 역할을 맡아 경기를 운영할 수 있는 정도는 아니나, 패스 게임 능력이 눈에 띄게 좋아졌다는 평가를 듣고 있다. 커리와 호흡을 맞추기 위해 2대2 플레이 스크리너로 변신하는 등 2대2 플레이에서 스크리너와 볼 핸들러의 역할을 모두 맡을 수 있다.

이와 함께 듀란트는 공격뿐만 아니라 기동력과 신체조건을 활용한 외곽 수비에 능하다. 볼 핸들러 입장에선 빅맨의 신장을 가진 듀란트가 가드의 스피드로 수비를 하면 뚫어내기가 여간 쉽지 않다. 패스 차단에도 능숙해, 커리어 평균 1.1스틸을 기록하고 있다. 활동량도 많아, 적절한 때에 도움 수비를 들어가는 등 커버하는 수비 범위도 넓다. 최근 스몰볼이 리그 트렌드가 된 후에는 파워포워드와 센터까지 맡아, 세로수비에도 경쟁력이 있음을 보여줬다. 골든 스테이트 이적 후 벌크업을 감행한 듀란트는 매 시즌 평균 +1개의 블록을 기록, 이 글의 작성 일을 기준으로 커리어 평균 1.1블록을 기록하는 등 수상 기록만 없을 뿐이지, 수비력도 리그 평균 이상의 기량을 갖추고 있다.

그러다 보니 그간 듀란트를 지도했던 감독들과 코트에서 함께 뛴 동료들은 듀란트에게 클러치 타임 공격을 맡기는 경우가 많았다. 듀란트 못지않게 클러치 타임 해결사로 많이 나서는 카이리 어빙도 2020년 USA 투데이와 인터뷰를 통해 "듀란트와 팀을 이루기 전까지 나는 클러치 타임 때 무조건 내가 최우선 선택지가 돼야 한다고 생각했다. 르브론 제임스와 함께 뛰었을 때도 말이다. 그러나 듀란트는 다르다. 그는 내가 클러치 타임 때 믿고 맡길 수 있는 최고의 선수다. 스티브 내쉬 감독도 이를 잘 알고 있다. 그런 그가 부상으로 경기에 나서지 못한다는 건 농구 팬 입장에서 매우 아쉬운 일이다"는 말을 전했다. 여담으로 어빙의 인터뷰를 들은 제임스는 언짢음을 감추지 못했다는 후문이다.

이렇게 듀란트가 모두가 인정하는 최고의 선수로 평가받고 데는 선천적인 재능과 함께 피나는 노력이 더해졌기 때문이다. CBS 스포츠는 2021년 여름, 평소 듀란트가 어떻게 훈련하는지를 기사로 다뤄봤다. 보도에 따르면 듀란트는 점프력과 민첩성 등 농구를 함에 있어 필요한 운동능력과 근육량을 늘리는 훈련을 진행하면서 슈팅 훈련에 가장 많은 시간을 할애하는 것으로 알려졌다. 슛이 좋은 다른 선수들과 마찬가지로 듀란트 역시 캐치 앤 슛과 픽 앤 팝 등 실제 경기에서 일어날 수 있는 10가지 상황을 설정해 슈팅 훈련을 한다고 한다. 특히 듀란트는 슛을 던짐에 있어 다른 것보다 하체 힘이 중요하다고 판단, 모래 위에서 달리는 훈련을 하는 등 하체 단련에 집중하는 것으로 알려졌다.

마찬가지 식단에서도 그의 성공비결이 드러난다. 美 현지의 피트니스 클론이란 잡지에 따르면, 평소 듀란트는 탄수화물 섭취를 최대한 줄이고, 단백질 위주의 식단을 짠다고 한다. 경기 직전에는 소화가 어렵다는 이유로 탄수화물 섭취를 아예 하지 않는다. 듀란트의 식단을 전담하고 있는 요리사 라이언 로페즈는 영양팀과 함께 3개월마다 듀란트의 건강상태를 체크하면서 듀란트가 최고의 컨디션을 유지할 수 있도록 식단을 짠다는 후문. 듀란트 역시 사람인지라, 사탕 등 단 음식을 즐긴다고 한다. 이를 위해 듀란트의 영양팀은 직접 유기농 꿀과 코코넛 설탕으로 만든 음식을 통해 영양 상태가 무너지지 않도록 돕고 있다. 발효 식품으로, 김치를 먹는다는 이야기도 있다.

한편 USA 투데이 보도에 따르면 2021년 3월, 美 현지에선 한 농구팬이 쏘아 올린 트윗이 한 차례 논란을 일으킨 바가 있다고 한다. 트윗 내용은 "듀란트는 리그 역사상 최고의 스코어러지 슈터는 아니다"라는 내용이었다. 이 글을 본 사람들은 즉각 갑론을박을 벌이기 시작했다. 일각에선 "듀란트는 이미 슈터를 넘어 코트 전역에서 득점을 올릴 수 있는 스코어러다"는 말로 듀란트는 슈터가 아니라 스코어러라고 주장했다. 다른 쪽에선 "뛰어난 득점원이 되기 위해선 먼저 슈터가 되어야 한다. 그러니 듀란트는 당연히 리그 최고의 스코어러이자 슈터다. 그저 분류를 위한 명칭일 뿐이지 실제 슈터와 스코어러는 큰 차이가 없다"고 주장했다.

확실한 사실은, 감독이라면 누구나 한 번쯤은 함께 호흡을 맞춰보고 싶은 최고의 선수가 바로 듀란트라는 점이다.

케빈 듀란트 프로필

1998년 9월 29일생 208cm 109kg 스몰포워드·파워포워드 미국 출신
2007 NBA 신인드래프트 1라운드 전체 2순위 지명
NBA 파이널 우승 2회(2017·2018) 파이널 MVP 2회(2017·2018) 정
규리그 MVP 1회(2014) NBA 올스타 12회 선정 올스타 MVP 2회 선정
(2012·2019) 올-NBA 퍼스트 팀 6회 선정 올해의 신인왕(2008) NBA 득
점왕 4회(2010-2012·2014) 180클럽 가입(2013)
정규리그 939경기 커리어 통산 25,526득점 6,646리바운드 4,032어시스
트 기록 중

녹색의 강심장, 래리 레전드 래리 버드

🏀 NBA 역사상 최고의 선수를 꼽으라면, 마이클 조던부터 스테판 커리, 르브론 제임스 등 다양한 선수들의 이름이 나올 것이다. 그러나 NBA 역사상 최고의 백인 선수를 꼽으라면, 모두가 래리 버드를 뽑을 것이다. 그 예로, 버드의 라이벌인 매직 존슨은 "주위에 많은 사람이 래리 버드가 정말 그렇게 잘하냐고 묻는다. 그때마다 나는 래리 버드가 너무 잘해서 무서웠다는 말로, 답을 전했다"는 말을 남겼다는 후문이다. 1978년 NBA 신인드래프트 1라운드 전체 6순위로, 보스턴 셀틱스에 입단한 버드는 1992년 은퇴를 선언하기 전까지 파이널 우승 3회와 3년 연속 정규리그 MVP 수상 등 리그 역사에 길이 남을 업적을 남겼다.

버드는 206cm의 장신임에도 최고의 슈터에게만 주어진다는 180클럽에 2차례나 이름을 올렸다. 여기에 더해 3년 연속으로 올스타 3점 슛 컨테스트에서 우승을 차지하는 등 인사이드와 아웃사이드에서 모두 림 어택이 가능한 전천후 포워드였다. 시도 자체는 평균 1.9개로, 적었지만 버드는 커리어 평균 0.7개(3P

37.6%)의 3점 슛 성공을 기록하면서 프로 생활을 마쳤다. 로고 앞에서 결승 득점을 성공시키는 등 당시의 다른 파워포워드와 달리 슛 거리도 상당히 길었다. 더욱이, 버드가 전성기를 보낸 1980년대 당시에는 NBA에 3점 슛 제도가 도입된 지 얼마 되지 않은 시점이었다. 버드가 대학을 다녔던 시절에는 아예 3점 슛이라는 제도 자체가 없었다. 혹자가 버드에 대해 평가를 할 때 시대를 앞서간 선수라 평가하는 것도 이 때문이다. 평소 연습 때는 눈을 감고 3점 슛을 성공시키는 등 슛에 대한 버드의 자신감은 상당했다고 전해진다.

반면, 흑인 선수들과 비교했을 때 운동능력은 평범했던 탓에 일부 비평가들은 버드를 두고, "점프력과 도약력이 없다"며 비판을 던지기도 했다. 그러나 농구에 대한 뛰어난 이해도와 안정적인 볼 핸들링 등 공을 다루는 기술까지 좋았던 버드는 페이스업과 포스트업을 가리지 않고, 다양한 방법으로 상대 수비를 공략했다. 단순히 득점만으로 경기를 지배하는 것이 아닌 화려한 패스들로 동료의 득점을 살려주는 데도 능수능란한 포인트 포워드였다. 심지어 속공 상황에서도 그 누구보다 앞서 달릴 정도로 지독한 승부욕을 가진 선수였다.

그 결과 버드는 13년 동안 NBA에서 활약하며 정규리그 897경기 평균 24.3득점(FG 49.6%) 10리바운드 6.3어시스트를 기록하는 등 1980년대 보스턴의 전성기를 이끌며 역대 최고 선수 중 한 명으로 평가를 받고 있다. 앞서 언급했듯 운동능력은 떨어졌으나, 힘이 좋고, 공이 떨어질 위치 예측을 잘했던 버드는 공격과 수비를 가리지 않는 등 리바운드 경합에도 적극적으로 참여했다. 루즈 볼을 잡기 위해서도 거침없이 몸을 날렸다. 여기에 더해 트래쉬 토킹으로 상대 멘탈을 뒤흔드는 데도 일가견이 있는 등 공격만이 아닌 수비에서도 기여도가 높은 다재다능한 레전드였다. 이런 버드의 NBA 커리어는 크게 '매직 존슨과의 라이벌 열전'과 '클러치 타임'으로 표현할 수 있다.

먼저 버드와 존슨의 라이벌 열전은 브로드웨이 뮤지컬과 다큐멘터리로 제작이 되는 등 높은 인기를 구가하는 동시에 NBA의 1980년대 리그 트렌드와 역사를 보여주고 있다. 두 선수의 라이벌 열전이 지금 NBA가 누리고 있는 인기의 초석이 됐다고 말하는 이들이 있는 것은 결코 과언이 아니다. 그도 그럴 것이 버드와 존슨, 두 사람은 흑인과 백인 등 많은 면에서 대비가 되는 선수였다. 각각 리그를 대표하는 명가인 보스턴 셀틱스와 LA 레이커스의 소속이던 두 사람은 서로 다른 플레이 스타일로, 팀의 전성기를 이끌었다. 센터의 체격을 갖춘 장신 포인트가드인 존슨은 화려한 플레이를 선보이는 등 레이커스에 'Show-Time Lakers'란 별칭을 안겨주며 빠른 템포의 농구를 진두지휘했다. 반대로 빅맨 포지션을 소화한 버드는 기본기에 충실한 플레이로, 보스턴의 지공 농구를 이끌었다. 1979년, 동시에 프로 선수 생활을 시작한 두 사람은 1980년대 리그 판도를 주도했다. 버드가 3번의 파이널 우승을, 존슨은 5번의 파이널 우승을 차지했다.

여기에 더해 공통분모가 있다면 두 선수 모두 팀의 에이스답지 않게 이타적인 플레이로, 동료를 살리는 것에 능하면서 동시에 뛰어난 리더였다는 점이다. 그 예로 1980년대 보스턴에는 버드와 함께 케빈 맥헤일과 로버트 페리쉬 등 슈퍼스타들이 있었다. 이들의 리더인 버드는 무명의 신인이었던 맥헤일이 리그 정상급 파워포워드로 성장할 수 있도록 도왔다. 마찬가지 페리쉬도 1980년 보스턴에 합류하기 전까지 경기에 의욕이 없고, 게으른 선수라는 평가가 지배적이었다. 그러나 버드와 함께 하면서 그가 보여준 프로 의식에 자극을 받은 후에는 이전과는 전혀 다른 모습의 선수로 변하는 등 보스턴의 명가 건설을 이끈 레전드 중 한 명으로 거듭났다. 존슨도 카림 압둘자바 등 당대 최고 스타들의 화합을 이끄는 등 리더십이 뛰어났고, 지금도 여러 현역 선수들에게 조언을 아끼지 않는 등 멘토 역할을 하고 있다.

이렇게 버드와 존슨은 코트 위에선 치열하게 경쟁했지만 반대로 코트 밖에선 함께 TV 광고를 찍기도 하며 친분을 다졌다고 한다. 평소 자주 밥을 먹는 등 주기적인 모임을 통해 친분을 다진 것은 아니나 항상 서로를 존중했다. 그 예로 1991년 존슨이 에이즈에 걸려 선수 생활에 대위기를 겪게 되자, 누구보다도 슬퍼한 선수가 바로 버드였다. 마찬가지 존슨도 버드의 은퇴식이 열리던 날, 직접 코트에 방문해 축하 인사를 건네며 선물까지 건네는 등 라이벌의 마지막을 진심으로 축복했다.

이와 동시에 버드는 NBA 역사상 최고의 클러치 타임 해결사를 꼽을 때 빠지지 않고 등장하는 선수다. 특히 버드는 정규리그는 말할 것도 없고, 컨퍼런스 파이널, 파이널과 같은 큰 경기에서 강심장의 면모를 드러내면서 클러치 타임 강자 논쟁에 불을 붙이고 있다. 버드는 팀이 위기에 빠질 때마다 스스로 해결사를 자처하는 등 클러치 타임을 즐기는 선수였다. 버드는 클러치 샷을 던지기 전에 본인이 슛을 시도할 위치를 동료들에게 미리 알려주고, 패스를 줄 곳과 타이밍을 알려주기도 했다는 후문이다. 클러치 타임 때 결과를 만든 것은 버드 본인이지만 그 결과를 만드는 과정에는 언제나 버드의 팀 동료들이 함께했다. 이 때문인지 몰라도 버드의 클러치 타임 슛은 작전 타임 후 사이드 라인에서 공격을 시작할 때 나오는 경우도 많았다. 때로는 본인이 무리해서 슛을 시도하지 않고 클러치 어시스트를 통해 결승 득점을 만들기도 했다.

특히 버드는 컨퍼런스 파이널이나 NBA 파이널과 같은 큰 무대에서 곧잘 클러치 타임 능력을 보여줬다. 대표적인 시리즈가 1984 파이널이다. 신인왕 수상 후 2년만인 1980-1981시즌에 첫 우승을 차지한 버드는 승승장구하며 어느새 리그 최고의 선수 반열에 올라선다. 정규리그 MVP를 논할 때마다 버드는 항상 논의의 중심에서 있었다. 매번 마지막에 정규리그 MVP 수상에 실패하며 고배를 마셨던 버드는 1983-1984시즌에 가서야 처음 정규리그 MVP에 등극, 보스턴을 정규리그 전체 승률 1위(62-20)로 이끈 공로를 인정받았다. 플레이오프에서도 워싱턴과 뉴욕, 밀워키를 차례대로 물리치고, 파이널에 오른 버드는 존슨이 이끈 레이커스와 맞붙는다. 버드는 NBA 진출을 앞두고 열린 1979 NCAA 파이널에서 존슨과 맞대결을 벌인 바가 있다. 당시 버드가 이끄는 인디애나 주립 대학은 NCAA 파이널에 오르기 전까지 무패 행진을 달리는 등 대학 무대에서 위용을 떨치는 최고의 팀이었다. 그러나 버드는 당시 결승에서 존슨에게 패해 우승이 물거품이 됐기에 존슨과 다시 맞붙은 파이널에 임하는 각오가 누구보다 남달랐다.

당대 최고의 라이벌답게 일진일퇴의 공방을 거듭하던 보스턴과 버드는 4차전 연장 승부에서도 피 말리는 일전을 이어간다. 이때 승부의 마침표를 찍은 선수가 바로 버드였다. 버드는 당시 경기 종료 1분 20초를 남기고, 동점을 만드는 인사이드 슛을 성공시킨 데 이어 경기 종료 16초를 남긴 상황에선 역전 점프슛을 성공시키며 승리의 발판을 마련한다. 반대로 이날 존슨은 경기 종료 34초를 남기고 얻은 자유투 2개를 모두 놓치면서 버드와 대비되는 모습을 보였다.

이어진 5차전도 승리한 보스턴은 6차전에 체력 소모를 극복하지 못하고 패했지만 마지막 7차전, 버드와 맥스웰이 44득점을 합작하는 등 그토록 원하던 파이널 우승을 차지한다. 당시 플레이오프에서 23경기 평균 27.5득점(FG 52.4%) 11리바운드 5.9어시스트를 기록한 버드는 생애 처음 파이널 MVP에 오른다. 버드는 1984 파이널을 시작으로, 4년 연속 파이널에 올랐고, 휴스턴 로케츠를 상대한 1986 파이널선 6차전에 트리블 더블을 작성하는 등 시리즈 평균 트리블 더블(24-9.7-9.5)에 가까운 기록을 올리며 2번째 파이널 MVP 수상과 함께 3번째 파이널 우승을 차지했다. 1987 파이널에서는 레이커스에 패해 우승에는 실패했으나, 디트로이트 피스톤스를 상대한 동부 컨퍼런스 파이널에서 결정적인 스틸에 이은 결승 득점을 돕는 어시스트를 배달하며 팀 승리를 이끄는 등 버드는 리그를 대표하는 클러치 플레이어로 명성을 떨쳤다.

버드는 본인이 클러치 상황에서 승부사 기질을 발휘할 수 있었던 비결로 다름 아닌 '체력'을 꼽는다. 자신의 약점이 운동능력이란 점을 잘 알고 있던 버드는 경기 종료까지 버틸 수 있는 체력을 키우기 위해 그 누구보다 유산소 운동에 많이 시간을 할애했다. 버드는 매일 훈련을 시작하기에 앞서 준비운동으로, 5km 전력 달리기를 선택했다. 이와 함께 운동 종료 후에는 자전거로 20km를 달리며 훈련을 마무리했다고 한다.

혹자는 몸에 부담이 많이 가는 이 훈련이 버드의 커리어를 어렵게 만든 등 부상으로 이어진 것이 아니냐고 하지만 버드의 말에 의하면 1985년 여름부터 은퇴 직전까지 버드를 괴롭힌 등 부상은 선천적으로 척수에서 등으로 이어지는 신경이 너무 좁아서 생긴 부상이었다고 한다. 허리 부상 발병 후 경기가 없을 때는 보호대를 착용하고, 수도 없이 터지는 디스크 제거 수술 등 수도 없이 많은 수술에 지칠 법도 했지만 버드는 강도 높은 달리기와 자전거 훈련을 은퇴 직전까지 포기하지 않았다. 이처럼 승리를 향한 버드의 집착과 포기를 모르는 강인한 의지도, 그가 리그 최고의 클러치 플레이어가 될 수 있었던 또 하나의 비결이 아닐까 싶다.

그러나 앞서 리그 최고의 GOAT가 누구인지에 대한 논쟁이 있는 것처럼 버드가 정말 리그 최고의 승부사인지에 대해 이견도 존재한다. 이견을 제시하는 측에선 버드가 플레이오프에서 적지 않은 수의 클러치 타임 퍼포먼스를 펼쳤고, 겉으로 보이는 플레이오프 평균 기록도 준수하지만 7차전과 같은 결정적인 순간에 생산량이 떨어져 시리즈에서 탈락한 경우가 많아, 그에게 승부사의 칭호를 붙이기가 어렵다는 주장이다.

그 예로 버드는 생애 첫 파이널 우승 시즌인 1980-1981시즌 파이널에서 팀 동료인 세드릭 맥스웰에게 파이널 MVP를 내주는 등 평균 득점이 15.7점(FG 41.7%)에 그치면서 경기력이 좋지 못했다. 당시 플레이오프 전체 평균 야투 성공률은 51.7%였다. 2번째 우승을 차지한 1984 플레이오프도 전체적인 경기력이 좋았고, 파이널 7차전도 더블-더블을 기록했다. 그러나 야투 성공률이 33%에 그친 것은 물론, "이번 시리즈, 맥스웰이 사라졌다"고 조롱하는 레이커스 팬들의 모습에 발끈한 맥스웰이 24득점으로 팀 공격을 진두지휘하는 등 결정적인 순간에 부진했다는 주장이다. 이와 함께 버드가 정규리그에선 팀을 여러 차례 컨퍼런스 1번 시드로 이끌었으나 중요한 무대인 플레이오프에 들어선 하위 시드 팀에 패한 경우가 많다는 점을 또 하나의 이유로 꼽고 있다. 커리어 통산 플레이오프에서 164경기를 치르면서 80승 84패를 기록하는 등 승률도 좋지 않았고, 동시에 효율성 지수도 평균 19.9로, 동료들과 비교해 떨어지는 등 클러치 타임의 임팩트가 주는 후광에 힘입어 전체적인 버드의 전체적인 플레이오프 커리어가 과장되었다고 주장한다.

한 선수의 커리어를 기록으로만 평가하기에는 무리가 따르는 것도 사실이다. 그 선수가 실제 경기에 끼치는 영향력이나 리더십 등 눈에 보이지 않는 모습은 숫자로 표현할 수가 없기 때문이다. 때문에 이는 어디까지나 농구를 보는 관점이 다른 것일 뿐, 정해진 답이 없는 문제임을 다시 한 번 밝히며 이 글을 마친다.

분명한 사실 하나는, 래리 버드와 매직 존슨이 화려한 라이벌 구도를 만들었던 시절은 NBA 역사상 가장 치열하고 흥미로웠던 시기 중 하나라는 것이다.

래리 버드 프로필

1956년 12월 7일생 206cm 100kg 스몰포워드/파워포워드 미국 출신
1978 NBA 신인드래프트 1라운드 전체 6순위 지명
NBA 파이널 우승 3회(1981·1984·1986) NBA 파이널 MVP 2회 (1984·1986) 정규리그 MVP 3회(1984-1986) NBA 올스타 12회 선정 올-NBA 퍼스트 팀 9회 올해의 신인왕(1980) 180클럽 가입 2회(1987-1988)
정규리그 897경기 커리어 통산 21,791득점 8,974리바운드 5,695어시스트 기록

슛을 부담스러워하는 선수들

보스턴 빅3와의 만남,
론도에겐 행운일까 불운일까?

🏀 라존 론도는 분명 자타가 공인하는 최고의 플레이 메이커 중 한 명이
다. 커리어 평균 7.9어시스트란 숫자가 말해주듯, 전성기 시절의 론도는 허를 찌
르는 날카로운 돌파와 넓은 시야로 경기를 지배했다. 돌파 이후 패스를 찔러주
는 등 동료의 공격력을 극대화하거나, 직접 마무리하는 능력은 단연 최고로, 보
는 재미가 있는 선수다. 이에 그치지 않고, 경기 흐름을 읽는 눈과 운동능력을
활용한 수비에 더해, 포인트가드지만 커리어 평균 4.6개의 리바운드를 잡아내는
등 공격력과 수비력을 모두 갖춘 선수다.

그러나 론도에게도 치명적인 약점이 있다. 바로 '점프슛의 부재'다.
2000년대 중반, 적어도 2010년대 초반까진 론도의 약점이 두드러지진 않았다.
다만 최근 리그 트렌드가 패스와 경기 운영을 중요시하는 정통 포인트가드가 아
닌 득점과 슛을 우선시하는 듀얼 가드가 중용을 받으면서 론도의 입지도 덩달아
좁아졌다.

론도도 이 흐름에서 살아남기 위해 노력하고 있다. 데뷔 초반과 비교하
면 슛 성공률이 한눈에 봐도 좋아진 것을 알 수가 있다. 그 예로, 원고 작성일을
기준으로 최근 5시즌을 봤을 때 평균 41.4%(0.9개 성공)의 3점 슛 성공률을 기

록하는 등 외곽 슛이 눈에 띄게 좋아진 것이 그 증거다. 2020-2021시즌에는 평균 40.4%(0.8개 성공)의 성공률을 찍으며 커리어 하이를 기록하기도 했다. 반면, 보스턴 셀틱스 시절의 론도는 3점 슛 성공률이 평균 25.2%(0.8개 성공)에 그쳤다. 나이와 경험이 쌓이면서 경기를 읽는 눈은 무르익은 셈이다. 다만, 반대로 잦은 부상에 시달리는 등 운동능력이 그와 반비례함에 따라 론도는 생존을 위해 오프시즌마다 슛 개선에 많은 공을 들이고 있다. 그렇다면, 론도는 왜 점프슛 장착에 실패했을까?

여기엔 여러 의견이 존재한다. 먼저 신체적인 이유를 살펴보면 론도는 다른 선수들보다 큰 손을 갖고 있다. 그러다 보니 점프슛을 시도하는 과정에서 공을 제대로 쥐기가 어려운 탓에 슛 폼이 흐트러진다. 윙스팬도 다른 선수들에 비해 긴 편이다. 이 때문인지 슛이 올라가면서 어깨가 벌어지고, 팔꿈치가 직각을 이루지 못하는 등 프로 입성 전부터 슛 폼이 망가진 것이 프로 데뷔 후까지 악영향을 끼쳤다는 분석이다. 슛 릴리즈가 이상한 것도 또 하나의 문제다. 점프슛만이 아닌 자유투 성공률도 커리어 평균 61.1%에 그치는 등 슛 전반적으로 문제가 많다는 지적이다. 하지만 론도의 슛 부재, 그 근본적인 원인은 대학 시절부터 프로 데뷔 초기까지 슛 장착의 필요성을 느끼지 못했다는 것이 맞을 것이다. 실제 론도는 켄터키 대학 재학 시절에도 3점 슛 성공률과 자유투 성공률이 각각 28.3%와 57.7%에 그치는 등 지금보다 더 슛이 형편없었다. 앞서 언급했듯 론도가 프로 데뷔를 준비하던 시기는 포인트가드의 떨어지는 슛 효율성이 크게 문제가 되지 않는 시기였다. 명예의 전당에 입성한 포인트가드들의 면모를 봐도 알수가 있다.

그 예로 1960년대 보스턴 셀틱스 왕조를 이끌었던 밥 쿠지도 패스에 강점이 있는 선수였다. 커리어 평균 득점이 18.4점에 이를 정도로, 폭발력은 있었다. 다만, 대부분의 득점이 자유투나 속공 상황에서의 마무리 등 슛에 특화된 포인트가드는 아니었다. 실제 쿠지는 비하인드 백 드리블을 상용화시켰고, 이전까지 빅맨에게 엔트리 패스를 전달하는 것이 전부였던 포인트가드의 역할을 경기 운영과 속공 지휘 등으로 확장하는 등 리그 역사상 최고의 정통 포인트가드를 논할 때마다 언급되는 선수다. 혹자는 쿠지를 두고, 정통 포인트가드의 기준을 정립했다고 말하는 이들도 있다. 쿠지는 6번의 파이널 우승과 한 차례의 정규리그 MVP, 8번의 어시스트 1위까지 수상하는 등 보스턴 왕조의 시작을 알린 선수이자 리그 역사상 최고의 선수 중 한 명으로 평가받는다.

1980년대로 넘어오면 배드 보이즈 1기, 디트로이트 피스톤스의 전성기를 이끈 아이제이아 토마스도, 커리어 평균 3점 성공률이 29%(0.4개 성공)에 그치는 등 중·장거리 슛에 약해 현재 농구 트렌드와 거리가 먼 선수다. 185cm 작은 신장에도 운동능력이 탁월한 토마스는 터프한 움직임과 패스에 강점을 보이는 등 리그 역사상 최고의 정통 포인트가드를 논할 때마다 언급되는 선수다. 평소 토마스와 사이가 좋지 않은 마이클 조던도 토마스의 실력만큼은 인정할 정도다. 그도 그럴 것이 토마스는 커리어 평균 9.3어시스트를 기록, 포인트가드로서 기본기가 탄탄한 선수였다. 이와 함께 클러치 타임 때는 해결사의 역할을 맡는 등 2번이나 디트로이트의 파이널 우승을 이끌었다.

근래에는 제이슨 키드가 데뷔 초반 점프슛 부재로 인해 Ason 키드로 불리는 등 슛 없는 포인트가드의 대명사였다. 사람들은 점프슛이 없기에 키드 이름에서 J를 빼고 불려야 한다며 키드를 조롱했다. 하지만 키드는 트랜지션 게임과 하프 코트 게임 조립에 강점을 보이는 등 자신만의 색깔로 리그를 지배했다. 커리어 평균 득점이 12.6점(FG 40%)에 그치는 등 앞서 언급한 두 선수를 포함, 리그 정상급 포인트가드들과 비교했을 때 득점력은 떨어졌다. 실제 플레이를 보면 키드는 돌파 후 득점을 올리는 것보다 패스를 선호했다. 하지만 키드는 패스와 함께 탄탄한 수비로 소속팀을 리그 상위권으로 이끌었고, 2011년 댈러스 매버릭스의 창단 첫 우승의 주역으로도 활약했다.

다시 론도의 이야기를 시작하면 2006 신인드래프트 1라운드 전체 21순위로, NBA 커리어를 시작한 론도는 데뷔 후 2번째 시즌인 2007-2008시즌, 파이널 우승에 성공한다. 당시 론도의 곁엔 케빈 가넷과 폴 피어스, 레이 알렌의 빅3가 함께 했다. 빅3와 함께 하며 론도의 기량은 순식간에 리그 정상급으로 성장한다. 빅3 결성 초기는 론도가 주역이 아니다 보니 그가 맡은 역할이 한정적이었다. 이들을 지휘했던 닥 리버스 감독은 론도의 역할을 득점이 아닌 수비와 경기 운영으로 제한했다. 빅3의 공격력이 뛰어났기에 굳이 론도 본인도 직접 득점을 노릴 필요성을 느끼지 못했다. 시즌 초반에는 빅3를 제대로 보좌하지 못해 팬들에게 많은 비난을 받았다. 하지만 론도는 파이널에서 준수한 수비력과 안정적인 경기 운영으로 팀의 파이널 우승에 일조하는 등 보스턴을 비롯한 농구 팬들의 인정을 받았고, 결국에는 올스타 포인트가드로까지 성장하면서 보스턴의 빅3를 빅4로 만들기에 이른다.

이처럼 론도와 빅3의 만남은 론도의 성장에 기폭제가 됐다. 그러나 세상사 모두 일장일단이 있다고, 이들과 오랜 시간 함께 하다 보니 론도가 넣는 것보다 주는 것에 익숙해졌다는 점이 문제였다. 그도 그럴 것이 전성기를 지나서 30대에 접어들어 결성된 빅3의 경기력은 시간이 지날수록 떨어졌다. 반면, 20대의 론도는 빅3의 조언과 보호 아래 성장을 거듭했다. 그 결과, 자연스레 보스턴의 중심도 빅3에서 론도로 넘어오기 시작했다. 최전성기에 접어든 론도는 득점과 어시스트로, 시즌 평균 더블 더블을 기록하는 등 리그 최고의 포인트가드로 발돋움했다. 특히 론도는 플레이오프에만 가면 정규리그 때보다 더 무서운 선수로 변모했다. 이에 사람들은 론도에게 'Playoff Rondo'라는 별명이 선사했다. 론도는 원고 작성일을 기준으로, 플레이오프 통산 134경기 평균 12.5득점(FG 44%) 5.6리바운드 8.5어시스트를 기록 중이다. 보스턴 역시 빅3의 노쇠화에도 불구하고, 론도의 성장에 힘입어 시즌 개막 전 강력한 우승 후보로 평가받을 수 있었다.

다만, 리그와 팀 내에서 가지는 위상과 달리 보스턴의 공격 플랜에서 론도는 1옵션이 아니었다. 당시 보스턴을 지휘하던 리버스 감독은 가넷처럼 2대2 공격에 능한 스크리너를 론도 곁에 배치하는 등 림 어택이 아닌 경기 운영과 2대2 픽 앤 롤 전개에 강한 론도의 장점을 극대화하려 노력했다. 슛이 약한 론도의 약점을 고려해 앨런과 피어스, 제이슨 테리 등 3점 슈터들을 항상 론도의 곁에 배치했다. 팀이 자신을 위해 공격 시스템을 맞추다 보니 론도는 자신의 약점을 극복하기보단 장점을 극대화하기 위해 노력했다. NBC 스포츠의 보도에 따르면, 데뷔 초반 론도도 계속된 노력에도 불구하고, 약점인 점프슛이 쉽게 극복이 되지 않자, 어떻게 하면 효율적으로 인사이드 돌파를 해 패스를 하거나 득점을 올릴 수 있을지에 관한 연구에 더 집중하는 등 점프슛 개선을 사실상 포기했던 것으로 알려졌다.

하지만 론도의 생각과 다르게 NBA는 3점 슛을 활용하는 패턴으로 공격 트렌드가 급변하기 시작했다. 설상가상 2012-2013시즌 도중 전방십자인대 부상을 당해 강점인 운동능력도 감퇴했다. 론도가 자리를 비운 사이 빅3 체제에 한계를 느낀 보스턴은 가넷과 피어스를 이적시켰다. 이에 그친 것이 아니라 리버스를 대신해 브래드 스티븐스를 신임 감독으로 선임하는 등 대대적인 팀 리빌딩에 돌입한다. 블리처 리포트의 보도에 따르면, 론도는 2013년 전방십자인대 부상을 치료하는 과정에서 점프슛 개선에 많은 공을 들였다고 한다. 이전부터 상대가 새깅 디펜스 등을 자신의 픽 앤 롤 공격에 대한 수비 대처법으로 들고 나오는 것을 보고, 점프슛 장착의 필요성을 느꼈기 때문이었다. 스티븐스 감독이 부임 직후 보스턴 선수단 전체에 슛의 중요성을 역설한 것도 론도가 슛 장착을 결심하게 된 또 다른 이유가 됐다. 이에 론도는 시간적인 여유가 있을 때 슛 교정을 시작하는 것이 향후 커리어를 생각했을 때 낫다고 판단하는 등 스스로 변화하기 위해 노력했다.

그 예로 론도는 부상 재활 때문에 하체를 쓰지 못할 때는 여러 사람의 조언을 받아 망가진 슛 자세 교정에 노력했다. 부상 치료를 마치고, 코트에서 픽 앤 롤 공격훈련을 시작했을 때는 스크리너를 세우고 슛을 던지는 등 드리블에 이은 스탑 앤 점퍼를 익히려 노력했다. 여담으로 당시 론도의 훈련을 돕기 위해 제러드 설린저와 에이브리 브래들리가 스크리너와 수비수로서 훈련파트너를 자청했다고 한다. 마찬가지 보스턴 구단과 스티븐스 감독도 슛 개선에 일가견이 있는 론 아담스 어시스턴트 코치를 전담 코치로 붙이는 등 론도의 슛 교정을 위해 물심양면으로 노력했다. 다만 이미 고정된 자세를 교정하는 것이 쉽지 않았기에 성공률이 급격히 개선되지 못하는 등 당시에는 훈련의 효과를 보지 못했다. 하지만 포기하지 않고, 꾸준히 훈련을 이어온 결과, 표본은 적지만 근래 들어 오픈 찬스에서 던지는 론도의 캐치 앤 슛 등은 그 확률이 좋아지고 있다. 실제 론도는 2021-2022시즌 캐치 앤 슛 성공률과 오픈 찬스에서 던진 미드레인지 점퍼 성공률이 각각 55.8%와 59.6%에 이르렀다.

그러나 리빌딩을 시작한 보스턴에게 론도는 팀에 맞지 않는 조각이었다. 선수 한 명이 공을 오래 소유하기보다는, 여러 선수가 공격에 관여하는 모션 오펜스를 지향하는 스티븐스 감독의 스타일에도 론도는 맞지 않은 선수였다. 코트 밖에서 스티븐스 감독과 론도 사이에 잡음이 들려오는 등 여러 상황이 복합적으로 겹쳤고, 결국 론도는 2014-2015시즌 도중 보스턴을 떠나 댈러스로 트레이드 된다. 댈러스에서도 쉽게 자리를 잡지 못해 시즌 종료 후 곧장 새크라멘토 킹스로 이적하는 등 이때부터 론도는 한 팀에 오랫동안 자리를 잡지 못하는 등 리그를 대표하는 저니맨이 된다. 론도는 2006년 데뷔 후 현재까지, 총 9개 팀 유니폼을 수집하고 있다.

전성기의 기량은 사라졌지만 론도는 여전히 백업 포인트가드와 볼 핸들러가 필요한 팀들의 러브콜을 받고 있다. 특히 베테랑 리더십이 필요한 우승권 전력 팀들은 파이널 우승부터 선수 생활을 위협했던 극심한 부상까지, 산전수전 다 겪은 론도의 경험을 높이 평가한다. 최근 30대 중반을 향해가는 나이와 고질적인 무릎 부상이 발목을 잡으며 출전 경기 수가 점점 줄고 있다. 그럼에도 2019-2020시즌 LA 레이커스 소속으로, 2번째 파이널 우승에 성공하는 등 론도는 슛이 없는 정통 포인트가드가 주목을 받지 못하는 점프슛 시대의 흐름 속에서 고군분투를 이어가고 있다.

라존 론도 프로필

1986년 2월 22일생 185cm 82kg 포인트가드 미국 출신
2006 NBA 신인드래프트 1라운드 전체 21순위 지명
NBA 파이널 우승 2회(2008·2020) NBA 올스타 4회 선정(2010-2013)
정규리그 957경기 커리어 통산 9,337득점 4,349리바운드 7,584어시스
트 기록 중(*출판일 기준)

벤 시몬스의 슛 부재는 누구의 잘못일까?

🏀 팀의 핵심 코어가 '계륵(鷄肋)'이 되는 건 한순간이었다. 필라델피아
세븐티식서스 시절의 벤 시몬스 이야기다.

2016 신인드래프트 전체 1순위로, 필라델피아에 입단한 시몬스는 데뷔
전부터 제2의 르브론 제임스, 매직 존슨으로 평가받으며 일찍이 리그와 팀을 책
임질 선수로 주목을 받았다. 시몬스는 정규리그 275경기 커리어 평균 15.9득점
(FG 56%) 8.1리바운드 7.7어시스트를 기록하는 등 장신 포인트가드로 거듭나며
리그에 안착했다. 2018 신인왕 수상과 함께 올스타에도 3회나 선정되는 등 개인
수상 기록도 화려하다. 다만, 농구의 기본인 슛에 약점을 보이면 한계 또한 뚜렷
하다는 점이 옥에 티다.

시몬스의 장점부터 살펴보면, 시몬스는 211cm의 신장에 스피드와 점프
력 등 운동능력을 겸비한 포인트가드다. 야니스 아데토쿤보와 달리 대학 시절부
터 볼 핸들링 능력과 패스 능력까지 보여줬던 시몬스는 데뷔 시즌부터 포인트
가드 역할을 문제없이 소화했다. 패스 기술과 함께 코트를 보는 시야가 넓다는

것이 시몬스의 장점이다. 대학 때부터 돌파 후 득점보다는 킥-아웃 패스를 빼주는 등 기본적으로 득점보다 패스를 우선하는 마인드를 가진 선수다. 브루클린에선 부상으로 인해 아직도 휴업 중이나, 필라델피아에서 뛰던 시절 조엘 엠비드와 시몬스의 2대2 픽 앤 롤 플레이는 팀 내 주요 공격 옵션이었다. 트랜지션 상황에서의 공격도 위력적이다. 다만 화려한 패스를 추구하다 보니 턴오버가 많다는 점은 단점이다. 시몬스는 원고 작성일을 기준으로, 평균 3.4개의 턴오버를 기록하고 있다.

여기에 더해 시몬스는 리그 정상급 수비수로도 성장했다. 빅맨의 신장에 스피드, 그리고 사이드 스텝까지 좋다 보니 상대 가드가 시몬스의 수비를 뚫는 데 애를 먹는다. 농구에 대한 이해도까지 높은 시몬스는 커리어 평균 1.7스틸을 기록하는 등 소위 말하는 손질에도 뛰어나다. 프로 입성 후 벌크업을 통해 파워를 붙인 덕분에 인사이드 수비도 가능하다. 대학 시절 파워포워드 포지션을 소화한 경험이 있어 인사이드 수비에 어느 정도 요령이 있는 편이다. 그 결과, 시몬스는 최근 올해의 수비수를 논할 때마다 거론되는 등 리그 정상급 수비수로 발돋움했다. 2021년 수상은 실패했지만, 근래 2시즌 연속 올-디펜시브 퍼스트 팀에 선정됐다.

이렇게 장점이 많은 선수지만 시몬스에겐 농구 선수로서 가장 치명적인 약점이 있으니, 그것은 바로 '슛'이다. 대학 시절부터 슛이 약점이던 시몬스는 프로 입성 후에는 아예 3점 슛을 시도조차 하지 않고 있다. 시몬스가 리그 입성 후 던진 3점은 단 34개(3P 14.7%)에 불과하다. 문제는 3점 슛만이 아니다. 자유투 성공률이 커리어 평균 59.7%에 그치고 있는 것은 물론 돌파 후 마무리까지, 슛 메커니즘 전체에 문제가 있다. 시몬스가 돌파 후 득점이 아닌 패스를 먼저 머리에 두고, 플레이를 펼치는 것도 이와 무관하지 않다. 최근 공격 패턴이 상대에게 분석 당하며 세트 오펜스 상황에선 할 수 있는 것이 제한적이다. 오프시즌 올라오는 연습 영상을 보면 점프슛을 곧잘 성공시키며 기대감을 높였다가 막상 시즌이 시작되면 슛을 꺼리는 모습이 반복되면서 팬들의 피로감을 증폭시키고 있다. 근래엔 시몬스가 SNS 등에 슛 연습 영상을 올리면 댓글을 통해 훈수를 두거나 조롱하는 팬들도 심심치 않게 보인다. 그렇다면, 시몬스는 왜 슛이 없는 선수가 된 것일까. 시몬스의 점프슛 부재에 관해선 많은 이야기가 존재한다.

먼저 고등학교에서 시몬스를 지도한 바 있는 케빈 보일 코치는 시몬스의 슛 부재는 다른 이유가 아닌 정신적인 문제라 주장한다. 보일 코치는 "고등학교 졸업 당시만 해도 시몬스는 슛이 정확한 선수였다. 대학 시절에도 그랬다. 그러나 프로 입성 후 시몬스의 경기를 처음 봤을 때 슛 폼이 너무 많이 망가져 있어서 놀랐다. 고등학교 때보다 폼이 왼쪽으로 치우쳐있었다. 팔을 너무 많이 펴려고 하다 보니 팔이 벌어진 것 같아서 걱정스러웠다. 다른 것보다, 무슨 일인지는 몰라도 슛에 대한 자신감 자체가 많이 떨어진 모습이었다"는 말을 전했다. 이외에 다수의 전문가도 시몬스가 슛에 대해 자신감을 잃은 것을 넘어 슛을 던지는 것 자체를 두려워하고 있다 입을 모으고 있다.

신체적인 이유를 보면 기본적으로 슛을 던지는 손인 슈팅 핸드가 잘못됐다는 의견도 존재한다. 시몬스는 NBA 입성 전부터 왼손으로 슛을 던져왔다. 하지만 대학 시절 경기를 살펴보면 돌파 후 왼손보다 오른손으로 슛을 마무리하거나 패스를 하는 경우가 더 많았다. 스카우터들이 분석한 통계에 따르면 대학 시절 시몬스의 슛과 패스의 81.5%가 오른손을 통해서 이뤄졌다.

그 예로, 美 현지 매체, The Sports Rush에 따르면, 대학 시절의 시몬스를 관찰한 NBA 스카우터들도 이전부터 시몬스가 필라델피아 입단 후 왼손으로 슛을 던지는 것에 의구심을 품었다는 후문이다. 익명을 요구한 서부 컨퍼런스의 한 스카우터는 "시몬스가 왼손잡이인 걸 모르는 사람이 시몬스의 경기를 본다면 아마 대부분 사람이 그를 오른손잡이라고 착각할 정도로, 시몬스는 오른손 마무리가 더 뛰어나다. 지금의 시몬스는 마치 오른손잡이인데도 왼손으로 슛을 던지는 투수와도 같다"는 말을 남겼다.

이와 함께 시몬스가 성공을 원한다면 빠른 시일 내 슈팅 핸드를 오른손으로 바꾸라는 조언도 잊지 않았다. 이 스카우터는 트리스탄 탐슨이 슈팅 핸드를 바꾼 것을 예로 들면서 "일전 탐슨이 그랬던 것처럼 시몬스도 슈팅 핸드를 바꿀 수 있다. 더욱이 시몬스는 탐슨과 다르게 왼손과 오른손을 모두 쓸 수 있는 선수라 탐슨보다 슈팅 핸드를 변경하는 것이 더 쉬울 것이다. 내 개인 의견이라고 보기엔 모든 통계 수치와 경기 장면이 시몬스가 슈팅 핸드를 바꿔야 한다는 것을 보여주고 있다. 현재 던지고 있는 슛 폼을 보면 시몬스가 던지는 슛의 시작점이 오른쪽에서부터 시작된다는 것을 볼 수 있다. 그러다 보니 슛을 머리 위로 올리는 과정에서 팔꿈치가 튀어나오는 등 자연스레 릴리즈 자세가 무너지고 있다. 슛을 던질 때 스텝이 엉키는 것처럼 보이는 것도 이 때문이다. 지금도 늦지 않았다. 슛 폼이 굳어지기 전에 슈팅 핸드를 변경해야 한다"는 말을 전했다.

스카우터의 말처럼 탐슨은 2013년 여름부터 슈팅 핸드를 왼손에서 오른손으로 바꿔 슛을 던지기 시작했다. 원래 탐슨은 글씨를 왼손으로 쓰는 등 12살 때부터 왼손으로 슛을 던졌다. 탐슨이 슈팅 핸드를 바꾸게 된 계기는 당시 탐슨의 소속팀인 클리블랜드 캐벌리어스 구단의 추천 때문이었다. 탐슨의 슛 폼이 왼손보다 오른손으로 던지는 것에 더 적합하다고 판단한 클리블랜드는 탐슨에게 왼손으로 100개, 오른손 100개, 점퍼를 던지게 했다. 그 결과, 오른손으로 던졌을 때 성공률이 더 좋은 것이 드러나자, 그때부터 탐슨은 오른손으로 바꿔 슛 연습을 시작했다. 2013년 여름 캐나다 대표팀 소속으로 출전한 경기에서 점퍼와 자유투를 오른손으로 던지기 시작했고, 지금은 양손을 모두 쓸 수 있는 선수가 됐다. 당시 캐나다 경기를 관전했던 제리 콜란젤로는 경기 종료 후 탐슨처럼 프로 데뷔 후 슈팅 핸드를 바꾼 사례가 있었냐는 기자의 질문에 "리그 역사상 양손을 모두 잘 쓴 선수는 있어도 탐슨처럼 슈팅 핸드를 중간에 바꾼 적은 없었다"는 말을 전했다는 후문이다. 대학 시절 자유투 성공률이 48.7%에 불과했던 탐슨은 슈팅 핸드를 바꾼 지금, 커리어 평균 60.9%의 자유투 성공률을 기록 중이다.

다시 시몬스의 이야기로 돌아오면 약점 극복을 위해선 주변 환경 정리도 필요해 보인다. 현재 시몬스의 슈팅 전담 코치를 맡고 있는 이가 시몬스의 동생인 리암 시몬스라는 점이 흥미롭다. 리암 시몬스는 형이 필라델피아 입단 후 얼마 지나지 않아 브렛 브라운 감독이 직접 채용한 것으로 알려졌다. 시몬스는 리암 시몬스 외에도 2019년 여름 제일런 브라운과 세스 커리의 슛을 전담한 크리스 존슨에게 스킬 트레이너 겸 슛 코치를 맡기고 있다. 공교롭게도 리암 시몬스가 슈팅 전담 코치를 맡은 이후 시몬스의 슛이 퇴보했다는 의견이 다수다. 그럼에도 리암 시몬스는 2021년 플레이오프 종료 후 시몬스의 부진에 책임을 지기는커녕 오히려 필라델피아 구단과 팀 동료를 비난한 SNS 글을 공유하기도 하며 논란을 낳았다.

발단은 커리어 평균 59.7%(4.9개 시도)의 성공률을 기록하는 데 그치는 등 자유투가 약한 시몬스가 2020-2021시즌 플레이오프에서 평균 34%(6.1개 시도)로 상대의 표적이 되는 등 탈락의 원흉이 됐다는 것에서 시작됐다. 시몬스는 플레이오프 2라운드에서 자유투 성공률이 평균 33.3%에 그치는 등 평균 9.9득점(FG 60%)으로 공격에서 한계를 드러내며 패배의 원흉이 됐다. 상대였던 애틀랜타 호크스는 시몬스의 자유투를 노리는 핵 어 작전으로, 필라델피아를 괴롭혔다. 필라델피아의 탈락에 지역 팬들은 물론이고 지구촌 곳곳 농구팬들이 시몬스를 조롱하고 나섰다. 급기야 시몬스의 트레이드를 요구하는 목소리도 점점 커지고 있다. 이 때문에 속상하고 화가 난 것이 이해는 됐지만 리암 시몬스가 공유한 글은 원색적인 비난이 많았다.

필라델피아의 지역지인 The Liberty Line에 따르면, 리암 시몬스의 이와 같은 행동에 엠비드도 분노를 참지 못했다는 후문이다. 이미 플레이오프 종료 후 시몬스의 경기력에 대해 한 차례 비난을 한 바가 있던 엠비드는 전부터 시몬스의 슈팅 코치를 가족인 리암 시몬스가 전담하는 것에 대해 불만을 품고 있었다고 한다. 이 때문인지 엠비드는 지난 플레이오프에서 공개적으로 시몬스에 대한 불만을 드러내기도 했다. 리암 시몬스는 엠비드뿐만 아니라 일전에 알 호포드와 자힐 오카포의 가족과도 대립하는 등 필라델피아 구단 내에서 그를 보는 시선이 곱지 않은 것으로 알려졌다.

마찬가지 시몬스도 닥 리버스 감독 등 필라델피아 구단이 플레이오프 탈락의 책임을 조금이나마 회피하고자 자신을 총알받이로 세운 것에 불만을 드러내며 트레이드를 요청하는 등 꽃길이 기대됐던 필라델피아와 시몬스의 동행은 모두가 알다시피 결국 파국으로 치달았다. 상당한 금액의 벌금이 있음에도 시몬스는 필라델피아의 트레이닝 캠프에도 불참하는 등 필라델피아와 시몬스의 이별은 이전부터 기정사실화됐다. 일부 필라델피아 팬들과 지역 언론 매체는 시몬스의 이별 선언에 대놓고 환영의 뜻을 나타내는 등 리그 안팎으로 시몬스를 향한 여론이 마냥 곱지만은 않은 것이 사실이다. 샤킬 오닐처럼, 이전까지 시몬스에게 호의적이던 리그 내 전설들도 공개적으로 필라델피아에서 보여줬던 시몬스의 행동에 반감을 표했다. 끝내 필라델피아 구단과 심리적 거리감을 좁히지 못한 시몬스는 결국 제임스 하든과 유니폼을 바꿔 입고, 브루클린 네츠로 트레이드되고 말았다. 하지만 브루클린에서도 허리 부상으로 인해 코트 복귀에 실패하는 등 코트 밖에서 여러 구설수를 만들면서 미운 나이 어린아이로 전락할 위기에 처했다.

문제는 시몬스가 앞으로도 슛 장착에 실패한다면 앞으로 그의 남은 커리어는 결코 밝지 못할 것이 자명하다는 점이다. 물론 일전에도 슛이 약했으나, 리그 역사에 길이 남을 업적을 세운 선수들이 여럿 존재하는 것도 사실이다. 브루클린에 패티 밀스와 조 해리스 등 슛이 좋은 슈터들이 많다는 점도 시몬스 활용에 분명 득이 될 것이다. 다만, 시몬스처럼 슛이 아예 없는 것과 슛이 약한 것은 차원이 완전히 다른 문제다.

USA 투데이 보도에 따르면 제이슨 키드의 아들도 2018년, 키드가 명예의 전당에 헌액됐을 당시 라디오 팟캐스트에 출연해 "최근에 사람들이 아버지와 시몬스를 많이 비교하는 것으로 안다. 하지만 네츠 시절의 아버지라면 몰라도 댈러스와 닉스 시절의 아버지는 슛이 있는 선수였다. 그러나 시몬스는 아예 슛이 없는 선수다. 아버지와 시몬스를 같은 범주에 두고 비교하는 건 잘못된 일이라고 생각한다. 아버지와 뛴 시대와 지금의 시대는 농구의 스타일이 다르다. 3점 슛이 꼭 시몬스의 무기가 될 필요는 없다. 시몬스는 다른 부분에서도 이미 충분한 재능을 가진 선수란 것을 모두가 알고 있다. 그러나 점프슛을 익힌다면 지금보다 더 훌륭한 선수가 될 것이라는 건 확실하다"는 말을 전했다.

마찬가지 비슷한 신체조건을 이유로, 시몬스의 컴패리즌 모델로 꼽히는 매직 존슨도 3점 슛과 미드레인지 점퍼를 많이 던지진 않았다. 하지만 슛이 없는 선수는 결코 아니었다. 존슨은 커리어 평균 30.3%(0.4개 성공)의 3점 슛 성공률을 기록했다. 그러나 평균 득점은 19.5점(FG 52%)에 이르는 등 마음만 먹으면 언제든지 다득점을 올릴 수 있는 스코어러이자 포인트가드였다. 평균 11.2어시스트를 기록할 정도로, 평소엔 동료 선수들을 살려주는 플레이를 우선했지만 클러치 타임 때는 어김없이 팀의 해결사로 나선 것이 그 증거다. '스포츠일러스트레이티드(SI) 등 美 현지에서 역대 최고의 클러치 슈터를 논할 때마다 존슨의 이름이 빠지지 않는 이유다.

존슨에게 미드레인지 점퍼는 주된 득점 루트가 아니었을 뿐이지 오픈 상황에선 적중률도 높았다. 자유투 성공률도 평균 84.8%(6.5개 시도)의 성공률을 기록하는 등 기본적인 슛 메커니즘이 좋은 선수다. 더욱이 존슨이 현역으로 활약했던 1980년대는 NBA에 3점 슛 제도가 도입된 지 얼마 되지 않아 3점 슛 공격과 관련한 패턴이 부족한 절대적으로 시기였다. 존슨과 동시대에 활약한 180 클럽 가입자인 래리 버드도 커리어 평균 3점 시도가 1.9개(3P 37.6%)에 그치는 등 3점 슛을 시도하는 선수 자체가 생소한 때였다. NBA는 1979-1980시즌에 처음으로 3점 슛 제도를 도입했다.

시몬스도 어느덧 리그 6년 차에 접어든다. 이는 시몬스에게도 슛을 교정할 수 있는 시간이 얼마 남지 않았음을 의미하기도 한다. 보통 저 정도 연차면 습관이 완전히 굳어 플레이 스타일을 바꾸기란 쉽지가 않다. 앞으로 슛이 없는 선수로 남을지 아니면 이를 이겨내고, 리그 역사에 또 하나의 이정표를 남길지 모든 것은 시몬스의 의지에 달렸다. 점프슛 능력을 평균에 가깝게 끌어올리기만 해도 시몬스는 충분히 리그 역사에 이름을 남길 수 있는 재능을 가진 선수임에 틀림이 없다.

2019년 故 코비 브라이언트도 헤럴드 썬과 인터뷰에서 "시몬스는 반드시 점프슛을 몸에 익혀야 한다. 그렇지 않다면 시몬스의 커리어는 분명 반짝하고, 끝날 것이다. 시몬스만이 아니라 누구든지 슛을 할 수 있다면 본인이 원하는 스타일의 농구를 마음껏 할 수가 있다"는 말을 전한 바가 있다. 혹자는 다른 능력은 뛰어나지만 슛이 없는 선수들을 두고, 시대를 잘못 타고 났다는 말을 한다. 하지만 농구는 기본적으로 공을 바스켓에 넣어야 이길 수가 있는 경기다.

벤 시몬스 프로필

1996년 7월 20일생 211cm 109kg 포인트가드/파워포워드 호주 출신
2016 NBA 신인드래프트 1라운드 전체 1순위 지명
NBA 올스타 3회 선정(2019-2021) NBA 올-디펜시브 퍼스트 팀 2회
(2020·2021) 2018 올해의 신인왕
정규리그 275경기 커리어 통산 4,382득점 2,217리바운드 2,127어시스트
기록 중(*출판일 기준)

드레이먼드 그린, 성공만이 슛의 가치는 아니다!

🏀 드레이먼드 그린은 골든 스테이트 워리어스의 살림꾼이다. 2012 NBA 신인드래프트 2라운드 전체 35순위로, 골든 스테이트에 입단한 그린은 데뷔 첫해와 소프모어 시즌 대부분을 벤치에서 보내다가, 2014-2015시즌을 기점으로, 주전 파워포워드로 올라선다. 공간 활용과 3점 슛 중심의 스몰 라인업을 가동하는 골든 스테이트 게임 플랜에서 그린은 수비와 스크리너, 경기운영에 더해 보조 볼 핸들러 등 궂은일을 도맡으며 팀의 핵심으로 발돋움했다. 팀 내 고참급 선수로 올라선 후로는 젊은 선수들의 멘토 역할까지 맡는 등 팀 분위기 조성까지 주도하고 있다. 상대가 보기에는 트래쉬 토크를 즐기는 등 얄미운 선수이며 과도한 테크니컬 파울과 어처구니없는 실수로 경기를 어렵게 하기도 하지만,

전체적인 팀 공헌도에 있어서 이보다 더 든든한 선수가 없다.

그린은 맨발 신장(198cm)이 2m가 되지 않는 트위너다. 이에 상대가 인사이드에서 높이로 밀어붙이면 쉽게 득점을 내주기도 한다. 그러나 그린은 기동력을 활용해 외곽에서 가드 수비가 가능한 것은 물론, 왕성한 활동량으로 코트 곳곳을 뛰어다니는 등 광범위한 수비 범위를 자랑한다. 농구에 대한 이해도도 높은 그린은 적절한 타이밍에 도움 수비까지 들어가는 등 골든 스테이트 수비의 핵심이다. 빅맨을 보기에 작은 키에도 불구하고, 평균 1개의 블록을 기록하는 등 림 프로텍팅에도 장점이 있다. 커리어 평균 1.4스틸을 기록할 정도로, 패스 길 차단에 능하다. 버티는 힘도 좋다 보니 상대 뒤가 아닌 앞에서 공을 못 잡게 만드는 디나이 수비로 상대 센터를 끈질기게 물고 늘어지는 근성도 갖고 있다. 트래쉬 토크로 멘탈을 흔드는 것도 덤이다.

그 결과 그린은 올해의 수비수 수상(2017)과 4번의 올-디펜시브 퍼스트 수상을 포함해 6번이나 올-디펜시브 팀에 들어가는 등 리그 정상급 수비수로 인정받고 있다. 최근 잦은 부상과 30대에 접어들며 이전보다 활동량이 줄어드는 바람에 수비 범위도 좁아졌다. 하지만 여전히 골든 스테이트는 그린이 코트 위에 있고 없음에 따라 극명히 갈리는 수비력을 보여준다. 더욱이 2020-2021시즌은 골든 스테이트 수비의 또 다른 축인 클레이 탐슨이 부상으로 장기간 빠지는 등 그린의 수비 영향력을 다시 한번 확인할 수 있었던 시즌이었다. 그린은 림 근처에서 선수들의 수비 위치를 지정해주는 등 수비를 진두지휘했다. 그 결과, 골든 스테이트는 2020-2021시즌 수비 지표에서 리그 중상위권에 오를 수 있었다. 그린도 2021 올해의 수비수 최종 후보 3인에 들어감과 동시에 2년 만에 NBA-올디펜시브 팀에 복귀할 수 있었다.

여기에 더해 빅맨임에도 불구하고, 리그 정상급 포인트가드와 비견될 정도로, 뛰어난 경기 운영능력과 패스도 그린의 장점이다. 2020-2021시즌은 그린의 패스 능력과 코트를 보는 시야가 절정에 달한 시즌이었다. 여기에 더해 평균 7.7개의 스크린 어시스트를 기록하는 등 스크리너로서의 능력도 뛰어나다. 그린이 기록한 어시스트 대부분은 스테판 커리와의 픽 앤 롤을 통해서다. 그 예로 2020-2021시즌 그린이 뿌린 패스의 45.9%가 커리에게 향했다. 두 사람의 픽 앤 롤 플레이는 1990년대 칼 말론-존 스탁턴, 2000년대 스티브 내쉬-아마레 스타 더마이어 콤비에 뒤이어 2010년대 최고의 픽 앤 롤 플레이 콤비를 논할 때마다 빠지지 않고 등장하는 등 골든 스테이트 공격 전술의 근간이다.

커리는 일전 The Athletic과 인터뷰에서 "드레이먼드는 경기 흐름을 정확히 읽고, 내가 원하는 것이 무엇인지 확실히 알고 플레이한다. 처음 우리 두 사람의 호흡이 좋았던 것은 아니다. 그때는 그린의 패스가 나한테 정확히 들어올지 확신이 없어 픽 앤 롤 플레이에 자신이 없었다. 아마 그린도 마찬가지였을 거다. 하지만 이제는 내가 스크린을 타고 어떻게 움직일지 정확히 알고, 패스를 찔러준다. 지금은 그린의 판단과 패스를 의심하지 않는다"는 말로 그린에 대한 신뢰를 전했다.

그도 그럴 것이, 커리는 3점 슛 라인 밖에서 시작되는 그린의 스크린을 타고, 3점포를 쏘아 올리거나, 돌파를 통해 득점과 어시스트를 올린다. 슛이 좋은 커리를 살리기 위해 골든 스테이트는 주로 하이 픽 앤 롤을 즐겨 사용한다. 커리는 이를 통해 평균 2.2개(3P 44.2%)의 3점 슛을 만들었다. 그린도 스크린과 동시에 패스를 건네며 커리의 3점 찬스를 만드는 핀다운 스크린과 스크린을 선후 롤링을 통해 인사이드로 돌진하는 등 득점을 올리고 있다. 때로는 외곽에서 인사이드로 컷인을 들어오는 다른 선수에게 앨리웁 패스를 올려주거나, 외곽에 있는 선수에게 킥-아웃 패스를 빼주는 등 3점 슛 찬스를 봐주는 것도, 그린과 커리의 2대2 픽 앤 롤에서 파생되는 공격이다. 이와 함께 그린이 스크린 후 외곽으로 빠지는 픽 앤 팝 공격으로도 상대를 공략한다. 다만, 효율성이 떨어진다는 것은 옥에 티다.

무엇보다 최근 2시즌 동안의 골든 스테이트는 제임스 와이즈먼, 케본 루니 등 센터 포지션 선수들이 잦은 부상에 시달리며 로테이션 구성이 어려웠다. 부득불 그린을 비롯해 포워드 포지션 선수들을 센터로 기용한 시간이 전보다 늘어날 수밖에 없었다. 그린의 장시간 센터 기용은 수비와 높이에서 문제를 드러냈다. 그린이 상대 센터를 막다 파울 트러블에 걸리는 등 로테이션 운용에도 악영향을 끼쳤다. 이전까진 그린이 스몰라인업에서 센터로 나서도 케빈 듀란트와 안드레 이궈달라 등 높이와 수비 열세를 극복해줄 선수들이 있었다. 하지만 최근 골든 스테이트의 인사이드 로테이션은 전과 비교해 많이 무너진 상태다. 파워포워드도 아닌 스몰포워드인 후안 토스카노 앤더슨이 센터로 나선 것만 봐도 충분히 알 수 있다.

그러나 반대로 상대 수비 역시 그린의 손에서 파생되는 공격을 막기가 어려웠다. 그린은 외곽으로 상대 센터를 끌고 나와 공간을 만들었고. 그 공간을 나머지 골든 스테이트 선수들이 잘 활용하면서 상대를 공략했다. 볼을 가지지 않은 선수들이 인사이드로 파고들면 그린이 타이밍에 맞춰 패스를 뿌려주는 등 팀 득점력을 끌어올렸다. 탐슨이 빠져 있던 2020-2021시즌의 골든 스테이트가 커리를 빼고, 평균 +20점을 넘긴 선수가 없었음에도 평균 113.7점(득·실점 마진 +1.1)으로, 부문 12위에 오를 수 있었던 것도 그린의 경기운영이 있었기에 가능했다.

선수들이 패스를 득점으로 잘 연결해주면서 그린도 7차례나 +15어시스트를 기록, 2번이나 19개 어시스트를 배달하며 골든 스테이트 소속으로 단일 경기 최다 어시스트를 기록한 선수에 이름을 올렸다. 그 결과 그린은 평균 8.9어시스트로, 2020-2021시즌을 마치며 이 부문 커리어 하이를 작성할 수 있었다. 스티브 커 감독도 한 시즌을 마무리하면서 "그린의 멘토로서 역할과 패스가 선수단의 미래와 현재의 격차를 줄이는 데 큰 도움이 됐다"는 말을 전하는 등 그린의 패스와 경기운영이 팀 전력을 업그레이드하면서 젊은 선수들의 성장을 유도했음을 언급했다.

그러나 일각에선 그린의 어시스트 숫자가 늘어난 데는 그만큼 슛을 아꼈기 때문이란 지적도 존재한다. 그린은 골든 스테이트가 리그를 호령했던 2010년대 중반 평균 +10득점을 기록하는 등 림 어택에 있어서도 적극적인 선수였다.

그러나 최근의 경기를 보면 그린은 림 어택이란 단어를 아예 머릿속에서 지운 듯 슛에 대한 자신감이 많이 떨어진 모습이다. 이 때문인지 보스턴은 2021-2022 시즌 파이널에서 그린에게 슛을 몰아주는 등 그린의 떨어지는 공격 효율성을 활용해 골든 스테이트를 괴롭히기도 했다.

원래 그린은 커리어 평균 31.5%(0.8개 성공)의 3점 슛 성공률을 기록하는 등 슛 자체가 좋은 선수는 아니다. 야투 시도도 평균 7.2개(FG 44.1%)에 그치는 등 시도 자체가 많은 것도 아니다. 다만 이전에는 공간 활용과 상대 빅맨이 자신을 수비하는 데 있어 혼란을 주도록 3점 슛을 던지는 등 적어도 슛을 머뭇거리는 선수는 아니었다. 그러다 보니 파이널과 같은 큰 경기에서 결정적인 3점, 럭키 샷을 성공시키기도 했다. 상대 수비가 그린의 패스와 순간적인 돌파를 막기 위해 새깅 디펜스를 하지 못하도록 하면서 공간 활용에 도움을 준 것도 그린이 슛을 던졌기에 가능했다.

더욱이 2시즌 연속 우승을 차지했던 그 시기에는 듀란트와 탐슨 등 공격에 특화된 선수들이 지금보다 더 많이 포진돼있는 등 굳이 그린이 득점을 노리지 않아도 되는 때였다. 그러나 최근 경기를 보면 슛을 던져야 할 타이밍에 슛을 머뭇거리거나 죽은 패스를 돌리면서 경기 흐름을 끊어 먹는 경우가 많다. 이전까진 가끔 보여주는 저돌적인 돌파로 자유투를 얻는 경우도 많았다. 자유투 성공률이 나쁜 선수면 모르겠으나 커리어 평균 71.2%(2.1개 시도)를 기록하는 등 빅맨 포지션 선수치고는 성공률도 나쁜 편이 아니다. 하지만 최근에는 이마저도 시도하지 않으며 공을 잡으면 아예 패스부터 생각하는 등 본인 공격 자체를 생각지 않는 모습이다. 이와 같은 습관이 아예 굳어버렸는지 2020 도쿄올림픽에 미국 대표로 참가한 그린은 완벽한 찬스에서도 죽은 볼을 돌리는 등 슛에 소극적이었다.

동아리나 길거리에서 농구를 해 본 사람이라면 동료가 알맞은 타이밍에 슛을 던지지 않아 난감했던 경험이 있을 것이다. 특히 센터 포지션을 보는 선수들은 동료가 슛을 던지는 타이밍에 맞춰 공격 리바운드를 잡기 위해 박스아웃 등 인사이드에서 상대 센터와 몸싸움을 펼친다. 이에 그 타이밍에 동료가 슛을 주저해버리면 센터 포지션 선수들은 자리싸움에 쓸데없이 힘을 쓸 수밖에 없다. 무엇보다 농구는 공격에서 24초의 제한 시간이 있기에, 슛이라도 던져 공격 리바운드라도 노려야지, 아니면 상대에게 그냥 공격권을 허무하게 넘겨줄 수밖에 없다.

다시 그린의 경기를 복기하면 상대도 그린이 슛에 대한 자신감이 떨어진 것을 알고 패스와 돌파를 견제하는 쪽으로 수비를 펼치는 등 골든 스테이트가 활용할 수 있는 공간 자체를 최소화시켰다. 설상가상 커리와 2대2 픽 앤 롤 과정에서도 그린이 볼 핸들러로 나서면 그린의 득점을 견제하기보다는 함정 수비를 통해 커리의 득점을 봉쇄하는 등 2대2 플레이에도 제약이 생겼다. 수비 입장에선 공격 옵션이 하나일 때보다 여러 개일 때 수비가 힘들다. 수비 시에 고려해야 할 경우의 수가 많아지기 때문이다.

그린이 왜 슛을 주저하는지 살펴보면 2016년 케빈 듀란트가 합류한 후 득점이 아닌 수비와 경기운영 등 다른 부분에 치중하던 경기 스타일이 몸에 익었고, 무엇보다 승부처에서 몇 번 슛을 실패한 것이 림 어택에 대한 자신감 하락으로 이어진 게 아닌가 하는 것이 커 감독의 분석이다. 이전까진 캐치 앤 슛과 스팟-업 슛 등 외곽 연습을 많이 했으나, 최근엔 슛이 아닌 볼 핸들링과 플로터 슛 등 다른 부분에 집중했다는 NBC 스포츠의 보도도 있다. 커 감독을 비롯한 구단 안팎에선 향후 골든 스테이트가 우승에 도전하기 위해선 슛에 대한 그린의 자신감 회복이 우선이라고 입을 모아 말한다.

그 예로 커 감독도 일전 2020-2021시즌 개막을 앞두고, The Athletic과 인터뷰에서 "감독 입장에서 그린이 3점 슛을 많이 넣어준다면 그보다 좋은 일은 없을 것이다. 그린은 뛰어난 3점 슈터가 아니다. 그럼에도 그린은 우리 팀에 없어선 안 될 존재다. 그린은 득점이 아니더라도, 수비와 경기운영 등 많은 부분에서 팀이 이길 수 있도록 영향을 발휘하는 선수다. 그러나 우리에겐 슛에 대한 그린의 자신감이 필요하다. 앞으로 나도 그린이 슛 타이밍에 슛을 주저하지 않도록 지도할 것이다. 정신적인 문제를 극복하기에 쉽지 않다는 것을 잘 알고 있다. 하지만 그린도, 나도 슛에 대한 무서움을 극복해야 한다는 걸 잘 알고 있다"는 말을 전했다.

골든 스테이트에겐, 그린의 슛이 반드시 필요한 것이다.

드레이먼드 그린 프로필

1990년 3월 4일생 198cm 104kg 파워포워드 미국 출신
2012 NBA 신인드래프트 2라운드 전체 35순위 지명
NBA 파이널 우승 4회(2015·2017·2018·2022) NBA 올스타 4회 선정
2017 올해의 수비수
정규리그 685경기 커리어 통산 5,960득점 4,751리바운드 3,733어시스트 기록 중(*출판일 기준)

야니스 아데토쿤보, 벌크업이 그에게 가져다준 득과 실은?

🏀 야니스 아데토쿤보는 이견이 없는 리그 최고의 선수다. 2013 신인드 래프트 1라운드 전체 15순위로, 밀워키 벅스에 입단한 아데토쿤보는 구단의 전폭적인 지원과 신뢰를 받으며 지금의 자리에 이르렀다. 아데토쿤보는 생애 단한 번뿐인 신인왕 수상은 놓쳤지만 기량 발전상(MIP), 백투백 정규리그 MVP를 거쳐 2020-2021시즌 파이널 우승과 MVP도 차지하는 등 리그에 자신의 시대가 도래했음을 알리고 있다. 2019-2020시즌 올해의 수비수(DPOY)도 수상한 아데토쿤보는 NBA 리그 역사상 최초로, 기량발전상-정규리그 MVP-올해의 수비수-파이널 MVP를 모두 차지한 선수가 됐다.

3쿼터. NBA의 슛 이야기

아데토쿤보는 이제 20대 중반으로, 은퇴까지 많은 시간이 남았다. 그렇지만 사람들은 이미 아데토쿤보가 명예의 전당에 입성하는 것은 물론 은퇴 뒤 리그 최고의 선수 중 한 명으로 기억될 것이라 믿고 있다. 그리고 시간이 지나면 지날수록 그 믿음은 점점 확신으로 바뀌고 있다.

아데토쿤보가 지금의 자리에 오를 수 있었던 건 최고가 되겠다는 아데토쿤보의 열망과 밀워키 구단의 전폭적인 지원과 신뢰가 있기에 가능했다. 밀워키는 아데토쿤보가 참가를 결정한 2013 신인드래프트를 앞두고, 구단 고위 관계자가 직접 그리스로 향하는 등 드래프트 개막 전부터 아데토쿤보에게 지대한 관심을 보였다. 당시 NBA 관계자들도 그리스 2부 리그에서 활약하던 아데토쿤보를 영입 리스트에 올리고는 있었다. 일찍이 국가대표에 뽑히는 등 국제무대에서 두각을 나타내고 있었기 때문이다. 다만, 미국 농구에 대한 경험 부재 등 여러 가지 불안요소를 이유로, 아데토쿤보의 발전 가능성을 낮게 평가했다.

반대로 밀워키는 아데토쿤보의 탁월한 신체조건과 운동능력 등 농구 선수로서 그가 가진 발전 가능성을 높이 평가했다. 211cm의 신장에다, 윙스팬까지 221cm에 이르는 등 사기적인 신체조건과 함께 장신임에도 빠른 스피드와 유연함, 수직 점프력까지 110cm에 이르는 폭발적인 아데토쿤보의 운동능력은 밀워키 관계자들의 눈길을 끌기에 충분했다. 당시 밀워키는 1라운드 후반 지명권을 갖고 있었기에 설령 아데토쿤보가 기대만큼의 성장해주지 못하더라도 아데토쿤보의 지명은 나쁘지 않은 도박이라 생각했다는 후문이다. 밀워키는 아데토쿤보 지명 후 아데토쿤보만을 위한 전담 훈련 코치와 멘토를 붙이는 등 본격적으로 체계적인 관리에 들어갔다. 그리스의 가난한 이민자 가정에서 태어난 아데토쿤보는 성공에 대한 열망을 드러내며 밀워키 구단 측이 마련한 훈련과 계획을 잘 따르는 성실함까지 보여주는 등 시간이 지날수록 그 성장세가 두드러졌다.

아데토쿤보의 성장에 결정적인 역할을 한 이는 제이슨 키드다. 키드는 아데토쿤보에게 포인트가드부터 빅맨까지 다양한 포지션을 맡기는 등 올 라운드 플레이어로 키우기 위해 노력했다. 키드는 수비에선 아데토쿤보에게 빅맨 역할을 맡기고, 공격 시에 포인트가드 역할을 맡기는 쪽으로 로테이션을 운영했다. NBA 입성 전 빅맨으로 뛰었던 아데토쿤보에게 포인트가드는 생소한 포지션이었다. 포인트가드인 아데토쿤보가 포지션 적응에 어려움을 느끼자 밀워키의 패스 흐름과 공격 전개도 덩달아 어려워졌다. 자칫 감독 생명이 위험할 수 있었지만 키드는 뜻을 굽히긴커녕 가드를 모두 빼면서 아데토쿤보에게 볼 운반과 경기운영을 맡기는 파격적인 로테이션으로 아데토쿤보를 극한까지 몰아붙이는 등 성적보다 아데토쿤보의 성장을 먼저 생각했다.

그리고 키드의 뚝심은 모두가 알다시피 성공했다. 사실 키드가 아데토쿤보에게 포인트가드 역할을 맡긴 이유는 완벽히 그 포지션에 적응하라는 것이 아니라 인사이드 돌파에 필요한 볼 핸들링 능력과 풋워크 능력을 키워주기 위함이었다. 키드의 의도대로 돌파가 눈에 띄게 좋아진 아데토쿤보는 세트 오펜스 상황에서 위력적인 돌파를 선보이며 상대 수비에 균열을 내고 있다. 211cm의 신장에 벌크업까지 성공해 힘이 붙은 아데토쿤보의 돌파는 수비 입장에서 막기가 까다롭다. 유로 스텝 등 풋워크까지 발전하면서 아데토쿤보의 림 어택은 위력을 더하고 있다. 기본적으로 다리가 길어 보폭이 넓은 것도 아데토쿤보의 인사이드 돌파를 더 쉽게 만든다. 아데토쿤보가 포스트업 스킬이 부족해도 현 리그에서 인사이드 파괴력이 가장 뛰어난 선수로 거듭날 수 있었던 건 모두 이 때문이다.

무엇보다 아데토쿤보의 돌파는 가속이 붙는 속공 상황에서 그 위력이 배가 된다. 키드가 아데토쿤보에게 수비 시에 빅맨 역할을 맡긴 것도 이와 관련이 있다. 볼 핸들링이 능숙한 아데토쿤보가 수비 리바운드를 잡게 되면 즉각 이를 코스트 투 코스트 속공으로 연결할 수 있는 상황이 만들어진다. 아데토쿤보의 코스트 투 코스트 속공은 리바운드 획득 후 볼 핸들러에게 공을 넘기는 시간을 절약하면서 상대에게 수비를 정돈할 시간을 주지 않는다는 장점이 있다. 수비에 균열이 생긴 상황에서 아데토쿤보가 인사이드로 돌진해온다면 막을 재간이 없다. 파울로 끊으려 해도 힘과 몸의 밸런스가 좋아 끝까지 슛을 올려놓는 등 자유투를 얻는 기술도 좋아졌다. 최근 밀워키를 상대하는 팀들이 속공과 세트 오펜스 상황에서 아데토쿤보에게 충분한 공간을 내주지 않으려는 것도 돌파에 가속이 붙는 걸 막기 위함이다.

더불어 아데토쿤보는 그저 공격만 잘하는 선수가 아니다. 올해의 수비수 수상과 3번의 올-디펜시브 퍼스트 팀 선정에서 알 수가 있듯 아데토쿤보는 리그 최고의 수비수다. 기동력을 갖춘 아데토쿤보는 외곽에서 사이드 스텝으로 가드 및 스윙맨 포지션 수비가 가능하다. 순발력이 좋은 탓에 순간적인 움직임으로 상대 패스 차단에도 강점을 보이는 등 커리어 평균 1.2개의 스틸을 기록하고 있다. 버티는 힘도 좋아 상대 센터를 1대1로 수비할 수 있다는 점과 탁월한 신체조건을 무기로 커리어 평균 1.3개의 블록을 기록하는 등 아데토쿤보는 아웃사이드와 인사이드 수비가 모두 가능한 수비수다. 다만 상대의 스크린에 대한 대처 능력 등 2대2 플레이 수비는 아직 보완할 점이 있다.

키드가 아데토쿤보의 성장에 발판을 마련했다면 마이크 부덴홀저는 전술과 로테이션 운용으로, 아데토쿤보의 위력을 배가시켰다. 부덴홀저는 부임과 함께 외곽 슛이 좋은 선수들을 대거 영입하면서 로스터를 채웠다. 급기야 브룩 로페즈, 바비 포르티스 등 센터 포지션 선수들에게도 외곽 슛과 플레이를 요구하고 있다. 이는 슛이 없다는 아데토쿤보의 약점을 지우며 돌파 후 킥 아웃 패스를 빼주는 등 패스 능력이 좋다는 장점을 살리기 위한 포석이었다.

그 결과 아데토쿤보의 어시스트 숫자가 늘어나면서 동시에 그간 3점 슛 활용에 인색했던 밀워키도 단숨에 이 부문 리그 상위권으로 급부상했다. 밀워키는 원고 작성일을 기준으로 최근 3시즌 동안 평균 +13개의 3점 슛을 성공시키고 있다. 최근 막을 내린 2021-2022시즌에는 평균 14.1개(3P 36.6%)의 3점 슛 성공으로 이 부문 리그 전체 4위에 올랐다. 3점 슛 시도가 늘어나며 상대는 부득불 외곽으로 수비 범위를 넓힐 수밖에 없었고, 아데토쿤보에게 돌파 공간이 확보되는 등 일석이조의 효과를 낳았다.

다만 플레이오프에선 아데토쿤보의 슛 부재가 독이 되고 있다. 정규리그와 달리 플레이오프에선 상대 약점을 물고 늘어지는 경우가 많다. 밀워키를 상대하는 팀들은 밀워키 전술의 핵심인 아데토쿤보의 돌파를 막기 위해 두텁게 수비벽을 세우는 등 아데토쿤보에게 돌파를 할 수 있는 공간을 내주지 않으려 노력한다. 아데토쿤보는 상대 수비벽을 깨기 위해서 3점 슛을 던지지만 성공률이 낮아 오히려 팀에 해가 되고 있다. 파이널 우승을 차지한 2020-2021시즌도 마찬가지였다. 언론에선 밀워키가 패할 때마다 아데토쿤보의 점프슛 부재를 언급하는 등 한계를 지적했다. 그 예로 SB 네이션은 세미파이널에서 브루클린 네츠에게 2-0으로 시리즈 리드를 내주자 "아데토쿤보는 3점에 대한 욕심을 버려야 한다. 궁지에 몰린 상황에서 던지는 슛은 똑똑함이 아니라 답답함의 표시다"는 말을 전하기도 했다.

더욱이 지난 플레이오프에선 자유투에 관한 논란도 불거졌다. 아데토쿤보는 정규리그와 달리 플레이오프에선 자유투 성공률이 61.3%(9개 시도)에 그치는 등 새가슴 논란에 시달리고 있다. 여기에 더해 자유투를 쏘는 데 걸리는 시간도 논란이 됐다. 자유투를 쏠 때 FIBA와 KBL은 심판에게서 공을 받은 이후 5초, NBA는 10초 만에 쏘는 것을 규칙으로 한다. 그러나 지난 플레이오프에서 아데토쿤보는 자유투를 쏠 때 평균 13초 이상을 썼음에도 심판이 이를 지적하지 않는 등 슈퍼스타 룰에 대한 논란이 일었다.

뉴욕 포스트에 따르면 동부 컨퍼런스 파이널에서 아데토쿤보를 만난 애틀랜타 호크스가 시리즈 개막 전부터 NBA 사무국에 이 문제를 제기했고, 밀워키에 패한 브루클린 네츠의 스티브 내쉬 감독도 이를 거들며 "사무국이 아데토쿤보의 룰 위반에 아무런 조치를 하지 않았다"고 불만을 드러냈다. 파이널에서 아데토쿤보를 상대한 피닉스 선즈 팬들은 아데토쿤보가 자유투를 쏠 때마다 큰 소리로 시간을 재며 아데토쿤보에게 압박감을 줬다. 이 때문에 긴장한 탓인지 아데토쿤보는 자유투 하나를 쏘는 데 17초를 쓰기도 했다. 피닉스 팬들은 카운트를 외침으로써 아데토쿤보에게 심리적 압박감을 주는 동시에 심판이 아데토쿤보의 시간 위반을 지적하도록 유도했다. 다만 피닉스 팬들의 바람과 달리 평균 65.9%(14.2개 시도)의 자유투 성공률을 기록하는 등 아데토쿤보는 플레이오프 시리즈를 통틀어 가장 높은 성공률을 기록했다. 심판도 아데토쿤보의 시간

위반에 대해 아무런 조치도 하지 않았다.

　　이를 의식한 탓인지 아데토쿤보는 2021-2022시즌을 기점으로 본인의 자유투 루틴 자체를 바꿔 버렸다. 이전까지 공을 건네받은 후 영점을 잡았던 아데토쿤보는 2020-2021시즌부터 공을 잡기 전 시뮬레이션을 통해 영점을 잡은 후 공을 건네받는 등 슈퍼스타 룰이라는 사람들의 비난을 피하고자 노력했다. 결과는 일단 성공적이었다. 아데토쿤보의 시간 위반에 대해 비난의 목소리가 수그러든 것이 첫 번째 효과였고, 다음으로 미리 영점을 잡고 자유투를 쏘는 탓인지 정규리그 자유투 성공률도 평균 72.2%(11.4개 시도)로 전 시즌보다 좋아진 것이 그 예다. 다만 2021-2022시즌을 앞두고, 자유투 루틴 변화와 함께 외곽 슛 개선에 많은 공을 들였지만 3점 성공률이 29.3%로(1.1개 성공) 전 시즌과 비교해 더 떨어지는 등 슛 개선은 여전히 힘들어 보인다.

　　그렇다면 아데토쿤보는 왜 점프슛이란 약점을 극복하지 못한 것일까. 여기엔 아데토쿤보의 신체조건과 벌크업이 언급된다. 먼저 30cm가 넘는 아데토쿤보의 손은 한 손으로 공을 단단하게 움켜쥘 수 있기에 돌파에 있어선 강점이 된다. 하지만 반대로 슈팅을 쏘는 데는 독이 되고 있다. 특히, 움직이는 상황에서 슛을 쏘는 데 있어 약점이 더욱 두드러지고 있다. 그나마 돌파가 완성형에 이른 이후 뒤늦게나마 슛 전담 코치를 붙이면서 오픈 상황에서 던지는 미드레인지 점퍼 등은 비교적 정확해졌다. 하지만 3점 라인 밖에선 그마저도 효율이 떨어지고 있다.

　　이와 함께 벌크업이 아데토쿤보에게 파괴력을 가져다줬지만 반대로 슛 자세를 망가뜨렸다는 지적이다. 아데토쿤보는 데뷔 시즌과 비교해 약 22kg을 증강하면서 지금의 탄탄한 몸을 만들었다. 그 결과 인사이드에서의 파괴력은 샤킬 오닐과 비교될 정도로 막강해졌지만 반대로 어깨와 팔 움직임에 제한이 생겨 전체적인 슛의 정확도를 떨어뜨리고 있다. 다른 것보다 어깨의 발달이 오히려 슛에 불편함을 주고 있다는 것이 美 현지 매체인 클러치 포인트의 설명이다. 이는 드와이트 하워드와 안드레 드러먼드 등 상체가 발달한 센터 선수들에게 주로 나타나는 특징이다. 이들도 아데토쿤보처럼 슛 문제를 해결하기 위해 많은 시간을 할애했지만 실패하고 말았다.

더욱이 데뷔 시즌 아데토쿤보는 평균 34.7%(0.5개 성공)의 3점 슛 성공률을 기록했다. 표본은 적지만 그때는 지금과 달리 팔 각도가 L자형을 그리는 등 슛의 릴리즈 자체가 안정적이었다. 지금과 달리 슛을 던지는 것에 있어서 부자연스러움이 없었다. 의미가 없는 가정일 수도 있지만 만약 아데토쿤보가 인사이드가 아닌 아웃사이드 위주의 플레이를 익혔다면 오닐과 같은 유형의 선수가 아닌 케빈 듀란트와 같은 슛이 좋은 선수로 성장했을지 모르는 일이다. 물론, 파이널 우승과 정규리그 MVP를 커리어에 새긴 아데토쿤보에게 점프슛은 사치란 의견도 존재한다. 다만 우승에 실패하는 등 앞으로 한계에 봉착한다면 슛에 대한 논란은 언제든지 불거질 것이다. 그렇기에 아데토쿤보도 매 시즌을 앞두고 외곽 슛 연마에 노력하고 있는 것이다.

야니스 아데토쿤보 프로필

1994년 12월 6일생 211cm 110kg 파워포워드/센터 그리스 출신
2013 NBA 신인드래프트 1라운드 전체 15순위 지명
NBA 파이널 우승(2021) 파이널 MVP(2021) 정규리그 MVP 2회
(2019·2020) NBA 올스타 6회 선정 2020 올해의 수비수
정규리그 656경기 14,321득점 6,149리바운드 3,020어시스트 기록 중(*
출판일 기준)

핵 어 샤크!
자유투 라인 앞에선 작아지는 남자, 샤킬 오닐

🏀 샤킬 오닐은 자타가 공인하는 리그 전설 중 한 명이다. 216cm의 신장에, 150kg에 육박하는 신체조건을 가진 오닐은 막강한 파워를 앞세워 상대를 제압, 리그를 지배했다. 1993년 신인왕 수상을 시작으로, 4번의 NBA 파이널 우승 등 수도 없이 많은 대기록이 그가 얼마나 뛰어난 선수인지를 알려주고 있다. 허나, 그가 보유한 모든 기록이 찬란한 것은 아니다. 단언컨대, 오닐은 자유투에 관해선 역대 최고가 아닌 최악이다. 오닐의 커리어 평균 야투성공률은 58.2%, 자유투 성공률은 그보다도 더 낮은 52.7%다. 이에 USA 투데이는 2016년 역대 최악의 자유투 슈터 3위로, 오닐을 꼽았다. 1위와 2위의 불명예는 벤 월러스와 윌트 체임벌린에게로 돌아갔다.

혹자는 만약 오닐의 자유투 성공률이 평균 70%에 가까웠다면 또 하나의 대기록을 세웠을 것이라 말한다. 그도 그럴 것이 오닐은 통산 28,596득점을 기록하고 있다. 위에서 말한 것처럼 커리어 평균 9.3개의 자유투를 얻어낸 오닐의 자유투 성공률이 70%였다고 가정을 한다면 약 1,943점을 추가로 적립할 수 있다. 이 경우 오닐은 역대 8번째로 30,000득점 돌파한 선수에 이름을 올릴 수 있다. 그리고 어쩌면 핵 어 샤크(Hack-a-Shaq)라는 전술도 사람들에게 알려지지 못하고, 폐기됐을지도 모른다. 핵 어 작전은 상대 공격수 중 자유투 성공률이 가장 떨어지는 선수에게 고의로 자유투를 내주는 반칙을 범해 득점 확률을 줄이고, 공격권을 가져오려는 전술을 말한다. 보통 핵 어 작전은 경기 종료를 앞두고, 점수 차이가 얼마 나지 않을 때 추격을 위해서 활용하는 경우가 많다.

다시 핵 어 샤크를 살펴보면 오닐의 전성기 시절, 상대 팀들은 그를 막을 방법을 고심했고, 그 결과 오닐의 확률 낮은 자유투를 공략하기로 했다. 1997년 댈러스 매버릭스를 지휘하던 돈 넬슨 감독이 핵 어 샤크 전술을 사용한 후 샌안토니오 스퍼스의 그렉 포포비치 감독 등 다수의 팀이 이를 연구하기 시작했다. 핵 어 샤크는 커리어 내내 오닐을 괴롭히기에 이른다. 특히, 핵 어 샤크는 플레이오프에서 빈번하게 발동됐다. 물론 핵 어 샤크가 항상 효과를 봤던 것은 아니다. 2002 NBA 파이널에서 오닐이 이끈 LA 레이커스와 맞붙은 뉴저지 네츠(現 브루클린 네츠)도 이전 팀들이 그랬던 것처럼 핵 어 샤크를 발동했다. 그러나 기대와는 다르게 오닐이 68개의 자유투 중 45개를 성공시키며 뉴저지의 계획을 무너뜨렸다.

전술의 이름은 오닐의 별명을 따 핵 어 샤크로 명명됐지만 사실 이 전술은 본래 월트 체임벌린을 수비하기 위해 고안된 전술이다. 체임벌린도 역대 최고의 선수 중 한 명이었지만 자유투 성공률이 평균 51.1%에 그치는 등 최악의 자유투 슈터 중 한 명이다. 승리를 해야 하는 감독 입장에선 핵 어 샤크는 분명 매력적인 전술 중 하나다. 그러나 반대로 농구 팬들이 보기에 핵 어 샤크는 경기 흐름을 뚝뚝 끊어먹다 보니 답답하면서 지루하기 짝이 없는 전술이다. 이에 NBA 사무국 측과 아담 실버 총재는 2016년부터 핵 어 샤크 전술 남용 방지를 위해 노력하고 있다. 그중 하나로, 게임 종료 2분을 고의로 반칙을 범할 경우 상대에게 자유투와 공격권을 넘겨주는 방식으로 규칙을 개정했다. 하지만 플레이오프와 같은 중요한 순간엔 핵 어 작전이 여전히 사용되고 있다. 핵 어 작전의 희생자는 대부분 센터 포지션 선수들로, 오닐 은퇴 후 드와이트 하워드와 디안드레 조던, 안드레 드러먼드 등 리그 정상급 센터들이 공략 대상이 됐다. 핵 어 작전의 근절이 어려운 이유는 이를 둘러싼 논쟁에서 확연히 드러난다. 먼저 핵 어 작전을 찬성하는 쪽은 3가지 이유를 들고 있다.

첫 번째는 핵 어 작전을 활용할 수 있는 선수가 한정되어 있다는 점이다. 최근에는 빅맨 포지션 선수들도 슛에 능해야 살아남는 등 자유투가 정확한 선수들이 늘고 있어 핵 어 작전이 자주 사용되지 않는다는 것이다. 두 번째 이유로는 피나는 연습으로 자유투 성공률을 끌어올릴 수 있다는 점을 언급했다. 이들은 "NBA 스타급 선수들은 농구를 하면서 수백만 달러를 버는 이들이다. 그중 일부를 자유투 훈련에 활용해 성공률을 50%까지만 끌어올려도 핵 어 작전은 자연스레 사라질 것"이라 입을 모은다. 한때 케빈 듀란트도 이 논리에 힘을 실어주는 발언으로, 핵 어 작전을 찬성해 주목을 받기도 했다. 마지막 이유로는 농구가 '전략게임'이라는 점이다. 이들은 스테판 커리를 막기 위해 박스원 수비나 더블팀을 사용하는 것처럼 핵 어 작전도 감독이 활용할 수 있는 수비 전술의 하나라 주장한다. 무엇보다 농구는 창의력의 운동이기에 전술을 제한하는 것은 기본적으로 농구의 탄생 취지와 맞지 않는다는 논리도 함께 내세우고 있다.

반대로 아담 실버 총리를 중심으로 핵 어 작전 폐지를 주장하는 쪽은 '팬 우선주의'를 내세우며 이들의 의견에 반대 목소리를 내고 있다. 실버 총리는 2016년 핵 어 작전에 관해 반대 목소리를 내면서 "나도 처음엔 선수라면 당연히 자유투를 확실히 넣어야 한다고 생각했다"며 말을 시작했다. 실제 실버 총재도 부임 초에는 전술과 전략의 창의성을 이유로 핵 어 작전을 찬성했다. 그러나 "농구는 스포츠임과 동시에 팬들을 즐겁게 만들어야 하는 엔터테인먼트의 성격도 함께 갖고 있다. 농구는 몇몇 사람들의 전유물이 아니다. 프로는 팬을 위해 존재하고, 팬과 소통하며 발전해야 한다. 팬이 외면하는 프로는 존재의 가치가 없다. 팬들은 핵 어 작전을 너무나도 지루해한다. 그간 승리에 집착한 탓에 NBA는 남성성만이 강조됐다. 이제는 다양한 사람들이 농구를 즐기던 순수의 시대로 나아가야 한다"는 말을 이어가면서 승리 친화적인 농구가 아닌 팬 친화적인 농구를 강조하는 등 핵 어 작전 폐지론자로 변신하기에 이르렀다.

그렇다면 지금의 핵전쟁 논란을 만든 오닐은 왜 자유투에 약했을까. 이에 대해선 여러 의견이 존재하고 있다. 일부 사람들은 오닐의 신체조건을 이유 중 하나로 들고 있다. 오닐은 남들보다 큰 손을 갖고 있다. 이 손이 인사이드에서 상대를 이겨내고, 득점을 따내는 데는 이점이 있었다. 하지만 반대로 자유투나 원거리에서 슛을 쏠 때 손끝으로 슛을 던지는 등 불리하게 작용했다는 주장이다. 다만, 카와이 레너드 등 오닐만큼이나 손이 큰 선수들이 정교한 슛 감각을 보여주는 선수들도 여럿 있다. 레너드도 대학 시절에 슛이 좋은 선수는 아니었으나 2011년 샌안토니오 스퍼스 입단 후 그렉 포포비치 감독 계획 하에 칩 잉겔랜드와 채드 포시어, 두 유능한 코치로부터 꾸준히 개인 교습을 받았다. 그 결과 대학 시절 3점 슛 성공률이 평균 25%에 그쳤던 레너드는 현재 커리어 평균 3점 슛 성공률이 38.4%(1.5개 성공)에 이르는 등 내·외곽을 넘나드는 스코어러가 됐다.

현재 NBA에서 슛 전담 코치로 유명한 데이브 호플라의 경우는 오닐이 어릴 적 손목을 다쳐 수술을 받는 바람에 자유투 연습을 제대로 하지 못했고, 그

악순환이 리그 데뷔 후에도 이어졌다고 주장했다. 여기에 스포츠 심리학자들 사이에선 자유투에 대한 오닐의 입스가 문제라는 이야기를 내놓기도 했다.

이 논쟁은 2017년 오닐의 인터뷰로 종결됐다. 그간 본인의 자유투에 관해 최대한 말을 아껴왔던 오닐은 당시 USA 투데이와 인터뷰에서 모든 것을 솔직히 털어놓았다. 당시 콘도 사업을 하던 한 사업가가 오닐에게 자유투 대결을 청하면서 자연스레 오닐의 자유투가 논쟁거리로 떠올랐다. 평소 유쾌한 인터뷰 스킬로 정평이 나 있는 오닐은 이날도 "나는 그간 고의로 자유투를 놓쳤다. 만약 내 자유투 성공률이 90%에 육박했다면 경기는 재미가 없었을 것이고, 나는 거만해져서 커리어를 망쳤을 것이다. 한 마디로 내 자유투는 겸손을 유지하기 위한 최후의 수단이었다"는 말로 인터뷰를 시작했다.

뒤를 이어 "사람들이 많이 오해하는 부분이 있다. 내가 자유투 연습을 안 했다고 말하는 이들이 있는데 이는 사실이 아니다. 나는 현역 시절 매일 200개 자유투를 넣기 위해 연습하고, 또 연습했다. 프로 진출 후 처음, 내 집과 개인 체육관을 지은 이후 자유투 연습을 게을리하지 않았다. 그러나 신은 나에게 자유투에 관해선 재능을 주지 않은 것 같다. 아마 내게 겸손을 가르치려고 했던 것 같다. 스포츠 심리학자들은 내가 자유투에 관해서 압박감을 느끼고 있다는 말을 하지만 이 역시 사실이 아니다. 나는 경기를 치를 때마다 압박감을 느끼지 않는다. 반대로 긴장을 풀고 난 후 게임에 임하는 스타일이다"는 말을 전하며 그간의 의혹에 대한 해명의 시간을 가졌다.

이외에 오닐은 현역 시절 자유투 슛 자세를 언더핸드로 바꾸라는 조언을 받기도 했다는 후문이다. 언더핸드 자세는 릭 베리의 자유투 슛 자세로 유명하다. 리그 최고의 자유투 슈터를 논할 때마다 빠지지 않고 거론되는 베리는 커리어 평균 89.3%(6.3개 시도)의 성공률을 기록하고 있다. 여기서 잠깐 언더핸드 자세를 설명하면 폼은 우스꽝스럽지만 두 손으로 공을 받치기에 안정감을 줄 수 있다. 또, 일반적인 자세보다 공에 회전까지 더 줄 수 있는 등 안정적인 자유투 자세로 평가받고 있다.

체임벌린도 1961-1962시즌부터 언더핸드로 자유투를 던지기 시작했다. 그 결과 당시 자유투 성공률을 61.3%까지 오르는 등 언더핸드는 자유투에 있어서만큼은 어느 정도 그 효과성이 입증된 자세다. 하지만 체임벌린은 이후 시즌부터 다시 기존 정석대로 자유투를 던지기 시작했고, 자유투 성공률이 다시 50%대로 떨어졌다. 그 결과 체임벌린은 커리어 평균 자유투 성공률이 51.1%(11.4개 시도)에 그치게 된다. 이에 대해 체임벌린은 본인의 자서전에 "당시에 언더핸드 자세는 여자들이 쏘는 방식이라, 언더핸드 슛으로 던지는 것이 바보처럼 느껴졌다. 그러나 이후 이 자세가 최고의 자유투 슈터가 쏜 자세라는 걸 알게 됐을 때 자세를 바꾼 것이 후회됐다"는 말을 전한 바가 있다. 국내에선 슬램덩크의 강백호를 연상시켰던, 前 원주 DB 프로미 소속으로 활약했던 치나누 오누아쿠가 언더핸드 자세로 자유투를 던지며 많은 이들의 주목을 받았다. 2019-2020시즌 오누아쿠는 평균 66.89%의 자유투 성공률을 기록했다.

베리가 직접 오닐을 찾아와 언더핸드 슛을 전수하는 등 약점 극복을 위해 물심양면으로 도왔지만 오닐에겐 소용이 없었다. 베리는 언더핸드 슛의 경우, 손이 큰 선수에게 더 유리한 자세이기에 이를 추천했다고 한다. 오닐과 같은 슈퍼스타가 언더핸드 슛으로 자유투 교정에 성공하면 언더핸드 자세가 대중화될 수 있을 것이란 생각도 있었다. 그러나 오닐은 2017년 겨울, 비즈니스 인사이더와 가진 인터뷰에서 당시 상황에 대해 "사람들은 언더핸드 자세가 자유투에 효과가 있다고 하지만 표본이 너무 적었다. 베리와 체임벌린이 언더핸드 자세로 효과를 본 건 사실이지만 그 두 사람이 잘했다고 해서 모두가 언더핸드 슛을 잘할 수 있는 건 아니다. 베리에게도 말했지만 무엇보다 언더핸드 자세는 멋있는 내가 하기에는 슛 폼이 너무 촌스러웠다"는 말로써 베리와 사이에 있었던 비하인드 스토리를 털어놓았다.

폼이 촌스럽다는 것은 베리도 인정한 부분이다. 베리도 2020년 인터뷰에서 "처음 아버지께 언더핸드 슛 자세를 추천받았을 때 당연히 나도 이 자세로 자유투를 쏘는 것을 거부했기에 이를 싫어하는 남자 선수들의 마음을 이해할 수 있다. 언더핸드 슛은 여자아이들이 던지는 방식이었기 때문이었다. 그러나 던지고 나니 언더핸드가 자유투를 던지는 데 있어 최적의 자세임을 알았다"는 말을 전하기도 했다는 후문. 수많은 남자 농구 선수들이 자존심 때문에 언더핸드 슛 자세를 포기했지만 베리는 효율성을 위해 언더핸드 자세를 선택하며 언더핸드 슛이 나올 때마다 회자가 되는 전설적인 전수가 됐다.

오닐의 자유투를 보고 있으면 '케이스 바이 케이스(Case by Case)'라는 말이 떠오른다. 어떤 이는 자유투가 농구에서 있어 가장 득점을 올리기 쉬운 수단이라 말한다. 그러나 오닐은 아니라고 하지만 그에게 있어 자유투는 분명 득점을 올리기가 가장 어려운 수단이었을 것이다. 물론 그 반대로 오닐에겐 자유투가 필요 없었을지도 모른다. 본인이 스스로에게 붙인 별명인 MDE(Most Dominant Ever 역사상 가장 압도적인 사람)처럼 오닐이 리그 역사에 길이 남을 선수란 사실은 변함없기 때문이다.

오닐의 말처럼, 신은 정말 그에게 '겸손함'을 가르치기 위해 '자유투 능력'만큼은 주지 않은 걸까?

샤킬 오닐 프로필

1972년 3월 6일생 216cm 147kg 센터 미국 출신
1992 NBA 신인드래프트 1라운드 전체 1순위 지명
NBA 파이널 우승 4회(2000-2002·2006) 파이널 MVP 3회(2000-2002) 정규리그 MVP 1회(2000) NBA 올스타 15회 선정 NBA 올-퍼스트 팀 8회 선정 1993 NBA 신인왕 수상 NBA 득점왕 2회(1995·2000) 정규리그 1,207경기 커리어 통산 28,596득점 13,099리바운드 3.026어시스트 기록

3쿼터. NBA의 슛 이야기

4쿼터

역사를 바꾼
위닝샷

5.1 ◐

필리핀에게 악몽을 선사한
2002년 이상민의 위닝 3점 슛,
그리고 2014년 문태종의 38득점

🏀 아시아쿼터 도입으로 2022-2023 KBL에서 필리핀 선수들을 볼 수 있게 되었다. 필리핀은 농구가 국기인 나라다. 그런 필리핀에서도 기억하는 한국 농구선수 3명이 있다. 첫 번째 선수는, 과거 아시아 최고 슈터로 이름을 날린 '신사수' 신동파다. 신동파는 1969년 필리핀에서 열린 아시아 선수권대회 결승에서 무려 50득점을 기록, 지금도 필리핀 농구 선수들의 우상으로 평가 받고 있다. 두 번째 선수는, 2002년 부산 아시안게임 4강전에서 위닝샷을 터뜨린 이상민(183cm, G)이며, 마지막 선수는, 2014년 인천 아시안게임 8강전에서 필리핀을 폭격한 문태종(198cm, F)이다.

2002년 부산 아시안게임 4강전
'버저비터 위닝 3점슛' 이상민

2002년 부산 아시안게임 중국과의 결승전은 지금도 명승부로 남아있고 기적 같은 결과를 이뤄냈다. 주장 문경은을 중심으로 이상민, 서장훈, 현주엽, 전희철, 추승균, 신기성, 조상현 등 농구대잔치 스타들이 이끌고, KBL 신예스타들인 김주성, 김승현, 방성윤이 뒤를 바친 역대급 대표팀이었다. 그러나 아무리 역대급 대표팀이어도 4강전 승리가 없었다면 기적 같은 금메달 획득은 없었을 것이다. 당시 한국 대표팀은 3연승으로 B조 1위를 차지하며 4강에 선착했다. 한국은 필리핀과 4강에서 만났는데, 당시만 해도 필리핀에게 고전할거 라고 예상한 이는 별로 없었다. 그러나 예상보다 필리핀은 강했고 한국은 경기력이 좋지 못했다. 경기종료 8초를 남기고 66-68로 뒤진 상태라 역전승을 장담할 수 없었다. 공격력이 좋은 방성윤이 공격을 시작했는데, 드리블 중에 공을 흘렸고 '믿을맨' 김주성이 몸을 던져 루즈볼을 잡아 이상민에게 패스했다. 이날 경기력이 좋지 않았던 이상민이 공을 잡자마자 두 명의 필리핀 선수들이 블록슛을 시도하며 달려들었다. 이상민은 침착하게 페이크로 한꺼번에 두 명을 제치고 원드리블 후 3점슛을 시도했다. 남은 시간 단 2초. 이상민은 극적으로 3점슛을 성공시키며 한국의 결승행을 선사했다. 당시 이상민과 같은 방을 쓴 방성윤은 "좋은 가드들과 많이 경기를 했지만 누가 나한테 최고의 가드가 누구냐 묻는다면 주저없이 이상민이라고 말할 것이다, 상민이 형이 왜 최고의 포인트가드인지 알 수 있는 대회였다. 지고 있어도 이길 수 있다는 믿음을 주는 선수다. 그리고 막내인 내가 자신감을 가지고 경기에 임할 수 있게 심리적인 안정감을 주는 선수였다. 당시 내 실수를 상민이 형이 다 덮어주어 결승에 갈 수 있었다"라며 당시를 회상했다. 또한 주희정 고려대학교 감독 역시 "슈팅 능력이 부족했던 제게 선배들이 항상 했던 말이 '상민이 형처럼 중요할 때 한방만 넣어주면 된다'는 말이었다. 저도 상민이 형을 보고 배웠다"라며 이상민의 한방을 설명했다. 이후 모든 농구팬이 알듯이, 한국은 결승전에서 NBA 야오밍(229cm, C)이 이끈 중국을 연장 접전 끝에 102-100으로 꺾고 20년 만에 우승했다.

2014년 인천 아시안게임 8강전 38득점 '태종대왕' 문태종

2014년 한국 대표팀은 KBL 신구스타들과 유재학 감독이 하나가 되어 조직력을 최대치로 끌어올린 역대급 대표팀이었다. '2002년 대표팀과 2014년 대표팀 중 누가 강하냐?'라는 말이 나올 정도로 강한 팀이었다. 양동근과 김주성을 중심으로 문태종, 양희종, 조성민, 김선형, 김종규, 이종현 등 최고의 선수들이 모인 팀이었다. 그중 역대급 국가대표 선수라고 해도 무방한 문태종은 솔직히 KBL 수준을 뛰어넘은 높은 레벨의 선수였다. OSEN 서정환 기자는 "내가 본 한국선수 중 최고의 슈터는 단연 문태종이다. 그는 무빙 3점슛에 더해서 페이드 어웨이 점프슛과 스텝백 점프슛까지, 슈팅에서 나올 수 있는 모든 기술을 자유자재로 구사했다. 신장도 198cm로 좋고 힘도 좋아 신체조건에 슈팅기술까지 갖춘 완벽한 존재였다. 심지어 경기를 대하는 자세와 태도까지 완벽한 프로선수였다"라며 평가했다.

그런 그가 30대 중반에 한국으로 귀화한 것은, '2014년 아시안 게임'을 생각하면 얼마나 다행인지 모른다. 당시 38세였던 문태종은 8강전 필리핀과 경기에서 '미친 활약'을 했다. 그 날 경기에서 한국의 가드들은 개인기가 좋은 필리핀 가드들을 제대로 제어하지 못했다. 특히 지미 알라팍은 막을 수 없는 존재였다. 3쿼터 중반 15점차 이상으로 점수가 벌어지며 필리핀을 이길 수 없을 것 같았다. 그런 상황에서 문태종은 자신의 클라스를 선보였다. 유럽무대에서도 최고의 선수였던 문태종은 38세 나이에도 불구, 폭발적인 3점슛과 슈팅기술을 선보이며 한국을 끌고 나아갔다. 문태종은 2쿼터까지 21득점을 기록했고, 집중 수비를 당해야 했다. 문태종은 4쿼터에 첫 동점 3점슛과 역전 플로터 슛을 성공시켰다. 특히 종료 32초전에는 큰 경기에 강한 양희종이 예상치 못한 3점슛을 성공시키며 4점차로 벌리며 승기를 잡았다. 8강전에서 질 것 같았던 경기를 한국은 끝내 97-95로 이겼다. 이후 한국은 결승에서 하메드 하다디(218cm, C)가 이끄는 이란에 79-77로 대역전승을 하며 금메달을 차지했다.

당시 현장에서 취재했던 OSEN 서정환 기자는 "인천 아시안게임 필리핀전 문태종의 38점 퍼포먼스는 단연 잊을 수 없는 기억이다. 패배 직전의 한국을 문태종이 멱살 잡고 끌고 갔던 경기였다. 문태종이 슛할 것을 다 알고 있는데도 필리핀 선수들이 도저히 막을 수 없었다. 프레스센터로 돌아가는 버스 안에서, 그렇게 시끄러웠던 필리핀 기자들이 단 한마디도 하지 않았다. 지금도 필리핀 기자들을 만나면 꼭 문태종 잘 있냐는 안부를 물어본다."라며 '문태종 on fire'를 회상했다.

'양무록'에서 3점슛 8개 '클레이희종' 양희종과 '위닝샷' 이정현

🏀 잊지 못할 2016-2017 프로농구 챔피언결정전(7전4승제)을 기억하는가? 6차전에서 안양 KGC는 서울 삼성을 88-86으로 꺽고, 4승2패로 통합우승을 차지했다. 최우수선수(MVP)로 오세근이 선정되었지만, 마지막 경기 주역은 양희종(194cm, F)과 이정현(189cm, G)이었다. 이정현과 이관희의 신경전까지 이어지며 긴장감을 더 높인 챔피언 결정전이기도 했다.

양희종은 압도적인 수비력과 높은 팀공헌도가 있지만, 득점력이 저조하고 슛 성공률이 낮다보니 '양무록'이라는 별명을 갖고 있다. 그러나 그는 유독 큰 경기에 강한 편이었다. 이 날도 그는 강했고, '양무록'이라는 별명을 무색하게 했고 팬들로부터 '양유록, 클래이희종'이라는 별명을 얻게 되었다. 챔피언 결정전 6차전에서 3점슛이 한방 터질때만 해도 '오~ 양희종' 정도의 감탄사였지만, 그는 경기를 이끌어가고 따라잡는 3점슛을 연달아 터뜨렸다. 무려 3점슛을 9개 시도해서 8개를 성공하며 88.8% 성공률을 기록한 것이었다. 특히 4쿼터 종료 30초 전 3점슛이 백미였다. 양희종이 정면에서 시도한 3점슛이 그대로 들어가면서 KGC는 86-85로 역전에 성공했다. 물론 삼성의 문태영의 자유투 득점이 있었고, 끝내기 위닝샷은 이정현이 주인공이었다. 그럼에도 양희종의 존재감은 상당히 컸다. 그는 서울 삼성의 주득점원인 문태영(194cm, F) 수비는 기본이었으며, 챔피언 결정전 6경기 평균 필드골 성공률 54.84%, 3점슛 성공률 56%를 기록했다.

양희종은 유독 큰 경기에 강한 면모를 보여왔다. 기본적으로 수비와 허슬을 하면서 예상치 못한 슛까지 성공시키면서 주목을 받았다. 연세대학교 재학 시절 국가대표에 뽑힌 양희종은 2006년 WBC 챌린지에서 르브론 제임스가 이끄는 미국 대표팀과 경기에서도 허슬플레이로 돋보이는 활약을 했다. 이후 프로농구 2011-12 챔피언결정전에서는 위닝샷을 성공시켰다. 역시 아무도 기대하거나 예상하지 못한 슛이었다. 또한 2014년 인천 아시안게임 8강전과 결승전에서도 맹활약했다. 동포지션 라이벌 윤호영, 김영환과 비교해 슈팅이 좋지 않지만 큰 경기에서 유독 강하고 우승에 한몫을 했고, 국제대회에서도 돋보이는 활약을 했다.

이정현은 안양 KGC를 우승으로 이끌고, 연봉 9억시대(9억 2천만원)를 열며 전주 KCC로 이적했다. 안양 KGC에서의 마지막 시즌은 오세근이 아닌 이정현이 에이스였다. 이정현은 득점력과 내구성 좋은 슈팅가드였지만, 처음부터 팀을 이끌 에이스는 아니었다. KBL 최다 연속경기 출장이라는 대기록을 가진 이정현은 '금강불괴'라고 불리는 튼튼한 몸을 바탕으로 지속적인 노력에 2대2까지 마스터하며 능구렁이같은 선수가 되었던 것이다. 앞서 언급했듯 2016-2017 프로농구 챔피언결정전 6차전 4쿼터 종료 30초에 양희종이 3점슛을 성공시키며 86-85로 역전에 성공했다. 곧 바로 삼성은 문태영이 종료 20초 전 자유투 2개를 얻어냈다. 그 중 1개만 성공시키면서 86-86으로 동점을 이뤘다. 그리고 작전타임이었다.

당시 마지막 작전타임에서 김승기 감독은 이정현에게 2대2 공격을 주문했다. 하지만 이정현이 김승기 감독에게 1대1을 하고 싶다고 했다. 김승기 감독은 고개를 끄덕였다. 당시 김승기 감독은 경기 종료 후 인터뷰에서 "나는 투맨게임을 원했는데 정현이가 본인이 1대1을 요청했고 기대에 부응했다"며 당시 상황을 설명했다.

이정현은 슛을 갖춘 선수라 드라이브인이 쉬웠고, '붙으면 돌파 떨어지면 슛'이 가능한 선수라는 것을 증명한 것이다. 물론 이정현의 위닝샷이 대단한

4쿼터. 역사를 바꾼 위닝샷

것은 사실이지만, 그전에 양희종의 스크린과 오세근의 존재감으로 김준일이 수비 대응을 할 수 없었다. 사실 이정현의 1대1로 보였지만 팀워크와 감독의 신뢰가 빛난 마지막 순간이기도 했다.

농구 팬들이라면 누구나 알만한 이 챔피언 결정전은 이정현에게 힘든 시간이었다. 이정현의 '플라핑'과 연계하여 평소 악연이었던 이관희와 몸싸움 신경전으로 원정경기를 가면 야유가 쏟아지는 힘든 시리즈였다. 6차전 1~3쿼터까지 경기력이 좋지 않은 이정현은 김승기 감독에게 교체 사인을 요청하기도 했다. 이에 김승기 감독도 이정현을 벤치에 앉혔고 4쿼터를 대비했다. 결국 경기종료 5.7초만 남은 상황에서 이정현이 탑에서 공을 잡고 임동섭을 제치며 위닝 레이업슛을 성공시켰다. 그렇게 안양 KGC는 창단 첫 통합우승을 달성했다.

이정현은 이후 전주 KCC로 이적 후에도 수많은 위닝샷을 성공시켰고, 국제대회에서도 아시아 베스트5에도 선정되며 전성기를 펼쳐나갔다. 한국 농구의 간판 슈팅 가드 이정현은 2019 피바 월드컵 아시아 오세아니아 지역 예선 아시아 베스트 5에 뽑히기도 했다.

김우석 바스켓코리아 편집장이 본 양희종과 이정현
양희종과 이정현이 클러치 타임의 강한 이유는 조금 다른 부분이 있지만, 개인적으로 자존감과 책임감이 바탕이 된다고 생각한다. 우선 이정현은 득점을 만들 수 있는 모든 기술을 지니고 있다. 거기에 클러치 타임에서 이정현이 더욱 빛나는 것은 책임감과 에이스라는 높은 자존감까지 있기 때문이다. 양희종 역시 다르지 않다. 득점과 관련한 기술의 완성도는 이정현에 비해 떨어지지만, 프랜차이즈 스타 혹은 캡틴이라는 자존감이 큰 선수라 위기 상황에서 자신의 찬스 시 망설이지 않고 자신감 있게 하다보니 성공률이 높다.

스타 탄생을 알린
김선형의 '위닝 레이업 슛'

🏀 2022~2023시즌 '연봉킹' 김선형(187cm, G)은 중앙대학교 시절 오세근과 함께 중앙대 52연승 신화를 이끌었다. 가드임에도 빠른 스피드와 곁들여 원핸드-투핸드 덩크슛을 성공시키는 선수였다. 2011-2012시즌을 앞두고 열린 드래프트에서 오세근에 이어 전체 2순위로 서울 SK 나이츠에 지명되었다. 잠재력이 있는 선수임에 틀림없었다. 그의 루키 시즌인 2011-2012 시즌 서울 SK와 서울 삼성의 경기에서 서울 SK의 김선형이라는 이름과 스타 탄생을 알렸다.

74-74 동점상황이었고 종료 22.8초 전이었다. 문경은 감독대행은 마지막 공을 루키 김선형에게 넘겼다. 사실 김선형이 슈팅이 좋은 선수가 아니었다. 슈팅을 맡기기보다 돌파에 이은 어시스트를 기대했을지 모른다. 그럼에도 불구하고 김선형은 신인같지 않았다. 공격시간을 보던 김선형은 미소를 지으며 마치 '이 시간은 내 시간이야'라고 말하듯 즐기고 있었다. 공을 빙빙 돌리는 루키의 모습에 팬들은 열광하기 시작했다. 그리고 종료 8초를 남겨두고 드리블을 시작했다.

김선형은 김민수(200cm, F)의 스크린을 이용해 삼성의 수비수였던 이관희(190cm, G)를 폭발적인 스피드로 제꼈다. 이후 삼성 골밑을 파고든 김선형은 다시 2m 높이의 이승준과 아이라 클라크의 블록슛을 뚫고 과감한 레이업슛을 성공시켰다. 종료 3.8초를 남겨놓고 승부를 결정짓는 위닝샷을 성공시켰다. 그는 슛을 성공시킨 이후 '넘버 5 유니폼' 살짝 들어올리며 자신의 존재를 명확하게 알렸다.

사실 이 시절 서울 SK 나이츠 문경은 감독은 감독대행이었고, 김선형은 단지 신인선수일 뿐이었다. 게다가 서울 SK는 종료 5분 전까지 10여점 차로 지고 있었기에 이길 수 있는 경기는 아니었다. 그러나 경기 막판 추격전을 펼쳤고 끝내 역전승을 이뤄냈다.

신인 김선형은 2011-2012 시즌 평균 14.94 득점, 3.5 어시스트, 2.7 리바운드, 1.3 스틸, 0.5 블락을 기록했다. 화려한 퍼포먼스로 팬들의 주목을 끌었지만, 신인상은 괴물신인으로 팀 우승을 이끈 대학동기 오세근이 차지했다. 이후 김선형은 KBL 최고의 스타로 성장했고, 팀을 우승으로 이끌기도 했다. 김선형은 클러치타임을 즐길 줄 아는 몇 안 되는 선수로 꼽히며, 클러치슛을 수차례 성공시켰다.

김선형은 현재 36세 나이에도 불구하고 여전히 20대 시절 체형과 스피드를 유지하고 있고, 지난 시즌 챔피언 결정전에서 우승으로 이끌며 MVP에 선정되기도 했다. 게다가 김선형은 쇼타임, 묘기 레이업슛은 물론 국제대회에서 인유어페이스 덩크슛을 성공시키며 팬들을 즐겁게 만들면서도 우승을 이끌 수 있는 선수가 되었다. 또한 슈팅이 약한 선수였지만 문경은 감독의 도움과 본인의 노력이 더해져 지금은 슈팅도 좋은 선수가 되었다. 특히 큰 부상에서 회복해 돌아온 2018-2019시즌에는 3점슛을 장착하여 시즌 중반에 복귀했는데, 김선형은 자신의 건재함을 과시했다. 팀이 10연패 중이었는데 리그 2위 수원 KT와의 경기에서 김선형은 그야말로 팀을 혼자 하드캐리하며 49점을 기록했다. 팀을 10연패에서 구해낸 소중한 승리였다. 49득점 기록은 기존 국내선수 최다득점 1위인 김영만(부산 기아자동차)과 같은 최다 점수였다. 김선형은 김영만과 함께 KBL 국내선수 최다득점 기록을 보유하게 되었다.

김선형이 클러치타임을 즐기는 것은 에이스의 본능이라고 생각한다. 클러치 타임에 사용할 수 있는 슈팅 기술을 모두 갖추고 있다는 점이 기반이라고 생각한다. 누구보다 빠른 스피드를 활용한 돌파와 점퍼 그리고 3점슛까지 모두 사용이 가능한 선수다. 어릴 적부터 에이스 역할을 해왔기 때문에 프로에 입성해서도 다르지 않은 역할을 하고 있다고 생각한다. 자신감과 기술 그리고 책임감이 바탕이 된 플레이다.

'1.8초 위닝샷' 토니 쿠코치

🏀 2020년 넷플릭스(NetFlix)를 통해 개봉된 마이클 조던의 <The Last Dance>가 전세계의 주목을 받았다. 그로 인해 조던의 팀 동료이자, 조력자인 스카티 피펜, 데니스 로드맨 그리고 토니 쿠코치도 함께 주목을 받았다. 그중 유럽 출신으로 '유럽의 매직 존슨'으로 불린 토니 쿠코치(211cm, F)는 코트 비전, 패스능력과 함께 멋진 슛 폼에 이은 슈팅력을 보유한 선수로, 2017년 국제농구연맹(FIBA) 명예의 전당에 가입한 데 이어 2021년 네이스미스 명예의 전당에도 입성했다. 쿠코치는 포워드의 신장에 슈팅 능력이 있는 가드 같은 선수였다. 이에 NBA 사무국은 홈페이지에 "쿠코치는 미국프로농구 최초의 스트레치 포워드였다"는 멘트를 남기기도 했다. 특히 슈팅 능력이 있는 쿠코치는 '1.8초 위닝샷' 스토리도 가지고 있다. NBA 레전드 감독인 필 잭슨이 1993-1994시즌 시카고 불스 감독 시절, 클러치 타임에 스카티 피펜(201cm, F)이 아닌 쿠코치를 선택했던 위닝샷 스토리를 살펴보자.

토니 쿠코치는 누구?

쿠코치는 어린 시절부터 유럽 클럽 리그에서 많은 경험을 쌓은 선수였다. NBA 입성해서 장수할 수 있던 비결도 NBA에서만 신인이지, 베테랑 같은 경험들이 있었기 때문이다. 1987년부터 유고플라스티카 스필트(Jugoplastika Spilt) 팀에서 이미 프로 선수 생활을 시작했고, 유고플라스티카 시절에는 3번 연속 유럽리그 우승, 1992년 이탈리안 챔피언십, 1993년 이탈리안컵, 1993년 유럽피언 챔피언십 컵 등 3번의 우승을 차지하기도 했다. 트레비소 시절엔 최우수 선수상을 3번이나 받으면서 유럽 최고 선수로 명성을 떨쳤다.

쿠코치의 첫 대표팀은 유고슬라비아 대표팀이었다. 그는 1987년 세계주니어 선수권 챔피언십 대회(1987 FIBA World Junior Championship)에서 우승을 차지했다. 이후 1990년 세계선수권챔피언십(FIBA World Championship)에서 다시 한 번 우승을 경험했다. 1988년 서울 올림픽 농구 경기에서는 유고슬라비아 대표팀 자격으로 은메달을 획득했다. 이후 쿠코치를 NBA로 향하게 만든 1992년 바르셀로나 올림픽에서도 은메달을 따면서 NBA 스카우터들에게 강렬한 인상을 남기기도 하였다. 쿠코치는 NBA에 입성하기 전부터 신장이 크지만 가드같이 플레이를 하며 코트 비전과 패스능력 그리고 멋진 슛 폼에 슈팅력을 뽐냈다. 자연스럽게 그는 NBA 스카우터들의 시선을 사로잡았다.

1.8초 남은 상황에서 피펜이 아닌 쿠코치

바르셀로나 올림픽 결승전에서 일명 '드림팀'으로 불린 미국 대표팀에게 50점차 패배를 당했지만 쿠코치의 가치는 충분히 증명된 상태였다. 쿠코치 역시 이때를 기점으로 NBA 무대 진출을 결심했다. 그 예로 당시 쿠코치는 인터뷰에서 "올림픽에서 미국과 붙어 본 뒤 자신감을 가졌고, 이제는 NBA에 도전해도 될 것 같다고 느꼈다"라고 했다. 이미 1990년 제리 크라우스 단장이 1990년 드래프트 2라운드 29순위로 지명한 상태였기에 쿠코치의 NBA 진출에는 큰 문제가 없었다. 드래프트 지명 후 3년이란 시간이 지난 1993년, NBA에 입성한 쿠코치는 자신의 우상이었던 마이클 조던과 호흡을 맞출 생각에 들떠 있었지만 조던과 함께 할 수 없었다. 조던의 아버지가 괴한의 총에 맞고 죽음을 맞이했고, 충격을 받은 조던은 은퇴를 하고 말았기 때문. 쿠코치의 데뷔 시즌, 시카고는 조던의 부재에도 피펜을 중심으로, 탄탄한 전력을 과시했다. 피펜이 조던 없이도 훌륭한 선수임을 증명한 시즌이었기에 가능했다. 하지만 피펜에게 자존심이 상하는 문제가 있었다.

첫 번째, 당시만 해도 유럽 출신 선수가 리그에 손을 꼽을 정도로, NBA는 유럽 선수들에게 '넘사벽' 그 자체였다. 그런데 유럽 출신 선수인 쿠코치가 피펜 자신보다 연봉이 훨씬 높았던 것이다. 두 번째, 클러치 타임에서 피펜이 아닌 쿠코치가 선택되었기 때문이다. 1993-1994시즌 5월 13일, 뉴욕 닉스와 동부 컨퍼런스 준결승 3차전 경기가 그것이다. 당시 1.8초가 남은 상황에서 102대 102로 팽팽히 맞서고 있던 시카고는 작전타임을 불렀다. 이때 마지막 슛을 누가 하느냐를 두고, 갈등이 빚어졌다. 당시 팀 내 에이스는 피펜이었지만, 잭슨 감독은 쿠코치의 슈팅 능력이 더 좋다고 판단했고, 그에게 마지막 슛을 맡겼다. 이에 반발한 피펜은 벤치에 앉아 경기에 나서지 않았다. 중요한 상황에서 피펜의 행동으로 인해 팀은 혼란스러웠다. 하지만 쿠코치는 프리드로우 라인 근처에서 공을 잡자마자 턴어라운드 페이드어웨이 슛을 성공시키며 104 대 102, 짜릿한 승리를 이끌었다. 이후 4차전에서 피펜이 공식적으로 사과를 했지만, 결국 팀 분위기가 좋지 않게 흘러간 끝에 시카고는 뉴욕에게 무릎을 꿇었다. 피펜에게 냉정함이 있었다면 시카고 불스는 조던 없이도 파이널 무대를 밟는 저력이 있는 팀임을 증명했을지도 모른다. 쿠코치는 NBA 첫 시즌, 75경기에 출전해 평균 24.1분을 소화하며 10.9득점을 기록하는 등 NBA All Rookie 2nd Team에 선정되었다. 이때의 활약을 바탕으로, 'the Croatian Sensation'이라는 애칭까지 얻기도 했다. 세 번째, 1994-1995시즌 시카고 불스 주전 파워포워드였던 호레이스 그랜트(208cm, F)가 올랜도 매직으로 떠나면서, 전년도에 비해 시카고의 전력은 불안정했다. 거기에 팀 성적으로 인해 스트레스가 쌓인 피펜의 불만은 쿠코치에게로 이어졌다. 쿠코치는 다재다능했지만 정통 빅맨이 아니었기에 수비에서 문제가 많았다. 결국 둘은 점점 어색한 사이가 되어갔고, 피펜의 트레이드설이 종종 흘러나오기 시작했다. 그러나 트레이드는 일어나지 않았다. 모든 문제가 조던이 다시 농구 코트로 돌아오며 마무리됐기 때문이다. 쿠코치는 조던의 컴백이 마냥 좋았지만, 피펜보다 더 열정적인 연습을 하는 조던에게 혼나는 일이 많아지기도 했다. 수비가 약하고 터프한 플레이가 비교적 적었던 쿠코치도 왕조로 가는 길에 필요한 동료였기 때문이었다. 그 결과, 쿠코치는 컴백한 조던을 제외하고, 팀 내 모든 기록면에서 피펜에 이어 2위를 기록할 수 있었다. 81경기에서 평균 31.9분 출전하며 평균득점 15.7득점을 기록, 루키 시즌보다 발전한 성적을 기록하며 NBA에서 입지를 다져간 시즌이었다.

시카고 불스 왕조의 식스맨

시카고는 조던 컴백 후 1994-1995시즌 플레이오프에서 올랜도 매직에게 패한 후 센터 윌 퍼듀를 샌안토니오 스퍼스에게 내주고, '악동' 데니스 로드맨을 영입했다. 이렇게 왕조가 시작되고 있었다. 더불어 쿠코치도 지금까지 쌓아온 커리어와 다르게 벤치에서 시작하는 식스맨으로 새로운 커리어를 시작하게 됐다. 또한 리그 최고의 수비수였던 피펜은 쿠코치에게 수비를 가르쳤다. 이후 인터뷰에서 쿠코치는 "피펜은 내게 가장 큰 영향을 준 선수이며, 그에게 수비를 배운 것은 잊을 수 없다"며 존경심을 드러냈다. 1995~1996시즌 시카고 불스는 NBA 역사에 큰 획을 그었다. 역대 최초로 70승을 돌파하며 72승 10패를 기록했다. 조던은 득점 1위, 로드맨은 리바운드 1위, 스티브 커는 3점슛 1위 그리고 쿠코치는 NBA 진출 첫 타이틀로, 올해의 식스맨 상을 수상했다. 시즌 평균 13.1득점을 기록한 쿠코치는 시애틀 슈퍼 소닉스와 파이널 1차전에서 18득점을 기록하며 'Toni Day'라고 소개되기도 했다. 이날 경기는 쿠코치가 4쿼터 중요한 승부처에서 숀 켐프를 앞에 두고 3점슛과 바스켓 카운트까지 얻었고, 화려한 스핀 무브에 이은 덩크슛까지 해내는 등 연속 10득점을 (27분 동안 총 18득점)올리면서 1차전을 잡는 데 한몫을 했다. 이렇듯 쿠코치는 NBA 진출 3년차에 조던, 피펜, 로드맨을 중심으로, 스티브 커, 론 하퍼와 함께 시애틀 슈퍼 소닉스를 4승 2패로 꺾고, 첫 파이널 우승을 차지했다. 이후 1996-1997, 1997-1998시즌도 쿠코치는 팀 내 핵심적인 역할을 하는 식스맨으로, 각각 13.2득점, 13.3득점을 기록했다. 또한 2년 연속 파이널 무대를 밟았는데 상대는 존 스탁턴과 칼 말론이 이끄는 유타 재즈였고, 이들을 꺾고, 우승을 차지했다. 3연패를 달성한 시카고 불스는 왕조 2기를 이뤄냈다. 쿠코치는 파이널에서도 변함없이 식스맨 역할을 소화해내며 유럽 출신 최초로, 3년연속 NBA 챔피언 반지를 낀 선수가 되었다. 그리고 이후 시카고에 홀로 남아 에이스 역할을 했다. 하지만 원클럽맨으로 남는 것에는 실패, 트레이드를 통해 필라델피아 세븐티식서스-애틀랜타 호크스-밀워키 벅스를 거치며 주전과 식스맨을 오가는 등 저니맨으로 커리어를 마감했다. 그는 NBA에서 14시즌, 846경기 출장하면서 평균 26.3분 출장 11.6득점, 4.2리바운드, 3.7어시스트라는 기록을 남겼다.

This is miracle,
밀러 타임 & 티맥 타임

🏀 레지 밀러와 트레이시 맥그레이디에겐 리그 역사에 길이 남을 대표적인 스코어러라는 점 외에도 공통점이 존재한다. 바로 '기적'을 만들었다는 점이다.

그들이 만든 기적은 모두가 불가능이라 생각한 경기 승패를 뒤집은 것이다. 만루 홈런 등으로 경기를 뒤집을 가능성이 큰 야구와 달리 농구는 경기 종료를 목전에 두고, 점수 차가 어느 정도 벌어진다면 이를 뒤집기가 매우 어려운 경기다. 실제로 경기 관람을 가보면 종료 1분여를 남기고, 어느 정도 점수 차가 벌어지면 패배를 직감, 일찍이 경기장을 나서는 관객들을 종종 볼 수가 있다. 그러나 밀러와 맥그레이디는 팀의 에이스로서 끝까지 경기를 포기하지 않았고, 승리를 위해 노력했다. 그 결과, 두 사람은 농구 역사에 길이 남을 기적을 만들며 경기장을 먼저 빠져나간 이들을 아쉽게 만들었다.

먼저 밀러는 1994-1995시즌 플레이오프 세미파이널 1차전에서 경기 종료를 앞두고, 8.9초 동안 8점을 몰아치며 팀의 기사회생을 이끌었다. 경기를 복기하기에 앞서 이날 대역전극의 희생양이 된 뉴욕 닉스와 밀러의 악연이라고도 할 수 있는 인연을 살펴보자. 밀러와 뉴욕은 1992-1993시즌부터 1993-1995시즌까지 3년 연속으로 플레이오프에서 만나는 등 밀러의 커리어를 논할 때 여러모로 인연이 깊은 팀이다. 그 예로 밀러는 플레이오프 144경기에서 31경기를 뉴욕과 맞붙었다. 플레이오프 시리즈에서 5번이나 뉴욕을 만난 밀러는 그중 3번은 뉴욕을 넘고, 다음 라운드 진출에 성공했다. 이 때문인지 뉴욕 언론에선 밀러를 두고, '닉스 킬러'란 별명까지 붙여주는 등 닉스 팬들에게 밀러는 두려움의 대상 이었다.

1987 신인드래프트 1라운드 전체 11순위로 인디애나에 입단한 밀러는 2005년 여름 은퇴를 선언하기 전까지 정규리그 통산 2,560개(3P 39.5%)의 3점 숫을 성공시키며 이 부문 올-타임 3위에 이름을 올리는 등 리그 역사를 대표하 는 슈터 중 한 명이다. 밀러는 경기 내내 코트 이곳저곳을 뛰어다니며 숫 찬스를 노리는 등 슈터의 주요 덕목인 볼 없는 공격의 정석적인 움직임을 보여주는 선 수다. 캐치 앤 숫과 움직이면서 던지는 무빙 3점 숫 등 숫의 난도가 높음에도 적 중률이 높았다. 밀러가 볼 핸들링 능력이 떨어졌음에도 돌파를 쉽게 할 수 있었 던 것도 숫이 워낙 좋다 보니 숫 페이크 하나만으로 매치업 상대의 타이밍을 뺏 는 등 상대가 밀러를 수비하는 데 있어 많은 생각을 하게 만들었기 때문이다. 이 와 함께 본인 스스로 인정할 정도로, 플라핑에도 일가견이 있던 밀러는 커리어 평균 5.1개의 자유투를 시도해 88.8%의 적중률을 기록하는 등 코트 전역에서 득 점을 올릴 수 있는 스코어러였다.

데뷔 시즌 벤치 멤버로 활약했던 밀러는 소프모어 시즌, 주전으로 도약 했다. 데뷔 후 3번째 시즌에는 처음 +20점을 넘기는 등 리그 정상급 슈팅 가드 로 주목받기 시작했다. 이와 함께 생애 첫 플레이오프에도 진출한 밀러는 1992-1993시즌 플레이오프 1라운드에서 뉴욕과 첫 만남을 갖게 된다. 밀러는 당시 평 균 31.5득점(FG 53.3%)을 올리는 등 분전했지만 팀 수비가 패트릭 유잉과 존 스 타크 콤비를 막지 못하는 바람에 시리즈를 3-1로 내주며 패배의 쓴맛을 봐야 했 다. 밀러와 동갑내기였던 스타크는 시리즈 내내 밀러 전담 수비수를 자처하며 밀러를 따라다녔다. 그러나 밀러를 제대로 막지 못해 약이 올랐던 스타크는 1라 운드 3차전 경기에서 밀러에게 박치기를 가해 퇴장당하는 등 밀러와 뉴욕의 인 연만큼 두 사람의 신경전도 또 하나의 볼거리였다.

첫 만남에서 패배의 눈물을 삼켜야 했던 밀러는 1993-1994시즌 플레이오프 동부 컨퍼런스 파이널에서 다시 뉴욕과 격돌한다. 양 팀의 시리즈는 7차전까지 가는 등 일진일퇴의 공방을 거듭했다. 밀러 타임 못지않게 이 시리즈의 5차전도 밀러의 인생 경기 중 하나로 꼽히고 있다. 홈에서 뉴욕을 만난 인디애나는 3쿼터까지 58-70으로 끌려가고 있었다. 이때 경기장에 있던 뉴욕의 열성 팬이자 영화감독인 스파이크 리가 쿼터 종료 후에 벤치로 돌아온 밀러를 도발했다. 리는 밀러에게 "3점을 던지는 거 말고, 할 줄 아는 게 뭐야, 너에게 연봉을 주는 인디애나가 딱하다"는 말로 밀러를 자극했다.

이 말을 듣고, 격분한 밀러는 코트로 나서면서 리를 향해 목을 조르는 제스처를 취하며 경고를 보냈다. 밀러는 정교한 슛 못지않게 현역 시절 트레쉬 토크에도 재능이 있어 여러 사람에게 상처를 준 선수였다. 리에게 보낸 경고가 동시에 뉴욕에게 보낸 경고장이었는지 밀러는 4쿼터에만 25득점을 폭발시켰다. 그 결과, 3쿼터까지 14점에 묶여있던 밀러는 39득점(FG 53.8%) 6어시스트로, 경기를 끝마치며 리의 트레쉬 토크를 무안하게 만들었다. 밀러는 당시 3점도 11개를 던져 6개나 적중시켰다. 덩달아 리의 행동에 분노한 인디애나 선수들도 강력한 수비로, 뉴욕의 4쿼터 득점을 16점에 묶어 두는 등 결과적으로 리의 도발은 뉴욕에 민폐가 됐다. 이렇게 리의 독설로 힘을 얻은 인디애나와 밀러는 5차전을 잡았으나, 유잉이 7차전에 24득점(FG 43.5%)-22리바운드로, 20-20을 달성하는 등 6차전과 7차전은 뉴욕이 인디애나의 인사이드를 점령하는 데 성공, 밀러는 2년 연속 뉴욕을 넘지 못하고, 시즌을 마쳐야 했다.

이렇게 2년을 절치부심한 밀러는 1994-1995시즌 플레이오프에서 처음으로 뉴욕을 넘어서게 된다. 이 시리즈도 이전 시즌과 마찬가지로 7차전까지 가는 혈전을 치른 가운데, 밀러는 앞서 언급했듯 1차전 경기 종료 16.9초를 남기고, 8.9초 만에 8득점을 혼자 집어넣으며 대역전극을 만들어낸다. 당시 인디애나는 밀러 타임이 시작되기 전에 99-105로 뒤지며 패색이 짙었다. 경기 종료까지 남은 시간을 볼 때 도저히 역전을 기대할 수 없는 상황이었다. 밀러는 진심이었는지 아니면 다음 경기를 위해 선수단을 독려하기 위해서였는지 몰라도 타임아웃

때부터 래리 브라운 감독에게 퀵 쓰리를 넣겠다고 장담하는 등 역전에 대한 자신감을 드러냈다고 한다. 그리고 타임아웃 후 실제 그 일이 벌어졌다. 사이드 라인에서 패스를 받은 밀러는 정말로 받자마자 3점 슛을 성공시켰다.

밀러의 벼락같은 3점과 인디애나의 압박 수비에 당황한 뉴욕은 이어진 사이드 라인 공격에서 어찌할 바를 모르다가 인바운드 패스를 밀러에게 헌납했고, 이 실책이 밀러의 3점 슛 성공으로 연결됐다. 밀러의 기세에 당황했는지, 스타크는 이어진 공격에서 자유투 2개를 모두 놓쳤다. 스타크가 던진 공이 유잉에게 떨어지며 위기를 맞는 듯했다. 그러나 유잉의 슛마저 림을 외면했고, 리바운드를 잡은 밀러가 반칙으로 자유투 2개를 얻으며 인디애나는 역전의 기회를 잡는다. 평소 클러치 타임에도 강했던 밀러는 스타크와 달리 얻어낸 자유투 2개를 모두 성공했고, 스코어는 순식간에 107-105로 뒤집혔다. 인디애나도 남은 6초 동안 뉴욕의 공세를 막아내며 1차전 '밀러 타임'이란 기적을 만들 수 있었다.

이날의 엄청남은 그 광경을 목격한 이들의 인터뷰에서 고스란히 드러난다. 먼저 당시 인디애나와 밀러를 지도했던 브라운 감독은 "밀러가 빠르게 2점 슛을 넣지 않고, 드리블을 한 번 친 후 3점 슛을 성공시킨 것이 제일 충격이었다. 평소 밀러가 혈관에 얼음이 박힌 것처럼 언제나 냉철하고, 클러치 타임 때도 주눅 들지 않는 선수라는 것을 알고 있었으나, 오늘 퍼포먼스는 정말 대단했다. 이런 광경은 지금까지 살면서 처음 봤다"는 말을 전했다. 당시 뉴욕의 어시스턴트 코치로, 밀러 타임을 코트 가까이에서 목격한 제프 밴 건디는 "모두들 경기가 끝났다고 생각했지만 밀러만은 경기를 포기하지 않았다. 밀러의 첫 3점 슛이 들어가는 것을 보고, 순간 섬뜩하면서 소름이 돋았다. 경기가 뒤집힐 것이라고는 꿈에도 생각지 않았으나, 내 생각이 틀렸다"는 말을 전하는 등 이후 두 팀의 시리즈는 7차전까지 가는 혈전 끝에 밀러와 인디애나의 승리로 막을 내리며 밀러는 마침내 뉴욕과의 악연을 끝내는 데 성공했다.

밀러 타임에 이은 2번째 기적은 트레이시 맥그레이디가 만든 '티맥 타임'이다. 2000년대 초반 맥그레이디는 '동티맥 서코비'란 신조어를 만들어 낼 정도로, 리그를 대표하는 스윙맨이자 스코어러로 명성을 떨쳤다. 1997 신인드래프트 1라운드 전체 9순위로, 토론토 랩터스에 입단한 맥그레이디는 2000년 여름, 올랜도 매직 이적 후 맞이한 첫 시즌에 평균 26.8득점(FG 45.7%)을 올리는 등 잠재력을 폭발시켰다. 플레이오프에서도 1라운드의 벽을 넘지 못했으나 평균 33.8득점(FG 41.5%)을 올리는 등 큰 경기에도 강했다. 올랜도 이적 후 첫 시즌을 성공적으로 마친 맥그레이디는 기량 발전상(MIP)과 함께 생애 처음으로 올-NBA 팀에 이름을 올리는 등 유망주에서 일약 리그를 대표하는 스타 선수로 떠오르기에 이른다.

이후 2번의 득점왕을 차지하는 등 올랜도에서 승승장구를 거듭한 맥그레이디는 2004년 여름, 우승에 대한 열망을 안고, 휴스턴 로케츠 이적을 감행한다. 휴스턴은 트레이드로 맥그레이디를 영입하면서 스티브 프랜시스, 커티노 모블리, 클레빈 카토의 3명 선수를 보내고, 맥그레이디와 함께 주완 하워드, 타이론 루, 리세 게인즈를 받아오는 등 리그 역사에 길이 남을 블록버스터급 트레이드를 단행해 서부 컨퍼런스의 유력한 우승 후보로 급부상했다. 걸어 다니는 만리장성인 야오밍을 보유하고 있던 휴스턴은 야오밍과 함께 팀의 원투 펀치를 이룰 선수를 간절히 원했다. 때마침 올랜도 경영진과 불화를 일으키며 사이가 틀어진 맥그레이디가 휴스턴 구단의 레이더에 포착됐다.

맥그레이디는 휴스턴에서 보낸 첫 시즌 정규리그 78경기에서 평균 40.8분을 소화하며 25.7득점(FG 43.1%) 6.2리바운드 5.7어시스트 기록했다. 올랜도 시절의 맥그레이디는 운동능력과 신체조건을 앞세워 득점 사냥에 치중했다. 203cm의 신장에 점프력과 기동력 등 운동능력이 좋았던 맥그레이디는 위력적인 인사이드 돌파와 함께 3점 라인 근처에서 던지는 미드레인지 점퍼인 롱 2를 즐겨 쏘는 등 내외곽 어디에서든 득점을 올릴 수 있는 선수였다. 그중에서 높은 타점에서 던지는 맥그레이디의 미드레인지 점퍼는 알고도 막기 어려운 공격 옵션이었다. 여기에 휴스턴 이적 후 맥그레이디는 패스와 경기운영에 재미를 붙이며 포인트가드를 맡는 등 어시스트 적립에도 열을 올렸다. 야오밍과 만나면서 2대2 플레이에도 눈을 뜨기 시작하는 등 플레이 스타일에 많은 변화가 있었다.

이렇게 커리어의 전환기를 맞은 맥그레이디는 앞서 언급했듯, 2004년 12월 10일(한국시간), 샌안토니오 스퍼스를 상대로, 33초 동안 13득점을 넣는 득점 쇼를 펼치며 리그 역사에 이름을 남긴다. 홈인 도요타 센터에서 샌안토니오를 상대한 휴스턴은 경기 종료까지 40여 초 남은 상황에서 68-76으로, 뒤지고 있었다. 이에 경기장을 찾은 홈팬들은 패배를 직감했는지 하나둘씩 코트를 떠나기 시작했다. 농구라는 경기의 특성과 산술적인 계산을 해본다면 팬들의 행동은 합리적인 선택이었다.

경기장 내 대부분이 샌안토니오의 승리를 점쳤으나, 맥그레이디만은 경기를 끝까지 포기하지 않았다. 이날 브루스 보웬과 데빈 브라운의 거친 수비에 막혀 경기 내내 고전했던 맥그레이디는 이어지는 공격에서 3점 슛을 성공시키며 71-76으로 점수를 좁혔다. 하지만 파울 작전으로 브라운에게 2점을 헌납하면서 점수는 다시금 7점 차로 벌어졌다. 경기 종료까지 32초 남은 상황에서 희망이 없는 듯했으나, 맥그레이디는 다음 공격에서 자신을 수비하던 팀 던컨에게서 슈팅 파울과 함께 3점 슛을 성공시켰고, 바스켓 카운트까지 넣으면서 점수를 75-78, 3점 차로 좁혔다.

예기치 못한 맥그레이디의 폭발력에 당황한 샌안토니오는 즉각 타임아웃을 요청했다. 반대로 희망이 보이기 시작한 휴스턴은 역전극을 위한 배수진으로 다시 한번 파울 작전을 선택, 이전 공격에서 맥그레이디에게 4점을 헌납하며 멘탈이 흔들린 던컨을 핵 어 작전의 타겟으로 설정했다. 하지만 기대와 달리 던컨이 자유투 2개를 모두 넣으면서 샌안토니오는 75-80으로 도망갔다. 남은 시간은 16초였고, 이번엔 휴스턴이 타임아웃을 요청한다. 던컨의 득점으로 한숨을 돌린 샌안토니오는 맥그레이디를 막기 위해 리그 최고의 수비수 중 한 명인 보웬에게 맥그레이디의 수비를 맡겼다. 하지만 맥그레이디는 보웬의 거친 수비에도 아랑곳하지 않고, 사이드 라인에서 패스를 받은 지 단 3.3초 만에 3점 슛을 성공시키며 다시 샌안토니오를 압박한다.

경기 종료까지 남은 시간은 이제 11초, 마지막 타임아웃을 쓴 샌안토니오

4쿼터. 역사를 바꾼 위닝샷

의 마지막 패스는 브라운에게 향했다. 브라운은 이날 경기 맥그레이디를 막으면서 20득점(FG 54.5%)을 넣는 등 샌안토니오에서 컨디션이 가장 좋은 상태였다. 그러나 휴스턴의 압박 수비에 당황한 브라운은 결정적인 순간 공을 놓치고 만다. 한순간에 이날 경기 MVP에서 역적이 되고 만 것이다. 더는 타임아웃을 쓸수 없었던 휴스턴은 맥그레이디가 브라운이 놓친 공을 몰아 샌안토니오 진영으로 넘어오는 것을 숨죽이며 지켜봤다. 그리고 종료 3.3초를 남긴 시점에서 맥그레이디가 던진 3점 슛이 림을 가르면서 경기는 마침내 81-80으로 뒤집힌다. 토니 파커와 브렌트 베리가 맥그레이디의 득점을 막으려 했지만 이미 불이 붙은 맥그레이디의 폭발력을 막기엔 역부족이었다.

공이 들어가는 것을 확인한 맥그레이디는 포효하기 시작했다. 그도 그럴 것이 티맥 타임이 있기 전까지 맥그레이디는 보웬과 브라운의 수비에 막혀 야투 25개를 던져 단 8개를 넣는 데 그치는 등 만약 휴스턴이 그대로 경기에서 졌다면 모든 비난의 화살은 맥그레이디에게로 향했을 것이 자명했다. 경기 종료 후 기록지에 드러난 맥그레이디의 3점 성공률이 41.7%였지만 13점을 몰아치기 전까지 맥그레이드는 3점 8개를 던져 단 하나만 성공시키는 등 극도로 부진했다. 그도 그럴 것이 샌안토니오는 득점력이 좋은 맥그레이디를 막기 위한 방법으로 의도적으로 경기 속도를 죽이고, 수비를 통해 게임을 풀어갔다. 특히 샌안토니오는 맥그레이디에게 돌파 공간을 주지 않기 위해 노력했다. 이와 함께 던컨을 중심으로 휴스턴의 인사이드를 공략하는 등 맥그레이디의 영향력을 줄이기 위해 최대한 노력했지만 마지막 40초를 버티지 못하고, 패배를 기록하고야 말았다.

맥그레이디는 3쿼터에 브라운과 보웬의 찰거머리 같은 수비에 막히면서 야투 시도가 단 3개에 그치는 등 자신감을 잃어가고 있었다. 보통 이 상황에서 웬만한 선수들은 포기하는 경우가 허다하다. 그러나 맥그레이디는 경기 종료 후 인터뷰에서 이야기했다. "솔직히 말해 아무런 생각이 없이 슛을 던졌다. 남들은 모두가 게임이 끝났다고 말했지만 나는 이를 인정하고 싶지 않았다. 마지막 슛은 사실 운이 좋았다. 만약 스틸에 실패했다면 우리는 파울 작전을 할 수밖에 없었다. 그러나 공이 내 앞에 떨어졌고, 내가 할 수 있는 건 그저 득점을 올리는 것밖에는 없었다."

이렇듯 끝까지 경기를 포기하지 않고 간절하게 승리를 바란 결과, 두 사람은 리그 역사상 최고의 퍼포먼스를 완성하며 리그 역사에 길이 남을 기적을 만들 수 있었다.

레지 밀러 프로필
1965년 8월 24일생 201cm 88kg 슈팅가드 미국 출생
1987 NBA 신인드래프트 1라운드 전체 11순위 지명
NBA 올스타 9회 선정 180클럽 가입(1994)
정규리그 1,389경기 커리어 통산 25,279득점 4,182리바운드 4,141어시스트 기록

트레이시 맥그레이디 프로필
1979년 3월 24일생 203cm 102kg 슈팅가드/스몰포워드 미국 출생
1997 NBA 신인드래프트 1라운드 전체 9순위 지명
NBA 올스타 7회 올 NBA 퍼스트 팀 2회 선정 MIP(2001) 정규리그 득점왕 2회
정규리그 938경기 커리어 통산 18,381득점 5,276리바운드 4,161어시스트 기록

올-타임 플레이어는 아니지만
최고의 클러치 타임 슈터,
로버트 오리

🏀 제목에서 밝혔듯, 로버트 오리는 리그 역사상 최고의 선수 중 한 명은 아니다. 1992 신인드래프트 1라운드 전체 11순위로, NBA에 입성한 오리는 2008년 선수 유니폼을 벗기까지 7번 파이널에 올라 모두 승리, 7개의 우승 반지를 수집했다. 이는 리그 역사상 최고의 선수로 손꼽히는 마이클 조던이 보유한 6개의 반지보다 많다. 리그 역사를 통틀어 7개 이상의 파이널 우승 반지를 차지한 선수가 오리를 포함해 9명에 불과할 정도로, 진귀한 기록이다.

우승 반지 개수만 본다면 오리도 명예의 전당에 그 이름을 올리기에 충분한 자격 요건을 갖추고 있다. 그러나 오리는 17년의 커리어 동안 정규리그 1,107경기에서 평균 7득점(FG 42.5%) 4.8리바운드 2.1어시스트를 기록, 기록은 그저 평범했다. 개인상도 루키 시즌, 세컨드 팀에 선정된 것을 제외하고는, 아무것도 없었다. 당연히 최고의 선수들이 모인다는 미국 대표팀과도 인연이 없어 국제대회 수상 기록도 없다. 정리하자면 가입 요건으로 눈에 보이는 기록을 중시하는 명예의 전당 입성이 힘든 것이 '팩트(Fact)'다. 그럼에도 오리의 이름이 많은 농구 팬들에게 각인된 이유는, NBA 파이널과 같은 큰 경기에서 그가 보여준 '임팩트(Impact)' 때문이다. 이는 팬들이 오리에게 선물한 별칭인 'Big Shot Rob'에서도 드러난다.

데뷔 시즌부터 은퇴 전까지, 플레이오프 단골손님이었던 오리는 플레이오프 통산 244경기에서 평균 28분 7.9득점(FG 42.6%) 5.6리바운드 2.4어시스트를 기록했다. 겉으로 보이는 기록은 평범하나, 세부적으로 살펴보면 이야기가 달라진다. 외곽에서 플레이가 가능한 스트레치형 빅맨인 오리는 플레이오프에서 평균 35.9%(1.1개 성공)의 3점 슛 성공률을 기록했다. 이 역시도 겉으로 보기에는 평범한 기록이다. 하지만 오리는 파이널에서만 53개(3P 39.2%)의 3점을 성공시키는 등 은퇴 전까지 이 부문 최다 1위를 고수했다.

한 마디로 오리는 무대가 크면 클수록 실력 발휘를 하는 선수였다. 특히 오리는 4쿼터 경기 종료 전까지 침묵을 지키다가 결정적인 순간 득점을 올리며 팀에 승리를 안기는 등 역사상 최고의 클러치 타임 슈터였다.

이런 오리의 강심장은 데뷔 시즌부터 돋보였다. 신인드래프트에서 휴스턴 로케츠의 지명을 받은 오리는 하킴 올라주원을 보좌하는 등 주전 스몰포워드로 활약했다. 79경기를 모두 주전으로 나선 오리는 플레이오프에서도 주전을 맡았다. 비록 서부 컨퍼런스 파이널 진출에는 실패했지만 오리는 시애틀 소닉스와 가진 세미파이널 7차전에서 경기 종료 32.7초를 앞두고, 올라주원의 패스를 받아 경기를 동점으로 만든 버저비터 미드레인지 점퍼를 성공시키는 등 일찍부터 강심장의 면모를 드러냈다.

당시 경기가 시애틀의 승리로 끝나면서 오리의 클러치 타임 슛은 주목을 받지 못했다. 그러나 오리는 이날의 슛을 본인 생애 최고의 빅 샷으로 꼽는다. 오리는 2020년 USA 투데이와 가진 인터뷰에서, "그때 그 슛이 사람들에게 기억되진 않는다. 다만 적어도 내게 있어선 내 실력에 대한 확신을 준 최고의 슛이다. 동료들이 나를 믿고, 슛을 맡겼다는 점도 기뻤다. 그 경기를 치른 후 농구가 재밌어졌다. 비록 휴스턴과는 이별하는 과정에서 그 끝이 좋지 못한 것이 사실이다. 하지만 휴스턴에서의 경험이 내 농구 인생의 전환점인 것은 분명하다"는 말을 전했다.

이렇게 성공적으로 리그에 안착한 오리는 커리어 2번째 시즌인 1993-

1994시즌, 첫 파이널 우승을 거머쥔다. 정규리그에선 81경기 평균 29.3분 9.9득점(FG 45.9%) 5.4리바운드 2.9어시스트를 기록하는 등 소프모어 징크스에 시달리는 듯했다. 그러나 오리는 큰 무대 체질답게 플레이오프 라운드가 올라가면 갈수록 기록이 더 좋아졌다. 특히 뉴욕 닉스를 만난 파이널에선 7경기 평균 37.8분을 뛰며 10.2득점(FG 32.4%) 6.1리바운드 3.7어시스트를 올리는 등 우승의 기쁨을 맛볼 수 있었다. 그리고 다음 시즌인 1994-1995시즌, 오리는 '서부 컨퍼런스 파이널'과 '파이널'에서 결정적인 클러치 샷을 성공, 경기를 지켜본 농구 팬들에게 강한 인상을 남긴다.

먼저, 오리는 샌안토니오 스퍼스와 만난 서부 컨퍼런스 파이널 1차전에서 종료 6.9초를 남기고, 올라주원이 빼준 킥-아웃 패스를 받아 역전 미드레인지 점퍼를 성공시킨다. 3점 라인에서 패스를 건네받은 오리는 패스 페이크로 수비를 제친 후 인사이드 쪽으로 접근해 슛을 성공시키는 등 짧은 시간임에도 침착함까지 보여줬다. 기선제압과 함께 샌안토니오를 시리즈 스코어 4-2로 물리치고 파이널에 오른 휴스턴은 동부 컨퍼런스에서 올라온 올랜도 매직을 4-0으로 제압한다.

이 과정에서 휴스턴은, 3차전 경기 종료를 35.7초 남겨 놓고, 호레이스 그랜트에게 미드레인지 점퍼를 얻어맞아 101-100으로 쫓기게 된다. 시간을 끌며 공격 기회를 엿보던 휴스턴은 24초 공격 제한시간에서 4초를 남기고, 올라주원의 킥-아웃 패스를 받은 오리가 올랜도의 추격을 뿌리치는 3점을 성공하면서 104-100으로 도망간다. 리드를 지킨 휴스턴은 이날 경기를 106-103으로 승리했고, 이어진 4차전도 113-101로 올랜도를 완파해 백투백 우승의 대업을 완성한다.

이후 오리는 1996년 여름, 피닉스 선즈로 트레이드된다. 이때 오리는 휴스턴을 떠나며 "팀이 본인에게 충분한 기회를 주지 않았다"고 비난을 퍼부었다. 설상가상 피닉스에서조차 쉽게 적응하지 못했다. 그 예로 오리는 경기 도중 당시 피닉스의 코치를 맡고 있던 대니 에인지 얼굴에 수건을 던지고, 욕을 하며 징계를 받은 적이 있다. 피닉스 팬들과 언론은 오리의 선 넘은 행동에 비난을 보냈다. 이 사건이 원인이 되어 오리는 시즌 도중 LA 레이커스로 트레이드가 된다. 클러치 샷의 임팩트가 커서 그렇지, 오리는 현역 시절 스티브 내쉬에게 거친 파울을 범해 부상 위험으로 몰고 가는 등 한 성격 하는 선수였다.

레이커스 이적 후 오리는 주전이 아닌 식스맨으로 변신한다. 이적 후 첫 3시즌은 우승과 인연을 맺지 못했다. 하지만 1999-2000시즌, 레이커스 소속으로 이룬 첫 우승이자, 통산 3번째 파이널 우승을 시작으로, 파이널 3연패의 위업을 이룬다. 당시 코비 브라이언트와 샤킬 오닐의 원투 펀치가 중심이 된 레이커스는 2000년대 초반을 주도한 최강 팀이었다. 오리도 무늬만 식스맨이었을 뿐, 주전보다 더 많은 출전 시간을 보장받는 등 레이커스 왕조 핵심 멤버였다. 그 예로 오리는 1999-2000시즌 파이널 4차전에서 파울 아웃이 된 오닐을 대신해 인사이드를 사수하며 팀 승리를 이끄는 등 당해 시즌 플레이오프 23경기에서 평균 26.9분 7.6득점(FG 40.7%)에 5.3리바운드 2.5어시스트를 기록했다.

오리는 앨런 아이버슨의 부상 투혼이 더 주목을 받았던 2000-2001시즌 파이널에선 3차전 경기 종료를 앞두고, 결정적인 3점 슛을 성공시키며 시리즈 리드를 이끌었다. 그때 상황을 살펴보면 레이커스는 경기 종료 1분을 남기고, 89-88로 아슬아슬한 리드를 이어갔다. 그런 와중 레이커스는 4쿼터 47초, 왼쪽 90도 윙사이드에 자리를 잡은 오리의 3점 슛으로 격차를 벌린다. 오리는 이에 그치지 않고, 아이버슨의 마지막 인사이드 돌파 공격을 막아낸 것에 이어 수비 리바운드까지 잡아내는 등 공격과 수비에서 완벽한 집중력을 선보였다. 오리는 당해 시즌 파이널에서 평균 61.5%(1.6개 성공)의 3점 슛 성공률을 기록하는 등 고감도의 슛 감으로, 팀의 2연패와 자신의 4번째 파이널 반지 획득에 성공했다.

5번째 파이널 우승을 차지한 2001-2002시즌 플레이오프는 오리의 강심장이 유감없이 발휘된 시즌이었다. 1라운드에서 포틀랜드 트레일 블레이져스를 상대한 오리는, 3차전 경기 종료 2.1초를 남기고, 역전 3점 슛을 성공시키며 팀을 구했다.

그리고 이어진 서부 컨퍼런스 파이널 4차전에 터진 오리의 클러치 샷은 농구 팬들이 꼽은 오리 커리어의 최고의 클러치 샷이다. NBA 사무국은 2008년 오리의 은퇴를 기념해 오리의 클러치 샷 중 최고의 샷을 뽑는 투표를 진행했다. 투표 결과, 새크라멘토 킹스와 가진 서부 컨퍼런스 파이널 4차전의 클러치 샷이 전체 투표 중 58%의 압도적인 지지를 얻으며 1위에 꼽혔다.

당시 레이커스는 경기 종료 1분 40초를 남기고, 새크라멘토에 96-90으로 뒤져있었다. 그러나 오리가 즉각 좌측 코너에서 3점을 성공시켰다. 이어 오닐이 종료 22.2초를 남기고, 자유투를 넣는 등 99-97로 따라붙었다. 레이커스는 종료 11.8초를 남기고, 코비에게 마지막 슛을 맡겼다. 하지만 공격이 실패하면서 패색이 짙었다. 오닐이 코비가 실패한 공을 잡아 슛을 시도했지만 이마저도 림을 외면했다. 그러나 순간 거짓말처럼 새크라멘토의 블라디 디박이 쳐낸 공이 외곽에 있던 오리에게 향했다. 오리는 주저 없이 3점을 시도했고, 이 슛은 극적인 버저비터가 되어 레이커스의 승리를 이끌었다. 이후 레이커스는 7차전까지 가는 난타 끝에 새크라멘토를 넘고, 파이널에 오른다. 이미 서부 컨퍼런스를 거치며 강력한 우승 후보를 모두 물리쳤던 레이커스는 파이널에서 뉴저지 네츠(現 브루클린 네츠)를 4-0으로 제압하는 등 3연패에 성공했다.

이후 2003년 FA가 된 오리는 텍사스에 거주하는 가족과 좀 더 가까이 지내기 위해 샌안토니오 이적을 결심한다. 오리는 샌안토니오 이적 전에도 레이커스의 주축으로 활약했다. 하지만 3년 연속 파이널 진출에 따른 체력적 부담에 더해, 어느덧 나이까지 30대로 접어들면서 경기력이 하락하는 등 플레이의 기복이 심했다. 레이커스와 달리 평소 주축 선수들의 체력 관리를 중시하는 포포비치 감독은 정규리그에서 오리의 출전 시간을 평균 20분 내외로 조절했다. 그 결과 체력을 비축한 오리는 플레이오프에서 힘을 낼 수 있었고, 2004-2005시즌 파이널에서 생애 6번째 우승 반지를 차지할 수 있었다.

정규리그에선 75경기 평균 18.6분을 뛰었던 오리는 플레이오프에 들어 23경기 평균 27.1분 9.3득점(FG 44.8%) 5.4리바운드 2어시스트를 기록했다.

44.7%(1.7개 성공)의 3점 슛 성공률도 돋보였다. 급기야 파이널 6차전에선 연장 종료 5.9초를 남기고, 다시 한번 클러치 3점을 성공시키며 팀 승리를 이끌었다. 오리는 이날 클러치 타임에서 보여준 3점 외에도 4쿼터와 연장에서만 21득점을 올리는 등 팀 공격을 이끌었다.

오리의 플레이오프 마지막 빅 샷은 2006-2007시즌 서부 컨퍼런스 1라운드 4차전에서 보여준 역전 3점 슛이다. 덴버 너게츠를 만난 샌안토니오는 경기 종료 35초를 남기고, 90-89로 쫓기고 있었다. 하지만 이어진 공격에서 토니 파커의 패스를 받은 오리가 달아나는 3점 슛을 성공시켰다. 어느덧 36살의 노장이 되면서 핵심 로테이션에선 밀렸지만 오리는 출전 때마다 적극적인 수비와 패스로 공격을 도왔다. 그 결과 본인의 마지막 파이널도 우승으로 마무리할 수 있었다.

그렇다면 결정적인 순간에 터지는 오리의 슛은, 비결이 무엇일까? 강심장을 타고난 것도 있겠지만 오리는 자신이 클러치 타임에 강한 비결로, 다름 아닌 '즐거움'을 꼽는다. 오리는 2005년 라디오 팟캐스트, mere fidelity에 출연해 "나는 고등학교 때 준수한 농구선수였다. 경기에서 결승 골을 넣은 적도 있었지만 반대로 그렇지 못한 적도 많았다. 가장 경기력이 좋았을 때를 생각해보면 그때는 경기를 즐겼던 것 같다. 압박감은 자칫 선수를 무기력하게 만들 수 있다. 그러다 보니 게임을 즐기려고 했고, 어느새 슛을 못 넣어도 그저 그러려니 하고 넘어가게 됐다. 다른 부분에 있어서도 마찬가지다. 사업을 하든, 학술 논문을 쓰든 가장 중요한 것은 그 순간을 즐기는 것이라고 생각한다. 예수 그리스도가 자신을 희생할 수 있었던 것도 삶을 즐겼고, 언제나 겸손했기 때문이라 생각한다. 즐거움과 겸손함을 유지한다면 무엇이든 이룰 수 있을 것이라 확신한다"는 말을 전하기도 했다.

혹자는 오리를 두고, 그저 운이 좋은 선수라 평한다. 그가 항상 파이널 우승권 팀에 속했던 것을 근거로 말이다. 팀 공격의 핵심이 아니었기에 상대 수비의 견제를 덜 받았다는 점도 함께 들고 있다. 하지만 오리는 분명 클러치 타임에서 보여준 빅 샷이 아니어도 충분히 매력적인 선수다. 위에 언급은 없으나, 오리는 커리어 평균 0.9블록을 기록, 인사이드 수비에 약점이 있는 스트레치형 빅맨들과 달리 림 프로텍팅에 능하다. 여기에 더해 어시스트 숫자가 말해주듯, 패스 게임에도 강점이 있는 등 사람들이 소위 말하는 육각형 능력치를 소유한 선수다. 무엇보다 저렴한 몸값과 함께 공격에 욕심을 내지 않는다는 점도 우승권 팀들에게 어필되는 매력이었다. 스몰포워드까지 소화하는 등 하킴 올라주원·샤킬 오닐·팀 던컨까지, 오리와 함께 한 파트너들의 약점인 외곽 플레이의 보완이 가능했던 것도 우승권 팀들이 그를 원한 또 하나의 이유였다. 다만 여러 팀에 버저비터로 비수를 꽂다 보니 이적할 때마다 환영을 받은 것은 아니었다고 한다. 그 예로, 오리는 샌안토니오로 처음 이적했을 당시 동료들의 따가운 눈총을 받는 등 적응에 애를 먹었다고 한다.

무엇보다 누구나가 자신에게 찾아온 기회를 모두 다 성과로 만드는 것은 아니다. 오히려 머뭇거리다 기회를 날리는 사람들이 수두룩하다. 그런 점을 볼 때 오리는 그저 운이 좋은 선수가 아닌 기회를 승리로 만들 수 있는 리그 역사상 '최고의 승부사'였다고, 필자는 감히 말하고 싶다.

로버트 오리 프로필
1970년 8월 25일생 208cm 109kg 파워포워드/스몰포워드 미국 출생
1992 NBA 신인드래프트 1라운드 전체 11순위 지명
NBA 파이널 7회 우승(1994-1995·2000-2002·2005·2007)
정규리그 1,107경기 커리어 통산 7,715득점 5,269리바운드 2,343어시스트 기록

🏀 마누 지노빌리는 아르헨티나에서 마이클 조던보다 위대한 농구선수다. 그래서 불과 몇 년 전까지 세계 최고의 축구선수였던 리오넬 메시(아르헨티나)의 인터뷰를 기억해보면 알 수 있다! 메시는 "나를 축구계의 마누 지노빌리라 불러달라"라며 지난 2013년 스페인 스포츠 언론 Marca를 통해 밝혔다. 그 역시 마누 지노빌리(198cm, G)에 존경심을 표한 것이다. 지노빌리는 1999 NBA 신인 드래프트 전체 57순위로 샌안토니오 유니폼을 입었다. 해외리그에서 3년을 보낸 후 샌안토니오에 합류한 그는 특유의 예측불허 플레이와 유로스텝 그리고 특출한 BQ를 앞세워 팀에 없어서는 안 될 선수로 자리매김했다. 지노빌리는 샌안토니오 원클럽맨으로 활약하며 1,057경기에 출전해 평균 13.3점 3.5리바운드 3.8어시스트를 기록했다. 지노빌리는 토니 파커, 팀 던컨과 빅3를 이뤄 무려 4개의 우승 반지를 손에 넣으며 샌안토니오를 최고의 팀으로 이끌었다. 또한 국가대표로서 2004 아테네 올림픽 금메달 1개와 2008 베이징 올림픽 동메달 1개를 획득하며 국제 무대에서도 큰 업적을 남겼다. 물론 그의 마지막 올림픽인 2016 리우 올림픽에서 아쉽게도 아르헨티나는 성적 부진으로 메달권에 진입하지 못하였다. 지노빌리은 16년 국가대표 경력을 여기서 마감하며 은퇴한다.

게임체인저

NBA의 대표적인 식스맨인 지노빌리는 에이스급 선수지만 팀에서 요구하는 역할을 잘 수행했다. 식스맨으로 출전해서 게임체인저 역할을 하는 것이었다. 2007-2008시즌 올해의 식스맨 상과 함께 All-NBA Third Team에 오르기도 하는 등 매우 드문 수상을 했다. 특히 지노빌리는 총 74경기 중에 23경기만 선발 출전했는데, 평균 출전 시간은 31.0분으로 평균 19.5득점, 4.8리바운드, 4.5어시스트, 1.5스틸을 기록했다. 팀의 에이스급 선수가 식스맨으로 출전하며 경기 흐름을 바꿔버리는 최고의 게임체이저였던 것이다. 훌륭한 BQ와 운동신경 그리고 흐름을 바꿔버리는 창의적인 플레이 등을 갖춘 선수가 지노빌리였다.

기적 같은 위닝샷

2004년 아테네 올림픽에서 아르헨티나는 기적의 팀이었다. NBA에서 지노빌리는 특급 식스맨 역할을 수행했고 특히 승부처에 강한 강심장을 가진 선수였다. 조별 예선만 보면 아르헨티나의 경기력은 좋지 않았다. 세르비아&몬테네그로와의 경기만 봐도 그렇다. 아르헨티나는 세르비아&몬테네그로를 83-82로 간신히 꺾고 첫 승을 신고했다. 당시 지노빌리는 27득점, 5리바운드, 3어시스트 퍼포먼스를 펼치며 승리를 이끌었다. 특히 3.8초를 남기고 시작한 마지막 공격에서 지노빌리는 상대 코트를 향해 달렸고 0.4초를 남기고 받은 패스를 앨리웁 슛으로 성공시켰다. 그의 서커스샷은 기적의 시작이었다. 다음 경기에서 스페인에 76-87로 무기력하게 당하고, 이어서 이탈리아에게도 75-76으로 패했지만, 이후 스페인과 이탈리아보다 약한 중국과 뉴질랜드를 잡고 결선 토너먼트에 진출했다. 8강에서 그리스, 마침내 4강에서 드림팀VI로 불린 미국을 상대하게 되었다.

드림팀VI로 불린 미국을 제압하다

2004년 아테네 올림픽에서 예상치 못한 일이 일어났다. 8월 27일 4강전에서 아르헨티나는 드림팀VI로 불린 미국을 89-81로 꺾었다. 아르헨티나의 에이스 마누 지노빌리는 29득점을 기록했고, 경기 후 인터뷰에서 미국 대표팀에 대해 "선수들이 아직 어리고, 국제대회 경험이 부족했다. 전 세계 농구는 발전 중으로, 미국도 앞으로 최고의 선수들을 데려와야 할 것이다"라고 인터뷰했다. 미국 대표팀은 언제나 '드림팀'이고 최고의 선수들이 모인 팀이었기에 미국의 패배에 모두가 놀랄 수밖에 없었다. 사실 미국 대표팀은 선수들의 이름값에 비해 조직력은 형편없었다. 미국 선수들은 당시 최고의 득점기계였던 앨런 아이버슨(183cm, G), NBA No.1 파워포워드 팀 던컨(211cm, F)을 주축으로 신예 빅3 르브론 제임스(203cm, F), 카멜로 앤써니(203cm, F), 드웨인 웨이드(193cm, G) 등이 있었다. 그럼에도 불구하고 1대1에는 능하지만 국제대회에서 펼쳐지는 지역방어와 FIBA룰에 대한 대처가 부족했다. 준비되지 못한 급조한 팀의 단편적인 모습이었다. 이후 미국은 아르헨티나에게 패하고 동메달 획득에 그쳤다. 결국 미국 농구의 자존심은 상했고 자존심을 되찾기 위해 '리딤팀'을 가동시켜야 했다. 지노빌리에게 결승전은 더 쉬웠다. 아르헨티나는 결승 상대는 예선전에서 1점차로 패했던 이탈리아였다. 지노빌리가 이끄는 아르헨티나의 상승세는 무서웠다. 아르헨티나는 이탈리아를 84-69로 대파했다. 지노빌리는 이 경기에서 16득점, 6리바운드, 6어시스트를 기록하며 아르헨티나 농구 역사의 첫 올림픽 금메달을 획득했다. 지노빌리에게는 우승이 오히려 쉬웠다.

　　　　　　　　　　　　　　　　　　　　4쿼터. 역사를 바꾼 위닝샷

5.8 🏀

코비 브라이언트, 마지막 경기까지 빛난 맘바 멘탈리티!

🏀 '호불호(好不好)' 사람에 따라 좋고 싫음이 다르다는 뜻으로, 현역 시절 故 코비 브라이언트(이하 코비로 표기)는 이미지가 극명히 갈리는 선수였다.

혹자에게 코비는 마이클 조던과 비교해도 뒤지지 않는 리그 역사상 최고의 선수이자, 스코어러로 기억될 것이다. 1996 신인드래프트를 통해 LA 레이커스에 입단, 20년이란 시간 동안 LA 레이커스의 보라색과 노란색 유니폼만을 입고 코트를 누빈 코비는 2016년을 끝으로 은퇴하기 전까지 정규리그 1,346경기 통산 33,643득점을 기록, 리그 역사상 3번째로 가장 많은 득점을 성공시키는 등 당대를 대표하던 스코어러였다. NBA 역사상 단일 경기 최다 득점 2위도 코비의 기록이다. 코비는 2006년 1월 22일, 토론토 랩터스와 홈경기에서 81득점을 올리면서 Mr.81이란 별명을 얻기도 했다. 5번의 파이널 우승과 2번의 파이널 MVP 수상 등 조던 은퇴 이후 리그를 대표하는 슈퍼스타 중 한 명이었다.

코비의 플레이 스타일을 살펴보면 조던과 비슷한 부분이 많다. 그 예로 리그 역사상 최고의 미드레인지 점퍼 슈터를 논할 때마다 조던과 코비가 항상 언급된다. 1대1 공격을 즐기는 것도 닮은 점이다. 그도 그럴 것이 코비는 고등학교 때부터 조던의 경기 비디오를 분석해 훈련과 경기에 활용하는 등 조던의 플레이를 모방했고, 이를 통해 조던의 아성을 넘어서길 원했다. 한 번도 우승하지 못하고 은퇴하는 슈퍼스타들이 꽤 있는 등 그 어려운 파이널 우승을 5회나 달성했음에도 끊임없이 우승에 집착한 것 역시 6회 우승을 달성한 조던을 이기기 위함이었다. 이를 위해 시도 때도 없이 전화를 걸어 조던에게 조언을 구하며 끊임없이 조던을 귀찮게 했다는 후문이다.

이처럼 코비가 리그 역사상 가장 위대한 선수 중 한 명이 될 수 있었던 원동력도 조던처럼 지독한 승부욕의 소유자였기에 가능했다는 평가가 대부분이다. 여러 일화에서도 그가 프로로서 투철한 직업윤리 의식과 승부욕을 갖췄다는 게 잘 드러난다.

그 예로 美 현지에선 코비의 오프시즌 워크아웃을 '666 프로그램'이라 부른다. 이 명칭의 유래는 코비가 오프시즌 2시간의 트랙 운동과 2시간의 농구 기술 훈련 그리고 각각 1시간씩 하체와 상체 강화훈련을 진행해온 것에서 따왔다. 하루 6시간 일주일에 6일씩 6달 동안 이 프로그램을 진행한다고 해서 사람들은 이를 666 프로그램이라 불렀다. 여기에 2012 런던 올림픽에 참가했을 당시에는 공식 훈련을 시작하기에 앞서 매일 아침 7시부터 11시까지 웨이트 트레이닝과 개인 훈련을 소화하는 등 후배들에게 뒤처지지 않기 위해 노력했다. 34살의 적지 않은 나이로 올림픽에 참가한 코비는 트레이닝 캠프 참가 전부터 개인 트레이너를 고용해 최상의 컨디션 유지를 위해 노력하는 등 자기 관리에 철저했다. 때로 후배들에게 플레이에 대한 조언을 구하기도 했다.

마찬가지 경기장에 들어서면 경기가 끝날 때까지 포기하는 법을 모르는 선수였다. 현역 시절 코비는 거친 수비의 견제를 받은 탓에 몸이 성한 곳이 없었다. 돌파를 선호하면서 무릎과 발목에 많은 무리가 간 것도 부상이 잦았던 또 하나의 이유. 그러나 코비는 몸이 아프다는 경기를 쉬기보다는 끝까지 코트에 남아 경기를 치르는 등 지독한 승부욕을 보여줬다.

실제 코비는 2012-2013시즌, 아킬레스건 파열이란 치명적인 부상으로, 부득이하게 시즌을 마쳐야만 했다. 당시 부상을 입은 장면을 복기하면 부상 발생과 동시에 다리를 절뚝이는 등 한눈에 봐도 극심한 고통이 따르는 게 팬들 눈에도 보였지만, 코비는 아무 일도 없다는 듯 팀 파울로 얻어낸 자유투를 모두 쏜 후에 라커룸으로 향하는 모습으로 미련할 정도의 승부 근성을 보여주며 경기장을 찾은 사람들의 박수를 받았다. 아킬레스건 파열 부상은 코트 복귀까지 꽤 오랜 시간이 걸린다. 보통 이 부상은 재활에만 1년에 가까운 시간이 필요하다. 코트 복귀를 한다 해도 이전과 같은 기량을 보여줄지도 확신하기 어려운 부상이다. 그러나 코비는 뼈를 깎는 고통의 재활과 치료를 견뎌내고, 무려 7개월 만에 코트로 복귀하는 등 팀에 대한 책임감도 남달랐다. 이는 코비가 코트 복귀를 선언하면서 "팀의 플레이오프 진출 실패에 책임감을 느꼈고, 중요한 시기 부상으로 자리를 비운 자기 자신을 용서할 수 없었다"고 밝힌 것에서 알 수가 있었다.

사람들은 농구를 대하는 코비의 이런 진지함과 진심을 두고, 'Mamba Mentality'라고 부르며 존경심을 드러내기도 한다. 코비가 조던에게서 영감을 얻고, 리그 역사상 최고의 선수 중 한 명이 됐다면 반대로 지금은 제이슨 테이텀과 데빈 부커 등 코비를 롤 모델로 삼아 슈퍼스타로 성장하는 선수들이 점점 늘고 있다. 하지만 때로 이 지독한 승부욕은 코비의 커리어를 논함에 있어 양날의 검이 되기도 한다. 코비에 대한 또 다른 평가엔 패스를 하지 않는 이기적인 선수란 표현이 늘 따라 다닌다. 평소 농구선수로서 자신에 대한 프라이드가 강하기로 유명한 코비는 은퇴 직전까지 본인의 플레이 스타일에 대한 강한 집착을 보이며 팀의 경기력에 악영향을 끼치기도 했다. 급기야 경기가 풀리지 않을 때는 패스가 아니라 슛을 더 많이 던지며 팀 패배의 원흉이 되기도 했다. 은퇴를 선언한 2015-2016시즌도 평균 28.2분을 뛰며 16.9개 야투를 시도하는 등 성장이 필요한 후배들을 제치고, 가장 많이 볼을 소유했다. 전성기 때도 동료를 살리는 플레이보단 자신의 득점을 먼저 챙기는 이기적인 성향의 플레이 스타일과 샤킬 오닐 등 동료들과 불화를 일으킨 것도 코비에 대한 비판 여론이 형성된 또 다른 이유였다.

이렇게 레이커스 팬들을 울리고, 웃겼던 코비는 2015-2016시즌 개막 후 한 달이 지나고, 2015년 11월 30일(이하 한국시간)에 선수 은퇴를 공식적으로 선언했다. 코비는 은퇴를 발표하며 남은 시즌은 페어-웰 투어를 통해 팬들에게 마지막 인사를 전하겠다고 선언했다. 이에 농구팬들은 홈과 원정을 가리지 않고, 농구선수로서 코비의 마지막 모습을 눈에 담기 위해 경기장으로 몰려들었다. 원정구단 관계자들도 코비의 활약상이 담긴 영상을 제작해 그의 마지막을 배웅하는 등 NBA 선수로서 코비의 커리어는 그렇게 끝을 향해 가고 있었다. 보통 은퇴를 선언한 노장 선수들이 벤치에 앉아 경기를 즐기는 것과는 달리 코비는 마지막 불꽃을 태우려는 듯, 전보다 더 적극적으로 공격에 임했다.

그리고 코비는 NBA 선수로서 치른 마지막 경기에서도 공격 일변도의 자신만의 스타일을 유지하면서 팬들에게 작별 인사를 고했다. 코비의 마지막 경기는 2016년 4월 13일, 스테이플스 센터에서 열렸다. 코비의 마지막 경기를 보기 위해 18,997명이 직접 경기장을 찾았다. ESPN을 통해서 전파를 탄 이날 경기는 약 520만 명이 시청했다는 후문이다.

경기에 앞서 오닐, 르브론 제임스, 드웨인 웨이드, 카멜로 앤써니, 크리스 폴, 파우 가솔, 라마 오돔, 데릭 피셔, 더크 노비츠키, 필 잭슨이 코비에게 보내는 메시지가 담긴 비디오가 방영됐다. 레이커스의 프랜차이즈 스타 중 한 명인 매직 존슨은 직접 코트 중앙으로 나와 코비를 두고, 레이커스 역사상 최고의 선수라고 치켜세우는 등 마지막 경기를 치르는 코비를 환영했다. ESPN은 방송을 내보면서 타임아웃 등 중간중간 시간이 있을 때마다 코비에 관한 영상을 송출하며 그의 20년 커리어를 돌아보는 시간을 가지는 등 이날은 단순히 농구 경기가 아닌 하나의 축제였다. 이렇게 많은 이의 환영을 받으며 마지막 경기에 나선 코비는 평소와 다르게 긴장한 모습이 역력했다. 이 때문인지 코비는 경기 시작 후 6분 동안 던진 5개 야투를 모두 실패하기도 했다. 그러나 코비는 이내 긴장이 풀린 듯, 연속으로 5개 야투를 성공시키는 등 11점을 몰아치면서 이날 있을 대기록 작성을 예고했다.

이날 코비는 42분을 뛰며 60득점(FG 44%)을 기록, 37세 234일의 나이로, +60득점을 올린 역대 최고령 선수에 이름을 올리면서 20년 프로 커리어에 마침표를 찍었다. 코비와 뛰는 마지막 경기임을 아는 팀 후배들은 코비에게 슛

4쿼터. 역사를 바꾼 위닝샷

찬스를 몰아줬다. 이와 함께 코비가 쉽게 아이솔레이션 공격을 할 수 있도록, 공간을 만들어주면서 끊임없이 스크린을 거는 등 코비의 림 어택을 물심양면으로 도왔다. 코비도 이를 잘 아는지, 거친 숨을 몰아쉬면서도 내외곽을 가리지 않고 유타 림을 공략하면서 득점으로 동료들의 도움에 화답했다. 코비는 페인트존에서 22득점을 올렸고, 커리어 평균 4.1개(3P 32.9%) 시도에 그칠 정도로, 잘 던지지 않는 3점 슛도 이날만큼은 21개를 던져 6개를 성공시켰다. 자유투 역시 12개를 얻어 10개를 성공시키는 등 공격에서 고도의 집중력을 발휘했다. 유타는 코비를 막기 위해 트레이 라일스와 고든 헤이워드 등 많은 선수를 코비에게 붙였다. 레이커스가 공격을 몰아주며 코비를 대우했다면 유타는 강력한 수비로 전설의 마지막을 예우했다. 하지만 한번 불이 붙은 코비의 림 어택을 막기가 쉽지 않았다.

그리고 이날 경기 '백미(白眉)'는 4쿼터였다. 3쿼터까지 37점을 올렸던 코비는 4쿼터에 무려 23득점(FG 50%)을 몰아치며 역전극을 이끌었다. 레이커스는 4쿼터를 75-66으로 뒤진 가운데 시작했다. 한때 점수 차이가 14점까지 벌어지는 등 패색이 짙었지만 코비의 따라가는 3점을 시작으로 분위기를 바꾼 레이커스는 맹렬히 유타를 추격했다.

추격의 선봉장은 당연히 코비였다. 코비는 경기 종료 3분여 동안 15점을 몰아쳤고, 레이커스는 코비의 득점에 힘입어 경기 종료 약 1분을 남기고, 96-95로 유타를 따라잡는 데 성공했다. 유타의 타임아웃 후 이어진 공격에서, 코비는 미드레인지 점퍼까지 성공시키며 결국 경기를 뒤집었다. 이후 공격에서 얻은 자유투를 2개를 모두 성공시키며 60득점을 달성했고, 마지막 공격에선 조던 클락슨에게 베이스 볼 패스를 건네며 승부의 마침표를 찍는 어시스트까지 기록, 종료 4.1초를 남기고 벤치로 들어왔다. 레이커스 선수들도 코비에게 승리를 선물하기 위해 죽기 살기로 뛰며 림을 사수했다. 그 결과 3분 가까이 유타의 득점을 96점에 묶어놓으며 승리의 발판을 마련했다.

코트 밖으로 나오는 코비를 향해 경기장에 있는 모든 이들은 기립박수로

환영했다. 코비도 즉각 라커룸으로 향하지 않고, 구단 관계자들 및 동료 선수들과 인사를 나누다가 경기 종료 후 다시 코트 중앙으로 나와 마지막 인사를 전했다.

코트 중앙으로 나온 코비는 처음엔 감정이 격해진 듯 아무 말도 하지 못했다. 감정 정리 후 마이크를 잡은 코비는 "지난 20년이 너무나도 빨리 지나간 것 같습니다. 지금도 내가 은퇴를 선언했다는 사실이 믿기지 않습니다. 그동안 팀에 머물면서 많은 이들에게 도움을 받았고, 그들에게 모두 감사합니다. 1996년 드래프트를 통해 레이커스에 입단한 후 20년 동안 팬들을 위해 열심히 뛰어왔습니다. 파이널 우승을 차지한 것보다 레이커스라는 좋은 팀에서 팬들과 사람들을 만나 역경을 이겨냈다는 게 더 자랑스럽습니다. 저를 항상 도와주고, 동기부여를 만들어준 여러분들에게 진심으로 감사의 인사를 전합니다. 그간은 사람들이 패스하라고 야유를 보냈지만 오늘 경기에선 절대 패스하지 말라고 응원해준 것도 즐겁네요. 가족들이 보여준 희생도 감사합니다. 그들에게 어떻게 보상해야 할지 모르겠습니다. 더 무슨 말이 필요할까요. 저는 이제 코트를 떠납니다 (Mamba Out)"는 말로 고별사를 남기며 영원한 리그의 전설로 거듭났다.

코비 브라이언트 프로필

1978년 8월 23일생 198cm 96kg 슈팅 가드 미국 출생

1996 NBA 신인드래프트 1라운드 전체 13순위 지명

NBA 파이널 우승 5회(2000-2002·2009-2010) 파이널 MVP 2회 (2009·2010) NBA 정규리그 MVP 1회(2008) NBA 올스타 18회 올 NBA 퍼스트 팀 11회 NBA 올-디펜시브 퍼스트 팀 9회 NBA 정규리그 득점왕 2회(2006·2007)

정규리그 1,346경기 커리어 통산 33,643득점 7,047리바운드 6,306어시스트 기록

5.9 ○
NBA 역사상 최고의 버저비터, '더 샷'(The Shot)

🏀 스포츠에서 경기 종료와 함께 터지는 득점만큼 짜릿한 건 없다. NBA 에도 수많은 버저비터가 선수들을 울리고 웃기고 있다. 그중 1989년 플레이오 프에서 강력한 우승 후보였던 클리블랜드 캐벌리어스를 침몰시킨 마이클 조던 의 '더 샷(The Shot)'은 NBA 역사상 최고의 버저비터로 꼽히며 지금까지 팬들 에게 기억되고 있다.

조던의 더 샷이 최고의 버저비터로 꼽히는 이유는 '스토리(Story)'가 있 어서다. 지금은 리그 역사상 최고의 선수로 존경받지만 조던도 늘 우승만 한 것 은 아니었다. 1984 신인드래프트 1라운드 전체 3순위로, 시카고 불스에 입단한 조던은 데뷔 시즌 82경기에서 평균 28.2득점(FG 51.5%)을 올리며 신인왕을 거 머쥐는 등 스타 등장을 알렸다. 조던의 입단과 함께 리그 하위권을 전전하던 시 카고도 4시즌 만에 플레이오프 복귀에 성공했다. 전 시즌 27승 55패를 기록했던 시카고는 1984-1985시즌 38승 44패를 올렸다.

하지만 슈퍼스타 한 명이 드라마틱한 변화를 만들기엔 시카고의 팀 전력 자체가 약했다. 조던은 플레이오프 1라운드에서 밀워키 벅스를 만나, 시리즈 전 적 3-1로 패하게 된다. 설상가상 소프모어 시즌, 발에 금이 가는 부상으로 인해 정규리그 18경기 출장에 그쳤다. 당시 재활에 오랜 시간이 걸릴 것으로 보여 시즌 아웃이 예상됐다. 그러나 조던은 초인적인 회복력으로 정규리그 막판 복귀했고, 플레이오프 1라운드에서 보스턴 셀틱스를 상대로 평균 43.7득점(FG 50.5%)을 퍼부었다. 그러나 원맨 팀의 한계를 절감하는 등 시카고 왕조는 탄생 전까지 그 준비 기간이 비교적 오래 걸렸다.

더 샷이 탄생한 1988-1989시즌도, 시카고는 언더독이었다. 부상을 털고 일어난 조던은 3년 연속 정규리그 득점왕을 차지하는 등 어느덧 리그 최고 선수 중 한 명으로 발돋움했다. 조던은 1987-1988시즌 정규리그 MVP와 득점왕, 올해의 수비수까지 수상하는 등 최고의 시간을 보냈다. 플레이오프에서는 2라운드 진출에 그쳤지만, 그래도 1라운드 탈락 징크스 극복에 성공했다. 시카고도 1987 신인드래프트에서 스카티 피펜과 호레이스 그랜트를 지명하는 등 전력 강화에 박차를 가했다. 그러나 조직력 부재 등 파이널 우승에 도전하기엔 전력이 2% 부족했다. 시카고는 1998-1989시즌 후반기, 조던에게 포인트가드 역할까지 맡기는 등 팀 시스템 정립에 시간이 필요했다.

이 때문인지 사람들은 플레이오프를 개막을 앞두고 시카고가 아닌 클리블랜드 캐벌리어스를 2라운드 진출 유력팀으로 꼽았다. 급기야 시카고 지역 신문조차 클리블랜드의 승리를 점칠 정도로, 두 팀의 전력 차는 극명했다. 클리블랜드의 시리즈 스윕을 예상하는 이들도 적지 않았다.

클리블랜드는 전 시즌 시카고에 패해 플레이오프 1라운드에서 탈락했다. 3번 시드를 차지한 시카고는 6번 시드인 클리블랜드를 3-2로 물리치고, 2라운드에 올랐다. 하지만 1988-1989시즌은 상황이 180도 달라졌다. 마크 프라이스, 브래드 도허티, 래리 낸스의 올스타 3인방을 앞세운 클리블랜드는 정규리그에서 57승을 거두는 등 시즌 내내 탄탄한 전력을 과시했다. 여기에 더해 시카고와의 정규리그 맞대결도 모두 승리를 거뒀다. 정규리그 마지막 경기에선 핵심 선수를 모두 빼고도 시카고에 승리를 거두는 등 57승으로 동부 컨퍼런스 3번 시드에 올라 6번 시드인 시카고를 맞이했다. 더욱이 이 시리즈는 동부 컨퍼런스의

　　　　　　　　　　　　　　　　　　　　4쿼터. 역사를 바꾼 위닝샷

신흥 강호로 떠오른 두 팀의 맞대결이라 세간의 관심이 높을 수밖에 없었다.

하지만 사람들의 예상과 달리 시리즈 개막 후 리드를 잡은 쪽은 시카고였다. 정규리그 때보다 플레이오프만 되면 더 불타오르는 조던은 개막 첫 경기에서 31득점 11어시스트로, 팀 승리를 이끌었다. 정규리그 후반기, 조던을 포인트가드에 두는 실험이 플레이오프 개막과 함께 효과를 발휘한 것도 주요했다. 클리블랜드 원정에서 1승 1패를 기록한 시카고는 홈으로 돌아온 3차전도 승리를 거두며 2라운드 진출에 유리한 고지를 선점했다. 4차전 역시 4쿼터까지 리드를 잡으며 2라운드에 진출하는 듯했으나, 결정적인 순간 조던이 클러치 자유투를 놓치는 바람에 경기는 클리블랜드의 연장전 승리로 끝나고 말았다. 시카고지역지, 썬타임즈에 따르면 조던은 경기 종료 후 자신의 실수를 자책하며 한동안 샤워실에서 나오지를 않았다고 한다.

클리블랜드 지역 언론에서는 조던의 클러치 능력에 의구심을 표하는 등 조던 흔들기에 나섰다. 클리블랜드 팬들도 4차전을 앞두고, 승리를 선언한 조던의 인터뷰를 인용해 조던을 괴롭혔다. 당시 조던을 곁에서 지켜본 이들은 조던이 5차전을 앞두고, 4차전 실수와 외부 조롱을 완전히 잊어버리고, 신경조차 쓰지 않는 것 같다고 전했다. 시카고 코치로 있던 필 잭슨 감독도 "처음 클리블랜드로 향할 때는 팀 분위기가 가라앉아 있었다. 그런 분위기를 바꾼 이는 조던이었다. 조던은 공항으로 향하는 차 안에서 먼저 선수들을 다독이는 등 5차전 승리에 대한 자신감을 내비쳤다. 팀의 중심인 조던이 4차전 패배를 잊어버리자 덩달아 선수단의 사기도 올라갔다"는 말을 전했다. 이와 함께 시카고 트리뷴에 따르면 조던은 경기장에 도착하자마자, 시카고의 스윕 패배를 인정한 기자들을 보고, "3-1로 이기겠다는 내 예상도 빗나갔지만 당신들의 예측도 모두 틀렸다는 것을 보여주겠다"는 말을 전했다는 후문이다.

하지만 조던은 후일 인터뷰에서 자신의 이러한 행동들은 모두 스스로 상실감을 벗어나기 위한 몸부림이었다고 말을 전했다. 조던은 썬타임즈와 인터뷰에서 "4차전 자유투를 놓친 것은 고등학교 2학년 때 대표팀 탈락한 이후 겪는 큰 아픔이었다. 내 농구 인생에서 2번째로 큰 상처였다. 다른 선수들도 이를 알았는지 샤워실에 있는 나에게 아무런 말도 하지 않고 나왔다"는 말을 전하기도 했다.

이렇게 중압감과 비장함 속에서 시작한 양 팀의 5차전은 경기 종료 전까지 공방전을 이어가면서 긴장감을 높였다. 이날 경기는 종료를 2분여 앞두고, 6번이나 게임 리드가 바뀌는 등 치열했다. 먼저 치고 나온 팀은 시카고였다. 시카고는 조던이 경기 종료 6초를 남기고, 미드레인지 점퍼를 성공시키며 99-98, 리드를 이끌었다. 이에 즉각 클리블랜드는 타임아웃을 요청했고, 타임아웃 후 이어진 공격에서 크레이그 엘로가 래리 낸스와의 기브 앤 고를 통해 득점을 성공시키며 다시 100-99로 앞서게 된다. 경기 종료를 3초 남기고 이루어진 득점이라, 사람들은 클리블랜드의 승리를 예상했다. 벤치로 들어가는 양 팀 선수들의 상반된 표정도 당시 분위기를 대변했다. 타임아웃을 요청한 시카고 벤치는 조던부터 얼굴에 긴장감이 묻어나는 등 분위기가 무거웠다. 반면 클리블랜드 벤치는 선수들의 환호가 이어지는 등 승리를 직감하는 듯했다.

그러나 기적은 일어났다. 경기 종료 3초를 남기고, 3점 슛 라인 근처에서 인바운드 패스를 받은 조던이 인사이드로 돌진했다. 이윽고 자신을 수비하던 엘로를 제치고, 자유투 라인에서 던진 미드레인지 점퍼가 경기 종료와 함께 림을 통과하면서, 경기는 101-100, 극적인 시카고의 역전승으로 끝이 난다.

공이 들어가는 것을 확인한 조던은 기쁨을 감추지 못하고, 포효했다. 벤치와 코트에서 조던의 마지막 슛을 지켜본 동료 선수들과 구단 관계자들도 코트 중앙으로 뛰어나와 승리의 기쁨을 만끽했다. 이날 경기 조던은 44득점에 9리바운드 6어시스트를 기록하는 등 클리블랜드와 시리즈에서 평균 39.9득점 5.8리바운드 8.2어시스트를 기록했다. 클리블랜드는 조던을 막기 위해 순간적으로 더블팀을 활용하는 등 거친 압박 수비로 그를 제어하려 했다. '더 샷'이 림을 가르기 직전도 무려 3명이 수비수가 조던이 패스받는 것을 견제했지만 그를 막지 못했다.

더 샷의 임팩트는 실로 대단했다. 썬타임즈에 따르면 5차전이 있은 후 다음날 대선 후보들도 조던에게 축하 인사를 건네는 등 미국 전체가 조던의 더 샷에 열광했다. 기자들과 팬들도 조던의 말 한마디를 듣기 위해 그의 집 앞에서 문전성시를 이룰 정도였다.

당시 벤치에 앉아 경기를 근거리에서 본 제리 크라우즈 구단주는 2011년 CBS 스포츠와 인터뷰에서 "조던의 더 샷은 내가 지금까지 본 최고의 슛과 패스의 결합이었다. 조던에게 패스를 건넨 브래드 셀러스는 최고의 패스를 조던에게 전달했다. 그리고 조던은 3명의 수비를 뚫고, 패스를 받아 최고의 점프슛을 성공시켰다. 이제야 말하지만 덕 콜린스 감독은 조던이 아닌 데이브 코진에게 마지막 공격을 맡기고자 했다. 조던이 받을 수비 견제를 알았고, 이를 역이용하려 했다. 그러나 조던이 이를 반대해 자신이 마지막 공격을 하겠다고 나섰고, 득점을 성공시켰다. 다른 이들은 조던에게 제일 먼저 달려갔다. 하지만 나는 셀러스에게 먼저 다가가 그를 안아줬다"는 말을 전했다.

그렇다면 조던의 더 샷에 대해 상대편이었던 클리블랜드는 어떻게 당시 상황을 기억하고 있을까.

먼저 경기 내내 조던을 쫓아다니며 수비했던 엘로는 은퇴 후 NBC 스포츠와 가진 인터뷰에서 이렇게 자신의 마음을 전했다. "더 샷이 터지기 전 2분의 시간은 내 농구 인생에 있어서 최고의 시간이었다. 처음엔 조던에게 슛을 허용한 것이 시도 때도 없이 자꾸 생각이 나는 바람에 힘들었다. 그러나 후일 최고의 선수에게 최고의 샷을 얻어맞았다고 생각하니 마음이 편해졌다. 당시 수비는 온전히 내 실수였다. 이미 앞에서 낸스가 조던을 견제하고 있었기에 조던에 대한 수비를 쉽게 생각했다. 지금 와서 밝히지만 그날 경기 조던에 대한 마지막 수비는 내가 아닌 론 하퍼가 자청했다. 그러나 레니 윌킨스 감독은 하퍼가 아닌 나에게 수비를 맡겼다. 조던은 낸스를 쉽게 제쳤고, 자유투 라인까지 들어와 슛을 던졌다. 나는 슛을 막기 위해 손을 올렸지만 내 손은 그의 슛에 닿지를 못했다. 발이 코트에 닿는 순간, 조던의 슛이 림을 가르는 걸 확인했고, 나는 절망에 빠질 수밖에 없었다. 다른 것보다 경기가 끝났다고 생각한 것이 내 인생 최대 실수였다."

　　혹자는 조던의 더 샷을 시카고 왕조의 시작점이라 보고 있다. 그 예로 스포츠 일러스트레이티드는 조던의 더 샷을 두고, "그날의 슛은 조던이 자신의 클러치 능력에 대해 완전히 자신감을 찾은 계기가 됐고, 선수단도 한 단계 발전했다"며 "무엇보다 궁지에 몰린 상황에서 상황을 반전시켰다는 자신감이 선수단 전체에 긍정적인 효과를 가져 왔을 것"이라는 말을 전했다.

　　이렇듯, 조던의 더 샷은 단순히 순간의 짜릿함을 선사한 것이 아닌 포기하지 않는 끈기의 메시지를 전달하는 등 사람들에게로 여러 가지로 많은 의미를 주기에, 지금까지 리그 역사상 최고의 샷으로 사람들의 기억에 남아 있는 게 아닐까. 또한 그것은 그 이름도 유명한 '1990년대 시카고 왕조 건설'의 시작을 알리는 예고편이었다.

마이클 조던 프로필
1963년 2월 17일생 198cm 98kg 슈팅가드 미국 출생
1984 NBA 신인드래프트 1라운드 전체 3순위 지명
NBA 파이널 우승 6회(1991-1993·1996-1998), 파이널 MVP 6회(1991-1993·1996-1998), 정규리그 MVP 5회(1988·1991·1992·1996·1998), NBA 올스타 14회, 올-NBA 퍼스트 팀 10회, NBA 올해의 수비수(1988), 올-디펜시브 퍼스트 팀 9회, NBA 올해의 신인왕(1985), 정규리그 득점왕 10회
정규리그 1,072경기 커리어 통산 32,292득점 6,672리바운드 5,633어시스트 기록

연장전

Bonus One Shot, 알쓸신잡

'의사 슈터' 오성웅에게 듣는
농구화와 재활

 서울시에서 주최하는 S-리그(농구) 입상 팀 중 하나인 'Swingman'에서 활동 중인 '의사 슈터' 오성웅(180cm, F)을 만나 그가 즐기는 농구, 슛, 농구화 그리고 재활에 대해 들어봤다.

Q: 자기 소개를 부탁합니다.

A: 여의도 통사의원에서 통증 클리닉 진료를 하고 있는 40대 중반 '의사 슈터' 오성웅입니다. 90년대부터 '농구 하는 것, 농구 경기 보는 것, 장비로서의 농구화'를 좋아해서 계속 애정을 갖고 관심을 쏟고 있습니다. 동호회 농구(Swingman)에서 슈터로 활동 중이고, 농구를 좋아하는 의사 셋이 모여서 만든 유튜브 채널 <농구화>(유튜브: 세종스포츠정형외과)를 통해서도 활동 중입니다.

Q: 서울 SK 나이츠 팬클럽 회장 그리고 농구화 블로그와 농구화 유튜버로 활동 중인 걸로 압니다. 시작하게 된 계기가 궁금합니다.

A: 어릴 때부터 농구에 관심이 많았고, 농구를 할 때 장비로 가장 중요한 농구화에 관심이 있어 지속적으로 농구잡지 및 pc통신, 인터넷 등으로 정보를 구해왔습

니다. 그러던 중 공중보건의사 시절 소장하던 농구화들을 자료로 남기고자 네이버 블로그(Uptempo1)를 활용하고 커뮤니티 활동들을 시작하게 되었습니다. 현재 대한스포츠의학회, 세종 스포츠정형외과 유튜브를 통해서 농구화에 대한 정보를 공유하고 있습니다. KBL에도 관심이 많았던 편이라 1999년 당시 청주 SK(현 서울 SK)의 경기를 지속적으로 보게 되면서 로데릭 하니발(190cm, F)이라는 선수에 매료되어 2000년부터 서포터스 활동도 하게 되었습니다. 적극적으로 참여하게 되면서 서울 SK나이츠 서포터스 회장단 활동도 하게 되며 인연을 맺게 된지 벌써 23년이 지났네요.

Q: 동호회 농구도 즐기고, 슈터 포지션으로 활동 중인데, 농구를 사랑하게 된 계기와 슈터 포지션을 선택하게 된 이유가 궁금합니다.

A: 신장이 180cm입니다. 그러나 운동능력이나 신체조건이 동네농구, 동호회 농구에서 인사이드를 지킬만한 좋은 조건이 아니었죠. 사실 중학교 때부터 운동장에서 농구를 시작했는데, 드리블이나 순발력도 좋은 편이 아니어서 일찌감치 3&D로 방향을 잡아서 계속 뛰어왔습니다.

Q: 동호회 팀에서 슈터 역할을 맡고 있는데 롤 모델 슈터는 누구였고, 왜 그 선수를 좋아했나요? (NBA, KBL 각각)

A: NBA 1998~99시즌 뉴욕 닉스의 앨런 휴스턴(198cm, G)과 인디애나 페이서스의 레지밀러(201cm, G)가 롤모델이었죠. 빠른 슛 릴리즈와 정확한 슛 성공률에 반하게 되었습니다. 앨런 휴스턴의 백넘버 20번을 좋아해서, 제 동호회 유니폼 백넘버도 20번입니다. KBL에서는 서울 SK 나이츠의 문경은(190cm, F), 방성윤(195cm, F) 선수를 좋아했습니다. 언제 어느 상황에서도 확실한 한방이 있는 선수들이었으니까요.

Q: 현 세대는 3점슛 시대로 슛이 굉장히 중요합니다. 현 세대에서 요구하는 슛은 무엇이라고 생각하나요?

A: 예, 맞습니다. 현 세대는 3점슛 시대입니다. 그러나 슛이라는 것이 3점슛이 아니더라도 기본적으로 슛이 가능한 선수와 가능하지 않은 선수에 대한 수비가

크게 달라지기 때문에, 스페이싱이 가능해야 한다고 생각합니다. 미들레인지 점퍼를 못 던지는 상황이라면 팀 공격에 상당히 마이너스가 되기 때문에 꼭 3점슛이 아니더라도 어느 위치에서라도 확실히 넣을 수 있는 자신감과 연습이 필요하다고 봅니다. 저도 40대 중반 일반인이지만 슈팅클래스를 10주간 참여해서, 제 슛을 더 보완하려고 노력했습니다.

Q: 농구를 하는 의사인데, 부상 방지에 대한 노하우를 알려주실 수 있나요?
A: 제 직업이 의사다보니 어찌 보면 뻔한 대답일 수도 있지만, 무조건 '스트레칭, 휴식'입니다. 일반인들은 생업도 있기 때문에 너무 과도한 욕심을 자제하고, 무리한 플레이를 하지 않는 게 필요합니다. 농구를 하고나서 혹은 다른 운동으로 통증이 있거나 부상이 생겼을 때 '그냥 두면 낫겠지'라고 생각하는 사람들이 많습니다. 그러나 손상이 미약한 경우와 나이가 젊은 경우에는 그나마 회복되는 경우가 있지만, 30대가 넘어서면 부상 회복도 더디게 되죠. 통증이 있다면 꼭 병원에서 진료를 받고 치료를 한 후에 코트에 복귀하는 것을 추천합니다. 농구를 정말 좋아한다면, 이렇게 해야 좋아하는 농구를 오래 할 수 있습니다.

Q: 부상 후 재활을 경험했다고 하는데, 재활 노하우를 알려주실 수 있나요?
A: 역시 원론적인 답변이지만, 당연히 의사선생님이 지시한 대로 잘 하는 게 가장 중요하며, 틈틈이 재활운동과 병원치료를 병행하는 것을 추천합니다. 운동 전후로 '스트레칭과 아이싱'은 필수입니다. 재활은 자신과의 싸움입니다.

Q: 슈팅에 조금이라도 유리한 농구화 선택에 대한 노하우를 알려주실 수 있나요?
A: 농구화 선택에 가장 중요하게 보는 것은 접지와 피팅입니다. 특히 슛을 위해 멈추고 올라가는 동작에서 발이 밀리면 부상의 위험이 크기 때문에 적절한 피팅과 접지력이 중요하죠. 발목 지지는 취향에 따라 다르겠지만 접지와 피팅을 가장 기본적이며 우선적으로 보고 있습니다.

Q: 인생 농구화는 무엇인가요?
A: 조던 시리즈 농구화를 좋아하지만, 농구하기 최고로 좋은 농구화는 <줌지티컷

1>입니다. 물론 그동안 너무 좋은 농구화들이 많이 나왔습니다. 그러나 <줌지티컷1> 농구화는 로우컷 치고 약간 무겁지만 안정적으로 발을 잡아주고, 쿠션, 피팅 모두 부족한 점이 없습니다. 다만 단점은 물량이 너무 적게 풀려서 너무 비싸다는 것이겠죠.

'투석기 슈터'
개그맨 정범균

🏀 '메뚜기 동생 사마귀' 정범균(178cm, G)은 농구를 참 좋아하는 개그맨이자 농구인이다. 개그맨 활동을 하면서 동료 개그맨 송준근과 함께 유튜브 '슬램덕후'를 진행하고 있다. 유튜브를 통해 그의 별명이 하나 더 생겼다. 투석기 같은 슛폼이라 '투석기'로 불리고 있으며, 연예인 농구팀인 더홀(The Hole)에서 활동하고 있다. 정범균은 힘든 연예계 활동 중에 고된 일이 많겠지만, 농구를 통해 스트레스를 풀고 농구로 재충전하며 나아가고 있다. 정범균의 농구인생과 슈팅에 대한 생각을 알아보자.

Q: 농구 팬들이라면 농구를 좋아하는 거 다 알고 있는데, 언제부터 어떻게 농구에 관심을 갖게 되는지가 궁금합니다.

A: 저는 초등학교 때부터 농구를 되게 좋아했어요. 그때는 사회적 분위기가 다 농구를 다 좋아하고 즐기는 분위기였어요. 그래서 저 역시 슬램덩크 만화책을 보고, 농구대잔치도 인기가 많아서 경기를 챙겨보고, 동네에서도 애들끼리 모이면 농구를 하는, 그런 사회 분위기였던 거죠. 그래서 저 역시 농구가 너무 하고 싶다기보다는, 그냥 자연스럽게 농구랑 친해진 것 같아요.

Q: 농구할 때 포지션은 뭐였나요?

A: 그때는 진짜 어렸을 때라 포지션이 없었고, 고등학교 다닐 때 가드를 했어요. 그 때부터 지금까지 쭉 가드 포지션이요.

Q: 롤모델이나 좋아하는 선수는 있었나요?

A: 슬램덩크의 송태섭을 되게 좋아했고, 신기성을 좋아했어요. 제가 포인트 가드 포지션 선수를 되게 좋아했거든요. NBA에서는 앨런 아이버슨, 스티브 내쉬를 좋아했어요.

Q: 그 시절도 지금처럼 농구를 거의 일주일에 세 번 이상은 하셨나요?

A: 그렇죠! 학교 다닐 때는 거의 매일 했고 쉬는 시간에 나가서도 10분간 하고, 점 심시간에도 흙바닥 코트에서 친구들이랑 농구하고 그랬었죠.

Q: 저를 보면, 농구를 하다 보니까 성장기에 긍정적인 도움이 많이 되었거든요. 혹시 농 구가 어떠한 영향을 미쳤나요?

A: 저도 뭔가 스트레스 받고 이런 거를 농구로 많이 해소했던 것 같아요. 지금 돌이 켜 생각해 보면 게임이나 이런 거를 전혀 안 좋아하고 농구만 했었던 것 같아요. 운동하고 농구 했던 게 뭐랄까, 사회 나와서 일을 할 때 승부욕도 좀 갖게 해준 것 같고요. 뭔가 잘 안 풀리더라도 포기 안 하고 끝까지 하게 된 건 농구가 준 긍 정적인 효과가 아니었나 싶어요.

Q: 유튜브 '슬램덕후'를 진행하면서 전, 현직 농구선수들한테 스킬, 슛 등을 배웠잖아요. 그런데 이런 프로그램을 기획하고 진행하게 된 특별한 계기가 있나요?

A: 송준근 형이랑 농구가 좋아서 시작했어요. 우리의 젊은 날도 좀 계속 추억하고, 농구하는 것도 기록으로 남기면 좋겠다 싶었어요. 그러면서 그냥 소박하게 둘 이 시작했다가, 저랑 같은 아파트에 사는 동네 형인 서울 SK나이츠의 허일영 (195cm, F) 선수를 초청하게 되었어요. 형한테 '한번 나와줄 수 있냐?' 요청했고 형이 흔쾌히 출연해줬어요. 사실 일반 사람들은 프로선수한테 배울 기회가 없 잖아요. 그래서 일영이 형과 함께 하면서 지금과 같은 틀을 잡은 거예요. 농구의

재미도 알리고 배우기도 하면 농구하시는 분들한테 도움이 되지 않을까, 이런 생각에서 시작했던 것 같아요.

Q: 제가 좀 관심 있게 봤던 게 예전에 김승현 선수가 나왔을 때에요. 김승현 선수의 드라이브인을 연습했던 장면. 혹시 혼자서 따로 연습도 하셨나요?
A: 사실 연습을 거의 못해요. 본업이 있다 보니까, 따로 나와서 시간을 내서 농구를 하지는 잘 못하죠. 사실 저희도 배우기도 배우지만 보시는 분들이 좀 한 번씩 해보시고 "이거 해봤는데 잘 되네. 농구할 때 잘 써먹었다" 이런 이야기 들을 때가 오히려 더 기분이 좋죠.

Q: 최근 몇 년간부터 슈팅 시대가 됐잖아요. 커리가 등장하고 나서 지금은 전 포지션 선수들이 거리에 상관없이 슛을 쏘잖아요. 그런 부분에서 어떤 생각을 갖고 있는지 궁금하거든요.
A: 저는 '커리가 농구의 패러다임을 많이 바꿨'라는 생각을 가지고 있고, 어쨌든 농구는 슛을 넣어야 되는 스포츠니까 결국은 긍정적이지 않나, 라는 생각을 해요.

Q: '슬램덕후'를 하시면서 김민구-방성윤-추승균-허일영-김낙현 등 다양한 선수들한테 슛을 배워보셨잖아요. 그래도 가장 와 닿았던 코치가 있나요?
A: 선수분들마다 다 쏘는 법이 다르고 폼도 다르고 누가 좋다고 평가하기가 어렵더라고요. 나한테 잘 맞는 거를 내가 선택해서 해야 되는구나, 라는 생각을 해요. 무작정 이 사람이 잘하니까 이 사람대로 한다고 내게 되는 게 아니고, 또한 한 번 배워서 되는 것도 아니고요. 그래서 저는 '몸에 익히려면 정말 많이 노력해야 하는구나' 이런 걸 많이 느끼죠.

Q: 지금 말씀하신 대로 최근 서울 SK나이츠의 안영준 선수 인터뷰를 보니까 "칼 앤서니 타운스를 보면서 그 선수가 슛 쏘는 게 저랑 조금 맞아서 그걸 좀 따라하니 슛이 잘 들어갔다"고 했거든요. 그런 뉘앙스가요?
A: 그렇죠! 저한테 맞는 게 있으니까요. 기초부터 배우는 사람들이나 어린 친구들

은 정석 자세를 배우는 게 제일 좋죠. 그런데 동호회 농구를 너무 오래 한 사람이 이제 와서 기초로부터 다 뜯어 고치기에 시간이 부족한 게 사실이에요. 전 그렇게 생각해요. 농구를 할 수 있는 날이 해온 날보다 많지 않을 텐데, 그러니 저는 나이가 있는 분들이라면 나한테 맞는대로 해야 농구를 계속 재밌게 할 수 있다고 생각해요. 전 그게 더 중요하다고 봐요.

Q: KBL 최고의 슈터나 최고의 슈터치를 가진 선수가 있다면 누가 있을까요?
A: 팔은 안으로 굽는다고, 허일영 선수입니다. 일영이 형의 슈팅 포물선이 굉장히 높고 타점이 높아서 블록슛 하기가 진짜 어려운 슛이거든요. 고양 캐롯 점퍼스의 전성현 선수도 최고의 슈터죠. 그리고 NBA는 너무 많은데, 그 중에 스테판 커리와 케빈 듀란트를 꼽고 싶습니다.

Q: 허일영 선수는 경기를 보는 입장에서 굉장히 신기해요. 그렇게 타점이 높아 불안할 텐데 신기하게 다 들어가니까요. 저는 솔직히 말씀드리면, 말씀하신 대로 '슈터치가 엄청 좋은 것 같다'에 동의해요.
A: 맞아요. 고타점일수록 어려워요. 일영이 형은 거기다가 왼손잡이라 수비수가 수비하기 어려운 점도 있어 더 대단한 거 같아요.

Q: 자라나는 선수나 어린 친구들이 농구를 통해 긍정적인 영향을 받았으면 좋겠는데, 본인이 농구를 통해 얻은 긍정적인 영향들을 알려주셨으면 해요.
A: 저는 농구를 통해 사회생활도 배울 수도 있다고 생각하고, 실제로 그런 경험을 했어요. 개인 혼자서 실력을 늘리는 것도 맞지만, 친구들과 함께 할 수 있는 협동성이 있거든요. 그래서 자라나는 친구들이 학교에서 배우는 협동심도 있지만 운동을 하면서 배우는 그 협동심이 저는 중요하다 생각해요. 건강은 물론, 작은 사회를 배울 수 있는 농구를 어린 친구들이 많이 즐기면 좋겠어요.

KBL에는 170클럽, NBA에는 180클럽

⊕ '농구 황제' 마이클 조던(198cm, G)은 농구의 상징과 같은 존재다. 이에 NBA의 각종 기록에서 조던의 이름을 쉽게 찾을 수 있고, 다양한 농구 커뮤니티에서 '마사장님'이란 말을 쉽게 찾을 수 있다. 하지만 마이클 조던의 이름이 나오지 않는 기록이 있다. 바로 슈팅의 퀄리티를 상징하는 '180클럽'이다. 180클럽은 농구의 본고장 미국 NBA에서 '50-40-90'으로 사용되고 있는데, 한국에서는 50-40-90 숫자를 합쳐 간편하게 180클럽으로 불린다. 180클럽은 필드 골 성공률 50%, 3점 슛 성공률 40%, 자유투 성공률 90% 이상을 말한다. NBA 한 시즌 기준 FG 300개, 3PT 55개, FT 125개 이상을 성공해야 한다. 야구의 타율처럼 소수점 세 번째 자리까지 표시하며, 그 아래는 반올림을 한다. 즉, 성공률이 79.95%이면 80%로 표기된다.

180클럽 가입은 쉽지 않다

180클럽은 결코 쉬운 것이 아니다. 75년 NBA 역사에서 13회밖에 없고, NCAA 역사에서도 11회밖에 없다. 포지션에 따른 플레이 스타일의 문제가 180클럽 가입의 어려움이 되고 있다는 분석이다. 그도 그럴 것이 빅맨 선수들은 주로 인사이드 근처에서 득점을 올리기에 외곽에서 3점 슛 시도가 적다. 반대로 가드와 스윙맨 선수들은 주로 외곽에서 활동하기에 필드골 성공률이 떨어질 수밖에 없다. 하지만 2010년대 들어 스테판 커리가 슈팅에 대한 패러다임을 바꾼 이후 현대 농구에선 어떤 포지션이 됐든 코트 모든 위치에서 슛을 쏘고, 득점을 할 수 있어야 경기에 나설 수 있다. 패러다임이 바뀌었다고 해서 180클럽에 가입한 선수가 늘어난 것은 아니기에 여전히 어려운 기록임에 틀림없다. KBL 180 클럽 가입자는 추승균과 조성민, 단 2명이고, 한국인으로 NCAA 데이비슨 대학교에서 활약하고 있는 이현중이 2020-2021시즌 NCAA 역대 11번째이자 데이비슨 대학교 출신으로는 최초로 180클럽 가입에 성공했다.

NBA 180클럽 가입자 명단

	이름	소속	시즌	포지션	FG%	3PT%	FT%
1	래리 버드	보스턴 셀틱스	86-87	스몰 포워드	52.5%	40.0%	91.0%
2			87-88		52.7%	41.4%	91.6%
3	마크 프라이스	클리블랜드 캐벌리어스	88-89	포인트 가드	52.6%	44.1%	90.1%
4	레지 밀러	인디애나 페이서스	93-94	슈팅 가드	50.3%	42.1%	90.8%
5	스티브 내시	피닉스 선즈	05-06	포인트 가드	51.2%	43.9%	92.1%
6	덕 노비츠키	댈러스 매버릭스	06-07	파워 포워드	50.2%	41.6%	90.4%
7	스티브 내시	피닉스 선즈	07-08	포인트 가드	50.4%	47.0%	90.6%
8			08-09		50.3%	43.9%	93.3%
9			09-10		50.7%	42.6%	93.8%
10	케빈 듀란트	오클라호마시 티썬더	12-13	스몰 포워드	51.0%	41.6%	90.5%
11	스테판 커리	골든스테이트 워리어스	15-16	포인트 가드	50.4%	45.4%	90.8%
12	말콤 브록던	밀워키 벅스	18-19	슈팅 가드	50.5%	42.6%	92.8%
13	카이리 어빙	브루클린 네츠	20-21	포인트 가드	50.6%	40.2%	92.2%

KBL 180클럽 가입자 명단

	이름	소속	시즌	포지션	FG%	3PT%	FT%
1	추승균	전주 KCC	04-05	스몰 포워드	52.4%	41.3%	90.0%
2	조성민	부산 KT	12-13	슈팅 가드	50.2%	45.6%	91.8%

OSEN 서정환 농구전문 기자가 본 추승균

추승균의 180클럽은 당연한 거다. 이미 한양대시절부터 완성형 포워드였다. 슈터로서도 흠잡을 곳이 없었다. 기술적인 완성도도 높거니와 압박감이 심한 클러치 상황에서도 슛 쏘길 주저하지 않았다. 특히 풀업점프슛의 완성도는 국내선수 중 가장 높았다고 본다. 대학을 갓 졸업한 선수가 기아왕조를 상대로 챔프전이라는 큰 무대에서 너무 쉽게 득점을 올려 충격적이었다. 더구나 상대는 당대최고의 공수겸장 김영만이었다. 문경은이 3점슛 비중이 높았다면 추승균은 중거리슛 비중이 더 높았다. 중거리슛으로도 안정적인 득점이 가능하다는 것을 보여준 선수다.

손대범 KBS N SPORTS 농구 해설위원이 본 추승균과 조성민

추승균은 전통적인 슈터라고 보기는 힘들다. 그러나 중거리슛은 KBL 역사에 남을 정도로 정확도가 대단했다. 포스트업에 이은 중거리슛, 드리블 후 풀업 미드레인지 등은 지금 선수들과 비교해도 손색이 없다. 자유투 역시 훌륭했는데, '철인'에 가까운 몸 관리와 체력 등은 승부처에서도 그가 정확한 슈팅을 자랑할 수 있었던 원동력이라 생각한다. 한치의 흔들림이 없었다. 더 놀라운 건 추승균의 장점은 슛이 아니라 수비였다는 점이다. 40분을 소화하면서 수비에서도 손색이 없었다.

조성민이야말로 최고의 슈터였다. 볼 없는 움직임만 놓고 봐도 조성민은 KBL 정상급이었다. 스크린을 어떻게 활용할 지 잘 알고 있었다. 또한 2010년 아시안게임을 비롯해 국제대회에서 유재학 감독이 가장 신뢰했던 2대2 핸들러이기도 했다. 농구에서의 공간의 개념을 가장 잘 이해했던 선수가 아니었나 싶다. 역시나 2014년 아시안게임 이후 부상 여파가 가장 아쉬웠던 선수였다.

NCAA 데이비슨 대학교 180클럽 최초 가입자 명단

	이름	소속	시즌	포지션	FG%	3PT%	FT%
1	이현중	데이비슨 대학교	20-21	스몰 포워드	50.3%	43.6%	90.5%

180클럽은 쉬운 기록이 아니기 때문에 한국 농구계에서는 주로 170클럽 (필드 골 성공률 50%, 3점 슛 성공률 40%, 자유투 성공률 80% 이상)도 기록하고 있다. 170클럽 역시 과거 NBA에서 사용했으나 지금은 180클럽만 사용하고 있다. 반면 KBL에서는 180클럽, 170클럽 모두 사용 중이다. KBL 170클럽 가입자들은 이상범, 조성원, 김영만, 김병철, 신기성, 추승균, 에릭 이버츠, 김효범, 문태종, 전태풍, 조성민, 허일영등이다.

180클럽 가입자들의 포지션을 보면 알 수 있듯 아직까지 빅맨 포지션 선수들에게 쉬운 기록은 아니다. 빅맨 포지션 가입자는 NBA 레전드이자 독일 병정으로 불린 더크 노비츠키뿐이다. NBA에서는 칼 앤써니 타운스, 조엘 엠비드, 니콜라 요키치, 앤써니 데이비스 등이 슈팅력이 좋아 180클럽 가입을 도전해볼 만하다. 또한 KBL 170클럽 가입 예상 선수로, 빅맨이지만 고감도의 슈팅력을 갖고 있는 이승현도 있다. 이들을 주목하는 것도 농구를 보는 하나의 재미가 될 것이다.

손대범 KBS N SPORTS 농구 해설위원이 본 이현중

이현중은 슛 타이밍이 간결하다. 적어도 한국인 중에서는 현대 농구가 요구하는 슛 자세를 가장 제대로 익힌 선수가 아닌가 싶다. 슈터로 키워졌고, 슈터로 훈련해온 만큼 볼 없는 움직임이 훌륭하며 커트인도 뛰어나다. 큰 신장 덕분에 타점도 높아 적어도 아시아권에서는 그를 막을 자가 없어 보인다. 유일한 약점이 왜소한 몸인데, 볼 없는 움직임을 저지하기 위한 범핑을 계속 당하다보니 본인의 체력이 떨어질 수밖에 없었다. 이 부분을 대학 입학 후 꾸준히 개선해왔고, 지금도 하체 부상을 틈타 상체 근력을 키우고 있다고 들었다. 더 훌륭한 슈터가 될 것이라 생각한다.

이현중의 180클럽은 정말 대단한 것이다. 사실 이현중이 삼일중학교 시절까지 슛이 대단한 선수는 아니었다. 호주유학 경험이 결정적인 역할을 했다. 호주에서는 신장이 2m라도 운동능력이 떨어지는 동양인 선수는 큰 이점이 없다. 이현중은 무수히 많은 블록슛을 당했고 살아남기 위해 케빈 듀란트의 슛폼을 보고 머리 위에서 쏘는 슛을 연구했다. 점프를 거의 하지 않는 대신 머리 위에서 공을 잡자마자 빨리 던지는 스타일이다. 덕분에 이현중은 미국대학농구에서도 인정받는 슈터가 됐다. 이현중이 당장 KBL에 온다면 슈퍼스타가 되겠지만 NBA에서는 아니다. 이현중은 여전히 클러치 상황에서 슛 던지길 주저하는데, 더욱 과감해질 필요가 있다. 김효범 코치 역시 '이현중이 NBA 3점슛 거리에서도 무빙3점슛을 쏠 수 있는 수준까지 올라가야 한다'고 충고했다.

제가 현중이 슈팅 연습을 도와주며 본 이현중 선수의 슈팅 강점은 본인이 본인 슛에 대한 자신감, 그리고 노력이 충분히 넘친다고 생각하고 있다는 점입니다. 이것은 슈터가 갖춰야할 기본이며, 자신감과 노력으로 완성된 강한 멘탈이라고 생각합니다. 그래서 현중이가 피지컬과 운동 능력이 좋은 수비들을 번갈아 매치하고, 게임의 승패를 결정지을 수 있는 클러치 상황에서도 흔들리지 않고 슛 시도를 할 수 있는 역할을 충분히 해내고 있다고 봅니다. 또한 빠른 릴리즈, 격한 무브와 바디 컨택시 스스로 컨트롤 할 수 있는 정교한 스냅과 큰 키를 이용한 높은 타점도 강점입니다. 결국 현중이의 긍정적인 마인드를 중심으로 만들어진 멘탈과 노력이 다른 선수들과 차별화된 슈터로 현중이를 만들었다고 생각합니다. 개선점이라고 할 건 없고 NBA에 도전하고 있는 상황이니 FIBA라인에서 쐈던 슈팅들을 NBA라인에서도 부담 없이 쏠 수 있도록 적응하는 게 중요할 것 같습니다. 최근 그런 훈련들을 시작했고, 긍정적입니다.

6.4
스테판 커리의 파트너, 커리 시리즈 농구화

🏀 2022년 NBA FINAL MVP 스테판 커리는 농구의 패러다임을 바꿨다고 평가받는다. 특히 그가 보여주는 3점슛을 기반으로한 플레이는 이전에는 아무도 시도조차 하지 않았던 스타일이었다. '농구는 센터놀음'이라는 통념이 있을 정도로 골밑을 공략하는 것이 승리와 연결된다고 믿고 있었기 때문이다. 커리는 NBA 레전드 찰스 바클리가 언급한 '점프슛 팀은 우승할 수 없다'라는 말을 보기 좋게 뭉개버리며 통산 네 번의 우승을 차지했다. 커리가 발전시킨 것은 비단 농구뿐 아니었다. 그의 플레이에 가장 중요한 역할을 하는 농구화 역시 커리와 함께 혁신에 혁신을 거듭했다. 언더아머는 커리 시리즈를 기반으로, 농구화 시장의 절대자인 나이키를 위협하는 수준까지 이르기도 했다.

2016년 커리 시리즈가 나이키의 간판스타 르브론이나 코비 시리즈보다 많이 판매될 정도로 센세이션을 일으켰다. 신발이 아닌 의류를 기반으로 스포츠 브랜드를 설립한 언더아머 입장에서는 커리가 아니었다면 상상도 할 수 없는 쾌거였다. 커리는 만 33세이던 2021년, 마이클 조던에 이어 역사상 두 번째로 나이가 많은 득점왕에 등극했다. 만 34세인 2022년에는 생애 첫 파이널 MVP를 수상하는 등 시간이 지날수록 발전하는 모습을 보이고 있다. 커리는 앞으로도 자신의 슛찬스를 찾기 위해 더욱 효율적인 움직임을 필요로 할 것이고, 커리 시리즈는 그의 효율적인 움직임을 돕는 가장 효과적인 파트너가 될 것이다. 커리와 함께 주목받는 것은 커리의 파트너인 '커리 시리즈 농구화'이다. 언더아머 코리아에서 언더아머 제품 교육 담당으로 근무했던 권대순(39세)씨를 만나 커리 농구화에 대해 이야기를 들어봤다.

Q: 농구화에 사용된 쿠션에 대해 설명을 부탁드립니다.
A: 농구화의 핵심은 쿠션입니다. 어떤 쿠셔닝 기술을 가졌느냐는 스포츠 브랜드의
수준을 판가름하는 척도가 됩니다. 쿠션의 용도는 반발력과 충격흡수 두 가지로
나눌 수 있습니다. 농구는 특히 점프 동작과 전진 동작이 혼합되어 있어 쿠셔닝
의 역할이 어느 종목보다 중요한 스포츠입니다. 따라서 새로운 농구화가 발매될
때마다 어떤 쿠션이 쓰였는지가 초미의 관심사라고 할 수 있습니다. 전통적인
NBA 스코어러들은 뛰어난 운동신경을 바탕으로 한 하이-플라이어들이 많았죠.
그렇기에 그들의 농구화는 빠른 스피드도 낼 수 있어야 하지만 높은 점프 후 착
지 시 충격을 흡수해줄 수도 있어야 했습니다. 반면 커리 같은 타입은 3점슛 찬
스를 만들기 위해 다른 선수보다 조금이라도 빠른 타이밍에 움직이는 것이 더
욱 중요했습니다. 그렇기 때문에 보통 반발력이 좋고 탄탄한 타입의 쿠셔닝을
선호했습니다. 커리 자신도 '러닝화 같은 농구화'를 원한다고 이야기했으며, 이
에 맞춰 커리 시리즈도 점점 러닝화에 가까운 모양으로 발전하고 있습니다.

Q: 커리 신드롬은 2014-15 시즌과 함께 시작되었어요.
A: 농구화 시장의 지각 변동이었다고 봅니다. 커리는 소속팀 골든 스테이트를
2015시즌 NBA 챔프전 우승으로 이끌었으며, 2015-16시즌 정규리그 73승 9
패를 기록, 마이클 조던의 시카고 불스가 세운 72승10패를 경신하는 등 한마디
로 센세이션을 불러일으켰습니다. 이 때 발매된 커리의 시그니처 커리 1과 커
리 2 역시 농구화 시장에 엄청난 임팩트를 남겼습니다. 특히 커리 2는 그 정점
에 서있는 모델로서, 기능성뿐 아니라 엄청난 판매량으로도 주목을 받았습니다.
2016년 한 때, 농구화 시장의 절대 강자 나이키의 슈퍼스타, 르브론, 코비 시리
즈보다 더 높은 판매를 기록하기도 했죠. 이에 힘입어 언더아머의 신발 매출은

전년 대비 350% 상승하는 놀라운 기록을 세웠습니다. 커리 2는 퍼포먼스 측면에서도 밸런스가 좋은 농구화로 각광을 받았습니다. 우선 가드 농구화의 필수 요소인 접지력이 뛰어났고, 발목을 지지해주는 안정감 역시 높았습니다. 커리 1에 이어 사용된 차지드(Charged) 쿠션의 경우 반발력보다는 충격흡수에서는 장점이 있었습니다. 즉 어떤 스타일의 농구 선수가 신어도 될 만큼 호불호가 없는 농구화로 많은 사랑을 받았고, 그야말로 곧 커리 시리즈가 에어 조던 시리즈에 도전할 수 있을 것만 같았습니다.

Q: 하지만 커리3는 기대감이 너무 컸던 것 아닐까요?
A: 맞습니다. 나이키의 아성을 따라잡아줄 것을 기대했던 커리 3는 전작인 커리 2에 미치치 못한다는 평가를 받았습니다. 커리 3는 고질적인 발목부상을 지닌 커리를 위해 최대한 안정성을 높인 모델이라고 볼 수 있습니다. 두툼한 힐컵과 날개 모양 카본 플레이트 소재를 사용해 뒤꿈치 안정성을 확보했죠. 또한 언더아머의 새로운 기술력인 Threadborne 소재로 갑피를 구성해 니트처럼 부드러운 착화감을 제공하면서 지지력도 강화시켰어요. 그러나 안정성을 높이려다보니 가드가 추구하는 빠른 움직임을 내기 어려워졌었죠. 또한 전체적으로 둥글고 두꺼운 쉐입은 디자인적 측면에서도 퇴보했다는 평가를 받으며, 언더아머와 커리 시리즈에 대한 기대감이 사그라들게 되고 말았습니다.

Q: 그래서 커리 4의 성공여부는 농구화 시장에서 중요한 관심사였죠?
A: 그렇죠. 엄청난 상승세를 보이다가 한풀 꺾인 커리 시리즈가 그 상승세를 이어갈 수 있을지, 아니면 이대로 그저 그런 농구화로 남을지 가늠해볼 수 있는 타이밍이었기 때문이었습니다. 결론적으로 커리 4는 절반의 성공을 거두었다고 볼 수 있습니다. 왜냐하면 먼저 디자인 측면에서 지금까지 나온 커리 시리즈 중 가장 호평을 받았거든요. 특히 커리가 파이널에서 신었던 커리 4 'More Rings' 화이트/블랙 두 가지 컬러는 역대급 디자인으로 남아있습니다. 당시 국내에서는 언더아머 강남 브랜드하우스 매장에서만 한정 발매했는데, 처음으로 매장 앞에 줄을 서서 대기하는 현상을 만들었던 신발이었죠. 여기에 커리가 세 번째 우승

을 달성하며 신발의 가치는 더 높아졌습니다. 이때부터 "커리 시리즈는 짝수가 더 낫다"는 이야기가 퍼지기 시작했습니다.

Q: 이후 발매된 커리 5는 커리 시리즈 최초의 로우컷 제품이었습니다.

A: 물론 이전에도 로우컷 버전이 발매된 커리 시리즈가 있었지만, 메인 제품이 로우컷으로 나온 것은 커리 5가 최초였습니다. 커리 5는 로우컷이라는 혁신 외에는 디자인적으로나 퍼포먼스적으로 크게 주목받지 못했습니다.

Q: 이전까지 차지드(Charged) 쿠션을 사용했던 언더아머였지만, 커리 4에서는 자사의 쿠셔닝 대신 평범한 EVA 소재를 사용하는 결정을 내립니다. 그렇다면 언더아머는 왜 이러한 결정을 내렸을까요?

A: 사실 새로운 농구화가 발매될 때마다 가장 중요한 테크놀로지이자 가장 주목을 받는 요소가 바로 쿠셔닝입니다. 2세대 커리 시리즈가 아쉬운 것은, 농구화의 가장 중요한 기술력인 쿠션에서 전혀 혁신을 보여주지 못했다는 것입니다. 아마 당시 새로 개발 중이었던 호버(HOVR) 쿠션을 커리 시리즈에 맞는 셋업으로 바꾸기에는 시간이 모자랐을 것 같다는 추측을 합니다. 커리 4를 기획할 당시는 2016-17년쯤으로 예상되는데, 이때는 언더아머의 새로운 쿠션인 호버(HOVR)를 개발 중이던 시점과 겹칩니다. 언더아머 입장에서는 당연히 자사 최고의 테크놀로지를 자사 최고의 신발인 커리 시리즈에 적용하고자 했을 것입니다. 그러기 위해서는 HOVR가 농구화에 쓰일 수 있게 소재 배합 등을 조절하여 커리가 원하는 탄탄하고 반발력 있는 세팅으로 만들어야 하는데, 아마 커리 5를 준비하는 단계까지도 그 부분에 대한 수정을 마치지 못한 것으로 알려집니다. 결국 2세대 커리 시리즈는 쿠션 시스템이 없이 EVA 소재만을 사용한 미드솔을 장착하게 되었고, 이에 따라 커리 시리즈에 대한 볼러들의 기대감은 더욱 낮아질 수밖에 없었죠.

Q: 커리 6의 최대 미션 중 하나는 '언더아머 HOVR 쿠션을 어떻게 농구화에 적용시키느냐'였고 2018년 12월, HOVR 미드솔을 장착한 커리 6가 세상에 모습을 드러냅니다. 커리 6의 퍼포먼스는 어땠을까요?

A: 결론부터 말하자면 꽤 괜찮았습니다. 니트 소재를 사용한 갑피는 유연함은 제공하면서도 이전 2세대에 사용된 니트에 비해 안정감이 향상되었거든요. 커리 시리즈 본연의 장점인 접지력도 만족할만한 수준이었죠.

Q: 처음 적용된 호버(HOVR) 쿠션은요?

A: 얇게 깔린 HOVR 쿠션은 조금 단단했지만 반발력 있는 쿠션감을 제공, 이전 EVA 쿠셔닝에 실망했던 볼러들의 마음을 어느 정도 돌려놓았다는 평가를 받았습니다. 하지만 아쉬운 점도 있었죠. 기존 언더아머 러닝화에 쓰였던 호버 쿠션과 비교해서는 너무 단단했다는 점입니다. 2018년 언더아머 러닝화를 통해 처음 발표된 호버 쿠션은 편안하고 말랑한 착화감을 제공하여 호평을 이끌어낸 바 있죠. 하지만 커리 6에 적용된 호버 쿠션도 부드러울 것으로 기대했는데, 러닝화와 비교하여 너무 단단했던 것이었죠.

Q: 커리 7은 이러한 호버 쿠션의 단점을 보완하기 위해 고민한 흔적이 엿보입니다.

A: 그래서 나온 결론은 호버 쿠션과 마이크로지(MICRO G) 쿠션을 함께 사용하는 것이었습니다. 이론적으로 풀어내자면, 단단한 호버 쿠션을 말랑한 마이크로지 쿠션이 감싸고 받치게 되어, 호버의 반발력은 유지하면서도 전반적으로 조금 더 부드러운 쿠션감을 만드는 것이었죠. 실제로 플레이해 보면 호버 쿠션을 단독 사용할 때와 비교해 쿠셔닝이 부드러워졌다는 것을 느낄 수 있었습니다. 여기에 접지력은 이전 모든 시리즈를 통틀어 가장 좋은 수준을 보여주는 등 기능적인 면에서 이전보다 크게 발전한 모습을 보여준 시리즈였다고 할 수 있습니다. 국내외 농구 유튜버들 사이에서는 커리 2 이후 제일 뛰어난 성능의 커리 제품이라고 할 정도로 좋은 평가를 받기도 했죠. 사실 커리는 시즌 개막 후 얼마 지나지 않아 손목부상을 입게되면서 무려 58경기를 결장, 커리 7을 신고 뛸 기회가 거의 없었습니다. 그래도 커리 6와 커리 7은 그간 이어져온 커리 시리즈에 대한 평가를 긍정적으로 돌려놓았다는 면에서 성공적이었다고 볼 수 있습니다.

Q: 2020년은 스테판 커리와 커리 시그니쳐라인에 매우 중요한 시기였습니다. 바로 커리 본인의 커리 브랜드(Curry Brand)를 런칭했으니까요.

A: 커리의, 커리에 의한, 커리를 위한 농구화의 탄생이었습니다. 글로벌 스포츠 브랜드를 통해 자신의 브랜드를 갖게 된 것은 마이클 조던의 조던 브랜드 이후 처음 있는 일이었으며, 조던 이후 앨런 아이버슨, 코비 브라이언트, 르브론 제임스 등 NBA의 내로라하는 슈퍼스타들도 해내지 못한 업적이었다고 평가하고 싶습니다. 이것은 커리가 농구의 패러다임을 바꾸었다는 상징성이 있었기에 가능한 일이었습니다.

Q: 언더아머 역시 새로운 쿠셔닝인 플로우(FLOW)를 러닝화가 아닌 커리 8을 통해 소개하면서 커리 브랜드 런칭에 힘을 실어주었습니다.

A: 이전 호버의 경우는 러닝화에 적용하는 것이 초첨이었기 때문에, 비슷한 시기에 런칭했던 커리 4나 커리 5에는 제대로 적용하지 못한 채 EVA 쿠션 미드솔 제품으로 발매하는 일이 벌어진 바 있습니다. 언더아머는 똑같은 실수를 범하지 않았고, 오히려 커리 8을 통해 플로우 쿠션을 선공개하여 관심을 집중시켰습니다.

Q: 그렇게 공개된 플로우 쿠셔닝의 퍼포먼스는 혁신적이었습니다.

A: 이전 호버나 차지드와 비교해 훨씬 더 부드러운 쿠션감을 제공하여 향상된 충격흡수를 제공해준다는 것을 느낄 수 있었습니다. 여기에 가장 핵심인 반발력도 강화되어서, 실제 돌파시나 스텝을 딛을 때 발을 밀어주는 느낌을 받을 수 있었습니다. 플로우를 통해 또 한 가지 얻을 수 있는 장점은 바로 역대급 접지력입니다. 플로우는 이전 커리시리즈, 아니 다른 농구화를 통틀어서 어나더 레벨의 접지력을 보여줬죠. 보통의 아웃솔이 고무와 바닥과의 마찰로 신발의 접지력을 발생시키는 것과 달리, FLOW는 폼 자체가 바닥을 움켜지는 형태입니다. 표면이 바닥에 닿는 순간 그대로 멈춰버리며, 나머지 부분은 스펀지가 뭉치듯이 작용하면서 코트 위에서의 미끌림을 허용하지 않는 것이죠. 접지력 테스트를 해보면 '이렇게 안밀려도 되나?' 싶을 정도로 강력한 접지력을 가지고 있습니다. 커리 8은 이러한 FLOW 쿠션 위에 니트 갑피를 적용함으로서 부드러운 착화감을 강조한 모델입니다. 다만 커리 8에 쓰인 니트는 신발 전체를 하나의 갑피로 감싸는 구조이다 보니 지지력이 떨어지는 것을 피할 수는 없었죠.

Q: 커리 9은 정확히 이런 부분에 대한 개선에 초점을 두고 제작했습니다.

A: 그렇죠. 그 결과 UA WARP 소재를 적용한 갑피로 이 문제를 해결하였습니다. UA WARP는 쉽게 말해 가느다란 실을 여러 겹 덧대어 지지력을 향상시킬 뿐 아니라 통기성이 좋고, 무게도 가벼운 갑피 소재입니다. FLOW 쿠션과 UA WARP 가 결합되면서 기존의 반발력, 접지력에 착화감까지 크게 향상된 커리 9은 가드용 농구화로서 나무랄 데 없는 제품으로 평가할 수 있습니다. 개인적으로는 커리 농구화의 탑 티어로 평가받은 커리 2와 비교해도 무방하다고 생각하며, 커리 9을 통해 커리 시리즈의 레벨이 한 단계 올라갔다고 생각합니다. UA WARP와 UA FLOW 조합은 현재 공개된 커리 10에서도 버전만 업데이트 되었을 뿐 그대로 쓰이고 있고, 커리 자신도 굉장히 만족하고 있다고 합니다. 앞으로 커리와 함께 어떤 기록을 써 내려갈지 기대가 됩니다.

한 슛 하는 '탑클래스 가드' MSA 이원희와 '직장인리그 MVP' 현대백화점 양인철

 농구 동호회와 직장인 리그에서 활약하는 동호회 최강 팀 중 하나인 MSA에서 활동하는 이원희(180cm, G)와 직장인리그 현대백화점에서 활동 중인 리그 MVP 양인철(180cm, G). 농구 동호회와 직장인 리그에서 탑클래스 슈팅을 자랑하는 이원희, 양인철을 만나 그들의 농구와 슛에 대해 들어봤다.

Q: 자기소개를 부탁한다.

이원희(이하 이): 저는 87년생 이원희라고 합니다. 농구 구력은 대학입학 후에 본 격적으로 동아리를 시작했으니 17년차이고 현재 MSA라는 동호 회에서 활동 중이며 포지션은 1, 2번입니다.

양인철(이하 양): 현대백화점에서 12번째 근무하고 있는 84년생 양인철이라고 합 니다. 농구를 시작한지가 어느덧 초등학교 4학년부터 하였으니 28년이나 되었고, 현대백화점과 보물섬 팀에서 활동하고 있으며 포지션은 1, 2번입니다.

Q: 동호회 농구도 즐기고 슈터 포지션으로 활동 중인데, 농구를 사랑하게 된 계기와 슈 터 포지션을 선택하게 된 이유는?

이: 슈터라는 얘기를 듣기에는 민망한 수준입니다. 과거에 주로 2번 포지션이었고, 현재는 팀에서도 1번을 하고 있다 보니 슈터만큼의 슈팅을 시도하진 않는 거 같습니다. 슈터라기보단 2번 포지션으로 농구를 시작했어요. 고등학교때까진 스포츠 관련 이벤트가 없었는데 유일하게 있던 게 3대3 대회였고, 1년에 2번 정도 열렸어요. 대회마다 3점슛 이벤트가 있었는데 무슨 생각으로 쏘게 된 건지는 모르겠지만 나갈 마다 우승했습니다. 아마 이러한 기억도 있었고, 한양대학교를 입학했는데 농구코트가 너무 좋았어요. 그리고 그때는 신촌에 살았는데, 연대 야외코트가 당시 유명했거든요. 게다가 실력자도 많다보니 재미를 붙이게 된 거 같습니다.

양: 농구를 시작한 계기는, 초등학교 시절 제일 친한 친구가 NBA 카드를 보여주면서 농구에 관심을 가진 것이었습니다. 그리고 놀이터에서 농구1대1을 한 이후부터 운명처럼 농구를 좋아하기 시작했습니다. 그때는 그물도 없는 골대에서 했는데, 다른 사람들은 그물 소리에 희열을 느꼈겠지만, 전 그때 그 원을 어떤 소리도 없이 통과할 때 희열을 느꼈던 것 같아요. 이후는 그냥 미친 듯이 농구를 보고, 밖에 나가서 농구를 했던 것 같아요. 저는 약간 본투비라고 생각하는 경향이 있는 게, 저 같은 경우는 연습량에 비해 처음부터 슛이 좋은 편이었어요. 실제 농구를 배운 적도 없이 이런 저런 슈팅 폼을 다해봤고, 지금은 세트슛과 풀업점프슛을 편하게 던지게 됐어요. 그리고 기본기가 강한 편인데 그건 경복고등학교 시절 농구부와 훈련을 같이 했던 게 큰 도움이 되었습니다.

Q: 롤 모델 슈터는 누구였고, 왜 그 선수를 좋아했나요?(NBA, KBL 각각)
이: KBL에서는 사실 학교 선배님이신 조성민 선수를 제일 좋아해요. 간결한 움직임에 찬스 때 망설이지 않는 슛, 그리도 슛 찬스가 나지 않을 때 2대2를 통해서 스스로 찬스를 만들어내고 안 되면 동료들에게 찬스도 만들어주는, 그러한 슈터를 좋아합니다. 조성민 이후 선수로는 이정현 선수라고 생각해요. 성공률이 높진 않지만 어느 위치에서도 자신감 있게 자기 슛을 쏠 수 있고 2대2에도 능하고, 공격적으로 두루두루 갖춘 정말 좋은 선수라고 생각하죠. NBA에서는 사실 슈터보다는 듀얼가드를 좋아했는데, 제 스스로가 듀얼가드 스타일이다 보니

최고로 좋아하는 선수는 데론 윌리엄스였어요. 경기 하이라이트를 보면 다양한 슈팅이 가능한 선수로 1대1, 스크린을 받아 나오면서 던지는 슛, 3점이든 미들이든 진짜 가리지 않고 모든 상황에서 던지는 그러한 슈팅능력에 반했죠. 생각보다 과소평가 받는 리딩이나 패싱능력에 2배로 반하게 되었습니다

양: 국내선수는 우지원, 조상현, 조성원, 추승균을 좋아했습니다. NBA는 계속 바뀐 것 같아요. 슈터는 아니지만 스코티 피펜과 슈터인 레지 밀러, 앨런 휴스턴을 좋아했어요. 물론 빠질 수 없는 코비 브라이언트까지요. 하지만 장거리 슛을 좋아하다보니 JJ레딕, 그리고 스테판 커리의 경우 대학생 시절부터 챙겨볼 정도로 좋아했어요. 지금은 커리 덕에 3점의 가치가 달라졌지만, 저는 예전부터 +1점이 좋았어요. 아무래도 아마추어 안에서는 그 +1점의 가치가 남다르고, 상대적으로 아마추어들의 롱샷이 약하다 보니 이게 저의 메리트라고 느껴서 더 좋아했던 것 같습니다.

Q: 현 세대는 3점슛이 굉장히 중요하고 슛 자체가 필수죠. 현 세대에서 요구하는 슛은 무엇이라고 생각하나요?

이: 농구라는 스포츠도 결국 서로 연구를 통해서 더 나은 공격이 나오면 그걸 막을 수비가 나오고, 그러다 보니 흐름이 바뀌지 않나 싶어요. 예전에는 '트위너'라 불리며 이 포지션 저 포지션도 아닌 선수를 뜻했죠. 하지만 시대가 지나고 어느 포지션을 맡던지 간에 볼 핸들러가 아닌 선수는 찬스 때 던지는 게 굉장히 중요해졌죠. 최소한 스팟업 슈팅은 필요하지 않나 싶어요. 볼핸들러는 아무래도 다양한 상황에서 던질 슈팅 능력과 기본기가 필요하고 슈터에게는 오프더 볼 무브가 굉장히 중요하다고 봅니다. 이현중 선수 경기를 보면 찰나의 슈팅을 쏘기 위해 쉼 없이 움직이잖아요. 그렇게 터프한 상황에서도 던질 수 있는 슈팅이 슈터에겐 필요하다고 봐요.

양: 저는 반대로, 예전에는 중장거리 슛은 큰 "메리트"였지만, 이제는 "필수"가 됐다고 생각해요. 지금도 아마추어의 골밑 사수는 중요하죠. 하지만 선수들의 마인드가 소프트해지면서 골밑보다 중장거리 슛을 선호하게 되고, 이는 결국 롱 리바운드로 연결되면서 안타깝지만 센터의 설 자리가 점점 줄어든다고 해야 하나? 즉, 현 세대에서 요구하는 슛은, 노마크 슛을 80% 이상은 성공할 수 있

는 능력이라고 생각합니다. 그 슛을 만들기 위한 스페이싱과 과정은 덤이지만, 결국 농구는 골을 넣는 스포츠니까요.

Q: 동호회 리그에서 슈팅이 좋은 선수로 유명한데 어떤 노력을 해왔나요? 그리고 자신의 슛 장점은 무엇인가요?

이: 슈팅 때 기본 스텝을 잡는 거나 필요한 부분들을 엄청 훈련했습니다. 그 때는 거의 매일매일 하면서 배우고 그랬던 거 같습니다. 제 슛의 장점은 장점이라고 하기는 좀 민망하지만 어느 지역에서도 쏠 수 있는 자신감이라고 생각합니다. 실력이 부족하지만 동아리에서 어렸을 때부터 공격롤을 많이 하다 보니 중요한 상황에서도 많이 쏘게 되었고 견제도 많이 받았죠. 타이트해도 조금의 틈을 놓치지 않는 게 중요했고요. 원드리블 점퍼를 많이 쏘게 되었는데 이건 길거리에서 많이 하던 것들이라 어색하거나 그러진 않았고 코트 전체를 많이 뛰어다니는 5대5 특성상 체력이 떨어지면 성공률이 떨어지지 않게 노력을 많이 했습니다. 선수들처럼 체계적으로 배우거나 그런 게 아니라 아무래도 정교함은 한계가 있었지만 나름 괜찮은 무기라고 생각하고 있습니다.

양: 3점슛 라인 세네 발자국 뒤에서 던질 수 있는 롱레인지가 장점입니다. 서울시립대 학생 시절 농구대회 때도 그렇게 슛을 성공시켜왔고, 지금 현대백화점과 보물섬 팀에서도 그렇게 하다보니 드라이브인 앤 슛을 편하게 할 수 있어요. 어릴 때부터 슛거리를 늘리기 위해 일명 "무릎쏴" 형태의 세트슛을 연습했죠. 결론은 "무릎-팔꿈치-손목-손가락"입니다. 특히 개인적으로 팔꿈치의 각도가 중요하다고 생각합니다.

Q: 슈팅에 조금이라도 유리한 농구화 선택에 대한 노하우도 알려주시죠.

이: 저는 반평발이라 농구화를 고르는 데 있어서 무조건 피팅이 잘되는 게 우선순위입니다. 슈팅이 잘되는 농구화는 제 기준에 한해서는 따로 없었어요. 무조건 발에 잘 맞고 편해야 농구가 되는 거니 중요한 건 아니었죠. 조금이라도 유리하려면 자기한테 제일 편한 농구화를 신는 게 아닐까 생각해요.

양: 슈팅에 유리한 농구화는 절대 없을 듯합니다(웃음). 가드 포지션은 아무래도 상하운동보다 수평운동을 많이 하다 보니 발목이 낮아야 좋을 것 같아요. 다만 피

팅과 접지가 중요한데 이게 좋으면 슈팅에도 좋은 영향을 끼친다고 생각합니다.

Q: 인생 농구화는 무엇인가요? 하나 고르기 어려우면 탑3라도 골라주세요.

이: 코비5, 코비9, 하이퍼게이머 로우, 이 3개는 개인적으로 3켤레 이상 사서 신었습니다. 제일 베스트는 코비9였죠. 반평발이라 신발을 길들이는 시간이 필요하다 보니 보통 농구화를 1개만 계속 신거나 2개 정도만 돌리는 편이죠. 그러다 보니 오래 신어야 1년 안에 신발이 수명을 다하는데 코비9의 경우는 신발도 오래 신었던 거 같고 굉장히 편해서 지금 나오면 어떻게든 공수하고 싶습니다. 저뿐만 아니라 다른 분들도 좋아하는 농구화라 공감하시는 분들이 많으리라 생각합니다. 개인적으로 발목이 높은 신발만 나오던 시절에 그 농구화들을 신을 때는 종종 발목이 돌아가곤 했었습니다. 하지만 로우컷버전으로 나오는 코비4 이후로 로우컷 농구화만 신어왔는데 진짜 신기할 정도로 발목이 안 돌아갔어요. 왜 그런지 시간이 지나면서 곰곰이 생각했는데 발목을 잡아주는 게 오히려 어설프게 돌아가는 게 아닌가 싶더군요. 나중에 스포츠심리학 관련 수업 때 운동선수의 징크스와 장비관련 심리에 대해서 제 스스로의 경험을 발표 했었는데 교수님께 칭찬을 많이 들어서 더 기억이 납니다.

양: 줌코비2가 인생농구화인 듯합니다. 지금도 버리지 않고 가지고 있어요. 나름 코비를 기리는 행위일 수도 있겠네요. 편하다, 좋다, 이런 개념이 아닌 그냥 감성적으로 좋아했던 것 같아요. 기존에는 농구화를 아무거나 신고 했었는데 처음으로 좋아하는 선수의 시그니처 농구화를 산 것이기도 했어요. 지금은 데미안 릴라드의 Dame 시리즈를 신고 있습니다.

2021년 2월, 저와 함께 집필에 힘 써주신 박치영 작가님께 책 출판을 처음 제안받았을 때 책을 써보고 싶다는 마음이 아닌 두려운 마음이 먼저 들었습니다. 전부터 책을 써보고 싶다는 생각은 갖고 있었습니다. 그러나 2019년 12월을 기점으로 절필한 후 글을 쓸 기회가 없어 필력이 무뎌졌기에, 의욕만이 앞선 집필이 폐가 되지 않을까 걱정이 되어 박치영 작가의 제안을 거절하려 했습니다. 그러나 박치영 작가가 보낸 기획서를 보고 난 후 마음이 바뀌었습니다. 일전 NBA 칼럼니스트로 글을 쓰면서, 농구를 모르는 사람들이 봐도 이해하기 쉬운 글을 쓰며 그들이 농구에 쉽게 접근할 수 있는, 진입장벽이 낮은 글을 쓰려 노력했습니다. 지금에 와서 생각해보면 박치영 작가의 기획서가 저를 집필에 합류시키겠다는 확고한 의지가 담긴 제 맞춤형 기획안이 아니었나 싶을 정도로, 평소 제가 추구했던 글쓰기 방향과 <왼손은 거들 뿐>의 기획 의도가 일치했습니다. 기획서를 읽은 후 점점 더 해보고 싶다는 마음이 강해졌고, 고민 끝에 집필진 합류를 결심했습니다.

그러나 막상 첫 글을 쓰려고 하니 막막함이 먼저 밀려왔습니다. 책 집필에 대한 경험이 없다는 점에서 두려움이 컸기 때문입니다. 이 책이 저의 처음이자 마지막 책이 아닌 시작점이 됐으면 좋겠다는 욕심도 컸습니다. 하지만 그보다도 지금 현대 농구가 슛의 시대란 것을 머리로만 이해하고 있었을 뿐, 그에 대해 깊게 생각할 시간이 없었다는 점이 집필을 가장 어렵게 만들었습니다. 지금의 현대 농구 트렌드를 만들었다고 평가를 받는 스테판 커리의 등장과 맞물려 저 역시 NBA 관련 글을 써왔기에 지금이 슛의 시대라는 점을 보고 들으면서 농구에 대해 어느 정도는 알고 있다고 자만했습니다. 그러나 그 시작이 어디서부터였고, 어떻게 발전해왔는지 모르는 등 수박 겉핥기식으로 농구를 이해하고 있었다는 것을 깨달았습니다. 더욱이 평소 "슛은 한 사람이 즐겁지만 어시스트와 패스는 두 사람을 즐겁게 한다"는 제 지인의 말에 공감하면서 농구를 할 때도 득점보다 어시스트 패스가 전달됐을 때 희열을 더 느꼈습니다. 김승현과 스티브 내쉬처럼 어시스트 능력이 탁월한 선수들을 좋아하며 그들의 하이라이트 영상도 즐겨 보는 등 슛보다 패스 플레이에 중점을 두고, 농구를 봤습니다.

집필을 하며 농구에 대한 저의 생각은 여러모로 풍성해진 거 같습니다. 집필 작가로서 이런 말을 하는 것이 자칫 책의 집필 의도를 부정하는 것 같아 말을 꺼내는 것이 조심스럽지만 농구는 슛을 비롯해 패스와 수비, 리바운드 등 여러 요소가 어우러져 승리를 만드는 등 여러 재료가 조화를 이루며 풍미를 내는 비빔밥과 같다는 생각이 강해졌습니다. 승리를 만들기 위해선 슛을 통해 득점이란 결과를 만들어내야 합니다. 하지만 그 결과를 만들기 위한 일련의 과정인 패스와 수비, 리바운드 등이 없이 결과를 만든다는 것은 불가능합니다. 득점을 위해선 수비와 리바운드로 상대가 가진 볼을 뺏어야 하고, 패스를 통해 쉬운 찬스를 만들어야 득점을 올릴 확률이 더 높아지기 때문입니다. 농구에 있어 어느 부분이 가장 중요한지에 대한 부분은, 결국 틀림이 아닌 '다름'의 문제로, 정해진 답이 없다는 것이 저의 생각입니다. 이 다름에 대한 인정과 논쟁이 있었기에 농구가 발전할 수 있었고, 지금도 더 나은 농구를 만들기 위한 연구의 원동력이 되고 있다고 생각합니다.

저희 책, <왼손을 거들 뿐> 역시 슛의 중요성을 강조하고 있는 것은 맞지만 농구에 있어 슛이 절대적으로 중요하다는 것을 강요하기 위한 책은 아닙니다. 이에 절대적인 기준을 제시하기보다는 스토리의 색채가 더 강한 책이기에 농구에 있어 다른 부분을 강조하는 분들이 보신다면 책이 쉽게 공감되지 않을 수도 있습니다. <왼손은 거들 뿐>은 농구와 숲에 대한 집필진의 생각을 공유하며 농구와 숲에 대한 진입장벽을 낮추고, 더 많은 사람이 농구를 좋아하게 되는 계기가 됐으면 하는 마음으로 집필했습니다.

끝으로 출판 전까지 많은 어려움이 있었으나 마지막까지 함께 해주신 박치영 작가님께 감사의 말씀을 드립니다. 예나 지금이나 한결같이 못난 동생 먼저 챙겨주시고, 응원해주시는 성기형, 지훈이형, 승훈이형. 항상 제 고민 이것저것을 들어주고, 농구에 그 누구보다 진심인 승섭이형에게도 감사하다는 말을 전합니다. 가끔 취미 삼아 SNS에 올리는 제 농구 포스팅에 응원을 보내주시고, 관심을 가져주신 많은 분께도 감사합니다. 코로나 이후 방송이 잠정 중단됐지만 마펑 보이즈, NBA팀 식구들에게도 감사합니다. 최근 농구를 하다 다시 무릎을 다쳐 기나긴 재활의 시간을 보내고 있는 사촌 동생, 권민이한테도 힘내라는 말을 전하고 싶습니다. 마지막으로 자식 걱정에 밤잠을 못 이루시는 부모님께도 감사하다는 말씀을 전합니다.

여러분들이 있어 제가 다시 이곳으로 돌아올 수 있었습니다.
감사합니다.

2023년 6월
양준민

책을 쓰겠다고 마음먹었을 때는 자신감이 있었으나, 직장을 다니며 쓴다는 게 쉽지 않았다. 이렇게 에필로그를 쓸 수 있는 것은 많은 사람들의 도움이 있었기 때문이다. 42년 인생을 지나고 보니 '농구는 내 친구' 같았다. 초등학교 때 우리 윗집 할머니 아들이 故김현준 코치님이었다. 동네도 태릉이라 선수촌과 가깝다보니 농구선수들을 자주 볼 수 있었다. 그렇게 자연스레 농구를 좋아할 수 있었다. 21사단 수색대대에서 DMZ작전과 GP작전을 하는 동안 농구가 큰 힘이 되었다. 농구가 좋아서 농구기자의 꿈이 있어서 점프볼 인터넷기자-스페인 통신원-멕시코 통신원-서울 삼성썬더스 명예기자 등을 경험했다. 기자의 꿈이 있었지만, 스페인 교환학생을 마치고 돌아오니 점프볼 박진환 사장님이 "스페인어를 활용해 국익에 보탬이 되었으면 하고, 또한 사람들 만나는 걸 좋아하는 네 성향에는 해외영업이 더 잘 어울릴 것 같다"고 했다. 물론 그 방향으로 가진 못했지만 중남미권과 관련해 계속 일을 해오고 있다. 그리고 손대범 편집장의 배려로 종종 글을 쓰는 객원기자 활동도 할 수 있었다. 농구 글을 쓰는 직업은 갖지 못했지만, 나름 재밌게 다양한 방식으로 농구를 즐겼다. 2011년 에콰도르 봉사활동에 가서 한기범 선생님에게 농구교육 자료를 받아 농구교육을 했고, 후배가 선물로 줬던 함지훈 유니폼을 기증하고 왔다. 2014년 농구월드컵에서 대한민국 국가대표팀이 멕시코와 붙기 전, 손대범 편집장에게 멕시코 대표팀 로스터와 정보를 제공했었고, 2016년 前 창원 LG세이커스 김완태 단장에게 스포츠 마케팅 프레젠테이션과 유럽식 유소년 클럽을 제안하기도 했다. KBL 이성훈 사무총장에게 가서 프레젠테이션도 했다. 2022년 2월, OSEN 기자인 서정환이 계획한 '이현중 원정대' 제안서를 작성해서 언더아머 후원 하에 정환이를 도울 수 있었다. 그리고 2021년에 시작된 <왼손은 거들 뿐> 책 제작도 이렇게 완성했다. 어떠한 이익을 위해서가 아니라 그냥 농구가 너무 좋아서였다.

나도 이렇게 감사를 해보고 싶었다. 나의 힘과 나의 능력 되시며, 길이요 진리요 생명이신 나의 주 하나님께 감사합니다. 그리고 아빠가 10살 때 일찍 돌아가셨지만, 내 성장에 큰 도움이 된 농구를 존중해준 사랑하는 나의 엄마와 누나 사랑하고 감사해요! 농구를 너무나 사랑하는 사촌동생들 홍지호, Jerry Park! 그리고 친가, 외가 친척들과 Embajador Carlos Felix! 언제나 최고라고 말해주는 Mi amor 선아야 사랑해!

또한 인터뷰에 응해주시고 도움을 주신 모든 분들의 이름을 불러봅니다. 故김현준(김세희) 코치, 문경은 감독, 추승균 감독, 주희정 감독, 이규섭 위원, 김동우 코치, 방성윤 코치, 김은혜 위원, 조성민 코치, 김보미 위원, 김민구 코치, 정범균 개그맨, 최승태 코치, 박찬성 스킬트레이너, 손대범 해설위원, 서정환 기자, 신홍수 프로, 김일겸 프로, 한치영 국장, 권대순, 양인철, 이원희, 오성웅, 김재원 선생님, 이병렬 선생님, 이용길 선생님, 권용성, 김우석 편집장, 김태홍 코치, 이지현, 하우종, 김세훈, 김영웅, 김종훈 코치, 진상원 코치, 이상윤, 배경한 코치, 김태우, 나재현, 남윤섭, 배철, 양경선, 이광열, 이수종, 이상훈 코치, 이오석, 이용현, 이준석, 장원, 전용민, 조영동, 정석주, 진성화, 최윤석, 최형국, 최형남, 표영민, 한창진, 홍성윤, 황인철, 황진형, 황수훈, 김성배, 김희준, 이상용, 장명철, 김태석, 남경우, 오정일, 임진수, 원정희, 주신영, 김준희, 구교민, 양창원, 유석희, 이대범, 정병웅, 박순록, 이안

에필로그. 박치영

석, 조선영, 이성래, 유승범, 이민재, 이경환, 공호영, 윤성진, 노연호, 박준용, 김정문, 변성태, 여현기, 오세헌, 원종현, 윤귀상, 윤석광, 이연행, 임영민, 장정현, 윤석광, 조환영, 강태웅, 황성구 법인장님, 배상진 CFO, 박성복 부장, 고효선, 김형준, 유해석, 김희만, 이명훈, 박정열, 이지혜, 우선형, 최자윤, 권수정, 김호원, 서현덕, 염지훈, 박인호, 유영근, 이종안, 이동규, 류동우, 이현준, 안성진, 노상엽, 정윤재, 설주희, 이종민, Nina Kim, Stella Lee, 이광빈, 이수미, 오대영, 신우진, 이대우, 우철민, 유성재, 황진용, 박준태, 박영걸 선생님, 박윤호 선생님, 박영민, 김성훈, 손민호, 심현철, 안세령, 안진만, 강석진, 하해창 사장님, 문정희 대표, 박호진 이사, 이경하 부장, 조경원 대표, 방설희, 장영수 과장, 윤현성 과장, 신상현 교수, 장승환 교수, 권은희 교수, 주혜영, 조인호 선생님, 정희정, 오준영, 박재원, 윤여균, 박사무엘, 박훈, 오솔지, 이민경, 정승일 목사, 정태균 목사, 안기용 집사, 이정숙 권사, 홍영미 권사, 박윤지, 김은기, 박의찬, 이소현, 구윤희, 박성철, 조용권, 한성수, 박지혜 교수, 채명수 교수, 정상욱 교수, 김준한 교수, 전용갑 교수, 하상섭 교수, 이슬, 김주원, 우동엽, 홍도진, 김민영, 곽예선, 강윤정, 최용석, 최재혁, 윤종섭, 이준환, 최원진, 함영욱, 문선미, 박효선, 안은영, 이윤진, 임서희, 김수경, 김형도 목사, 김복덕 사모, 박현정, 진보라, 이다윗, 김혜민, 한주형, 이호철, LA BLANCA DOBLE, Berceo, Marta del Luis, 윤정로, 채인숙, 현의선, 김완태 단장, 이성훈 사무총장, 박진환 사장, 곽준석, 김근탁, 권민현, 김대현, 김민성, 김선의, 김윤호, 주장훈, 노경용, 류지호, 맹봉주 기자, 배승우, 변상민, 송영제, 김민기, 안마루솔, 신익수, 서동한, 신청하, 이승호, 이은상, 김재천, 임종률 기자, 임태현, 임송국, 이종철, 장영준, 정재우, 정희원, 조성용, 유동규, 주현우, 최신명, 최정한, 황보설 심판, 오광택 코치, 한필상 기자, 김재윤, 안해준, 윤지웅, 윤화중, 유진선, 전금오, 전누리, 이경화, 정재용 기자, 농약 리그, 팀BTS, NH증권, 진영환, 이찬성, Eva Lee, 김웅주, 육근조, 주용희, 조대호, Felicitas Repetto, Noel, Claudia Lozada, Gabriel Rueda, POSCO Argentina를 이끄는 김광복 법인장님, 라형규PM, 박대현 팀장, 이동우 과장, 정석원 대리, 스페인에 이어 아르헨티나에서 다시 만난 동생 장아론, 김지형 상무, 박찬호 소장, 김성태 부장, 상윤엽 사장, 조성준 법인장.

존경하는 POSCO E&C 아르헨티나 현장 박재현 상무님을 중심으로 배종수, 김상희, 차호준, 이상민, 김정훈, 김도경, 강철원, 이우혁, 이승범, 김영현, 황병주, 이문규, 정응수, 권영진, 백진길, 이준혁, 최재수, 강신걸, 이상익, 박진구, 이정훈, 원성호, 최동수, 강민혁, 한창우, 안신영, 문병찬, 이승민, 이호석, 이우리엘, 공대현, 허주영, 이승훈까지 진심으로 감사합니다.

2023년 6월
박치영

─── <왼손은 거들 뿐> 후원명단 ───

고재윤 곽승규 국선아 권용성 권현준 김대현 김동우
김병천 김세희 김아윤 김영웅 김우진 김웅배 김재동

김재천 김종훈 김지용 김진원 김태우 김태홍 김학운
김혜숙 김혜정 나 미 노경용 문철환 문태현 박건우

박규경 박사무엘 박상규 박상욱 박지훈 박호진 배 진
배상진 변상민 서동한 성우진 손대범 신봉철 신상현

신진현 안성진 안창헌 양인철 오성웅 오준영 우동엽
유수민 유정민 윤여균 윤정로 이광빈 이상현 이서호

이성수 이용길 이원희 이은상 이재근 이지원 이진우
이찬성 이해원 장근대 장윤진 장정현 정수미 정재우

정찬욱 정희정 주희정 진영환 차창준 최상현 최용석
최원종 최원진 최효성 한성수 한승훈 허성현 현승섭

현의선 형성봉 홍도진 홍정현 홍지호 황성구 황윤규

※ 여러분의 소중한 사랑으로 <왼손은 거들 뿐>이 탄생했습니다.
마음을 다해 감사드립니다.